OVNIS

LESLIE KEAN

Prólogo de **JOHN PODESTA**, ex jefe de Gabinete
de la Casa Blanca y asesor de Hillary Clinton

OVNIS

LA MÁS AMPLIA RECOPILACIÓN DE DOCUMENTOS OFICIALES DESCLASIFICADOS, Y TESTIMONIOS DE PILOTOS, GENERALES Y FUNCIONARIOS INVOLUCRADOS

indicios
Argentina – Chile – Colombia – España
Estados Unidos – México – Perú – Uruguay – Venezuela

Título: *UFOs. Generals, pilots, and government officials go on the record*
Editor original: Three Rivers Press, an imprint of the Crown Publishing Group,
a division of Penguin Random House, LLC, New York
Traducción: Antonio-Prometeo Moya

This translation published by arrangement with Crown Archetype, an imprint of the
Crown Publishing Group, a division of Penguin Random House LLC.

1.ª edición Abril 2017

ISBN: 978-84-15732-24-2
E-ISBN: 978-84-16990-11-5
Depósito legal: B-6.768-2017

Fotocomposición: Ediciones Urano, S.A.U.

Impreso por: Rodesa, S.A. – Polígono Industrial San Miguel
Parcelas E7-E8 31132 Villatuerta (Navarra)

Impreso en España – *Printed in Spain*

Para Paul

Índice

SEGUNDA PARTE
En el cumplimiento del deber

TERCERA PARTE
Una llamada a la acción

Prólogo

John Podesta

Como persona que siente interés por los OVNIS, creo que siempre he comprendido la diferencia entre los hechos y la ficción. Supongo que podría decirse que soy un escéptico curioso. Pero también soy escéptico en muchas otras cosas; por ejemplo, no creo que los gobiernos lo sepan todo siempre y tampoco creo que no se pueda contar la verdad al público. Por eso he dedicado treinta años de mi vida al principio fundamental de defender la transparencia del Gobierno, como ciudadano privado, como asesor del Comité Judicial del Senado, como ayudante del presidente Clinton en la Casa Blanca y como presidente del Centro para el Progreso de Estados Unidos.

A causa de esta dedicación, he apoyado el trabajo de la periodista de investigación Leslie Kean y de su grupo, la Coalición para la Libertad de Información, que desde 2001 han promovido una campaña para que se aplique la Ley de Libertad de Información y se desclasifiquen los documentos relativos a los OVNIS. Investigadora obstinada, Kean consiguió que un tribunal nacional emitiera un mandamiento judicial sobre un caso importante, pues era su derecho de acuerdo con la ley.

Hace mucho que debería haberse despejado el misterio sobre este tema. *OVNIS. La más amplia recopilación de documentos oficia-*

les desclasificados, y testimonios de pilotos, generales y funcionarios involucrados describe los esfuerzos encaminados a este fin y se dirige a personas de mente abierta, como yo mismo. Decidido a presentar hechos, el libro recoge únicamente testimonios de fuentes de la máxima credibilidad —de personas que estaban en situación y en condiciones de saber— acerca de un fenómeno fascinante cuya exacta naturaleza está aún por determinar. Kean y su impresionante equipo de colaboradores no hacen afirmaciones insostenibles, sino que analizan de manera racional la información más pertinente, gran parte de la cual se presenta aquí con asombrosos detalles de primera mano, alegando que es necesario proseguir las investigaciones. Kean, como tenaz reportera de investigación, ha cumplido su cometido con creces, batallando insistentemente durante diez años con su desconcertante tema y enfrentándose a burlas y negativas procedentes de las filas del propio Gobierno. A pesar de todo perseveró y su libro deja definitivamente sin ninguna base el prejuicio que pesaba contra el estudio serio del fenómeno OVNI.

Kean y sus distinguidos coautores defienden la fundación de una pequeña agencia nacional que coopere con otros países que ya están investigando, revisando y publicando información relativa a los OVNIS. Esta agencia se encargaría de dar a conocer documentos y de informar sobre investigaciones futuras con transparencia y eficacia. Es una idea que vale la pena tener en cuenta, porque sin duda ha llegado ya el momento de que el Gobierno, los científicos y los expertos en aviación trabajen juntos para arrojar luz sobre los mil interrogantes acerca de los OVNIS a los que no se ha dado una respuesta clara hasta el día de hoy. Ya es hora de averiguar qué verdad hay realmente «ahí fuera». El público americano —y el de todo el mundo— quiere saber y es indudable que está capacitado para encajar la verdad. *OVNIS* representa un paso fundamental en esa dirección y pone los cimientos del camino que hay que seguir.

Introducción

Hace diez años, mientras trabajaba como reportera de investigación para una radio pública de California, me di de bruces con una realidad aparentemente imposible. Un colega de París me envió un extraordinario estudio reciente, realizado por antiguos funcionarios y militares franceses de alto rango, que documentaba la existencia de objetos voladores no identificados y analizaba su impacto potencial en la seguridad nacional. La aparición de este libro blanco sin precedentes, conocido hoy como Informe COMETA[1], fue un acontecimiento crucial: por primera vez en la historia un grupo nacional de esta categoría e importancia declaraba públicamente que los OVNIS —objetos voladores concretos pero todavía inexplicados— eran un fenómeno real que merecía una atención internacional inmediata.

Los distinguidos autores del Informe COMETA —trece personalidades, a saber, generales retirados, científicos y expertos en temas espaciales que trabajaban sin ninguna conexión con el Gobierno francés— habían pasado tres años analizando avistamientos

---

1. El acrónimo COMETA significa Comité d'Études Approfondies (Comisión de Estudios Avanzados), nombre de la entidad que dirigió el estudio.

de OVNIS protagonizados por militares y pilotos. En los casos presentados por ellos, los equipos de expertos asociados a los autores habían descartado las posibles explicaciones convencionales de que se trataba de fenómenos naturales o de artefactos de fabricación humana, a pesar de lo cual eran objetos que habían sido observados de cerca por pilotos, seguidos por radares y fotografiados oficialmente. Alcanzaban velocidades y aceleraciones tremendas, giraban bruscamente en ángulo recto en un abrir y cerrar de ojos, y podían frenar y quedarse inmóviles en el aire, negando al parecer las leyes de la física. ¿Qué podía significar esto? Puesto que algunos militares del grupo COMETA servían en el Instituto Francés de Estudios Superiores para la Defensa Nacional, organismo de planificación estratégica financiado por el Gobierno, que describieran a los OVNIS como fenómeno que podía tener repercusiones para la seguridad nacional adquiría una gran importancia.

En el informe, noventa páginas escritas con objetividad, claridad y lógica, los autores explicaban que alrededor del 5 por ciento de los avistamientos —los que contaban con documentación suficientemente sólida para eliminar cualquier otra posibilidad— no podía atribuirse sin dificultades a un origen terrestre, por ejemplo a ejercicios militares secretos o a fenómenos naturales. Este 5 por ciento parecía consistir en «máquinas voladoras completamente desconocidas, que funcionan de un modo excepcional y están conducidas por una inteligencia natural o artificial». En su sorprendente conclusión, los autores afirmaban que «numerosas manifestaciones observadas por testigos fiables podrían ser obra de aparatos de origen extraterrestre». Según decían, la verdad es que la explicación más lógica de estos avistamientos es «la hipótesis extraterrestre»[2].

---

2. Rapport COMETA, «Les OVNI et la Defense. À quoi doint-on se preparer?», publicado originalmente en la revista francesa *VSD*, julio de 1999. Reeditado en formato libro por Éditions du Rocher, 2003. [Hay varias versiones en español disponibles en Internet; véase por ejemplo http://www.informeovni.net/documentos/Informe-Cometa_espanol.pdf. *(Nota del Traductor)*].

Esto no significaba que aceptasen esta conclusión como un hecho o creyeran en ella en un sentido o en otro. Lo que decían muy claramente era que la naturaleza y el origen de los objetos eran desconocidos. Con el término «hipótesis» se referían a una teoría no demostrada, a una *posible* explicación convincente que necesitaba comprobarse antes de ser aceptada y que hasta que se llegara a esta conclusión se mantenía únicamente en el nivel de una tesis. Sin embargo, la convicción con que proponían esta teoría como la solución «más probable» del enigma, después de haberse descartado otras en muchísimos casos, era provocativa. Los miembros del grupo tuvieron acceso a datos oficiales sobre OVNIS en todo el mundo y estaban decididos a responder racionalmente, evitando los prejuicios. Y lo hicieron sin reservas.

¿Quiénes fueron los responsables de estas declaraciones? Entre ellos había un general de máximo rango, un vicealmirante, un general de división y el exdirector del equivalente francés de la NASA. Lo que hizo que el informe mereciera tomarse en serio fueron sus credenciales. En el impresionante colectivo había además otros militares, ingenieros, científicos, un jefe nacional de policía y el director de un organismo gubernamental que estudiaba el fenómeno[3]. El estudio no se hizo por encargo del Gobierno, sino que se emprendió independientemen-

---

3. Los miembros y colaboradores de COMETA fueron: general Bernard Norlain, antiguo comandante de la Fuerza Aérea Táctica de Francia; André Lebeau, exdirector del CNES (Centro Nacional de Estudios Espaciales); general Denis Letty, de la Fuerza Aérea, antiguo auditor (AA) del IHEDN (Instituto de Estudios Superiores de la Defensa Nacional); general Bruno Lemoine, de la Fuerza Aérea (AA del IHEDN); almirante Marc Merlo (AA del IHEDN); Jean-Jacques Velasco, director de SEPRA/GEPAN; Michel Algrin, doctor en ciencias políticas y abogado (AA del IHEDN); general Pierre Besconde, ingeniero de armamento (AA del IHEDN); Denis Blancher, comisario jefe de la policía nacional, Ministerio del Interior; Christian Marchal, ingeniero jefe del Cuerpo Nacional de Ingenieros de Minas y director de investigaciones de la Oficina Nacional de Investigación Aeronáutica (ONERA); general Alain Orszag, doctor en física e ingeniero de armamentos. Entre los restantes colaboradores figuraban François Louange, presidente de Fleximage, especialista en fotoanálisis; y el general Joseph Domange, de la Fuerza Aérea.

te y luego se presentó a las más altas instancias del Gobierno francés.

En la introducción se afirma que el informe «contribuye a despojar el fenómeno OVNI de su carga irracional» y el estudio consigue ciertamente su objetivo. Sin embargo, el grupo llegaba a una conclusión que casi todos los científicos y funcionarios de la Administración estadounidense seguían considerando exagerada. Mientras tanto, todo el mundo admite que si se demostrara fehacientemente que los OVNIS son sondas o vehículos extraterrestres, estaríamos ante un avance monumental en la historia humana, ante un hito en la evolución de la civilización. Yo me decía que si hubiera alguna posibilidad de descubrirlo, por remota que fuera, los científicos no deberían escatimar esfuerzos para averiguarlo. Y allí teníamos a un respetabilísimo grupo de un avanzado país europeo que afirmaba que esperar un resultado así era plausible y probable.

Esto explica por qué y cómo empecé a interesarme por el tema de los OVNIS, por la cuestión de qué sabemos y no sabemos realmente al respecto y cómo podríamos saber más. El Informe COMETA fue un catalizador. Por mucho que yo lo hubiera deseado, me resultaba muy difícil pasarlo por alto, volver a mi trabajo habitual y olvidarme del asunto. No hacía más que preguntarme si habría realmente objetos tecnológicamente avanzados, fabricados por no humanos y que estuvieran surcando nuestro cielo. ¿No serían esas naves construcciones americanas altamente secretas o artefactos avanzados con los que estuvieran experimentando los militares de algún otro país? No, replicaban los generales y demás miembros de la eminente entidad francesa. Los países no lanzan aeronaves experimentales en un espacio aéreo extranjero sin informar previamente al país anfitrión, ni se dedican a mentir luego sobre el particular. A medida que investigaba, supe que estos objetos se han dejado ver durante decenios con muchas formas y tamaños, en ocasiones en «olas» perceptibles en todo el globo que ponían de manifiesto una capacidad que superaba nuestros conocimientos científicos. No era una leyenda. Y aún pensé otra cosa: que cabía la posibilidad de que los generales franceses y sus colegas supieran más de lo que contaban.

No solo sostenían la conclusión todos los miembros, sino que incitaban a emprender acciones a nivel internacional. Los autores recomendaban que Francia estableciera «acuerdos de cooperación sectorial con países interesados, tanto europeos como de otros continentes», sobre el tema OVNI, y que la Unión Europea emprendiera gestiones diplomáticas con Estados Unidos «y ejerciera presiones útiles para aclarar este importantísimo asunto que entra en el radio de las alianzas políticas y estratégicas». El informe, titulado «Los OVNIS y la Defensa: ¿para qué deberíamos prepararnos?», es básicamente una llamada a la acción, una propuesta para estar preparados en previsión de encuentros futuros con objetos desconocidos.

Yo no sabía adónde podía conducir todo esto: ni a mí, ni a los gobiernos, ni a nuestro futuro.

Mi colega francés me llamó poco después para explicarme que me había hecho llegar furtivamente un ejemplar de anticipo de la versión inglesa del informe, que acababa de traducirse. La noticia se reservaba para un comunicado posterior y hasta la fecha el informe se había publicado únicamente en Francia. Mi amigo sabía que yo era una periodista independiente de mentalidad abierta, relacionada con muchos canales de publicación, y prefería darme a mí la primicia a dejarla en manos de los medios convencionales de más renombre, que raras veces se tomaban en serio el tema OVNI. «Eres la única periodista de Estados Unidos que tiene la versión inglesa», me dijo con voz emocionada por su teléfono parisino. «Es toda tuya. Pero que nadie sepa cómo la has conseguido».

La coyuntura era a la vez tentadora y enervante. Me puse a averiguar en secreto más cosas sobre los OVNIS, sin decir nada a mis colegas de la emisora de radio. Sabía que estaba explorando algo que casi todos los periodistas consideran ridículo, estimulante en el mejor de los casos, pero poco interesante para las luchas a vida o muerte de los seres humanos que deberían ser los centros de atención de cualquier reportera responsable y progresista. Conforme pasaban los meses y aumentaba mi preocupación por mantener oculto mi creciente interés, mientras producía y presentaba un programa diario de noticias, empecé a sentirme como si estuviese encubriendo algo vergonzoso y prohibido, como si estuviera consumiendo algún estupefaciente. Al mirar atrás, creo que eran exageradas mi inquietud y mi inseguridad, pero el tabú que pesaba sobre el tema OVNI se había apoderado de mí y aún pasó algún tiempo hasta que me sentí suficientemente pertrechada con datos y argumentos para enfrentarme a las posturas y actitudes de personas con quienes por lo demás trabajaba con total compenetración en toda clase de asuntos.

No era un tema fácil de abordar y entendía por qué otros periodistas lo habían arrinconado. Al principio me sentí abrumada por unos obstáculos que me parecían casi insuperables. El tema OVNI era periodísticamente escurridizo, estaba contaminado por las teorías de la conspiración y deformado por la desinformación y el simple descuido, y había que eliminar todo aquello del material válido. La cuestión planteada por el fenómeno OVNI era muy perturbadora para nuestra forma habitual de pensar. El tema arrastraba un estigma terrible y en consecuencia suponía un peligro profesional para quienes lo trataban en los medios de comunicación. Pero al mismo tiempo apuntaba a algo posiblemente revolucionario, algo que podía sacudir toda nuestra concepción del mundo. Aunque me asustaban, he de confesar que sus consecuencias me resultaban muy atractivas. Y cuanto más sabía, mejor entendía la validez de los estudios sobre casos particulares y de los documentos oficiales que arrojaban luz sobre el tema. Los datos totales, la acumulación de indicios con el paso de los decenios resultaban totalmente convincentes y absolutamente desconcertantes. A pesar de los problemas, no había forma de pasar por alto la cuestión.

Al final sucedió que el informe que llegó de Francia sin pedirlo cambió radicalmente mi trayectoria profesional de periodista, hasta un extremo y en aspectos imposibles de adivinar en su momento. Los OVNIS pasaron a ser el centro de mi vida profesional desde que publiqué el primer artículo sobre ellos en el *Boston Globe*[4]. La redactora jefe del Foro Dominical del Globe, una sección semanal de análisis de noticias en la que yo había colaborado anteriormente, tenía escrúpulos para tratar el tema de los OVNIS. Comprensiblemente la inquietaba, pero después de hablarlo mucho se animó lo suficiente para publicar mi largo reportaje. Yo estaba muy nerviosa, dado que iba a «perder la virginidad» profesional como reportera que había encontrado —¡que Dios me perdonara!— digno de interés un tema tan baladí. Pero yo sabía que era una noticia bomba y no podía resistirme. Di a conocer la existencia del Informe COMETA, tal como me había pedido mi colega francés seis meses antes, y la talla de los generales y las restantes personalidades que avalaban la información destacó sobre lo demás, salvándome del ridículo. Incluso añadí algunos análisis basados en información reveladora sobre los OVNIS y la seguridad nacional que se había publicado en documentos oficiales del Gobierno estadounidense y que venía a confirmar la perspectiva francesa. Fue una alegría para mí que el artículo se distribuyera a través del servicio de noticias del *New York Times* y fuera recogido por periódicos de todo el país. Saltaba a la vista que había interés nacional.

Los ciudadanos atraídos por el tema OVNI estaban eufóricos porque un periódico de prestigio por fin había enfocado el asunto con seriedad. Incluso un miembro de la Cámara de Representantes mandó una carta de felicitación al *Globe*. En res-

---

4. Leslie Kean, «UFO theorists gain support abroad, but repression at home», *Boston Sunday Globe*, 21 de mayo de 2000.

puesta al artículo recibí muchos correos electrónicos de testigos de fenómenos OVNIS, incluidos algunos pilotos que hasta el momento no se habían atrevido a hablar. Los ojos se me abrieron entonces y me di cuenta de que había cruzado el punto de no retorno.

Por supuesto, como no podía ser de otra forma, el artículo se hacía eco de la inquietante cita acerca de las «máquinas voladoras completamente desconocidas, que funcionan de un modo excepcional y están conducidas por una inteligencia natural o artificial», que describían los franceses. Yo había pensado, ingenuamente, que este detalle generaría una especie de embriaguez periodística y que otros reporteros estarían deseosos de continuar lo que yo había empezado. Sabía que en nuestra cultura se despreciaba el tema OVNI, pero también sabía que allí había un notición que había recibido el visto bueno de un destacado periódico que respetaba las tendencias dominantes. Lo asombroso es que no ocurrió nada. Había quedado a merced de otro aspecto de este extraño mundo. Fue el inicio de un rudo despertar, un rito de paso a la desconcertante realidad de que los OVNIS no pueden ser admitidos, ni siquiera como lo que son, es decir, objetos voladores no identificados. Era como si todo el mundo fingiera que no existían.

Desde el día en que el reportaje del *Globe* consolidó mi interés y aumentó mi confianza, he tratado de seguir indagando y he procurado llegar a un equilibrio con el tema, un proceso que nunca acaba. Básicamente, después de pasar muchos años investigando y entrevistando en profundidad a personajes clave, he aprendido que los OVNIS representan un auténtico misterio científico. En Estados Unidos ha habido avistamientos extraordinarios durante más de sesenta años, muchos protagonizados por pilotos y personal militar, y muchos han aportado pruebas físicas. Y desde los años cincuenta, científicos e investigadores cualificados han publicado estudios de casos que documentaban incidentes OVNI en todo el planeta y dejaban un sólido registro que pedía un análisis más exhaustivo por parte de los científicos de la época[5].

Las fuentes más dignas de confianza admitían claramente y declaraban sin cesar que no sabemos todavía qué son esos objetos, en contra de la suposición más extendida, que dice que los OVNIS, por definición, son naves espaciales extraterrestres. Pero yo tenía que hacerme a la idea, una y otra vez, de que esos asombrosos y supereficaces objetos no identificados existían realmente, sin la menor duda, tal como los autores de COMETA habían afirmado inequívocamente. Hay suficientes datos públicos para aclararle las cosas a cualquiera que decida dedicar algún tiempo al tema. Puesto que esta circunstancia era ya de por sí potencialmente explosiva, no acababa de comprender la indiferencia de quienes se tomaban la cuestión suficientemente en serio para ponerse por encima del ridículo, pero mantenían una actitud tibia al respecto.

Con el tiempo acabé dándome cuenta —repetidas veces, conforme investigaba y publicaba más artículos, cada uno de los cuales

---

5. Son demasiados para enumerarlos todos, ya que hay libros blancos, transcripciones, reportajes, artículos y libros sobre casos concretos o aspectos particulares del fenómeno OVNI. También hay páginas web dignas de confianza con material interesante y en los últimos años se han publicado más libros. Las siguientes obras tratan el tema en general y tuvieron especial importancia para mí durante mis primeros años de estudio: Edward J. Ruppelt, *The report on unidentified flying objects* (Doubleday 1956, ed. rev. 1959); Richard H. Hall (ed.), *The UFO evidence* (NICAP, 1964); Edward U. Condon, *Scientific study of unidentified flying objects* (Bantam, 1969); J. Allen Hynek, *The UFO experience: a scientific inquiry* (Marlow & Co., 1972); David Jacobs, *The UFO controversy in America* (Indiana U.P., 1975); Lawrence Fawcett y Barry J. Greenwood, *Clear intent* (Prentice-Hall, 1984); Timothy Good, *Above top secret* (William Morrow, 1988); Don Berliner, *UFO Briefing document* (Dell, 1995); Budd Hopkins, *Witnessed* (Pocket, Simon & Schuster, 1996); Stanton T. Friedman, *Top secret/MAJIC* (Marlowe & Co., 1996); Clifford E. Stone, *UFOs are real* (SPI, 1997); Jerome Clark, *The UFO encyclopedia* (Omnigraphics Inc., 1998); Peter A. Sturrock, *The UFO enigma: a new review of the physical evidence* (Warner, 1999); Richard M. Doland, *UFOs and the national security state* (Keyhole, 2000); Terry Hansen, *The missing times* (Xlibris, 2000); Bruce Maccabee, *UFO/FBI connection* (Llewellyn, 2000); Richard H. Hall, *The UFO evidence: a thirty-year report*, vol. 2 (Scarecrow, 2001); Pueden consultarse listas más completas en http://www.cufon.org/rlist/a-n.htm y en http://www.cufos.org/books.html.

me parecía en su momento un auténtico terremoto, pero que nunca bastaba para suscitar cambios de actitud— de que no podía contarse con propiedad el tema OVNI ni derribarse el tabú con ninguna noticia, por muchas que se produjeran[6]. Ahora creo que la única forma de explicar adecuadamente toda la historia —la única forma de llamar la atención sobre la existencia de los OVNIS y transmitir el impacto que supone a la persona indiferente hasta el momento— es publicar un libro como el que el lector tiene en las manos, un libro que recoge las detalladas explicaciones que dan algunos de los testigos más autorizados. Ni las declaraciones breves ni las citas son capaces de sostener el peso de una información de esta magnitud.

Los capítulos que están a punto de leer abordan los problemas fundamentales sobre los OVNIS que preocupan a tantísimas personas. ¿Qué sabemos realmente de ellos? ¿Es posible que algunos de esos objetos provengan realmente del espacio exterior? ¿Los han visto los pilotos alguna vez? ¿Cómo tratan los avistamientos los gobiernos y los militares? ¿Por qué en Estados Unidos se desacredita y se niega tanto el tema OVNI? Las respuestas a todas estas preguntas son verdaderamente asombrosas.

Como haría cualquier periodista, me he basado en fuentes oficiales, en documentos publicados gracias a la Ley de Libertad de Información, en informes de casos comprobados, en pruebas e indicios materiales y en numerosas entrevistas con militares, con testigos del ramo de la aviación y con investigadores gubernamentales de todo el mundo. He llegado a conocer personalmente a

---

6. He aquí algunos otros artículos que publiqué: «Pilot encounters with UFOs: new study challenges secrecy and denial», *Providence Journal* y servicio de noticias de Knight Ridder, 3 de mayo de 2001; «Open UFO files to rest of us earthlings», *Atlanta Journal-Constitution* y servicio de noticias de Knight Ridder/Tribune, 13 de diciembre de 2002; «Forty years of secrecy: NASA, the military and the 1965 Kecksburg crash», *International UFO Reporter* (IUR), journal of the J. Allen Hynek Center for UFO Studies, vol. 30, n.º 1, octubre de 2005; «Just what was that object hovering overhead at O'Hare?», Servicio de noticias Scripps-Howard, 26 de febrero de 2007; «Former Arizona governor now admits seeing UFO», *Arizona Daily Courier*, 18 de marzo de 2007. Véase www.freedomofinfo.org para más aportaciones mías.

muchos de estos testigos oficiales y no me cabe la menor duda sobre la veracidad de sus declaraciones, que casi siempre se han visto confirmadas por otros. Algunos aportaron información y enseñaron documentos que no pueden citarse oficialmente debido a su confidencialidad; otros documentos, presentados por fuentes de toda confianza, no pudieron comprobarse ni corroborarse, pero conservaron su valor como referencia de fondo. Con los años también he acabado viendo, entrevistando y conociendo a numerosos testigos civiles, personas normales de todos los sectores, que merecieron mi atención por la sinceridad y claridad con que me relataron sorprendentes episodios relacionados con los OVNIS. También ellos han hecho aportaciones esenciales a la comprensión del fenómeno.

Mi papel aquí consiste en escribir como observadora objetiva y como guía. Al mismo tiempo adopto una postura, que es apoyar todo esfuerzo tendente a aclarar los muchos problemas no resueltos que rodean a los OVNIS, en vez de encogerme de hombros ante ellos, y apoyar a los testigos y expertos que se han dado a conocer. Al hacerlo, me enfrento directa y abiertamente a las posturas irracionales y a la desinformación. Esto significa que practico una forma de «periodismo crítico», algo a lo que nunca me he opuesto y que es el método de muchos periodistas de investigación que profundizan en una noticia al servicio de una causa mayor. En puridad, no soy «creyente» en nada, salvo en los hechos, incluso cuando no se adecuan a nuestra arraigada concepción del mundo. El tema OVNI es tan heterodoxo que incluso un enfoque racional y libre de prejuicios puede dar la impresión de que cruza una línea y se adentra en un terreno dudoso. Yo he hecho todo lo que ha estado en mi mano para que la información que doy sea clara, lógica y esté bien documentada.

Por esta razón, buena parte de este libro consiste en declaraciones personales de investigadores expertos y de testigos que tratan el tema OVNI directamente, algunos por primera vez. A través de sus palabras, los lectores tendrán acceso a material de primera mano y podrán llegar a conclusiones propias, con conocimiento de causa.

Estos ciudadanos, originarios de nueve países, son personas muy preparadas a quienes encargaron la abrumadora tarea de investigar el fenómeno en profundidad o que fueron testigos presenciales del mismo por causas ajenas a su voluntad. Algunos han tenido acceso a archivos secretos, a testigos bien informados y a investigaciones de casos reveladores que no están al alcance de los periodistas ni de nadie ajeno a su mundo cerrado y privilegiado. Aquí se dan a conocer colectivamente, para que conozcamos y para explicarnos lo que saben sobre los OVNIS, en tanto que pilotos, funcionarios del Gobierno y militares de alta graduación.

A nivel personal, todos han sufrido alguna clase de transformación, a veces drástica, a causa de su contacto con lo «imposible». Todos están perplejos y quieren respuestas para las mismas preguntas serias que nos hacemos los demás, aunque generalmente por razones propias. Todos eran escépticos cuando empezaron su relación con el tema, y aunque muchos están retirados y no investigan ya oficialmente el fenómeno, pocos han sido capaces de renunciar al intenso deseo de averiguar qué son los OVNIS. Siguen implicados de un modo u otro. Uno planea dar un curso sobre historia OVNI en una renombrada universidad; otro es abordado frecuentemente por los medios para que haga de portavoz del tema; un antiguo científico de la NASA dirige un grupo de investigación que estudia los fenómenos aéreos anómalos; un antiguo investigador gubernamental recibe frecuentes llamadas telefónicas de nerviosos miembros de la Fuerza Aérea que observan fenómenos extraños en parajes remotos. En este sentido, pues, estos hombres no están realmente «retirados» del todo. Y algunos son actualmente comandantes que trabajan para aerolíneas comerciales.

Con el tiempo me di cuenta de que muchos, incluso aquellos a quienes acabé conociendo bien, dudaban a la hora de revelar el aspecto emocional de sus experiencias con los OVNIS. Algunos testigos pasan años tratando de asimilar el impacto psicológico que significó para ellos un encuentro cercano. Labor mía ha sido invitar a salir de su mutismo a estos militares reticentes y pilotos de la Fuerza Aérea que eran reacios a desnudar sus temores. Son hombres acostumbrados a cumplir ante todo con su deber y huelga insistir en el valor de sus declaraciones. Este valeroso grupo revela al mundo una información de primera magnitud.

Todos ellos han acabado sabiendo mucho sobre los OVNIS y eso teniendo en cuenta la capacidad de estos objetos para permanecer inidentificados, a pesar de sus repetidas e incitantes apariciones en supuestas olas o en las persecuciones en que se han enzarzado con pilotos de la Fuerza Aérea. Los objetos aparecen y desaparecen, dejando a veces un pitido en el radar, una imagen en una película o una huella en el suelo. Este variopinto grupo nos permitirá dar una ojeada realista y reveladora a este misterioso fenómeno que nosotros, como profanos, no habríamos podido dar nunca por nuestros propios medios.

Ninguno de los autores que colaboraron en este libro sabía nada de las declaraciones de los demás, ni, ante mi sorpresa, llegó a preguntarme nada sobre lo que habían escrito sus colegas. Aun así, hay similitudes pasmosas, no solo en sus informes sobre los OVNIS propiamente dichos, sino también en interpretaciones, actitudes e ideas para respuestas futuras. En mi opinión, esta uniformidad permite creer en la naturaleza mundial del fenómeno y además muestra que, cuando se investiga como es debido, se llega a las mismas conclusiones, sin que importe dónde se investiga.

Hay una curiosidad universal, que crece con el tiempo, por el misterio OVNI. Yo la he visto crecer y he observado una mejora en la franqueza informativa de los medios, acerca del fenómeno OVNI, desde que empecé a estudiarlo, hace diez años. Cuanto más sabemos, más desconcertante resulta. Sin embargo, muchas personas siguen pensando que se trata de fantasías o de cosas que se confunden con otras, o de bromas y que en consecuencia es una pérdida de tiempo. Lo que más deseo es que estas personas en concreto lean este libro, de principio a fin, y luego hablen. Supongo que todos estamos de acuerdo en que nadie está autorizado a desdeñar un tema sin saber algo de él.

Yo creo que he conseguido extraer de una ingente masa de material algunos hechos que son muy convincentes y muy esenciales. Los OVNIS pasaron a ser un tema norteamericano a fines de los años cuarenta, cuando hubo muchos avistamientos que despertaron gran interés y preocupación en todo el país y recibieron una amplia cobertura por parte de los medios. La Fuerza Aérea de la nación fue el primer organismo que se enfrentó a estos acontecimientos, complicados por el inicio de la Guerra Fría, y trató de explicar todos los casos que pudo para desviar la atención del misterio que representaban. De puertas adentro, el tema despertaba una gran inquietud en las más altas esferas y la Fuerza Aérea no estaba equipada para proteger al público de un fenómeno totalmente desconocido pero aparentemente tecnológico, caracterizado por objetos o luces capaces de aparecer y desaparecer a voluntad. A principios de los años cincuenta se fundó el Proyecto Libro Azul, una pequeña agencia que recibía informes de ciudadanos, investigaba los informes y ofrecía explicaciones a los medios y al público. Libro Azul se consolidó poco a poco como una entidad básicamente de relaciones públicas, destinada a desacreditar los avistamientos de OVNIS. Se acumularon centenares de expedientes y la Fuerza Aérea clausuró el programa en 1970, dando fin a todas las investigaciones oficiales —o al menos eso se dijo públicamente— sin haber encontrado explicación para multitud de incidentes OVNI de carácter alarmante. Los casos presentados por nuestros colaboradores ocurrieron (después de haberse clausurado el Proyecto Libro Azul) entre 1976 y 2007.

Nuestro Gobierno todavía se mantiene al margen de la polémica OVNI y no ha puesto en marcha ninguna política para afrontar la creciente preocupación. Los capítulos que siguen examinan, dentro del contexto histórico pertinente, el papel de la CIA en la creación del protocolo para descalificar el fenómeno OVNI; el marcado contraste entre el trato que da al fenómeno nuestro Gobierno y el que le dan los gobiernos de otros países; los problemas de la seguridad aérea y la seguridad nacional en relación con los OVNIS; la psicología del tabú de los OVNIS; y la cuestión de las posibles maniobras de encubrimiento del Gobierno estadounidense. Una parte importante del público americano ha visto crecientemente defraudadas sus esperanzas por las reiteradas negativas del Gobierno, sobre todo porque las pruebas de la existencia de OVNIS han aumentado con el tiempo. Puesto que hoy casi todo el mundo tiene cámaras digitales y teléfonos móviles, casi todos los días se hacen fotos de OVNIS, aunque también son más fáciles de falsificar que nunca, lo cual hace que las nuevas tecnologías sean bendiciones a medias. Conforme se van descubriendo planetas de otros sistemas solares y los científicos admiten la probabilidad de que haya vida en otras partes del universo, la necesidad de estudiar el olvidado fenómeno OVNI se ha vuelto imperativa. Creo que cuando los lectores terminen de leer este libro tendrán más deseos que nunca de que se aclare por fin el enigma de los OVNIS y que nadie negará la importancia capital del esfuerzo.

Definir lo indefinible: ¿Qué es un OVNI?

Es de la máxima importancia dejar claro desde el principio mismo que ni yo ni los demás autores afirmamos que haya naves espaciales alienígenas en nuestro cielo, simplemente porque no neguemos los datos que revelan la presencia de *algo*. El uso del término «OVNI» se ha corrompido y ha acabado integrándose en la cultura popular hasta tal punto que su (exacta) definición original se ha olvidado casi por completo. Casi todo el mundo cree que OVNI quiere decir nave espacial extraterrestre, con lo cual se ha dado un giro malsano a su significado y la sigla ha acabado por referirse a algo *identificado* en vez de designar algo *no identificado*. La falsa pero extendida creencia de que un OVNI es necesariamente una nave espacial alienígena suele ser la razón de que el

término genere un abanico de respuestas emocionales tan exagerado como confuso. Reconocer que la *hipótesis* extraterrestre es
una válida aunque no demostrada explicación posible, merecedo-
ra de una mayor investigación científica, no es lo mismo que abordar el tema OVNI como si la hipótesis en cuestión se hubiera
verificado ya.

Históricamente, fue la Fuerza Aérea de Estados Unidos la que,
hace unos cincuenta años, inventó la expresión «objeto volador no
identificado» para reemplazar aquella otra, más popular pero también más sensacionalista, de «platillo volante». La Fuerza Aérea
definió el OVNI como «todo objeto volante que por su comportamiento, sus características aerodinámicas o sus rasgos poco usuales
difiera de cualquier aeronave o misil actualmente conocidos, o que
no pueda identificarse claramente como un objeto conocido». Esta
es la definición aceptada por todos los colaboradores de este libro
y la definición empleada por todos los documentos gubernamentales e informes oficiales de pilotos que son del caso.

Si no podemos identificar un objeto que surca el cielo pero
tampoco descartar la posibilidad de identificarlo si tuviéramos más
datos, entonces no estamos ante un objeto realmente desconocido.
En una situación así, no podemos determinar ni lo que es ni lo que
no es. Por decirlo una vez más, el OVNI auténtico, el OVNI del
que trata este libro es el objeto que, por ejemplo, manifiesta una
capacidad extraordinaria que supera la tecnología conocida, deja
huella en el radar y es observado por distintas personas cualificadas,
de modo que los datos que se recojan permitan estudiarlo para
eliminar otras posibilidades conocidas.

Como hay tantos trastos inútiles asociados al término OVNI,
algunos científicos y otros expertos han empleado una nueva terminología para separar los estudios serios de los más frívolos. En
vez de «OVNI», algunos colaboradores de este libro han optado
por hablar de «fenómeno aéreo no identificado» o FANI. Richard
Haines, antiguo científico de la NASA y experto en seguridad de la
aviación, define el FANI como:

El estímulo visual que da lugar a un informe de avistamiento relativo a un objeto o luz detectados en el cielo, cuyo aspecto y/o dinámica de vuelo no sugiere que sea un objeto volador convencional o explicable lógicamente, y que sigue sin ser identificado después de un concienzudo análisis de todos los indicios y pruebas aportados por personas técnicamente capaces de realizar tanto una identificación técnica cabal como una identificación de sentido común, si cabe esta posibilidad.[7]

En el contexto del presente libro, las siglas OVNI y FANI significan básicamente lo mismo y se utilizarán las dos indistintamente, aunque algunos colaboradores prefieren emplear una u otra en exclusiva. «FANI» supone un espectro más amplio, ya que incorpora quizás un abanico mayor de fenómenos, que, por ejemplo, podrían no tener aspecto de objetos voladores. Se emplee la sigla que se emplee, el fenómeno suele estar inmóvil o flotando, no volando, y en ocasiones se percibe simplemente como un juego de luces inusuales y no como un objeto sólido, sobre todo de noche, cuando la luz brillante obstaculiza la observación de cualquier estructura física. «FANI» mantiene la salvedad de que los objetos y luces inusuales podrían pertenecer a múltiples fenómenos con orígenes muy distintos.

Otro detalle no menos importante es que entre el 90 y el 95 por ciento de los avistamientos de OVNIS pueden explicarse. En relación con el 5-10 por ciento restante, una vez que se ha determinado que el objeto es un OVNI auténtico, de acuerdo con los estándares adoptados, lo único que podemos afirmar de él es que no es algo natural o de fabricación humana, ni un engaño puro y simple, de los que hay muchísimos, por desgracia. Ejemplos de fenómenos confundidos a veces con OVNIS son los globos meteorológicos, las bengalas, las linternas volantes, los aviones que vuelan en for-

---

7. Richard Haines, *Observing UFOs: an investigative handbook* (Nelson-Hall, 1980), capítulo 2.

mación, los aparatos militares secretos, las aves o los aviones que reflejan la luz solar, los zepelines, los helicópteros, los planetas Venus o Marte, los meteoritos, la chatarra espacial, los satélites artificiales, los parhelios, los rayos globulares, los cristales de hielo, nubes que reflejan luces, luces del suelo o luces reflejadas en la ventanilla de la cabina de un avión, las inversiones térmicas, las llamadas «nubes perforadas», etc., etc., porque la lista no acaba aquí. Sí, casi todos los informes de avistamientos pueden explicarse recurriendo a los fenómenos citados, pero, lógicamente, los que nos interesan son los que no pueden explicarse.

De aquí se sigue que la acostumbrada pregunta, «¿Cree usted en los OVNIS?», carece realmente de base, y como se formula a menudo, crea infinitos problemas de comunicación. En realidad no tiene sentido, porque sabemos que existen objetos *no identificados*, están oficialmente documentados y definidos como tales por la Fuerza Aérea estadounidense y organismos gubernamentales de muchos otros países. Durante más de cincuenta años, la realidad de los objetos voladores no identificados no ha sido una cuestión de convicción, fe, opinión o elección. Más bien, cuando empleamos la definición correcta de OVNI, es una cuestión de *facticidad*. Al igual que los objetos convencionales *identificados* —por ejemplo, aeronaves, misiles y otros equipos de fabricación humana—, los *no identificados* también pueden fotografiarse, producir eco en el radar, dejar marcas en el suelo, y ser observados y descritos por múltiples testigos independientes, situados en puntos separados. Desde el punto de vista de las convicciones, lo que realmente pregunta el curioso es: «¿Cree usted en naves espaciales alienígenas?» Esta es una pregunta totalmente distinta.

Para abordar los OVNIS racionalmente hemos de mantener una postura agnóstica en relación con su naturaleza o su origen, sencillamente porque todavía no conocemos la respuesta. Siendo agnósticos, damos un gigantesco paso adelante. Las polémicas sobre los OVNIS fomentan con mucha frecuencia dos extremismos opuestos y los dos representan posturas insostenibles. Por un lado, los «creyentes» proclaman que han llegado extraterrestres del espacio exterior y que ya *sabemos* que los OVNIS son vehículos alienígenas; por otro, los «desmitificadores» aducen a la defensiva y con agresividad que los OVNIS no existen, se mire como se mire. Esta batalla contraproducente ha dominado por desgracia el discurso público durante mucho tiempo, con el único resultado de que aumenta la confusión y nos distancia aún más del enfoque científico, del enfoque agnóstico.

La premisa fundamental de este libro es el escepticismo por principio. El astrofísico Bernard Haisch, antiguo redactor científico de *The Astrophysical Journal* y *The Journal of Scientific Exploration*, define al verdadero escéptico como «el que practica el método de suspender el juicio, razona con lógica y objetividad ciñéndose al método científico, muestra disposición a tener en cuenta explicaciones alternativas sin prejuicios basados en creencias previas, busca pruebas y analiza cuidadosamente su validez». Invito a observar el material presentado en este libro desde el punto de vista del agnóstico, con objetividad, con una mente abierta y realmente escéptica.

Así que ya podemos empezar este fascinante viaje. Presentaré parte del potente material que tan profundamente me impactó durante mi propio proceso de exploración y descubrimiento. Los otros autores y yo pedimos a los lectores que en el curso de ese proceso tengan en cuenta la veracidad de los puntos señalados a continuación; volverán a examinarse al final del libro; en cierto modo resumen los diez años que he dedicado al tema OVNI. Las pruebas que llenan las páginas de este libro acreditan y ejemplifican estas cinco premisas:

1. En el cielo del planeta hay objetos materiales y sólidos que parecen estar bajo control inteligente y son capaces de alcanzar velocidades de miles de kilómetros por hora, de hacer maniobras y de emitir luces que están más allá de la tecnología conocida actualmente.

2. Las incursiones de los OVNIS, a menudo producidas en un espacio aéreo restringido, pueden poner en peligro a la aviación y despertar inquietudes en la seguridad nacional, aunque los objetos no han realizado actos abiertamente hostiles.

3. El Gobierno estadounidense se desentiende sistemáticamente del tema OVNI y, cuando es presionado, publica explicaciones falsas. Su indiferencia y/o sus desestimaciones son irresponsables, irrespetuosas con los testigos fidedignos y a menudo expertos, y potencialmente peligrosas

4. La hipótesis de que los OVNIS tienen un origen extraterrestre o interdimensional es razonable y debe tenerse en cuenta, dados los datos que tenemos. Sin embargo, el origen y la naturaleza reales de los OVNIS no han sido determinados todavía por los científicos y siguen siendo desconocidos.

5. Dadas las posibles consecuencias, lo que sabemos exige una investigación científica sistemática, con apoyo del Gobierno estadounidense y la cooperación internacional.

Creo que después de leer este libro, los lectores con criterio admitirán —o al menos reconocerán como plausibles— estos cinco puntos, por asombrosos e incluso inconcebibles que puedan parecerles al comienzo.

LESLIE KEAN
Nueva York

PRIMERA PARTE

Objetos de origen desconocido

«Todas las verdades pasan por tres etapas. Primero se ridiculi-zan, luego sufren una violenta oposición y por último se aceptan como cosas evidentes.»

ARTHUR SCHOPENHAUER

1
Nave majestuosa con potentes reflectores

E mpezamos esta exploración apoyándonos en una base muy sólida, la experiencia personal que tuvo un general de división en uno de los casos de OVNIS más gráficos y mejor documentados que se conocen. Lo que estamos a punto de leer pone de manifiesto la espectacular y muy misteriosa cualidad material de los OVNIS, en este caso unos OVNIS inusualmente atrevidos. Aunque algunos pasajes podrían parecer de ciencia ficción, no lo son. La verdad es que estos objetos, normalmente triangulares, que se deslizan en silencio o se quedan suspendidos en el aire, han sido vistos por millares de personas e investigados por científicos universitarios y funcionarios del Gobierno, y sin embargo no han podido ser explicados. Su imagen queda impresa en películas, y aunque es prácticamente imposible detectarlos en el radar, precipitan nerviosas persecuciones por parte de los F-16 de la Fuerza Aérea. Los avistamientos se produjeron en el cielo de Bélgica, en una «ola» que duró más de dos años y empezó a fines de 1989.

Para dar comienzo a la investigación sobre los OVNIS de este libro, el general de división belga Wilfried de Brouwer, actualmente retirado, ha colaborado con un informe exclusivo que contiene comentarios personales no publicados hasta la fecha. De Brouwer era entonces coronel y en su condición de jefe de la división de operaciones del Estado Mayor del Aire, tuvo un papel destacado, con personal de otras ramas del Gobierno, en la movilización de diversos departamentos para identificar a los extraños intrusos que aparecían sin previo aviso en el cielo de algunas poblaciones y zonas rurales. «Centenares de personas vieron una nave majestuosa de forma triangular, de unos cuarenta metros de envergadura, y dotada con potentes reflectores, que se movía muy despacio sin hacer ningún ruido apreciable, aunque en determinados momentos aceleró a velocidad muy elevada», declaró públicamente de Brouwer hace unos años, refiriéndose solo a la primera noche de la ola. En el grupo inicial de testigos hubo numerosos agentes de policía, situados en distintas localidades, que fueron informando conforme las naves voladoras se quedaban inmóviles o se deslizaban, iluminando los campos y carreteras donde estaban ellos, los mismos agentes que habían bromeado con incredulidad cuando habían recibido por radio las primeras noticias sobre los avistamientos. Por alguna razón incomprensible, los extraños objetos volvieron una y otra vez, dejándose ver en el cielo de aquella pacífica región de Bélgica.

Guy Coème, ministro de Defensa del país, encargó al coronel de Brouwer la misión de investigar la ola de OVNIS. El coronel, que había sido piloto de guerra durante veinte años, había sido destinado a la División de Planificación Estratégica de la OTAN en 1983. Luego había obtenido el mando del Ala de Transportes de la Fuerza Aérea belga y en 1989 había sido nombrado jefe de la División de Operaciones del Estado Mayor del Aire. Ascendido a general de división en 1991, había pasado a ser general adjunto al jefe de Estado Mayor de la Fuerza Aérea de Bélgica, a cargo de operaciones, planificación y recursos humanos. Retirado de la Fuerza Aérea en 1995, trabajó durante más de diez años como consultor de Naciones Unidas para la mejora de la capacidad logísticas de respuesta rápida en situaciones de emergencia. Hombre de gran integridad y sentido de la responsabilidad, decidió hacer todo lo posible por averiguar qué estaba invadiendo el espacio aéreo belga e infringiendo repetidas veces la normativa básica de la aviación.

Conocí personalmente al general de Brouwer cuando le gestioné un viaje a Washington D.C., en noviembre de 2007, para que participara en una conferencia de prensa internacional que organicé con el cineasta James Fox. Reunimos un grupo de personalidades de siete países que habían ocupado altos cargos en la Administración y las fuerzas armadas para que hablaran con la prensa sobre incidentes e investigaciones relacionados con OVNIS, un acto que sería filmado con vistas a producir un documental. Además, quisimos dar a estos valientes oradores la oportunidad de conocer a sus homólogos de otros países para que hablaran privadamente entre sí durante aquellas jornadas. Algunos colaboradores de este libro se conocieron entonces.

El general de Brouwer es muy meticuloso en cuanto a la exactitud de los hechos, conservador en sus estimaciones y escrupulosamente detallista. No corre a sacar conclusiones ni es dado a exagerar o maquillar las cosas. A pesar del tiempo transcurrido, no ha disminuido su preocupación por defender la precisión de cuanto se informó sobre los acontecimientos de Bélgica. «Hace poco, navegando por Internet, descubrí un montón de información errónea sobre los OVNIS de la ola belga», me escribió por correo electrónico mientras editábamos el texto de su larga contribución a este libro. «Aquello me incitó a reaccionar; no podía aceptar que presuntos investigadores se presentaran con suposiciones basadas en información incorrecta. Se han ocultado testimonios de centenares de personas y se quiere convencer a los profanos de que las observaciones no fueron más que percepciones defectuosas de aeronaves corrientes. Además, esos "investigadores" han ocultado o tergiversado las declaraciones oficiales del Ministerio de Defensa y de la Fuerza Aérea».

En una conversación posterior le pedí que reflexionara sobre lo que significó para él vivir aquella experiencia de veinte años antes, una experiencia que dice que fue única pero también frustrante, porque fueron incapaces de identificar la nave infractora. Lo que más le impresionó fue la total sinceridad de los testigos con quienes habló, muchos de los cuales eran «intelectuales altamente cualificados, estaban sinceramente conmocionados por lo que habían visto y convencidos de que no se trataba de tecnología convencional». Por desgracia, estas personas por lo general tenían miedo de darse a conocer a causa del desprestigio que acarreaba hablar de OVNIS. «Entre estas personas había una a la que conocía desde hacía años y que por entonces trabajaba en un organismo de la OTAN», me explicó de Brouwer. «Estaba tan atónito que no se atrevía a mencionárselo a nadie, ni siquiera a su mujer. Solo se atrevió a contármelo a mí, a condición de que no revelara su nombre».

Yo tuve la suerte de hablar con un testigo experto, altamente situado, que no se mordió la lengua a pesar de los riesgos. El coronel André Amond, ingeniero civil retirado, era director de infraestructuras militares del ejército belga y además había estado a cargo de los asuntos de impacto medioambiental al nivel del Estado Mayor Conjunto, cooperando estrechamente con militares estadounidenses. Según explica de Brouwer en el capítulo siguiente, Amond y su mujer pudieron observar detenidamente una de las máquinas que volaban bajo mientras iban por una carretera y aparcaban en el arcén. Amond no tuvo ninguna duda acerca de la naturaleza excepcional de lo que veía. Con total convicción, fue hasta el nivel más alto y presentó al ministro de Defensa belga un informe escrito y una serie de dibujos.

El coronel Amond eliminó hasta donde pudo todas las explicaciones posibles en relación con aquel objeto y afirma que era una especie de «vehículo aéreo desconocido». Reflexionando veinte años después sobre el acontecimiento, escribió en un correo electrónico: «Hoy sigo sin tener una explicación. Es una lástima porque no quisiera morirme sin saberlo. Que me den una explicación certera de lo que vi: es lo único que pido». Habla por los millares de personas que nunca pensaron en los OVNIS hasta que tuvieron la inesperada y no solicitada oportunidad de ver uno. En muchos casos, los efectos de un avistamiento duran toda la vida.

Para entender plenamente el significado de las pruebas que va a presentar el general de Brouwer, hemos de conocer las especiales circunstancias de esta extraordinaria serie de acontecimientos. Poquísimos casos de OVNIS se producen en «olas» y ofrecen tantos datos como este. Por lo general se trata de incidentes de un solo episodio y, como es lógico, son más difíciles de documentar y de investigar. Los centenares de informes claros y coherentes que con el tiempo se recogieron en Bélgica —recopilados e investigados por un grupo de científicos que colaboraba con la Fuerza Aérea— permitieron detecciones con radar y otras aplicaciones técnicas que se beneficiaron de la preparación anticipada. La gran cantidad de avistamientos aumentó la probabilidad de obtener fotos y filmaciones válidas. Los militares tuvieron tiempo suficiente para evaluar y poner a prueba una serie de probabilidades de lo que podían ser los objetos, probabilidades que podrían confirmarse o eliminarse en función de las averiguaciones oficiales, por ejemplo si habían despegado helicópteros en tal o cual momento. Podían prepararse para futuras visitas de los OVNIS adiestrando a especialistas en radar para que detectaran aquellos objetos excepcionales y alertando a los reactores de la Fuerza Aérea para que despegaran al primer aviso. Durante meses y años estuvieron produciéndose acontecimientos en Bélgica y las explicaciones convencionales se fueron descartando. Estuvo muy claro lo que no eran los objetos, pero no había ninguna claridad sobre lo que eran.

Con el tiempo no quedó más que una posibilidad, aunque muy poco probable, y era que los objetos tenían que ser aviones invisibles F-117A u otras naves militares secretas estadounidenses, enviadas a realizar alguna clase de ejercicio experimental clandestino. El general de Brouwer pensó que era muy inverosímil que se enviaran aviones secretos a sobrevolar Bélgica repetidas veces sin que hubiese ninguna notificación oficial al respecto, violando así las leyes aéreas, dado que no se había recibido ninguna petición por parte de la aviación militar de Estados Unidos. También era consciente de que la capacidad tecnológica exhibida por los objetos era muy superior a la que poseían los aparatos experimentales, afirmación que, como señala el general en su informe, sigue teniendo vigencia en la actualidad. A pesar de todo, hizo averiguaciones en la embajada de Estados Unidos en Bruselas y en la de otros socios de la OTAN, a través de contactos informales con sus agregados.

La respuesta fue exactamente la que esperaba. Y los resultados de sus pesquisas se detallan en un documento oficial estadounidense, clasificado entonces, pero desclasificado posteriormente gracias a la Ley de Libertad de Información. El memorando de marzo de 1990, titulado «Bélgica y la cuestión OVNI», señala que de Brouwer preguntó si los objetos eran aparatos militares estadounidenses, B-2 o F-117, constatándose que hacía la indagación sabiendo que las «las presuntas maniobras detectadas no se correspondían en modo alguno con las características observables de ninguna nave estadounidense». El documento afirma además que «la FA de EE.UU. confirmó a la FA belga y al MD [Ministerio de Defensa] belga que ningún avión invisible de la FA de EE.UU. operaba en la zona de las Ardenas durante los períodos en cuestión»[8]. De Brouwer me informó de que un militar norteamericano le había asegurado en privado que Estados Unidos no tenía ningún «plan de espionaje» que pudiera haber causado aquellos avistamientos.

En 1992, el ministro de Defensa belga, Leo Delcroix, lo confirmó una vez más al responder a una carta de un investigador francés. «Por desgracia, no se ha encontrado hasta la fecha ninguna explicación», escribió el ministro. «La naturaleza y el origen del

---

8. Joint Staff, Washington D.C., Information Report #5049, «Belgium and the UFO issue», 30 de marzo de 1990.

fenómeno siguen siendo desconocidos. No obstante, puede descartarse definitivamente una teoría, puesto que las autoridades de Estados Unidos han garantizado a las Fuerzas Armadas de Bélgica que en ningún momento ha habido ningún experimento de ninguna clase con aeronaves de aquel país»[9].

Será importante recordar este detalle cuando se lean las versiones de testigos que recogió de Brouwer. Por el momento nos aturde un serio dilema. ¿Han estado probando los militares de algún país aparatos nuevos y muy avanzados desde mediados de los años setenta, que es cuando empezaron a recibirse informes sobre la nave triangular? ¿Se eligió Bélgica como terreno de prueba para los reiterados vuelos experimentales, seguidos y controlados desde alguna base secreta situada en otro lugar? El sentido común nos dice que si un Gobierno ha inventado una nave de gran tamaño, capaz de quedar suspendida en el aire a cien metros del suelo y de salir disparada en una fracción de segundo —sin hacer el menor ruido en ningún momento—, una tecnología así habría revolucionado la navegación aérea y la guerra moderna, y probablemente también la física. En los veinte años que siguieron a la ola belga, Estados Unidos intervino en tres guerras; si hubiera dispuesto de una tecnología así, sin duda la habría utilizado ya. Si algún Gobierno, secreta e inexplicablemente, hubiera hecho volar sobre Bélgica este prodigioso aparato, habría tenido que mentir a las autoridades belgas cuando se hicieron las averiguaciones pertinentes, y en consecuencia se habrían visto afectadas las relaciones entre los países miembros de la OTAN, que se basan en el respeto y la confianza mutuos. Y todas las personas involucradas en la construcción y funcionamiento de una aeronave tan avanzada habrían tenido que mantener en secreto su maravillosa tecnología y sus repetidos vuelos experimentales, y la verdad es que nadie ha dado la cara hasta el momento,

---

9. Don Berliner, *UFO briefing document* (Dell Publishing/Random House, 1995), p. 144.

ni se ha filtrado nada relativo a tal empresa. A pesar de todo, en la mente de algunas personas quedará como una posibilidad, por muy improbable que sea.

Por lo que se refiere al general de Brouwer, esa posibilidad ha quedado descartada. ¿Qué le queda, pues? «Enfoco el tema de los FANIS de manera pragmática. Me ciño a los hechos y evito hacer extrapolaciones a posibles actividades extraterrestres», me explicó el general por correo electrónico. «Sin embargo, animo a la investigación científica a que se base en el análisis objetivo de las múltiples observaciones recogidas durante la ola belga. Esa investigación no debería excluir la opción extraterrestre».

Por último, quisiera destacar la importancia de la foto en color de un objeto no identificado, captado en primer plano, que nos presenta de Brouwer, y que es una de las imágenes de OVNIS más reveladoras de todos los tiempos. Los lectores podrían preguntar, muy razonablemente, por qué no hay más fotos y filmaciones inequívocas de los objetos belgas, dado que hubo muchos avistamientos. Esto se debe en parte a las estrictas condiciones que pusieron las autoridades para aceptar las fotos, ya que sus métodos de selección eliminaron todas las imágenes discutibles y no comprobables. Además, es fácil olvidar que hasta los años noventa no circularon los teléfonos móviles ni las videocámaras digitales de precio asequible. Lo normal era que los ciudadanos no tuvieran a mano ninguna cámara cargada en las ocasiones, imposibles de prever, en que los OVNI pasaban por el cielo, por ejemplo mientras iban en algún vehículo por la noche. En las conversaciones que he sostenido estos años con multitud de testigos de fenómenos OVNIS, he aprendido que cuando se observa algo tan impresionante y a veces tan amedrentador como un OVNI gigante que vuela bajo, la gente tiende a quedar paralizada. Están viendo algo que supuestamente no existe, algo de mal agüero, grande y silencioso, inconcebible hasta entonces. La mayoría no aparta los ojos de aquella aparición casi sobrenatural, salvo quizá para llamar a toda prisa a la familia o a los vecinos de al lado. Se quedan mirando y a ninguno le pasa por la cabeza la idea de hacer una foto. Por lo general, la nave se aleja y se pierde de vista en seguida. Nadie tiene ganas de entrar en casa corriendo para buscar una cámara o de abrir el maletero del coche para coger la que se ha guardado allí, y menos aún de comprobar si hay película en ella. El momento es demasiado inusual, demasiado espectacular.

Y aunque se tenga la cámara preparada, no siempre servirá el resultado. Si las luces están lejos y la exposición es demasiado breve, no aparecerá nada en la foto. Además, hay otras características en los OVNIS que pueden impedir que se plasmen sus brillantes luces en la película. En un caso, un productor de cine belga y dos colegas suyos[10] fotografiaron un objeto que pasó por encima de ellos, utilizando una película muy sensible. El fotógrafo calculó que el objeto volaba a unos 300 metros de altitud, ya que su diámetro era seis veces el de la luna llena. Para tener una referencia, fotografió un avión corriente que pasó por allí unos minutos después, utilizando los mismos ajustes de la cámara que en las fotos anteriores.

En las imágenes que salieron, sin embargo, apenas se veían los deslumbrantes «reflectores» del OVNI, que según los espectadores eran muchísimo más brillantes que las luces del avión. La forma triangular del OVNI, claramente perceptible a simple vista, tampoco se veía en la foto. En cambio, las luces del avión salieron más brillantes que las del OVNI, tal como se habían visto desde tierra, aunque el OVNI estaba mucho más cerca de los observadores. Los experimentos en laboratorio muestran que esto se debió probablemente al efecto de la luz infrarroja que rodeaba el OVNI y que puede hacer que un objeto desaparezca totalmente

---

10. Marie-Thérèse de Brosses, según una entrevista con el profesor Auguste Meessen, «Un objeto volador no identificado en el radar de un F-16», *Paris-Match*, 5 de julio de 1990.

en una foto. Este podría ser el motivo por el que los investigadores recibieron tan pocas fotos útiles durante la ola belga y por el que las fotos auténticas de los OVNIS son menos frecuentes de lo que podría esperarse.

Los dibujos de los testigos desempeñan un papel importante, ya que plasman detalles impresos en la memoria de los observadores inmediatamente después de los avistamientos. Los investigadores pueden así comparar versiones hechas en lugares y momentos diferentes, o hechas por varios testigos del mismo acontecimiento desde distintos ángulos, y en todos los casos por personas que no se conocen entre sí. «Seguramente llegará el día en que el fenómeno podrá ser observado con los medios tecnológicos necesarios para que no quede la menor duda sobre su origen», comentó hace poco el general de Brouwer, con total confianza en sus palabras. Mientras tanto, algo física y tecnológicamente real, pero completamente desconocido para nosotros, apareció repetidas veces en los cielos de Bélgica. No sabemos de dónde venía, ni adónde iba, ni por qué se presentó allí. Pero el hecho de su existencia fue suficientemente notable y problemático para los que estábamos en tierra, incapaces de hacer nada al respecto.

2
La ola FANI barre Bélgica

Por el general Wilfried de Brouwer (ret.)

E l 29 de noviembre de 1989, cuando yo era jefe de Operaciones del Estado Mayor del Aire de Bélgica, recibimos información de 143 avistamientos en una pequeña zona situada alrededor de Eupen, a treinta kilómetros de Lieja y a once de la frontera occidental alemana. Algunos avistamientos fueron presenciados por más de una persona, lo que significa que por lo menos 250 personas describieron una extraordinaria abundancia de FANIS; la mayor parte de los informes llegó después de la puesta del sol.

Hacía un tiempo apacible, el cielo estaba despejado y la visibilidad era buena. El informe más importante provino de dos policías nacionales, Heinrich Nicoll y Hubert von Montigny. A las 5.15 de la tarde, mientras patrullaban por la carretera que une Eupen con la frontera alemana, vieron un campo cercano iluminado con tal intensidad que podían leer el periódico dentro del coche. Suspendida en el aire, encima del campo, había una nave triangular con tres proyectores orientados hacia abajo y una luz roja intermitente en el centro. Sin hacer el menor ruido, avanzó despacio hacia la frontera alemana durante dos minutos aproximadamente y, de súbito, retrocedió hacia Eupen. Los policías la siguieron. Otros testigos independientes informaron de que habían visto el extraño objeto moviéndose en sentido paralelo a la citada carretera. Permaneció sobre la población de Eupen durante unos treinta minutos, donde fue visto por muchos otros testigos.

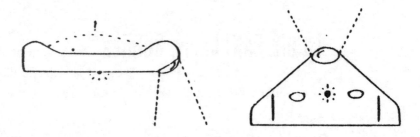

Dibujo de objeto avistado por dos testigos junto al lago Gileppe, de lado y desde abajo. Archivos SOBEPS.

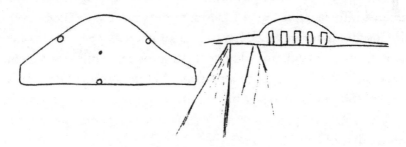

Un testigo de Eupen también dibujó la nave desde dos ángulos. Archivos SOBEPS.

El objeto se desplazó a continuación hacia el lago Gileppe, donde permaneció inmóvil y en el aire durante una hora aproximadamente, mientras Nicoll y von Montigny, sentados en su vehículo, en la cima de una colina próxima, presenciaban un espectáculo extraordinario. La nave emitía de manera repetitiva dos haces de luz roja, con una bola roja situada en la punta de lanza de ambos haces, en el plano horizontal. Al cabo del rato los haces desaparecieron y las bolas rojas regresaron al vehículo. Minutos más tarde comenzó otro ciclo; cada ciclo duró varios minutos. Hubert von Montigny dijo que era como si un submarinista disparase con un arma subacuática una flecha que llegara al final de su trayectoria y luego diese marcha atrás para volver donde el submarinista[11].

Pero aún hubo más cosas. De repente, a las 6.45, los policías vieron otra nave que surgió de detrás de los árboles y que avanzó con una maniobra en oblicuo que puso al descubierto la parte superior del fuselaje. Según ellos, en aquella parte superior había una cúpula con ventanillas rectangulares, iluminadas por dentro. Entonces se dirigió hacia el norte. Unos cuarenta minutos después, a las 7.23 de la noche, la primera nave dejó de lanzar bolas de luz roja y se fue rumbo al suroeste. Los dos agentes, que estaban en contacto por radio con su comisaría, supieron que se había dado parte de la aparición de otro FANI al norte de Eupen, de modo que se dirigieron hacia un punto de observación, al sur de la carretera E 40. Desde esa posición vieron que el FANI se movía hacia el pueblo de Henri-Chapelle, donde otros dos agentes de policía, Dieter Plumanns y Peter Nicoll (sin ninguna relación con Heinrich Nicoll) vieron acercarse la nave desde Eupen.

Plumanns y Peter Nicoll detuvieron su vehículo cerca de un monasterio y desde allí observaron que la nave tenía tres proyectores potentísimos y una luz central, roja e intermitente; se encontraba a unos 100 metros y a una altitud estimada de 80. La nave estaba inmóvil y en silencio, pero de súbito emitió un ruido silbante y las luces redujeron su intensidad. Al mismo tiempo, del centro salió una bola de luz roja que se dirigió en línea recta hacia el suelo, hacia un punto no muy alejado de donde se encontraban los agentes.

---

11. En el «Étude approfondie et discussion de certaines observations du 29 novembre 1989», del profesor Auguste Meessen, *Inforespace 95*, octubre de 1997, p. 16-70, se incluyen descripciones del «espectáculo de la bola roja» en el lago Gileppe. Véase http://www.meessen.net/AMeessen/Gileppe.pdf. Estas observaciones también aparecieron descritas en el primer libro de SOBEPS.

Los dos estaban aterrorizados. La bola de luz abandonó la trayectoria vertical, emprendió otra en sentido horizontal y se perdió de vista tras unos árboles. La nave avanzó entonces hacia donde estaba el coche de los policías y partió en dirección noreste. La siguieron durante unos ocho kilómetros, hasta que dejaron de verla. En cambio, sus colegas Heinrich Nicoll y Hubert von Montigny —los dos agentes que habían visto los objetos horas antes— pudieron seguir sus movimientos desde su posición al sur de la carretera.

En total informaron del avistamiento trece policías situados en ocho lugares de los alrededores de Eupen. También vieron los objetos muchos civiles. Por ejemplo, una familia de cuatro miembros que iba por una carretera, al oeste de Lieja, vio una plataforma rectangular por encima de su coche que fue visible gracias a las luces de la carretera. La familia contó que pasó muy despacio a poca altura y tenía un foco en cada esquina.

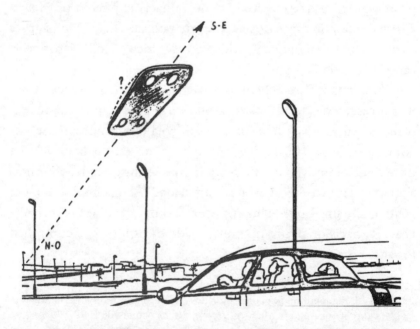

Dibujo de una madre que observó una nave mientras iba por la carretera con su familia. Archivos SOBEPS.

En total se investigaron a fondo setenta avistamientos efectuados aquel 29 de noviembre y ninguno pudo explicarse en términos de tecnología convencional. Teniendo en cuenta que aproximadamente una de cada diez personas se toma la molestia de informar de lo que ha visto, el equipo de investigadores y yo calculamos que aquel anochecer tuvieron que ver el fenómeno más de 1.500 personas de más de setenta localidades, desde diferentes ángulos.

Después de los primeros avistamientos del 29 noviembre, se produjeron otros el 1 (cuatro observaciones) y el 11 de diciembre de 1989: en este caso, veintiún testigos informaron de la aparición de una nave triangular que describieron de un modo muy parecido.

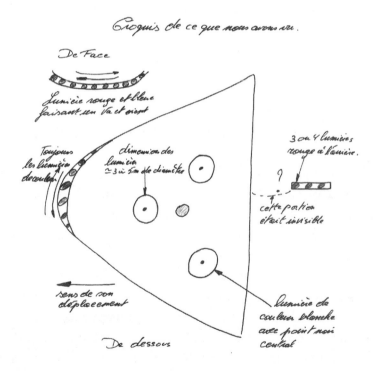

Dibujo de Valenzano, que ponía luces rojas y azules en el borde delantero y cuatro luces debajo. Archivos SOBEP.

El primero de diciembre, el meteorólogo Francesco Valenzano y su joven hija paseaban por la plaza Nicolai de Ans, pequeño municipio próximo a Lieja, cuando vieron acercarse una nave de gran tamaño que volaba a poca altura. La nave dio la vuelta a la plaza sin hacer ruido y cuando pasó por encima de padre e hija, el primero advirtió una forma triangular con tres luces dispuestas igualmente en triángulo y una luz rotatoria roja en el centro que estaba en un plano más bajo que el vientre de la nave.

El 11 de diciembre, un muchacho de doce años, sus padres, sus abuelos y su hermana vieron una nave parecida cerca de su casa durante unos quince minutos. Al principio se quedó inmóvil, pero luego empezó a moverse hacia la casa, por encima de la cual pasó. El dibujo que hizo el muchacho muestra una vista frontal del objeto (abajo a la derecha), una vista del mismo cuando se acercaba a ellos (abajo a la izquierda) y una vista de cuando lo tuvieron encima (centro). Las diferentes formas que vemos en el dibujo podrían explicar por qué otros testigos informaron de una nave que no era triangular. El dibujo muestra ciertamente que la percepción de la forma puede variar según la altitud del objeto y el punto de vista del observador.

Unos quince minutos más tarde se vio una nave parecida unos 97 kilómetros más al oeste y a continuación hubo otros informes. A las 6.45 de la tarde, el coronel André Amond, ingeniero de obras públicas del ejército belga, iba en coche con su mujer cuando ambos vieron tres grandes paneles de luz y una luz roja centelleante a su izquierda. El coronel iba más rápido que el artefacto, pero cuando se detuvo y los dos bajaron del coche para observarlo, los tres paneles los alcanzaron y viraron hacia ellos. De súbito vieron un proyector grande, de unas dos veces el tamaño de la luna llena, que se acercaba a ellos a una distancia aproximada de 100 metros. La esposa del coronel se asustó y quiso marcharse de allí. Cuando el coronel fue a abrir la portezuela, la nave giró a la izquierda a una velocidad aproximada de 16 km/h, y ambos testigos vieron tres luces en la parte inferior, en forma de triángulo, con otra luz intermitente en el centro.

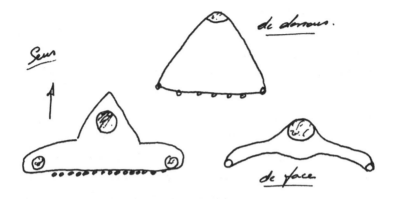

La nave vista desde tres ángulos, según dibujos de un muchacho de Trooze, población cercana a Lieja. Archivos SOBEPS.

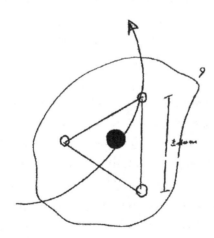

El coronel Amond envió al ministro de Defensa belga este dibujo del FANI visto desde abajo. A. Amond.

No se oyó ningún ruido y, aunque había luna llena, los testigos no distinguieron la estructura de la nave. Tras completar el giro, aceleró bruscamente a gran velocidad y se perdió en la oscuridad de la noche. El coronel Amond envió un informe detallado al ministro de Defensa belga. Precisó que no era un holograma, ni un helicóptero, ni un avión militar, ni un globo, ni un ultraligero motorizado, ni ningún otro vehículo aéreo conocido.

Durante una reciente revisión de la investigación, se supo que otra testigo había visto el objeto de las tres luces y la luz roja intermitente alrededor de cinco minutos antes que Amond y su esposa. El cronometraje exacto se pudo reconstruir porque esta persona se dirigía a su casa tras apearse del tren que había llegado a la estación de Ernage veinte minutos antes de que los Amond descubrieran la nave.

El 4 de abril de 1990, a las 10 en punto de la noche, una señora paseaba a su perro por su patio, en la localidad de Petit-Rechain, cuando vio cerca de su casa, flotando en el aire, los reflectores de una nave. Avisó a su compañero, que salió corriendo con una cámara de reciente adquisición. La cámara estaba cargada con película para diapositivas, pero solo quedaban dos fotogramas de película virgen. Apoyándose en la pared, para impedir el movimiento al máximo, hizo las dos fotos, la primera con exposición manual de 1-2 segundos, mientras la nave escoraba hacia la izquierda. La nave se puso entonces en movimiento y desapareció tras las casas vecinas. Cuando procesó la película, el fotógrafo vio cuatro puntos de luz en una diapositiva y nada en la otra, que tiró a la basura.

Este hombre, que era metalúrgico y trabajaba en una fábrica, enseñó semanas después la foto sobreviviente a sus compañeros de trabajo, durante la pausa para el almuerzo. Un amigo suyo contactó con un periodista local, que publicó la foto en una revista francesa. La revista lo notificó a los peritos de la Real Academia Militar de Bélgica y estos solicitaron la diapositiva original para analizarla. Un equipo dirigido por el profesor Marc Acheroy descubrió una forma triangular cuando sobreexpusieron la diapositiva.

La diapositiva original en color fue analizada posteriormente por François Louange, especialista en imágenes de satélite del CNES, el centro nacional de investigación espacial de Francia; por el doctor Richard Haines, excientífico de la NASA; y por último por André Marion, doctor en física nuclear y catedrático en la Universidad de París-Sur y también colaborador del CNES.

Los hallazgos principales fueron:

- Ningún efecto de radiación infrarroja.
- Ninguna indicación de que se hubiera manipulado la diapositiva.
- La cámara estaba fija, pero la nave se movía despacio y había escorado unos 45 grados cuando se hizo la foto.
- Los proyectores no rotaban alrededor de ningún punto central.
- La luz del centro era muy distinta de las otras tres.
- La posición de las luces era simétrica en relación con la estructura de la nave.

El análisis del profesor Marion se hizo en 2002, fue el más reciente y utilizó tecnología más sofisticada. Confirmó los hallazgos anteriores y explicó un descubrimiento nuevo: la digitalización de la foto reveló que alrededor de la nave había un halo de algo más ligero. Un procesamiento óptico especial puso de manifiesto que dentro del halo las partículas de luz formaban un patrón alrededor de la nave, como copos de nieve en una tormenta. Se parecía mucho al dibujo que trazan las limaduras de hierro sometidas a las «líneas de fuerza» de un campo magnético[12]. Esto

---

12. André Marion, «Nouvelle analyse de la diapositive de Petit-Rechain», *Orsay*, 17 de enero de 2002.

podría significar que la nave se movía utilizando un sistema de propulsión magnetoplasmadinámica, según sugirió el profesor Auguste Meessen en uno de sus estudios[13].

Muchos elementos ocultos se conocieron únicamente durante el análisis de la foto, lo que significaba que no se había trucado. Los expertos notaron en particular que las características excepcionales de las luces eran muy específicas y dijeron que un efecto así no se habría producido si la foto hubiera sido un engaño[14]. Además, los hallazgos de los expertos eran compatibles con la versión del fotógrafo, que al principio no supo qué hacer con la foto de las cuatro luces extrañas y la tuvo en un cajón durante semanas, hasta que se le ocurrió enseñarla. No estaba seguro de lo que era y no pensó en ella durante un tiempo.

Aunque la gran mayoría de los informes describía una nave triangular con tres proyectores y una luz intermitente en la base, tal como se veía en la foto de Petit-Rechain, hubo otros testigos que alegaron haber visto formas y características muy particulares. El 22 de abril de 1990 se recibieron siete informes sobre triángulos, más un informe menos usual de dos trabajadores de Basècles, localidad situada al suroeste de Bruselas. Estos se encontraban en el patio de su fábrica, poco antes de medianoche, cuando aparecieron repentinamente dos enormes y potentes proyectores que iluminaron todo el patio. Una gigantesca plataforma trapecial avanzaba lenta y silenciosamente un poco por encima de la chimenea, y en cierto momento cubrió todo el

---

13. Auguste Meessen (profesor emérito de la Universidad de Lovaina), «Réflexions sur la propulsión des Ovnis», en http://www.meessen.net/AMeessen/ReflexionPropulsion.pdf.

14. Traduzco un pasaje del artículo del profesor Marion: «Cuesta creer que se haya preparado un engaño con una maqueta o algo parecido. El análisis digital lo confirma (véase más abajo)... La existencia de "líneas de fuerza" es un argumento poderoso contra la posibilidad de un engaño, que tendría que ser particularmente sofisticado. Además, no está claro por qué un falsificador se habría molestado en idear y poner en práctica un fenómeno tan complejo, máxime si tenemos en cuenta que no se notaría sin un procesamiento especializado de la diapositiva». Marion, cit.

patio (de 100 × 60 metros). Los dos hombres describieron seis luces y dijeron que el objeto era de color grisáceo. Vieron estructuras en la base de la plataforma, que les pareció un «portaaviones boca abajo».

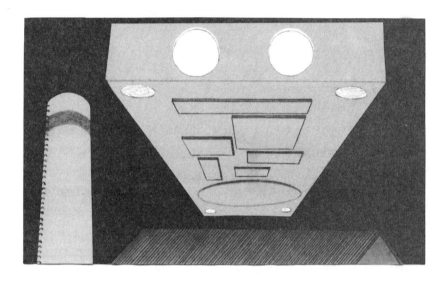

Versión de un dibujante del «portaaviones invertido» de la fábrica de Basècles.
Archivos SOBEPS.

El 15 de marzo de 1991 se produjo otro avistamiento peculiar, asombrosamente parecido al de la fábrica de Basècles, esta vez en Auderghem, cerca de Bruselas. Un ingeniero electrónico despertó en plena noche y oyó un débil silbido, muy agudo. Miró por la ventana y vio una nave muy grande, de forma rectangular, que volaba muy bajo y presentaba estructuras irregulares en la base. Se puso una chaqueta, subió a la azotea y observó aquella nave de color gris oscuro que se desplazaba muy despacio y sin luces. El silbido ya no se oía y la nave estaba totalmente silenciosa.

Dibujo de un testigo de una nave rectangular que sobrevoló Auderghem, muy parecida a la nave observada en Basècles un año antes. Archivos SOBEPS.

Unos días antes, el 12 de marzo, se habían recibido en total veintisiete informes de una pequeña zona del suroeste de Lieja. En dos ocasiones se había visto una nave sobre la central nuclear de Thiange. Un testigo contó que estaba encima mismo de las luces rojas que coronaban una de las grandes chimeneas. Permaneció allí alrededor de un minuto, bañando con una de sus luces la estructura exterior, mientras que otra luz dirigía su haz al interior de una de las chimeneas. Terminada la «inspección», el FANI se puso en movimiento lentamente, cruzó la gruesa columna de humo blanco de la chimenea y finalmente se perdió en la oscuridad.

De vez en cuando aparecía una nave para responder a la presencia o los actos de los observadores, como se dijo más arriba, cuando el coronel Amand se apeó de su coche y el objeto, inmediatamente, se acercó hacia donde estaba. El 26 de julio de 1990, a las 10.35 de la noche, el señor Marcel H. y señora, iban también en su vehículo, cruzaron Grâce-Hollogne y cuando se dirigían hacia Seraign vieron un objeto inmóvil en el cielo. Tenía la forma de un triángulo equilátero, que según calcularon mediría unos doce metros de lado. El objeto era oscuro, pero en dos lados tenía un cinturón de luz blanca, como un largo tubo de neón. Los testigos vieron tres focos que proyectaban luz hacia el suelo; parecían separados del objeto, pero conectados entre sí por una especie de «escuadra» de sostén. También eran visibles dos luces intermitentes, una roja y otra verde, en la parte inferior de la nave. La base del triángulo —el lado donde había dos focos de luz blanca— estaba orientada hacia ellos.

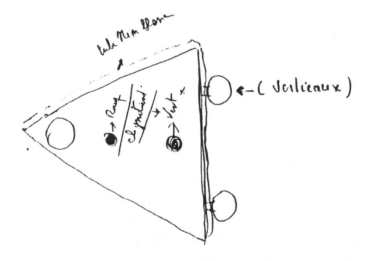

Dibujo del señor Marcel H. Él y su esposa vieron dos luces intermitentes, una roja y otra verde, hacia el centro del triángulo, tres grandes luces blancas y un tubo blanco de neón. Archivos SOBEPS.

Sorprendido, el señor H. dijo a su esposa: «Vamos a divertirnos, le haré señales con los faros». El señor H. apagó y encendió los faros dos veces. En aquel momento, las dos luces blancas de la base del triángulo giraron, miraron hacia los dos pasajeros del coche y se apagaron y encendieron tres veces. La luz era potente, pero no cegadora. Luego, sin dejar de apuntar al coche con las luces, el objeto se acercó a él y, con la base por delante, se situó a la derecha, a unos 100 metros de distancia, y a una altitud de entre 60 y 100 metros. (Es interesante señalar que el coronel Amand también consignó una distancia de 100 metros cuando se acercó el objeto.) A continuación escoró y, siempre moviéndose con la base por delante, voló en la misma dirección que el coche, al que siguió colina abajo hacia Seraing. Aunque la ladera era empinada, el OVNI seguía los accidentes del terreno, manteniendo en todo momento la misma altitud y volando a la misma velocidad que el coche (60-70 km/h). Cuando llegaron al puente de Seraing, los señores H. estaban realmente aterrorizados. Finalmente, el objeto cruzó el río Mosa junto a ellos, sin hacer el menor ruido, y empezó a ascender, alejándose con rapidez hacia Grâce-Hollogne.

Podría escribirse un libro de muchísimas páginas solo con los informes y dibujos de los testigos, recogidos en el curso de aquellos dos años fundamentales. Aquí he presentado solo una muestra. Puedo concluir con seguridad que las observaciones realizadas durante la llamada «ola belga» no fueron fruto de ninguna histeria de masas. Los testigos entrevistados por los investigadores hablaron con sinceridad. No se conocían entre sí. Casi todos estaban impresionados por lo que habían visto y hoy, veinte años después, siguen estando dispuestos a confirmar la veracidad de aquella experiencia insólita. Los que vieron de cerca la nave se asustaron o aterrorizaron; uno que iba en bicicleta cayó al suelo y quedó en estado de shock. Varios testigos desempeñaban funciones de alto nivel y prefirieron no revelar su nombre a los medios.

Durante la ola belga se registraron aproximadamente 2.000 casos de observaciones; 650 fueron investigados y más de 500 siguen sin explicarse. Es lógico suponer que hubo muchísimas más personas, más millares, que presenciaron FANIS y no informaron de ellos. Los hallazgos fueron excepcionales. En más de 300 casos hubo testigos que vieron una nave a menos de 300 metros y más de 200 avistamientos duraron más de cinco minutos. En algunos casos, los observadores estuvieron inmediatamente debajo de la nave.

Aunque hay muchas preguntas que siguen sin responderse, el análisis revela que pueden establecerse con seguridad algunos puntos y sacarse algunas conclusiones.

- Casi todos los testigos afirmaron que la nave tenía forma triangular, pero otros informes mencionaron otras formas, por ejemplo de rombo, de cigarro puro o de huevo, y en unos cuantos casos muy espectaculares, forma de portaaviones boca abajo.
- Las actividades aéreas que se notificaron fueron rechazadas, y sin embargo fueron observadas por múltiples testigos, aunque no registradas por los radares de vigilancia.
- De toda la información se deduce que el 29 de noviembre y el 11 de diciembre hubo al menos dos naves activas al mismo tiempo. El 29 de noviembre dos policías informaron de dos al mismo tiempo en lugares distintos, y además se describieron formas diferentes. El 11 de diciembre los testigos vieron naves al mismo tiempo en lugares distintos.
- En varias ocasiones la nave se ladeó para maniobrar, permitiendo a los testigos ver su superficie superior, donde había una cúpula. Algunos informaron de la presencia de ventanillas o luces en el costado de la nave; otros vieron ventanillas iluminadas en la cúpula.
- No se detectaron efectos electromagnéticos, como interferencias de radio.
- No se detectó ninguna acción hostil o agresiva.
- Los objetos voladores no trataron de esconderse y, en varios casos, avanzaron hacia los observadores situados en tierra. Algunos testigos contaron que las naves respondieron a sus señales, por ejemplo encendiendo y apagando luces cuando los observadores hicieron lo mismo con los faros del coche.

- Las naves se movían de un modo que no habría sido posible con la tecnología conocida. Eran capaces de mantenerse estacionarias y suspendidas, incluso en posiciones inusuales, por ejemplo verticales y/o inclinadas 45 grados o más. Podían volar con lentitud y acelerar con inusitada rapidez, con rapidez superior a la de cualquier avión conocido, y permanecer en silencio o hacer un ruido muy ligero incluso cuando estaban suspendidas o aceleraban. Los objetos estaban dotados con proyectores muy grandes, de más de un metro de diámetro, capaces de iluminar intensamente el suelo desde una altura de 100 metros o más. La potencia de estas luces era variable: en algunos casos los testigos indicaban que no iluminaban el suelo y no deslumbraban. Los expertos están convencidos de que los proyectores son de una naturaleza muy especial; su tamaño e intensidad no se han visto en ninguna aeronave conocida hasta el momento. Las naves tenían una luz roja en la parte inferior, al parecer separada de la estructura, y parecían pulsátiles más que rotatorias. En tres ocasiones se vieron bolas de luz roja que abandonaban la estructura y en dos ocasiones se vieron regresar a la nave.
- Algunos de estos comportamientos podrían explicarse por separado, pero que se presenten juntos es muy inusual e incluso enigmático. La tecnología utilizada por las naves era tan avanzada que no nos es asequible ni siquiera hoy, veinte años después.
- La conclusión más importante es que hubo actividades aéreas de origen desconocido en el espacio aéreo de Bélgica. La cantidad de casos presenciados y la credibilidad de los numerosos testigos representan para nosotros un insondable misterio.

Los acontecimientos del 29 de noviembre fueron ampliamente cubiertos por los medios y, como es lógico, la Fuerza Aérea recibió un abrumador bombardeo de preguntas. Las preguntas se dirigían al ministro belga de Defensa, pero acababan en mi mesa, en tanto que jefe de Operaciones del Estado Mayor del Aire. Me preguntaban una y otra vez por el origen y naturaleza de las naves.

La Fuerza Aérea belga trató de identificar al presunto o los presuntos intrusos. Comprobamos los registros de radar del 29 de noviembre, pero no se había detectado nada especial. Además, las autoridades de la aviación civil confirmaron que no se había intercalado ningún plan de vuelo y que los radares civiles no habían detectado ninguna actividad especial. Estuve en situación de establecer que los objetos divisados el 29 de noviembre no pudieron ser helicópteros, zepelines ni ninguna aeronave de ala fija. Esto significaba que el objeto u objetos detectados habían infringido las vigentes normativas de la aviación.

Nos enfrentábamos pues a un problema. Hice más comprobaciones para averiguar si los objetos podían deberse a misiones de espionaje de aviones invisibles F-117 o algo parecido. Como el comportamiento que se les atribuía no coincidía con ninguna capacidad tecnológica conocida, estaba convencido de que no era así. Tampoco podía creer que ningún país estuviera realizando experimentos con aparatos de tecnología desconocida que sobrevolaban zonas habitadas sin autorización formal. A pesar de todo, planteé la cuestión ante la embajada estadounidense, que me confirmó inmediatamente que ningún avión invisible ni ningún otro aparato experimental había sobrevolado Bélgica.

Dado que no había ninguna explicación para los acontecimientos del 29 de noviembre y como los avistamientos continuaban, convinimos en autorizar al sistema de defensa nacional que movilizara dos reactores de combate F-16 cuando se informara de actividades inusuales. Los dos primeros reactores despegaron el 8 de diciembre, cuando se informó de la presencia de luces extrañas, pero no se llegó a ninguna conclusión definitiva.

La Fuerza Aérea, en colaboración con las autoridades de la aviación civil y la policía nacional, estableció un procedimiento para que los F-16 pudieran identificar estos fenómenos. Con objeto de que los reactores de combate no despegaran sin motivo justificado, decidimos que se autorizaría la Alerta de Reacción Rápida (ARR) únicamente cuando: (1) la policía confirmara el avistamiento de una nave, y (2) el objeto fuera detectado por radar. Esto significaba que las estaciones de radar tendrían que prestar atención especial a objetos lentos cuando la policía notificara una observación.

De este modo se evitarían los despegues innecesarios, aunque la medida tenía también graves inconvenientes. Los testigos no solían reaccionar avisando a la policía ni estaban en condiciones de efectuar llamadas inmediatas —los teléfonos móviles no existían aún— para que la policía confirmara los avistamientos. Para los controladores de radar también era un problema localizar objetos poco habituales en pantallas abarrotadas de señales. Así que las propias medidas cautelares impedían los despegues rápidos.

Como jefe de Operaciones del Estado Mayor del Aire, me sentía obligado a seguir de cerca los acontecimientos. Sin embargo, el Gobierno belga no dio ninguna prioridad a estas medidas, porque no se había producido ningún incidente amenazador y porque ningún otro Gobierno estaba haciendo averiguaciones oficialmente. Aunque el ministro de Defensa insistía en que todo se hiciera de manera transparente, sobre todo para dar a entender al público que no había ninguna tapadera, la Fuerza Aérea no tenía autorización para abrir una oficina especial dedicada a hacer averiguaciones propias. Lejos de ello, la Fuerza Aérea apoyaba al SOBEPS —el grupo científico de investigación que estudiaba el caso— en todo lo que podía, como dar información sobre actividades aéreas registradas en áreas de observación y responder a peticiones de datos de radar. El SOBEPS enfocaba el tema profesionalmente y la información de la Fuerza Aérea permitía a la organización efectuar averiguaciones objetivas y archivar todos los datos pertinentes.

La noche del 30-31 de marzo de 1990 se ordenó despegar a los F-16 cuando varios policías observaron luces extrañas y dos estaciones de radar militares confirmaron la presencia de un supuesto objeto volador. Una vez en el aire, los pilotos corrieron a interceptar las presuntas naves y en cierto momento detectaron en su radar objetos de comportamiento inusual, como salvar grandes distancias en cuestión de segundos y acelerar más allá de toda capacidad humana. Por desgracia, no pudieron establecer contacto visual.

El ministro de Defensa fue inmediatamente bombardeado a preguntas acerca de los despegues, pero la Fuerza Aérea necesitó tiempo para analizar debidamente los datos. Tres meses después, el 11 de julio de 1990, celebramos una conferencia de prensa. Se habían reconstruido las actividades de los F-16, pero el análisis técnico no se había completado. Yo presenté un seguimiento concreto de radar que puso de manifiesto aceleraciones extraordinarias muy por encima del comportamiento de cualquier aeronave conocida. Sin embargo, añadí que aquellos datos necesitaban ser analizadas más en profundidad por expertos, porque los ecos que se veían en la pantalla podían deberse a interferencias electromagnéticas.

Resultó que únicamente la cámara de un F-16 había realizado registros de radar satisfactorios, así que no pudieron hacerse comparaciones con distintos registros. Esto representó un serio problema. Una comparación nos habría permitido excluir los ecos causados por interferencia electromagnética, porque los datos de tales interferencias nunca son idénticos en dos radares distintos. En consecuencia, no podíamos estar seguros de si los ecos del radar se debían a interferencias electromagnéticas o a algo inusual.

La conclusión de la Fuerza Aérea, por lo tanto, fue que los indicios recogidos eran insuficientes para demostrar que hubiera habido en el aire naves auténticas en aquella ocasión.

El dictamen de la Fuerza Aérea de que los indicios eran insuficientes para llegar a la conclusión de que había habido actividades aéreas inusuales durante la noche del 30 de marzo de 1990 fue jubilosamente recibido por los escépticos irracionales y los desacreditadores, que afirmaron inmediatamente que toda la ola belga de FANIS era una farsa. Para estas personas, un caso explicable basta para demoler más de medio millar de avistamientos inexplicables: una postura que la mayoría sigue adoptando en la actualidad.

La Fuerza Aérea manifestó varias veces en 1990 que no tenía explicación para los numerosos avistamientos registrados. En los últimos tiempos, los escépticos recalcitrantes, que están muy interesados en dar publicidad a sus posiciones, han propuesto la teoría de que se trataba de helicópteros. En la época de la ola FANI, la Fuerza Aérea belga trabajaba con las autoridades de aviación civil y poseía más de 300 aeronaves —comprendidos los helicópteros—, varias estaciones terrestres de radar, 500 pilotos, más de 300 ingenieros, 100 controladores, miles de técnicos, etc., pero no fuimos capaces de encontrar la respuesta.

Sin embargo, un puñado de desacreditadores sin credenciales afirma haberla encontrado. Su verdadero objetivo es desinformar a la población, crear confusión y burlarse de los avistamientos de FANIS. Testigos que presentaron informes en 1990 siguen sufriendo acosos y descalificaciones en la actualidad. No es de extrañar que algunos testigos se negaran a dar su nombre; algunos ni siquiera se atrevieron a informar de lo que habían visto. Tuve una experiencia personal con dos personas, un periodista y un empleado de la OTAN, a quienes conocía desde hacía años. Informaron verbalmente de dos avistamientos sensacionales, pero no quisieron (o no se atrevieron) a poner nada por escrito.

El problema de los FANIS tiene que abordarse críticamente, pero con objetividad. Porque la verdad es que nos enfrentamos a una cuestión muy importante: ¿está siendo invadido nuestro espacio aéreo por intrusos desconocidos? Quienes hacen falsas afirmaciones, practican la desinformación y quieren burlarse del fenómeno FANI prestan un buen servicio a quienes se niegan a aceptar que algunos avistamientos siguen sin explicarse y podrían estar relacionados con alguna clase de tecnología desconocida. Por desgracia, esto no solo tiene un efecto lamentable en los testigos, sino que además reduce el sentido de la responsabilidad en las esferas gubernamentales. Ningún dirigente político quiere involucrarse en temas de FANIS. Como saben que la mayoría de la población está más preocupada por sus necesidades inmediatas y a corto plazo, los dirigentes políticos se concentran en la solución de estos problemas y se desentienden de las cuestiones estratégicas a largo plazo. Evitan relacionarse con los FANIS porque tienen miedo de hacer el ridículo y de perder credibilidad ante el público. Es como aquello de la patata caliente: no la toques o te quemarás los dedos.

Casi todos los mandos militares se niegan casi automáticamente a encargarse de la investigación de los avistamientos de FANIS, porque esta responsabilidad no figura en sus puntos de referencia. Dedican todo su tiempo y energía a las operaciones en curso y no se preocupan por asuntos que no dominan. Por añadidura, si los fenómenos aéreos no identificados no comportan ninguna amenaza directa —que yo sepa, no se ha informado recientemente de ningún incidente relacionado con la seguridad—, investigar avistamientos de FANIS no entra en la lista de las prioridades de los mandos militares y en consecuencia no se investigan. Los informes de FANIS se consideran un engorro, una interferencia de la rutina normal que hace perder el tiempo.

Un método fácil para detener el alud de preguntas molestas es que las autoridades den falsas explicaciones de los fenómenos registrados, como ha hecho tantas veces. Hasta cierto punto, esta táctica funciona para reducir la publicidad, en particular si solo hay un acontecimiento. Pero esto no aborda la esencia del problema. Al contrario, crea un clima de desconfianza y de sospecha entre quienes presenciaron el acontecimiento y las autoridades responsables.

Para los militares es más problemático cuando no hay uno, sino muchos acontecimientos. Se apremia a las autoridades de Defensa para que den una respuesta aceptable. Por desgracia, durante la ola belga de FANIS no pudo encontrarse ninguna.

Solo queda una solución y es decir la verdad. La verdad es que la Fuerza Aérea no pudo determinar el origen de los objetos vistos por millares de personas. No es fácil admitir que las autoridades encargadas de defender el aire y gobernar el espacio aéreo no sean capaces de encontrar una explicación válida, pero en mi opinión esto es mejor que dar falsas explicaciones. El Gobierno belga fue sincero y reconoció públicamente que no podía explicar los múltiples avistamientos.

Sin embargo, las autoridades militares no deberían esperar a entrar en acción hasta que el público y los medios las obliguen. Deberían estar preocupadas por las posibles consecuencias para la seguridad que podrían acarrear las actividades aéreas inusuales. Si testigos de confianza informan de la presencia de FANIS que no han sido detectados o identificados por las autoridades de la aviación civil y los sistemas de defensa aérea, debería admitirse que ahí hay un problema y deberían emprenderse acciones para que los expertos cualificados hagan investigaciones más profundas.

¿Y si las naves en cuestión tuvieran intenciones más agresivas? ¿Quién habría sido responsable si se hubieran producido incidentes? El problema sigue estando ahí: ¿qué autoridad militar se atreve a enfrentarse a él? O mejor dicho: ¿qué autoridad militar se atreve a reconocer que hay un problema? ¿Es la política del «avestruz» el enfoque correcto?

Investigar oficialmente los informes fidedignos sobre los OVNIS crearía un clima de apertura y transparencia, e incitaría a otros testigos a hacer públicas sus experiencias. Estas investigaciones aportarían la base científica necesaria para que las autoridades competentes dieran una opinión oficial sobre el problema de los OVNIS. Sin embargo, parece que vamos a necesitar una llamada de aviso para que reconozcamos formalmente que hay un problema. Un accidente importante haría ese servicio, pero no es esto lo que esperamos; por el contrario, eso es precisamente lo que queremos impedir. Todos debemos estar preparados para la siguiente ola de OVNIS, ocurra donde ocurra.

3
Pilotos:
una ventana excepcional a lo desconocido

Que nosotros sepamos, los OVNIS belgas no representaron ninguna amenaza para la seguridad de los aviones en servicio y el general de Brouwer explicó claramente que los objetos no tuvieron ningún comportamiento amenazador. Sin embargo, como ya dije en la Introducción, a propósito del segundo punto que había que tener en cuenta, no siempre es así. Algunos de los informes más convincentes que tenemos sobre encuentros con OVNIS proceden de pilotos militares y civiles, y a veces se pone en peligro la seguridad de la aviación.

Poco después de publicar el primer artículo sobre el Informe COMETA en el *Boston Globe*, me interesé por la cuestión de los OVNIS y la seguridad de la aviación. Al fin y al cabo, si esas cosas estaban ahí fuera, era de esperar que por lo menos *algunos* pilotos vieran luces deslumbrantes mientras volaban de noche, o tal vez triángulos gigantescos de día, o discos metálicos que pasaran zumbando junto a la ventanilla de la cabina. ¿No era más probable que los vieran ellos y no otras personas? Quizás incluso los pasajeros podían estar en peligro si un inesperado objeto volador no identificado pasaba demasiado cerca de ellos. No costaba imaginar que ver un objeto así a 10.000 metros de altitud —un objeto sin alas pero mucho más rápido y ágil que el torpe y pesado reactor en que estamos prisioneros— debía de ser mucho más inquietante que verlo con los pies en el suelo. Pero aparte del simple hecho de verlos, ¿podían ser peligrosos?

No tardé en saber con infinito asombro que el investigador más cualificado de encuentros de pilotos con OVNIS acababa de publicar un informe de noventa páginas sobre esta misma cuestión. Mejor aún, comprendí que aquel estudio científico y bien documentado podía servirme de trampolín para escribir otro artículo, en el mismo estilo que el que ya había publicado sobre el Informe COMETA. «La seguridad de la aviación en Estados Unidos: un factor descuidado hasta ahora», del doctor Richard Haines, investigador científico, ya retirado, del Centro de Investigación Ames de la NASA y exdirector de la División de Factores Humanos en el Espacio de la NASA, era un estudio abrumador, con más de cincuenta páginas de casos relacionados con pilotos y sus tripulaciones[15]. Evidentemente, el «factor descuidado» se refería a los FANIS, los fenómenos aéreos no identificados[16].

El informe resumía más de cien casos de encuentros de pilotos con una variada serie de FANIS. Casi todos los casos contaban con múltiples testigos y muchos estaban respaldados por comunicaciones con radios en tierra y confirmaciones de radar. Los pilotos, profesionales experimentados, presentaron descripciones de objetos que iban desde discos plateados hasta bolas de fuego verde, pasando por lazos voladores que envolvían aviones de pasajeros y

---

15. Richard F. Haines, «Aviation safety in America: a previously neglected factor», NARCAP Technical Report 01-2000, 15 de octubre de 2000, http://www.narcap. org/reports/001/narcap.TR1.AvSafety.pdf. Informé sobre este studio en «Pilot encounters with UFO's: new study challenges secrecy and denial», *Providence Journal/ Knight Ridder*, 3 de mayo de 2001.

16. Véase la Introducción de este libro para entender el porqué de la sigla FANI, propuesta por el doctor Haines.

se desplazaban con ellos a pesar de las maniobras de evasión de los pilotos, y luces cegadoras que inundaban las cabinas. El doctor Haines documentaba casos en que la proximidad de OVNIS podía tener repercusiones electromagnéticas en la navegación aérea y los sistemas operativos, y otros en que los pilotos tenían que descender en picado para evitar colisiones. Escribió que la capacidad de los tripulantes para cumplir con sus obligaciones de seguridad se alteraba cuando se veían ante «inesperados fenómenos anómalos, de larga duración, de naturaleza sólida y/o luminosa que maniobraban cerca del avión». El peligro que representaba el fenómeno observado en pleno vuelo dependía más de la respuesta humana que de los actos del FANI propiamente dicho, porque los objetos no se mostraban agresivos ni hostiles, y parecían capacitados para evitar colisiones virando instantáneamente a altísima velocidad en el último momento.

El doctor Haines, que ha escrito más de setenta artículos para importantes revistas científicas y publicado más de veinticinco informes del Gobierno estadounidense para la NASA, se especializó en conducta humana, diseño tecnológico e interacción humano-informática mientras trabajó en la NASA. Tras intervenir en los proyectos estadounidenses Gemini y Apollo, así como en el Skylab y la Estación Espacial, en 1988 se retiró de su puesto de científico aeroespacial en el Centro de Investigación Ames de la NASA, en el que había estado veintiún años. Posteriormente trabajó como científico investigador en el Instituto de Investigación para Ciencia Informática Avanzada, en RECOM Technologies Inc. y en Raytheon Corp., en el Centro de Investigación Ames de la NASA, hasta 2001.

Haines se interesó inesperadamente por el tema OVNI allá en los años sesenta, cuando dirigió unas investigaciones para la NASA, relacionadas con simuladores de vuelo. Según explicó, los pilotos comerciales se ofrecían a pilotar simuladores en sus instalaciones para efectuar estudios sobre seguridad en la aviación, aviónica y muchos otros campos. «De vez en cuando un piloto venía y me contaba alguna experiencia que había tenido y que me dejaba realmente patidifuso», dijo en una entrevista sostenida en 2009[17]. Aunque había oído hablar de OVNIS en aquella época, no le interesaban en absoluto. «Oía contar una anécdota tras a otra a testigos de mucha confianza, así que empezaron a llamarme la atención. Yo me decía: "Seguro que estas cosas tienen explicación; son fenómenos naturales o fenómenos que el ojo humano confunde", un tema del que sabía mucho por haber estudiado óptica y visión humana. Así que me adentré en el tema como un escéptico dispuesto a desacreditarlo todo. Pero cuanto más investigaba con seriedad, más convencido estaba de que allí había algo. Algo que merecía la pena observarse. Sin embargo, ningún colega mío observaba». Se puso a recoger sistemáticamente datos e informes de testigos, y a meditar y analizar detenidamente, y no dejó de hacerlo desde entonces. En 2010 contaba con una base de datos internacional de más de 3.400 informes de primera mano sobre avistamientos de OVNIS, de pilotos comerciales, militares y privados, con especial atención a los casos en que estaba en juego la seguridad de la aviación, que no hay que confundir con los avistamientos en que los objetos no influyen para nada en la aeronave ni en su tripulación.

La verdad es que él y sus asociados se han dedicado durante años a alertar a la comunidad aviadora sobre los efectos de los fenómenos aéreos desconocidos en la seguridad de la aviación. En 2001, junto con el director ejecutivo Ted Roe, fundó el Centro Nacional de Informes de Aviación sobre Fenómenos Anómalos (NARCAP)[18], una respetada organización investigadora internacional, no lucrativa, que funciona asimismo como centro de información confidencial para uso de pilotos, tripulantes y controladores del tráfico aéreo que temen dar públicamente informes sobre avistamientos. Los científicos del NACARP recogen y analizan datos

---

17. Entrevista con David Biedny y Gene Steinberg para «The Paracast», 5 de abril de 2009, http://www.theparacast.com/show-archives.

18. Para más información, visítese www.narcap.org.

de alta calidad para entender mejor la naturaleza fundamental de toda clase de fenómenos aéreos no identificados que podrían representar una amenaza para la seguridad de la aviación. Los consejeros científicos y técnicos del grupo, que tienen amplia experiencia aviadora y aeronáutica y proceden de una docena de países, junto con otros especialistas, desde geofísicos y psicólogos investigadores hasta meteorólogos y astrofísicos, contribuyen con investigaciones y publican «informes técnicos» en el sitio web de la organización.

Tuve el privilegio de conocer al doctor Haines, que me invitó a participar en una serie de encuentros anuales privados del NARCAP, el último de los cuales se celebró en julio de 2008. Y tuve el honor de conocer a muchos profesionales consagrados a su trabajo que realizaban una sobresaliente labor a pesar de los obstáculos con que tropezaban. En aquellas mesas redondas se presentaban artículos e investigaciones en curso y se comentaban estrategias para llegar más fácilmente a la comunidad aviadora, subrayando que el NARCAP era muy distinto de los grupos de ufólogos, para quienes carecía de interés el tema de la seguridad de la aviación y recurrían menos habitualmente al enfoque científico riguroso.

A pesar de lo dicho, los esfuerzos del NARCAP por llevar la cuestión a la palestra científica y a la comunidad aviadora cayeron en saco roto. «Tengo muy poca confianza en que el enfoque racional de los datos confirmados sobre la presencia y comportamiento de FANIS en nuestro cielo vaya a derribar a corto plazo la idea que se ha repetido sin cesar a dos generaciones de estadounidenses: que el tema de los FANIS debería, en el mejor de los casos, relegarse a la categoría de las leyendas populares y, en el peor, considerase propaganda hasta cierto punto perjudicial», me comentó el doctor Haines en un correo. «Pero debemos seguir trabajando para que se acepte la verdad cuando y donde la encontremos. Hacer menos sería contribuir a un futuro posiblemente peligroso».

Al margen de los esfuerzos legítimos por solucionar los temas de seguridad, me intrigaba el papel absolutamente crucial que podían desempeñar los pilotos en la documentación del comportamiento de aquellos OVNIS misteriosos y escurridizos, pues con el factor seguridad o sin él son los más experimentados y mejor entrenados observadores de todo lo que vuela. Capacitados para identificar y responder rápidamente a cualquier cosa que ponga en peligro un vuelo, los pilotos necesitan tener un conocimiento práctico de toda clase de aeronaves, vuelos militares de prueba y otras actividades aéreas especiales, como experimentos con misiles, así como de fenómenos meteorológicos naturales y fenómenos climatológicos inusuales. Los pilotos profesionales están muy cualificados para reconocer si una anomalía es natural o no. ¿Qué mejor fuente de datos sobre los OVNIS podría haber? El mundo de la aviación está en condiciones de proporcionar una información que aumentaría enormemente los conocimientos sobre el fenómeno OVNI. Bastaría con que nuestros científicos quisieran aprovecharlo.

Estos profesionales pasan incontables horas tras una ventana única que da a kilómetros y kilómetros de cielo normalmente vacío, una plataforma perfecta para observar detalles excepcionales sobre el comportamiento y el aspecto físico de los OVNIS cuando aparecen. Los pilotos están capacitados para determinar exactamente la distancia y velocidad de la anomalía, así como su tamaño relativo, que es más difícil de calcular desde el suelo. También podrían documentar el impacto pasajero de posibles campos electromagnéticos en el equipo de la cabina, dando claves potencialmente útiles sobre la naturaleza de cualquier radiación del objeto. Capacitados igualmente para permanecer tranquilos y concentrados en inesperadas situaciones de tensión, los pilotos pueden informar con exactitud y seguridad sobre acontecimientos exteriores, empleando el radar de a bordo y las comunicaciones con el control de tráfico aéreo para guiar los radares de tierra hacia el objeto. Podría contactarse entonces con aviones cercanos e indicarles que se dirijan a la zona, o bien podría ordenarse el despegue de reactores militares si el encuentro fuera prolongado. Y —cosa del máximo interés para todos— la tripulación podría hacer magníficas fotos y filmaciones de los encuentros más largos. Estas circunstancias excepcionales transforman prácticamente cualquier avión a reacción en un laboratorio especializado volante para el estudio de fenómenos anómalos. Desde los años cincuenta se han obtenido por este medio importantes pruebas sobre OVNIS en muchos casos relevantes que no solo han aumentado la preocupación por la seguridad, sino que además han engrosado el material de archivo.

Los pilotos están entre los grupos de testigos con menos probabilidades de inventar o exagerar informes de avistamientos extraños. Pero por desgracia, tal como están las cosas actualmente, casi ninguno querría encontrarse nunca en el dilema de ver un OVNI y tener que decidir si informar o no. Según Haines, informar de la presencia de FANIS ha bastado para poner en peligro el futuro laboral de más de un piloto y por eso la mayoría prefiere no informar.

Neil Daniels[19], comandante de United Airlines durante treinta y cinco años, con más de 30.000 horas de vuelo y portador de la Cruz de Servicios Aéreos Distinguidos de la Fuerza Aérea de Estados Unidos, fue uno de esos pilotos que temieron informar de su avistamiento, a pesar del efecto físico que sufrió su aparato. En 1977, él, el copiloto y un ingeniero de vuelo observaron una «luz brillantísima», totalmente redonda, «a la altura del extremo del ala», según sus propias palabras, a unos mil metros de su United DC-10, que había despegado de San Francisco y se dirigía al aeropuerto Logan de Boston. Mientras tenía puesto el piloto automático, el avión de pasajeros viró a la izquierda sin que nadie tocara ningún mando, al parecer movido por alguna interferencia magnética del objeto. El Centro de Boston preguntó: «United 94, ¿adónde vais?» El comandante Daniels respondió: «Deja que lo averigüe. Te tendré informado».

El comandante y el copiloto advirtieron entonces que las tres brújulas señalaban diferentes direcciones. En aquel momento des-

---

19. Me reuní con Daniels en su casa de las afueras de San Francisco y posteriormente sostuvimos varias entrevistas por teléfono.

conectaron el piloto automático y pilotaron el aparato manualmente. (Haines me indicó que el sensor magnético que alimentaba la brújula que controlaba el piloto automático era el más próximo al FANI.) La potente luz acompañó al avión a la misma altitud durante varios minutos, hasta que se alejó rápidamente y desapareció.

El comandante Daniels dijo que el objeto luminoso se fue tan deprisa que no le entraba en la cabeza que pudiera ser una máquina de fabricación humana. Pero al margen de lo que fuera, añadió que «causó una alteración en el campo magnético del aparato hasta el punto de que lo obligó a cambiar de rumbo»

Ni Daniels ni ningún otro miembro de la tripulación informaron del incidente. Los controladores de tráfico aéreo no hicieron preguntas por la momentánea alteración del rumbo. Fue como si todos quisieran creer que no había sucedido nada, pero Daniels no pudo olvidar lo que había visto con sus propios ojos. Siete meses después, mientras cazaba patos con su jefe de United Airlines, tuvo un repentino cambio de actitud y decidió contarle el episodio. Por desgracia, descubrió demasiado tarde que habría sido más acertado seguir el impulso inicial de tener la boca cerrada. «Siento oír eso», le respondió el jefe. «A los pilotos que ven esas cosas pueden ocurrirles desgracias.»

Ahora está retirado, pero no estuvo especialmente preocupado por la seguridad del avión en su momento. Aún así, según me expuso, si un OVNI pudo desviar el rumbo de un aparato a distancia, ¿qué no podría hacer si estuviera cerca?

4

Rodeado por un OVNI

Por el capitán Júlio Miguel Guerra

En 1982, Júlio Guerra, piloto de la Fuerza Aérea portuguesa, miró hacia tierra por la ventanilla de la cabina y vio un disco metálico que volaba bajo. De súbito se lanzó hacia él a gran velocidad. Durante una larga serie de acontecimientos, el objeto hizo alarde de una angustiosa variedad de maniobras muy cerca del pequeño aparato de Guerra, maniobras que también presenciaron otros dos pilotos militares que fueron avisados. Después de dejar la Fuerza Aérea, en 1990, con dieciocho años de servicio, Guerra fue comandante de Portugália Airlines, la compañía aérea más grande del país ibérico[20]. No ha vuelto a ver otro OVNI, pero recuerda con tremenda claridad aquel episodio que cambió su vida.

La mañana del 2 de noviembre de 1982 pilotaba yo un DHC-1 Chipmunk, con rumbo norte, en la región de Torres Vedras y la sierra de Montejunto, cerca de la base aérea de Ota. Era un día precioso y despejado y volaba hacia mi zona de trabajo, la zona E (eco), con intención de ascender a 2.000 metros

---

20. En 2010, el comandante Guerra tenía 17.000 horas de vuelo y en 2009 se licenció en ciencias de ingeniería aeroespacial en la Universidade Lusófona do Porto.

para hacer ejercicios acrobáticos. Por entonces era un teniente de veintinueve años con diez años de servicio en la Fuerza Aérea, era instructor de vuelo del escuadrón 101 de la Fuerza Aérea y volaba en solitario con mi aparato.

A eso de las 10.50 de la mañana, cuando sobrevolaba la zona de Maxial a una altitud de 1.500-1.600 metros, advertí que por debajo de mí y a la izquierda, cerca del suelo, había otro «avión». Pero pasados unos segundos vi que aquel aparato tenía solo fuselaje. No tenía alas ni cola, solo cabina del piloto. Su forma era oval. ¿Qué clase de avión podía ser?

Inmediatamente viré mi aparato hacia la izquierda y di un giro de 180 grados, para seguir e identificar el objeto, que iba rumbo al sur. De repente el objeto ascendió en vertical hasta alcanzar mi altitud de 1.500 metros, y todo en menos de diez segundos. Se detuvo delante de mí, al principio con cierta inestabilidad, con oscilaciones y con un movimiento de tambaleo, pero luego se estabilizó y dejó de temblar: un disco metálico formado por dos mitades, una superior y otra inferior, con una especie de cinturón brillante en el centro. El sol se reflejaba en la parte superior. La inferior estaba más oscura.

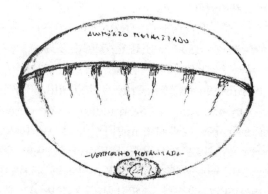

Hice este dibujo al día siguiente del encuentro y lo remití a la Fuerza Aérea portuguesa. En la parte superior escribí «aluminio metálico» y en la inferior «rojo metálico». J. Guerra, Informe Caso CNIFO [Comisión Nacional de Investigación de Fenómenos OVNIS].

Al principio se movió con mi avión, pero luego voló a velocidad fantástica, trazando una amplia órbita elíptica, entre 1.500 metros al sur y alrededor de 3.000 metros al norte, siempre de izquierda a derecha, repitiendo este circuito una y otra vez. Yo procuraba no perderlo de vista.

Cuando comprendí que era un objeto desconocido, llamé a la torre y dije al controlador que había un objeto extraño volando a mi alrededor. Él y otros de tres o cuatro aviones distintos dijeron que debía de ser alguna clase de globo. Algunos pilotos que volaban en otras zonas se burlaron y yo les repliqué diciendo que se acercaran y lo vieran personalmente, si no me creían. Les dije que si era un globo, ¿cómo podía ascender a 1.500 metros en unos segundos? Nadie respondió. Preguntaron por mi posición, mi zona de trabajo y dos oficiales de la Fuerza Aérea, Carlos Garcês y António Gomes, dijeron que vendrían a mi encuentro.

Mientras esperaba, quise saber más sobre aquel objeto. Aunque me encontraba cerca no sabía lo que era. Estuve solo con él quince minutos —que me parecieron una eternidad—, sin saber en ningún momento qué ocurriría a continuación ni si regresaría cada vez que se alejaba. Yo estaba allí, concentrado en seguir la trayectoria elíptica del objeto alrededor de mi aparato.

Cuando llegaron Garcês y Gomes con sus Chipmunk, aproximadamente un cuarto de hora más tarde, me preguntaron por radio dónde estaba. Les indiqué la posición y cuando lo vieron me sentí mejor, porque ahora había otros dos pilotos militares que habían visto lo mismo que yo. Se quedaron conmigo unos diez minutos, charlando por la radio, mientras el objeto seguía dando vueltas, trazando elipses casi idénticas. Yo estaba dentro de la órbita y ellos fuera, de modo que el objeto pasaba entre ellos y yo. Gracias a eso pudimos calcular el tamaño en relación con la longitud del fuselaje del Chipmunk (7,75 metros): medía alrededor de tres metros.

Transcurrieron diez minutos y yo seguía sintiendo curiosidad por saber más sobre el objeto, así que decidí interceptarlo, es decir, dirigirme hacia él, pero ligeramente hacia el costado, para obligarlo a modificar su trayectoria. Expliqué mis intenciones a mis compañeros. Como la velocidad del objeto era muy superior a la mía, volé directamente hacia un punto situado en su camino. Vino hacia mí, llegó a mi altura y se detuvo encima, como un helicóptero que fuera a descender y posarse, pero muchísimo más deprisa, violando todas las leyes de la aerodinámica. Estaba ya muy cerca de mí, a unos cinco metros. Yo estaba estupefacto. Cerré los ojos y me quedé paralizado, incapaz de reaccionar.

No hubo impacto...

Entonces se alejó como un rayo hacia las montañas de Sintra y el mar. Todo esto ocurrió tan rápidamente que no pude hacer nada con el avión para eludir el objeto. Uno de mis compañeros lo vio todo.

El objeto había estado cerca de mí en varios momentos y pude comprobar que era redondo, que constaba de dos mitades en forma de casquete que se acoplaban perfectamente. Miré con mucha atención el de abajo, que me pareció de un color entre el rojo y el pardo, y tenía un agujero o punto negro en el centro. El cinturón central parecía tener una especie de red y posiblemente algunas luces, pero era difícil estar seguro, porque el sol brillaba mucho y se reflejaba.

Inmediatamente después de aterrizar cada uno de los tres presentó por escrito el habitual informe detallado sobre el incidente y revisaron nuestros aparatos en busca de daños, pero ya no volvimos a oír nada más sobre el particular en la Fuerza Aérea y los mandos militares no nos interrogaron. Poco tiempo después, el general José Lemos Ferreira, jefe de Estado Mayor de la Fuerza Aérea portuguesa, permitió que se entregaran todos los informes a un equipo de científicos y peritos.

El propio general Ferreira había visto un objeto luminoso desconocido en 1957, cuando dirigía una escuadrilla que volaba de noche entre la base aérea de Ota, en Portugal, y Córdoba, España. Otros tres pilotos militares que volaban en aviones distintos vieron también el fenómeno: al principio un objeto grande y luego cuatro pequeños «satélites» que salieron de él. El general era consciente de la importancia científica de aquellas cosas y envió un informe sobre el incidente al Proyecto Libro Azul que dirigía la Fuerza Aérea de Estados Unidos[21].

Puesto que el general tenía algún conocimiento sobre OVNIS, hizo pública toda la información sobre mi encuentro, que había retenido la Fuerza Aérea portuguesa, y en 1983 se dio comienzo a una investigación científica a gran escala que concluyó en 1984. El equipo de expertos estaba compuesto por treinta personas de distintas especialidades y diferentes instituciones académicas, y entre las que había historiadores, psicólogos, físicos, meteorólogos, ingenieros y otros científicos.

Esta investigación exigió la cooperación entre militares y científicos civiles. Yo volví a la zona y recorrí el camino que había seguido el objeto para ascender en vertical la primera vez que lo había visto y que le había costado apenas unos segundos. Calculando diez segundos y recorriendo la misma distancia, determinamos que había volado a más de 300 millas por hora en vertical. Esta hazaña era imposible para un helicóptero y, detalle más importante, un ser humano no podría soportar el tirón gravitatorio resultante de la aceleración que se necesitaba para ascender de aquel modo.

---

21. El informe del general Ferreira de 4 de septiembre de 1957 puede consultarse en los archivos del Proyecto Libro Azul. Su descripción guarda una siniestra semejanza con la que hizo el general Parviz Jafari de Irán a propósito del objeto que le ordenaron perseguir por el cielo de Teherán, en 1976, cuando también era piloto militar. Jafari presenta su caso en el capítulo 9 de este libro. Los detalles del encuentro de Jafari fueron archivados por la Agencia de Inteligencia de la Defensa tras el cierre del Proyecto Libro Azul.

A través de un intermediario, pregunté al general Ferreira si hablaría conmigo, con la esperanza de conseguir una larga entrevista. Declinó la invitación a causa de su mala salud. En 1975 Ferreira había declarado públicamente: «Creo que estos acontecimientos deberían presentarse y estudiarse en las universidades, porque son fenómenos que superan con mucho la tecnología que conocemos actualmente». Por lo tanto no fue de extrañar —por suerte para Guerra y sus compañeros— que, como jefe de Estado Mayor de la Fuerza Aérea, entregara los datos para que fueran estudiados por un equipo científico formado por personal de varias universidades.

Puesto que podía señalar a los investigadores en el mapa la trayectoria elíptica del objeto tomando como referencia algunos puntos del suelo, pudieron determinar que su velocidad había sido de 1.550 millas por hora. Esta velocidad era increíble, en particular por las maniobras que hacía el objeto. Yo no sé si procedía de otro universo o de otro planeta, o si era de aquí, de la tierra; la verdad es que no lo sé. No he visto nada igual desde entonces.

El equipo científico estudió todos los datos y los informes de los tres pilotos, y tras reunirse los treinta investigadores en Oporto, en 1984, escribieron un análisis colectivo de más de 170 páginas. Hicieron todo lo posible por entender el caso, pero no consiguieron encontrar una explicación, Su conclusión fue que el objeto seguía siendo no identificado[22].

Hablé sobre mi experiencia con los medios y no tuve problemas; el tema se trató con seriedad en muchos periódicos y en televisión, dado que éramos tres pilotos militares los implicados. Desde entonces se me han acercado personas para hablarme de otros incidentes con OVNIS, pero casi todas querían mantener en secreto sus experiencias.

Antes del mío había sucedido otro incidente en Portugal. Un piloto de la Fuerza Aérea, un compañero, vio detrás de las nubes un fragmento de objeto que parecía tener dos o tres ventanillas. Perdió el control de su Dornier Do 27, cayó a plomo y no recuperó el control hasta que estuvo prácticamente encima de los árboles. Sus comentarios quedaron grabados en la cinta del controlador de tráfico aéreo y pensó que era su fin. Yo estaba en la base cuando

---

22. El estudio portugués, «Informe de avistamiento diurno de OVNI por tres pilotos de la Fuerza Aérea portuguesa», de la CNIFO (Comisión Nacional de Investigación de Fenómenos OVNIS), no se ha traducido al inglés. J. Sottomayor y A. Rodrigues publicaron un resumen de los resultados en *Flying Saucer Review*, vol. 32, n.º 2 (1987), p. 12-13. Últimamente, el Centro de Estudios Transdisciplinarios sobre Concienciación (CTEC), un grupo académico interdisciplinario de la Universidad Fernando Pessoa, reunió todos los informes sobre fenómenos OVNIS en Portugal, de acuerdo con su cofundador, el doctor Joaquim Fernandes. Para más información, consúltese por correo electrónico con ctec@ufp.edu.pt.

aterrizó, habló con nosotros y fue a presentar un informe. Los ingenieros se esforzaron por averiguar la causa de la pérdida del control. Luego, unos ingenieros que no eran de la Fuerza Aérea fueron al hangar donde estaba el avión con muchos otros aparatos iguales. Consiguieron localizar el avión concreto con un instrumento que medía la radiación; el avión la tenía muy elevada y esto no pudo explicarse.

Este piloto se pasó a la aviación civil, lo mismo que yo. Después de estar dieciocho años en la Fuerza Aérea, la dejé en 1990, y me puse a pilotar aviones comerciales y actualmente soy comandante de Portugália Airlines (TAP), aunque sigo volando en solitario. Sigo sin saber qué vi aquel día de 1982, pero mi pasión por volar no ha disminuido ni un ápice. Mi encuentro, aunque increíble, no ha cambiado mis sentimientos.

5

Fenómenos aéreos no identificados y la seguridad de la aviación

Por el doctor Richard F. Haines

La seguridad es de capital importancia para toda persona que vuele o esté asociada con la navegación aérea. Sin embargo, son legión los norteamericanos que no han oído decir nunca que los avistamientos de FANIS pueden afectar a la seguridad de los vuelos. Estos incidentes no son investigados por ninguna rama del Gobierno, como lo son otros acontecimientos que afectan a la aviación. Antes bien, las autoridades de la aviación han impedido que se hable de ellos, censurando la información de varias maneras. Los pilotos que han presentado oficialmente informes sobre FANIS siguen siendo desacreditados por funcionarios del Gobierno y/o las propias compañías aéreas, y se dan instrucciones de que no se informe públicamente de los avistamientos. Esta actitud no beneficia a nadie y encima aumenta el peligro que corremos todos los que viajamos en avión. Impide que la comunidad científica disponga de los datos necesarios para investigar el origen de los FANIS y las compañías y las organizaciones de pilotos no pueden tomar iniciativas ni los pilotos recibir un adiestramiento especializado o protocolos de seguridad. A pesar de lo cual, los fenómenos aéreos inusuales han seguido importunando en las operaciones de vuelo comerciales, militares y privados durante muchos años.

El incidente que pudo acabar en colisión en el cielo de Portugal en 1982 y que fue descrito por el teniente Guerra es un ejemplo contundente de situación en que la seguridad de un aparato es puesta en peligro por un objeto no identificado, se aplique el criterio que se aplique, militar, privado o comercial. La aparición de una aeronave con la que no se puede establecer comunicación, que se acerca a enorme velocidad a un avión y se detiene bruscamente a cinco metros de él son motivos más que suficientes para causar preocupación e incluso temor en cualquier piloto de este mundo. El teniente Guerra y sus dos compañeros merecen toda clase de elogios por haber informado del anormal incidente a sus superiores, aunque en Europa y en América del Sur se presiona menos que en Estados Unidos para que no se informe. Además, el general Ferreira, a la sazón jefe de Estado Mayor del Ejército del Aire de Portugal, permitió que todos los informes fueran asequibles a un grupo de científicos cualificados para investigar, una actitud que por desgracia no vemos en Estados Unidos. Sin embargo, todos los países están en la misma situación, ya que los FANIS pueden aparecer sin avisar en cualquier lugar y momento.

A propósito del comportamiento dinámico de los FANIS y sus consecuencias, se han descrito sistemáticamente tres modalidades. La primera y más importante es la constituida por los incidentes cuasi colisión y otras maniobras que efectúan estos objetos a gran velocidad en las proximidades de los aviones. En muchos casos es relativamente pequeña —por lo general del orden de unas docenas de metros— la distancia que hay entre el avión y el fenómeno aéreo avistado, por lo cual las normas de la aviación de Estados Unidos y del Reino Unido califican estos hechos de «incidentes cuasi colisión». Aunque la estimación de la distancia que hace el piloto pueda verse afectada por la oscuridad o la ausencia de referentes visibles y seguros, estos profesionales consumados suelen ser muy precisos y cometen pocos errores que excedan un orden de magnitud[23].

Por suerte, el peligro físico inmediato de una colisión en pleno vuelo parece improbable a causa del alto grado de maniobrabilidad demostrado por los FANIS. En muchos casos, los objetos evitan rápidamente la colisión en el último momento y no queda a la iniciativa de los pilotos el hacer esas maniobras. Pero en algunos casos las reacciones del piloto también podrían ser un problema. Porque para evitar una posible colisión con un FANI, algunos han hecho maniobras violentas, causando daños a los pasajeros y a la tripulación. Y siempre se corre el peligro de que un piloto haga una maniobra equivocada cuando no debe, en el curso de un encuentro muy cercano, y se produzca una colisión en pleno vuelo.

Pondré un ejemplo: un Boeing KB-50 de la Fuerza Aérea de Estados Unidos, avión cisterna de repostaje aéreo, estaba aterrizando una noche en la base militar Pope de Carolina del Norte cuando el piloto y los tripulantes advirtieron un objeto y vieron luces extrañas. En el último momento, el piloto tuvo que rodear el objeto, ascender nuevamente y esperar a que el objeto se marchara. El personal de la torre de control vio el FANI suspendido encima del aeródromo y lo observó con prismáticos durante veinte minutos, comprobando que no era un fenómeno atmosférico. Los militares de la base reconocieron que «el OVNI representó un peligro para los aparatos que operasen en la zona»: uno de las pocas declaraciones oficiales que se hicieron al efecto[24].

La segunda repercusión que los FANIS pueden tener en la seguridad de la aviación es que afecten al adecuado funcionamiento del equipo de navegación, los sistemas de control de vuelo, las operaciones de radar y las comunicaciones por radio, a causa de la interferencia de su supuesta radiación electromag-

---

23. Richard Haines y Courtney Flatau, *Night flying* (McGraw-Hill School Education Group, 1992).

24. U.S. Air Force Project Blue Book file WDO-INT 11-WC23, 1958.

nética. Evidentemente, en situaciones en que los pilotos dependen de sus instrumentos, la probabilidad del incidente o accidente aumenta cuando los efectos electromagnéticos anómalos perturban su funcionamiento. Por suerte, en casi todos los casos, el equipo vuelve a funcionar normalmente cuando el objeto se aleja.

Por último, las distracciones producidas en la cabina por los encuentros cercanos con FANIS desvían la atención de los tripulantes y pueden entorpecer su capacidad de pilotar el avión con seguridad. Es comprensible que ver objetos anormales o luces inexplicables que corren junto a un avión, o dan vueltas a su alrededor, desconcierte a cualquiera que vaya a bordo, en particular a los responsables de la seguridad de los pasajeros.

La información que he recogido para documentar casos en que los FANIS afectan a la seguridad de la aviación procede de mi extensa base de datos. Consiste en informes de pilotos y controladores aéreos sacados de fuentes oficiales estadounidenses y de otros gobiernos, en entrevistas privadas y en informes de colegas internacionales que han trabajado estrechamente con el Centro Nacional de Informes de Aviación sobre Fenómenos Anómalos (NARCAP). Según nuestras estadísticas, en una trayectoria profesional media, un piloto de avión comercial tiene tantas probabilidades de ver un FANI como de chocar con un pájaro en pleno vuelo o de encontrarse con una cizalladura del viento. El peligro para la seguridad es pequeño pero potencialmente significativo y debería tratarse como otro peligro para la seguridad poco frecuente. Son muchos los problemas para la seguridad aérea que no se notifican o se notifican ocasionalmente, pero la diferencia aquí es que el choque con el pájaro y la cizalladura del viento son acontecimientos de los que actualmente se puede informar con normalidad, pero los FANIS no.

Hay tres casos ocurridos en Australia y Nueva Zelanda que son de gran importancia y ejemplifican los efectos a que me refiero. El 22 de agosto de 1968, hacia las 5.40 de la tarde, dos pilotos que volaban de Adelaida a Perth en un monomotor Piper Navajo, a 2.450 metros de altitud, vieron un objeto muy grande en forma de cigarro, rodeado por cinco objetos menores. La extraña formación mantuvo un ángulo constante respecto de su propia trayectoria de vuelo durante más de diez minutos, mientras ellos volaban a 195 nudos. Un piloto dijo más tarde: «El grande se abrió por el centro mientras los objetos más pequeños se acercaban y se alejaban de él». Se contactó con el control terrestre del tráfico aéreo, que informó de que no constaba que hubiera tráfico aéreo en la zona. En aquel momento les falló la radio en todas las frecuencias hasta que los objetos se alejaron, «como obedeciendo una sola orden»[25].

Diez años más tarde ocurrió algo espantoso. Un piloto particular se perdió mientras se dirigía a King Island, al sur de Melbourne, después de tener un encuentro muy cercano y aterrador con un objeto desconocido de gran tamaño. El 21 de octubre de 1978, Frederick Valentich, de veinte años, alquiló un Cessna 1821, monomotor y de hélice, para efectuar un breve vuelo nocturno. Poco después de las 9 de la noche se comunicó por radio con el aeropuerto Tullamarine de Melbourne, mientras sobrevolaba las aguas del estrecho de Bass a una altitud de 1.370 metros. Durante seis minutos y medio habló con Steve Robey, el especialista en servicio de vuelos del aeropuerto de Melbourne, acerca de algo no identificado que daba vueltas alrededor del Cessna, se situaba delante y lo perseguía. La grabación terminaba con catorce segundos de ruidos metálicos muy inusuales, tras los cuales solo hubo silencio.

Se reproduce a continuación la transcripción de la conversación entre Robey, del Servicio de Vuelos de Melbourne, y Valentich, a bordo del Cessna, que se registró y se mencionaba como Delta Sierra Juliet. He estudiado cuidadosamente la cinta de audio y advertido las muchas ocasiones en que Valentich modulaba la

---

25. Aerial Phenomenon Research Organization Bulletin, enero-febrero de 1969, p. 1, 4.

voz al final de sus transmisiones, como si estuviera haciendo preguntas. El joven piloto estaba claramente desorientado a las 9.10 lo más tarde y probablemente antes. Durante sus transmisiones hubo muchas pausas; las he indicado en la transcripción con puntos suspensivos.

9.06.14 Valentich: Melbourne, aquí Delta Sierra Juliet. ¿Hay tráfico conocido por debajo de mil quinientos metros?

9.06.23 Robey: Delta Sierra Juliet, ningún tráfico conocido.

9.06.26 Valentich: Delta Sierra Juliet, yo estoy, parece [que] es una aeronave grande por debajo de los mil quinientos.

9.06.46 Robey: Delta Sierra Juliet, ¿qué clase de aeronave?

9.06.50 Valentich: Delta Sierra Juliet, no puedo asegurarlo. Tiene cuatro brillantes… me parecen luces de aterrizaje.

9.07.04 Robey: Delta Sierra Juliet.

9.07.32 Valentich: Melbourne, aquí Delta Sierra Juliet. La nave acaba de pasarme por encima a menos de trescientos metros.

9.07.43 Robey: Delta Sierra Juliet, *Roger*, y es una nave grande, ¿confirmas?

9.07.47 Valentich: Bueno, desconocida por la velocidad a que viaja… ¿Hay algún aparato militar en los alrededores?

9.07.57 Robey: Delta Sierra Juliet. Ningún aparato conocido en los alrededores.

9.08.18 Valentich: Melbourne, se acerca ahora por el este, viene hacia mí.

9.08.28 Robey: Delta Sierra Juliet.

9.08.49 Valentich: Delta Sierra Juliet. Creo que está jugando a algo, me ha sobrevolado dos, tres veces seguidas a velocidades que no sabría establecer.

9.09.02 Robey: Delta Sierra Juliet, *Roger*. ¿A qué altitud estás ahora?

9.09.06 Valentich: Mi altitud actual es trece setenta, uno, tres, siete, cero.

9.09.11 Robey: Delta Sierra Juliet... Y confírmame, no puedes identificar el aparato.

9.09.14 Valentich: Afirmativo.

9.09.18 Robey: Delta Sierra Juliet, *Roger*... estate alerta.

9.09.28 Valentich: Melbourne, Delta Serra Juliet. No es un avión... Es...

9.09.46 Robey: Delta Sierra Juliet, Melbourne. ¿Puedes describir la... bueno, la aeronave?

9.09.52 Valentich: Delta Sierra Juliet... cuando pasa volando tiene una forma larga... [no puedo] describir más. Lleva mucha velocidad... ¿Está delante de mí ahora, Melbourne?

9.10.07 Robey: Delta Sierra Juliet, *Roger*. ¿Y qué longitud tendría el, bueno, el objeto?

9.10.20 Valentich: Delta Sierra Juliet, Melbourne. Es como si me persiguiera. Ahora estoy dando vueltas y la cosa también da vueltas encima de mí... Tiene una luz verde y algo como metálico. Todo brillante [por] fuera.

9.10.43 Robey: Delta Sierra Juliet.

9.10.48 Valentich: Delta Sierra Juliet... Se ha desvanecido.

9.10.57 Robey: Delta Sierra Juliet.

9.11.03 Valentich: Melbourne, ¿podrías averiguar qué clase de aeronave he visto? ¿Es [alguna clase de] aparato militar?

9.11.08 Robey: Delta Sierra Juliet. Confirma que el... aparato se ha desvanecido.

9.11.14 Valentich: Repite.

9.11.17 Robey: ¿Sigue el aparato contigo?

9.11.23 Valentich: Delta Sierra Juliet... Sigue, eh... [ahora] se acerca por el suroeste.

9.11.37 Robey: Delta Sierra Juliet.

9.11.52 Valentich: Delta Sierra Juliet... el motor está, de pronto está al ralentí. Lo tengo a veintitrés, veinticuatro... y el trasto está, tosiendo. [En la cinta se oyen los problemas del motor.]

9.12.04 Robey: Delta Sierra Juliet, *Roger*. ¿Qué vas a hacer?

9.12.09 Valentich: Me propongo, eh... ir a King Island, eh, Melbourne, ese extraño aparato vuelve a estar suspendido encima de mí... está suspendido y no es un avión.
9.12.22 Robey: Delta Sierra Juliet.
9.12.28 Valentich: Delta Sierra Juliet, Melbourne...
[Pausa de diecisiete segundos durante la que se oye un ruido pulsátil y metálico, muy extraño, sin patrón perceptible de ritmo o frecuencia.]
9.12.49 Robey: Delta Sierra Juliet, Melbourne.
Fin de la transcripción.

No volvió a saberse nada de Valentich.

La descripción «una luz verde y algo como metálico, todo brillante por fuera» es importante. En los años que siguieron, un colega obtuvo informes de veinte testigos oculares de la región que describieron una luz *verde* que se movía sin rumbo fijo por el cielo, a la misma hora de la noche en que Valentich volaba. Años más tarde, me trasladé a la localidad turística de Apollo Bay, en Australia, y entrevisté a Ken Hansen[26], que tenía cuarenta y siete años en el momento del incidente de 1978, y a sus dos sobrinas. Hansen iba en coche con las dos muchachas cuando vieron en el cielo las luces de un avión junto con una luz verde de gran tamaño. La presencia de esta luz era tan inusual que Hansen decidió frenar y bajar del vehículo. Dijo que al hacerlo vio claramente otra luz de gran tamaño, verdosa y de forma circular, «como si viajara encima del avión». El tamaño que se apreciaba a simple vista, según el testigo, era como el de una pelota de tenis sujeta en la mano con el brazo estirado, y la proporción entre la luz y el avión era aproximadamente de cuatro a uno. Suponiendo que este cálculo fuera acertado, el OVNI tendría entonces alrededor de catorce metros de diámetro. Su color verde era parecido al de las luces de navegación de los

---

26. Ken Hansen no es el nombre verdadero del testigo.

aviones. Hansen advirtió que se mantenía a distancia constante por encima y ligeramente por detrás de las luces del avión, aunque él estuvo mirando entre quince y veinte segundos, hasta que las dos luces se perdieron de vista.

Aquella noche habló a su mujer de aquella luz verde y al día siguiente a sus compañeros de trabajo, sin saber nada de lo que Valentich había informado. Cuando nos vimos, las sobrinas confirmaron los detalles aportados por el tío. Informativamente hablando, fue muy valioso para nosotros que nos desplazáramos al lugar donde Hansen había detenido el coche, dado que allí nos reconstruyó lo que había visto.

La noticia del encuentro de Valentich con el OVNI y su subsiguiente desaparición fue difundida por los medios de todo el mundo y recibió mucha atención. A pesar de los esfuerzos concertados de varios pilotos particulares y los aviones de rescate del Gobierno australiano, no se ha podido encontrar hasta la fecha el menor rastro de él ni de su avión. El caso presenta suficientes indicios para creer que cayó accidentalmente al mar a una distancia de la costa de entre tres y doce millas, pero es probable que nunca sepamos lo que ocurrió realmente. La naturaleza del objeto de gran tamaño con luces verdes que acompañó al avión en sus últimos minutos sigue siendo un misterio[27].

Unos dos meses después se informó de un notable avistamiento en el cielo de Nueva Zelanda. Los testigos clave fueron el comandante Bill Startup, piloto veterano que trabajaba para Safe Air Ltd., con veintitrés años de experiencia y 14.000 horas de vuelo, y su copiloto Robert Guard, con 7.000 horas de vuelo. El avión de transporte Argosy que pilotaban llevaba un cargamento de prensa de Wellington a Christchurch, siguiendo el litoral de Kaikoura de la isla Sur del país. El reportero televisivo

---

27. Richard F. Haines y Paul Norman, «Valentich disappearance: new evidence and a new conclusion», *Journal of Scientific Exploration*, vol. 14, n.º 1 (2000), p. 19-33.

Quentin Fogarty, del Channel O de Melbourne, el operador de cámara David Crockett y el ingeniero de sonido Ngaire Crockett iban también a bordo, dado que algunos FANIS habían sido vistos por personal aéreo y detectados por radar unos diez días antes en aquella misma ruta. Fogarty estaba haciendo un documental televisivo sobre aquellos acontecimientos, entre otras cosas porque a raíz de la desaparición de Valentich había crecido el interés por los OVNIS. Quería filmar paisaje para el documental, así que con este fin se había unido al transporte de prensa la noche del 30-31 de diciembre de 1978. Ni en sueños habría pensado que también él sería testigo presencial de fenómenos extraños.

Poco después de las doce de la noche vieron unos fenómenos luminosos que acompañaban al avión y volaban alrededor de él. El comandante Startup y el copiloto Guard, que conocían bien las luces que jalonaban la costa, fueron los primeros en advertir las luces extrañas que tenían delante. El operador Crockett filmó los objetos luminosos con película en color de 16 mm durante unos treinta minutos, mientras Fogarty comentaba en directo para la cámara los acontecimientos que se estaban produciendo. Los sistemas de a bordo y los controladores del tráfico aéreo de Welllington (en la isla Norte de Nueva Zelanda) siguieron la trayectoria de los objetos por el radar mientras estuvieron a la vista de los tripulantes y pasajeros del Argosy. El controlador Geoffrey Causer informó a los pilotos de las lecturas del radar, que fueron vistas en la pantalla asimismo por Bryan Chalmers, técnico de mantenimiento del aparato. Causer estuvo en comunicación con los pilotos durante todo el episodio y lo que hablaron quedó grabado en cinta magnetofónica.

He visto las insólitas imágenes de aquella película —luces brillantes que se enfocaban y desenfocaban, unas redondas, otras tal vez de forma discoidal— que también han sido escrupulosamente analizadas por otros. Las luces desaparecían y aparecían en puntos completamente distintos, en ocasiones en varios a la vez. La física de la aerodinámica normal no puede explicar su comportamiento.

En cierto momento, los pilotos y el personal de televisión observaron luces que volaban en formación con el avión. Entonces oyeron decir a los controladores aéreos que tenían el fenómeno tan cerca del avión que el radar no podía separarlos. Causer veía en la pantalla un solo eco, pero dos veces mayor que antes. «Hay un potente objeto en formación con vosotros. Lo tenéis a la derecha o a la izquierda. Vuestro eco ha doblado su tamaño», informó. Chalmers también vio el tamaño doble del eco. Era como si dos aviones volaran a la misma velocidad y tan cerca el uno del otro que el radar no podía diferenciarlos. Una proximidad así, naturalmente, podía representar un peligro para la seguridad de la aviación, aunque aquel avión no sufrió ningún efecto perjudicial[28].

Estos son casos excepcionales. Son más frecuentes los acontecimientos más breves con peligro de colisión. El 8 de agosto de 1994, un avión comercial de Acapulco que se dirigía a Ciudad de México estuvo a punto de chocar con un FANI que salió de una nube como una flecha, derecho al avión. Por suerte, el FANI maniobró y evitó la catástrofe. Un avión de pasajeros, un Boeing 737 de Japan Transocean Air, procedente de la prefectura de Okinawa y rumbo a Tokio, volaba a velocidad de crucero el 11 de noviembre de 1998 cuando el copiloto vio de repente dos «luces estroboscópicas» blancas delante de él. Las dos luces se separaron rápidamente y el copiloto hizo un descenso en picado para evitar la colisión. En estos dos casos el objeto no fue detectado por el radar terrestre. Una soleada tarde de 2004, mientras un avión comercial volaba rumbo al aeropuerto de São Paulo, los dos pilotos vieron delante de ellos una esfera luminosa que se mantenía a la misma altitud que

---

28. Bruce Maccabee, «A history of the New Zealand sightings of December 31, 1978», publicado en 2005 en http://brumac.8k.com; Bruce Maccabee, «Atmosphere or UFO? A response to the 1997 SSE Review Panel Report», *Journal of Scientific Exploration*, vol. 13, n.º 3 (1999), p. 421-459.

el aparato mientras este descendía. El aparato biturbohélice tuvo que escorar bruscamente y descender en picado para evitar el choque[29].

En Estados Unidos es excepcional el caso del comandante Phil Schultz, que investigué yo personalmente. Entrevisté en profundidad al comandante y me entregó un Informe de Avistamiento Aéreo de seis páginas escritas a mano.

El comandante Schultz era el piloto del vuelo 842 de la TWA, procedente de San Francisco y con destino al aeropuerto John F. Kennedy de Nueva York. Era un luminoso y despejado día de verano de 1981 y al sobrevolar el lago Michigan vio un «objeto metálico grande, redondo y plateado», con seis «ventanillas» negras, separadas por tramos regulares, en el borde circular, que «llegó por el aire desde arriba». El comandante y el copiloto estaban tan cerca del objeto que les pareció que tenía el tamaño de un pomelo sostenido con el brazo estirado. Esperando una colisión, se prepararon para el impacto. El objeto viró entonces bruscamente y a gran velocidad, eludiendo el avión, y se alejó.

Schultz no presentó ningún informe en la TWA, pero trabajó diligentemente conmigo para reconstruir el acontecimiento en la cabina del avión. Esta circunstancia me permitió establecer muchos datos importantes en relación con el episodio. Calculamos que la velocidad de acercamiento y alejamiento del objeto tuvo que ser del orden de las 1.000 millas por hora, con un cerrado giro en redondo además. En ningún momento se dejó sentir turbulencia ni onda expansiva alguna. El piloto automático del avión siguió conectado durante todo el encuentro y no se notó ningún efecto electromagnético. El copiloto vio las dos terceras partes finales del acontecimiento, pero el ingeniero de vuelo no vio nada, dada su situación en la parte posterior de la cabina. El Centro de Chicago no tenía en la zona más tráfico aéreo, aunque el radio del radar que tenía entonces era de unas 150 millas.

---

29. Richard F. Heines, *International UFO Reporter*, vol. 32, n.º 3 (julio de 2009), p. 9-18.

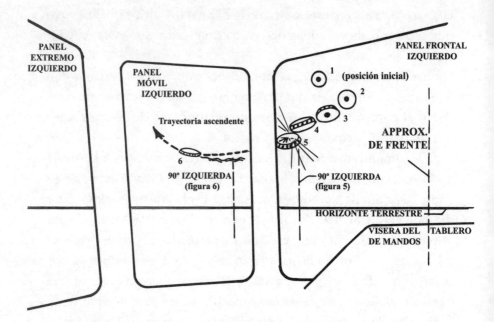

Dibujo que hice de los parabrisas de la cabina y del tamaño, forma, situación y trayectoria aparentes del FANI visto por el comandante Schultz. R. Haines.

Con su larga experiencia como piloto de combate de la Marina estadounidense en la guerra de Corea y después, el comandante Schultz no aceptaba la realidad de los OVNIS antes de aquel episodio. El encuentro cambió instantáneamente sus convicciones. Cuando le pregunté qué creía que era el objeto, respondió en el acto: «No tengo ninguna duda. Era una nave extraterrestre». Expresó lo mismo en el informe manuscrito que redactó a petición mía, diciendo que creía que el objeto era una «nave espacial»[30].

El 23 de octubre de 2002 se produjo una aparente colisión en pleno vuelo, a baja altitud, muy desconcertante, también en

30. Richard F. Haines, «Commercial jet crew sights unidentified object —Part I», *Flying Saucer Review*, vol. 27, n.º 4 (enero de 1982), pp. 3-6; Richard F. Haines, «Commercial jet crew sights unidentified object —Part II», *Flying Saucer Review*, vol. 27, n.º 5 (marzo de 1982), p. 2-8.

Estados Unidos, al noreste de Mobile, ciudad del estado de Alabama, según el informe del accidente que presentó la Junta Nacional de Seguridad del Transporte (NTSB). Tras despegar de Mobile a las 7.40 de la tarde, con rumbo a Montgomery, Thomas Preziose, de cincuenta y cuatro años, con 4.000 horas de pilotaje en su haber, volaba en solitario con un cargamento de expedientes de papel de unos 200 kilos de peso. El informe preliminar del accidente afirmaba que el Cessna 208B, un Cargomaster con número de registro N76U en la FAA —un monomotor comercial de ala alta—, «*colisionó en pleno vuelo con un objeto desconocido* [cursiva mía] a mil metros de altitud y cayó sin control en aguas pantanosas de Big Bateau Bay, a la altura de Spanish Fort, estado de Alabama»31. El accidente ocurrió unos seis minutos después del despegue, aproximadamente a las 7.46 de la tarde. Interesa señalar que la NTSB creyó oportuno publicar un informe posterior que no mencionaba la colisión con el objeto desconocido.

Según datos procedentes de un sistema automatizado de observación de superficie situado a 12,3 kilómetros del lugar del accidente, datos registrados a las 6.53 de la tarde, había nubes dispersas a 200 metros y una capa más sólida a 370, con un espacio de aire despejado entre unas y otras, y una visibilidad de 9 kilómetros. El viento soplaba a 11 nudos, dirección 60 grados. Podría ser significativo para el fatal accidente señalar que un DC-10 pasó a unos 300 metros por encima del Cessna, tras aproximarse a él desde la posición de las once —desde su punto de vista—, a las 7.45, es decir, segundos antes del accidente, y que habría producido estelas turbulentas32. Poco después, el piloto murmuró sus últimas palabras antes de morir: «Nave Nocturna 282, necesito desviarme, necesito desviarme, necesito desviarme, necesito...» (fin de la transmisión a las 7.45.57 de la tarde).

---

31. Informe ATL03FA008 de la NTSB.

32. R. D. Boyd, «The last flight of Nightship 282», 2010.

Si Preziose chocó con un objeto material, este no se localizó nunca. Sin embargo, se encontró un extraño residuo rojo (mencionado en la literatura como «marca de transferencia») que cubría por lo menos catorce partes del avión siniestrado, muy separadas entre sí, tanto dentro como fuera del aparato. El bloque del motor se había partido, lo que sugería un impacto fortísimo. Por desgracia, la máquina que registraba los datos de radar no estaba operativa en el momento del accidente, a pesar de lo cual la NTSB no pidió datos de radar a la Estación Aeronaval de Pensacola, que estaba a menos de una hora de allí. El DC-10 que había pasado por encima del Cessna poco antes del accidente fue inspeccionado cuando aterrizó, pero no se encontró ningún daño en él.

El informe final de la NTSB indicaba que el accidente había sido causado por la desorientación del piloto. Sin embargo, una investigación independiente encontró numerosos detalles que discrepaban tanto de la documentación de la FAA como de la investigación dirigida por la NTSB[33].

Se analizaron varias muestras del residuo rojo encontrado en el Cargomaster utilizando una técnica llamada Espectroscopia de Transformada de Fourier. Se encontró que una muestra era muy parecida al material de referencia, consistente en politereftalatos y polisoftalatos, con «posible presencia de compuestos inorgánicos silicatados»[34] También se vio que otra muestra de metal pelado procedente del ala era muy parecida al material de referencia, que en este caso eran «materiales epoxídicos con algunos rellenos inorgánicos silicatados». Aunque ciertos fragmentos de metal de un vehículo aéreo no tripulado (UAV) de la aviación militar estadounidense se sometieron al mismo análisis para establecer comparaciones, se dijo poco de los hallazgos, aparte de que su composición era «muy diferente» de las marcas residuales rojas. La base de UAVS más cercana era Tyndall, en Panama City, Florida, a unos 240 kilómetros al este.

---

33. Boyd, ibid.
34. Informe de accidente ATL03FA008 de la NTSB, sin fecha, p. 4.

Si algo golpeó el avión, hay que convenir en que fue un FANI mientras no haya una identificación inequívoca.

Si tenemos en cuenta la capacidad de maniobra que los informes atribuyen a los FANIS, salta a la vista que, sean lo que sean estos fenómenos, parecen muy capaces de superar prácticamente en todos los aspectos a los aviones de mejor rendimiento. Se llegó a esta misma conclusión en un informe del Reino Unido, desclasificado en el año 2000[35]. En casi todos los informes de pilotos, el centro de «atención» del fenómeno parece ser el avión; centenares de informes de pilotos extranjeros altamente cualificados han apoyado esta conjetura[36]. Y centenares de informes que tengo en mis archivos sugieren que todos estos fenómenos están asociados con un elevado nivel de inteligencia y un control de vuelo muy consciente[37].

Casi todos los informes de pilotos dicen que los FANIS suelen acercarse a los aviones en la oscuridad. De noche es posible ver los colores fácilmente discernibles, en regiones localizadas y relativamente pequeñas (equivalentes a fuentes luminosas individuales) y/o, más difusamente, en toda su superficie. El aspecto de las luces de los FANIS adopta múltiples formas; podrían interpretarse como señales anticolisión de la aviación o luces de navegación, incluso con luces azules potentes, por lo general prohibidas en Estados Unidos, como se ha informado en algunos casos.

Casi todos los pilotos sobreentienden que a lo largo de su trayectoria profesional se enfrentarán a un amplio y variado abanico de fenómenos visuales cuando están en el aire, pero no esperan que queden inexplicados después de repasar todas las causas naturales y todos los objetos de fabricación humana que se conocen.

---

35. Defence Intelligence Analysis Staff, Project Condign, 2000.

36. Dominique F. Weinstein, «Unidentified aerial phenomena: eighty years of pilot sightings», National Aviation Reporting Center on Anomalous Phenomena (www. narcap.org), Technical Report 4, 2001.

37. Richard F. Haines, «Aviation safety in America, a previously neglected factor», NARCAP Technical Report 01, 2000.

Cuando esto ocurre, los testigos quedan con una persistente sensación de incertidumbre, una duda sobre la identidad real de lo que han visto y entonces se debaten entre callar o informar del acontecimiento.

Lo más probable es que callen, porque saben cómo se trata a las personas que comentan o dicen que han visto objetos extraños, y nadie quiere exponerse al ridículo e incluso a perder el empleo. Yo llamo a este fenómeno «ley de informes decrecientes», un efecto de realimentación negativa que impide cada vez más a las personas decir nada sobre lo que han visto. El efecto a largo plazo es que cada vez hay menos datos fiables para hacer estudios serios y todo el tema de los FANIS se desplaza poco a poco al reino de las leyendas urbanas y del humor. Como esto viene siendo así desde hace decenios, los responsables de las compañías aéreas y los burócratas de la Administración pueden decir con legitimidad que no hay nada que investigar ni que tomar en serio porque los pilotos no informan de nada. Y los científicos que afirman que no pueden estudiar un fenómeno sin tener datos seguros, se lavan las manos con todo el derecho del mundo. Los fenómenos «anómalos» infrecuentes parecen haberse vuelto menos frecuentes, lo que refuerza la convicción, equivocada, de que no hay fenómenos anómalos.

Los controladores aéreos suelen ser muy conscientes de que hay encuentros con FANIS de los que no se informa, dado que normalmente son los primeros en recibir llamadas por radio de pilotos que han hecho avistamientos o en detectar los objetos por radar. Pero tampoco ellos informan de muchos incidentes. Un controlador del centro de control de tráfico aéreo de Los Ángeles escribió: «En los seis años que llevo en el Centro, he estado personalmente en tres encuentros muy extraños, ni militares ni civiles. Solo soy uno entre los 15.000 controladores que existen, de modo que tiene que haber muchos más de los que no se ha informado [...] En un cuarto encuentro que presencié (en el área, pero no en el sector real), el controlador le contó al jefe lo del encuentro y cuando los dos comprobaron que el radar no indicaba nada, cabecearon, se rascaron la barbilla y eso fue todo. Creo que esto es lo que suele ocurrir. En el fondo nadie sabe qué hacer»[38].

Basándonos en estudios y en entrevistas con pilotos que hicimos yo y mis asociados del NARCAP, calculamos que los pilotos solo informan del 5-10 por ciento de los avistamientos. Si no hacemos nada para que cambie esta política, las tripulaciones seguirán guardando silencio.

La historia está llena de temas que se han tomado a broma durante mucho tiempo hasta que se descubre que son importantes para la humanidad, como lo demuestra la misma historia de la ciencia. No debemos desestimar los FANIS simplemente porque nos sintamos incómodos al pensar en ellos. Ni los actuales prejuicios de la sociedad hacia los FANIS ni su radical ignorancia al respecto impedirán que sigan apareciendo, como tampoco demuestran que no existan. Estos fenómenos se seguirán produciendo.

---

38. National UFO Reporting Center, 5 de agosto de 1992.

6
Incursión en el aeropuerto O'Hare, 2006

E l 7 de noviembre de 2006, en la acostumbrada hora punta de la tarde, ocurrió algo inimaginable en el aeropuerto O'Hare de Chicago. Un objeto de forma discoidal permaneció suspendido y en silencio durante cinco minutos sobre la terminal de United Airlines y luego se marchó como un rayo, abriendo un agujero en el banco de nubes que cubría el firmamento. Casi nadie se enteró hasta que la noticia apareció en la primera plana del *Chicago Tribune* del 1 de enero de 2007[39], casi dos meses después, precipitando una fiebre de reportajes nacionales en CNN, MSBC y otras cadenas. Con más de un millón de visitas, el artículo del *Tribune* no tardó en alcanzar la categoría de página más leída en toda la historia del sitio web del periódico, aunque no tardó en desaparecer de la pantalla del radar de los medios. Ni el fascinado pero alarmado público que viajaba en avión habitualmente ni los empleados de United que estuvieron directamente implicados contaron en ningún momento con ninguna declaración oficial.

---

39. Jon Hilkevitch, «In the sky! A bird? A plane? A... UFO?», *Chicago Tribune*, 1 de enero de 2007.

Fue un día corriente, nublado, con visibilidad de unos 7 kilómetros y vientos de 4 nudos. Entre las 4 y las 4.30 de aquella tarde, pilotos, administrativos y mecánicos que estaban en la terminal de United Airlines levantaron la cabeza y vieron el extraño objeto suspendido debajo de un banco de nubes que se alzaba a 600 metros del suelo. Según estos testigos, el disco, de aspecto metálico, tenía el tamaño de una moneda fraccionaria sostenida en el extremo del brazo. Se calcula, por las declaraciones de los testigos presenciales, que el OVNI tendría entre 6.5 y 27 metros de diámetro, y estaba suspendido encima de la puerta de embarque C17 de la terminal de United, a una altitud de 500 metros, aproximadamente.

Un piloto que aterrizaba anunció el avistamiento por radio a todos los aviones en tierra; un mecánico de United que movía un Boeing 777 oyó por radio el rumor sobre el disco volante y miró hacia arriba; pilotos que esperaban para despegar abrieron las ventanillas delanteras para asomarse y ver el objeto con sus propios ojos. Había cierta actividad nerviosa en United Airlines. Un empleado de la dirección recibió una llamada por radio acerca del objeto suspendido y salió corriendo para verlo personalmente. Acto seguido llamó al centro de operaciones de United, indicó que se avisara a la FAA y se dirigió a la terminal para hablar con los testigos allí congregados.

Los informes muestran que el acontecimiento duró entre cinco y quince minutos. Entonces, bajo la mirada de muchas personas, el disco suspendido salió disparado repentinamente a una velocidad increíble y desapareció en menos de un segundo, dejando en la densa capa de nubes un nítido agujero como el que tienen en el centro algunas galletas. Este agujero tenía aproximadamente el mismo tamaño que el objeto y los que estaban debajo pudieron ver el cielo azul al otro lado. Minutos después, el agujero se cerró y la masa de nubes siguió su avance colectivo. «Fue muy inusual, según los testigos», contó en un noticiario de televisión Jon Hilkevitch, cronista de transportes del *Chicago Tribune*, después de entrevistar a los testigos de United para hacer su artículo. «Los aviones no se comportan así. Los aviones surcan las nubes».

Decididamente no era un avión, dijeron los observadores, y muchos parecían muy afectados por lo que habían visto. Unos pasmados, otros asustados. «La credibilidad de los testigos está fuera de duda y la seguridad era la principal preocupación», me dijo Hilkevitch durante una conversación telefónica. Señaló que todos los observadores, cada uno por su lado, describían lo mismo: un disco suspendido que no hizo ruido cuando salió disparado y dejó un claro agujero en las nubes. «Las únicas discrepancias se referían a los cálculos de su tamaño, y que algunos opinaban que giraba o daba vueltas sobre su eje», añadió.

Lamentablemente, todas y cada una de estas personas que trabajaban en la aviación, testigos muy fidedignos que presenciaron el OVNI del aeropuerto O'Hare, prefirieron permanecer en el anonimato por temor a las represalias laborales. Un empleado de United me contó que si no callaba podía considerársele «traidor» a la compañía. Los testigos no querían ser «sorprendidos hablando con los medios porque la compañía había declarado oficialmente que no había sucedido nada», me escribió por correo electrónico. Estos testigos de algo que en teoría no ocurrió —de algo de lo que sus colegas se burlaban— se quedaron solos con sus inquietantes observaciones. «Entiendo que es una postura discutible, pero con lo que sé sobre la moderna tecnología de la aviación, estoy seguro de que aquel OVNI no se fabricó en este planeta», me contó uno meses después.

La FAA y United Airlines negaron al principio haber recibido información sobre el incidente, pero tuvieron que admitir el avistamiento cuando la FAA hizo pública la grabación de una llamada que una inspectora de United hizo a la torre de control.

He escuchado estas cintas.

—Oye, ¿habéis visto un disco volante ahí fuera, en C17? —pregunta la inspectora, que dice llamarse Sue. El operador de la torre, Dave, y otra persona que tiene cerca, se echan a reír—. Es lo que nos ha dicho un piloto de la zona de embarque de C17 —prosigue la inspectora—. Han visto un disco volante encima de ellos. Pero desde aquí no podemos ver lo que hay encima.

La risa prosigue con nerviosismo y Dave responde:

—Oye, ¿qué pasa? ¿Estáis de fiesta? ¿Estáis celebrando ya la Navidad? Yo no he visto nada, Sue, y si lo viera no lo admitiría. No, no he visto ningún disco volante en la puerta C17.

Unos quince minutos después, Sue vuelve a llamar y habla con el operador Dwight. La conversación se desarrolla como sigue:

Sue: Aquí Sue, de United (riendo).

Torre: Sí (con seriedad).

(pausa de doce segundos)

S: ¿Había un disco volando ahí fuera?

T: ¿Si había qué?

S: Un disco.

T: ¿Un disco?

S: Sí.

T: ¿Puedes esperar un momento?

S: Claro.

(pausa de treinta y tres segundos)

T: ¿Hola? Perdona, ¿qué puedo hacer por ti?

S: Disculpa, es que había, le dije a Dave que había un disco volante ahí fuera, encima de Charley 17 y pensó que estaba drogada o algo así. Pero bueno, no estoy drogada ni borracha.

T: Entiendo.

S: Es que le han hecho una foto. Así que si lo veis ahí fuera...

T: ¿Un disco, como un Frisbee?

S: Como una cosa tipo OVNI.

T: Sí, entiendo.

S: Le hizo una foto (risas).

T: ¿A qué, a qué, a qué altura por encima de Charley 17?

S: Bueno, estaba encima de nuestra torre, así que...

T: Entiendo.

S: Así que si por casualidad ves algo... (ríe otra vez).

T: Tranquila, estaré ojo avizor.

S: De acuerdo.

Por desgracia, la foto a la que se refería Sue no apareció. Además, a causa de la forma en que estaban construidas las torres, los operadores no podían ver el OVNI a través de los ventanales; el objeto no estaba dentro del campo visual por culpa del techo que sobresalía, es decir que estaba suspendido en lo que venía a ser el punto ciego de la torre. Aviones llenos de pasajeros aterrizaban y despegaban mientras la «cosa tipo OVNI» permanecía quieta en el cielo, sin que nadie supiera qué era, por qué estaba allí ni qué haría a continuación. La conversación grabada, que incluye risas, la necesidad de Sue de aclarar que no estaba «drogada» y la confesión de Dave de que aunque hubiera visto el disco no lo admitiría, es un ejemplo que habla por sí solo del tabú OVNI que reina entre el personal de aviación incluso en medio de un incidente, posiblemente peligroso, que mientras sucede es comentado por experimentados observadores del tráfico aéreo.

Es posible que Dave hubiera reaccionado de otro modo si el disco volante hubiera sido detectado por radar, pero no lo fue. Puede que el objeto tuviera alguna clase de protección, aunque también sabemos que los radares de los aeropuertos no están configurados para detectar objetos estacionarios como aquel ni, en el otro extremo del asunto, los desplazamientos a velocidades astronómicas, dado que estos comportamientos están prohibidos. El incidente de O'Hare no es el único caso en que esto ocurre. El radar no detecta muchos objetos no identificados, aunque estén físicamente presentes y sean observados por múltiples testigos, lo cual, obviamente, no significa que no estén allí. En muchos otros casos se detectan trayectorias y entonces se obtienen datos valiosos sobre los movimientos del objeto. No se sabe por qué unos objetos se detectan y otros no.

Por suerte, un equipo de expertos del grupo NARCAP del doctor Richard Haines pasó cinco meses investigando a fondo el episodio y sus consecuencias para la seguridad, y analizando todas las posibles explicaciones del avistamiento. El informe, de 154 páginas, fue escrito por Haines; el meteorólogo William Pucket, que había trabajado previamente para la Agencia de Protección Medioambiental; el ingeniero aeroespacial Laurence Lemke, que también había trabajado para la NASA en proyectos de misiones espaciales avanzadas; Donald Ledger, piloto canadiense y profesional de la aviación; y otros cinco especialistas[40]. Sus conclusiones decían que el disco de O'Hare era un objeto material sólido cuyo comportamiento no podía explicarse en términos convencionales. Había penetrado en espacio aéreo restringido de Clase B, de un aeropuerto importante, sin utilizar ningún transpondedor.

El estudio del NARCAP afirmaba:

Este incidente es como muchos otros que ya se han producido, en los que un objeto desconocido es capaz de evitar la detección por radar y, en consecuencia, un reconocimiento oficial y una respuesta efectiva. Esta situación, agravada por la arraigada tendencia de los pilotos a no informar de los avistamientos de estos fenómenos, proporciona a la FAA una base aparentemente justificada para pasar por alto este FANI en concreto, como si no hubiera existido[41].

Ciertamente, la FAA se esforzó por hacer caso omiso del incidente, a pesar de sus consecuencias para la seguridad, pero las presiones del *Chicago Tribune* y otros medios la obligaron a reaccionar. Al principio, el portavoz de la FAA hizo lo posible por explicar el incidente alegando que las luces del aeropuerto se habían reflejado en las nubes. Sin embargo, el hecho ocurrió en pleno día y las luces del aeropuerto estaban todavía apagadas. Hubo una segunda tentativa, con otro portavoz, que dijo que todo había sido un «fenómeno meteorológico». Como es lógico, los pilotos de United y

---

40. Haines y otros, «Report of an Unidentified Aerial Phenomenon and its safety implications at O'Hare International Airport on november 7, 2006», 9 de marzo de 2007, NARCAP Technical Report 10, http://www.narcap.org/reports/010/TR10_Case_18a.pdf.

41. Ibid., p. 100.

los empleados del aeropuerto sabían reconocer luces de tierra en las nubes y condiciones meteorológicas inusuales, aunque era un día nublado normal y corriente. No habrían hablado de un disco volante, haciendo la misma descripción de lo que veían desde distintos ángulos, si se hubiera tratado de un temporal extraño, y sostener lo contrario es insultar a quienes cumplieron con su deber informando de la incursión.

Hilkevitch, experto en transportes, que informaba rutinariamente de los acontecimientos mundanos, mucho menos interesantes, que ocurrían a diario en el aeropuerto O'Hare, se quedó perplejo al ver el desinterés de la FAA por el incidente. «Si hubiera sido un avión, se habría investigado», me contó. «La FAA concede mucha importancia incluso a los detalles de seguridad más pequeños. Investigaría incluso si en un aterrizaje se desprendiera una cafetera de la cocina empotrada». Brian E. Smith, antiguo director del Programa de Seguridad en la Aviación de la NASA, me confesó que los «directivos deberían estar deseosos de oírlo todo sobre las operaciones de esos vehículos, para que no se tradujeran en accidentes o desastres». Dijo que cualquier cosa que opere al margen de la autoridad que controla el tráfico aéreo de un aeropuerto de primera magnitud tiene, evidentemente, consecuencias para la seguridad, sea el vehículo de la clase que sea.

Los expertos de NARCAP coincidieron en que:

> Si un objeto volante, sea cual fuere la ocasión, está suspendido varios minutos sobre un aeropuerto concurrido pero no es detectado por radar ni visto desde la torre de control, representa un peligro potencial para la seguridad aérea. La identidad del FANI sigue siendo desconocida. Debería emprenderse una investigación oficial del Gobierno para valorar si las tecnologías detectoras actuales son aptas o no para dar protección frente a incidentes futuros como este[42].

---

42. Ibid., p. 5.

Así pues, ¿qué ocurrió allí exactamente? Decidí llamar a Tony Molinaro, portavoz de la FAA, y pedirle más detalles sobre el extraño «temporal» que según él los pilotos de United Airlines habían confundido con un objeto físico: un temporal tan raro que había sido capaz de abrir un agujero redondo y claramente definido en un espeso banco de nubes en una fracción de segundo. Sin duda valía la pena que los científicos investigaran un fenómeno así en la era del cambio climático, y es que francamente era una novedad mucho mayor que los discos suspendidos o superveloces que venían siendo noticia desde los años cuarenta.

«A falta de pruebas factuales de cualquier tipo no podemos hacer nada más», me dijo Molinaro en una entrevista telefónica, en respuesta a mi pregunta de por qué la FAA optaba por no investigar lo ocurrido. En cualquier caso, ¿había pruebas factuales de aquel fenómeno meteorológico recién descubierto? El clima, según me dijo, era la conjetura más plausible, y me señaló un fenómeno natural concreto que en realidad no era meteorológico: una «nube perforada», que es el nombre coloquial que se les da. Al fin y al cabo, manifestó, una perforación así tiene una «perfecta forma circular, como la de un disco redondo», y «vapor que sube por él». En otras palabras, los testigos confundieron el agujero de una nube perforada con un disco (aunque el disco se vio varios minutos antes de que apareciese el agujero), y el ascenso de vapor, que sin saber cómo subió en contra de la ley de la gravedad, fue lo que los testigos tomaron por un disco que subía disparado a través de las nubes.

Cuando nos detenemos a pensarlo, ¿no parece ridículo todo esto? Pues es la típica respuesta que se viene dando durante decenios cuando se presiona a la Administración para que diga algo. Y aunque Molinaro se curó en salud diciendo que su explicación era una «conjetura», los medios y el público en general no reparan en tales sutilezas.

¿Y era razonable la conjetura en última instancia? Hablé con meteorólogos y con científicos especializados en física de las nubes, un prudente paso que la FAA habría tenido que dar antes de hacer públicas sus explicaciones. Y lo que me dijeron fue que no, que posiblemente no fue aquello lo que vieron los testigos.

Las nubes perforadas se forman cuando una masa de nubes desprende cristales de hielo sobre otra que está debajo. El agujero lo forman los cristales de hielo que caen, no que suben, como aseguraba Molinaro. Gotas de agua helada de la nube inferior se adhieren a los cristales, engrosándolos y abriendo un espacio a su alrededor en la nube. La masa de cristales adquiere peso y sigue cayendo, por debajo de la nube inferior, y se evapora cuando alcanza capas de aire más caliente.

El factor clave es que este fenómeno solo se produce a temperaturas bajo cero. La temperatura que hacía a 580 metros por encima del aeropuerto O'Hare el día del avistamiento era de 53 grados Fahrenheit, 11 grados centígrados, según el Servicio Meteorológico Nacional. Los climatólogos y otros meteorólogos con quienes hablé afirmaron unánimemente que para interpretar el avistamiento como una nube perforada, las temperaturas debían estar bajo cero.

Y añadieron que solo hay otro medio para que se forme un agujero en una nube: la evaporación por calor. Y da la casualidad de que esto encaja con lo que decían los testigos para explicar lo que vieron: un objeto redondo altamente energético que probablemente emitía alguna forma de radiación o calor intenso mientras se abría paso en el banco de nubes. ¿No sería entonces la evaporación por calor la explicación más lógica, la «conjetura más plausible», de lo que ocurrió?

El equipo de NARCAP no dejó de señalar la insensatez de la explicación de Molinaro:

Creemos que la inmediatez con que se formó el agujero, la forma circular y la nitidez de los bordes indican que su causa probable fue la emisión directa de, por ejemplo, radiación electromagnética de la superficie del esferoide achatado por los polos. No podemos identificar el objeto o fenómeno que había bajo la superficie del esferoide achatado, pero estimamos ineludibles dos conclusiones: (1) el objeto o fenómeno observado tuvo que ser algo objetiva y exteriormente real para producir el efecto agujero; y (2) el fenómeno agujero asociado al objeto no puede explicarse como fenómeno meteorológico convencional ni como nave aeroespacial convencional, reconocida o no reconocida[43].

Por desgracia, nuestro Gobierno no está dispuesto a hacer pública ninguna declaración sensata sobre lo que realmente ocurrió, dando la debida consideración a los informes de los testigos; antes bien se niega a investigar. Una vez más, se da la espalda al público que siente curiosidad y que queda frustrado, alarmado y confuso a causa del silencio de su Gobierno. En consonancia con la vieja historia que se repite, la explicación de la nube agujereada que dio la FAA fue realmente absurda, puesto que las temperaturas en el aeropuerto eran demasiado elevadas incluso para que el fenómeno fuera posible.

Sin embargo, una vez que la explicación de la FAA se hizo pública y fue repetida por los medios, por muy descabellada que fuera, proporcionó una respuesta fácil y oportuna a las personas inclinadas a desestimar todos los avistamientos de OVNIS, a las personas empeñadas en creer que no existen. Pocas personas llegarían a saber nunca que las temperaturas del aeropuerto imposibilitaban la explicación de la FAA (esta información se dio a conocer meses después del hecho), dado que la mayoría aceptaría lo que las autoridades decían. Desde entonces, el caso estaría contaminado por la semilla de la duda, que acabaría formando parte de la historia oficial. Los que supieron lo ocurrido en el aeropuerto desconfiarían en lo sucesivo del Gobierno, que una vez más puso de manifiesto que quería eludir a toda costa los incidentes con OVNIS.

Este acontecimiento, ocurrido hace pocos años, ilustra claramente los puntos fundamentales que expuse en la Introducción

---

43. Ibid., p. 54.

acerca del problema OVNI: los OVNIS son objetos físicos reales; no se han explicado todavía; pueden representar un peligro para la seguridad de la aviación; nuestro Gobierno los desestima por sistema, ofendiendo así a los testigos expertos y publicando explicaciones falsas; no puede descartarse la hipótesis extraterrestre cuando no sirven las explicaciones que invocan causas naturales o humanas; y es necesaria una investigación inmediata.

¿Por qué nuestro Gobierno se encogió de hombros ante un objeto desconocido y de alta tecnología que permaneció suspendido sobre un aeropuerto de primera magnitud y del que informaron personas competentes que trabajaban allí? ¿Y qué hay de la seguridad de los pasajeros? ¿O de la seguridad nacional después del Once de Septiembre? ¿O de la simple y lógica curiosidad científica por un fenómeno inexplicado? El desagrado oficial por abordar el fenómeno OVNI está tan arraigado ya que es no solo contraproducente, sino también, quizá, peligroso.

7

OVNIS gigantes
en el canal de la Mancha, 2007

Por el comandante Ray Bowyer

Cinco meses después del incidente de O'Hare, el 23 de abril de 2007, hubo otro avistamiento por parte de pilotos y personal de aviación, esta vez sobre las aguas del canal de la Mancha, frente a las costas de Normandía. El piloto de vuelos comerciales Ray Bowyer no dudó en informar de la presencia de dos grandes OVNIS que vieron él y sus pasajeros, aunque el episodio no causó ningún efecto directo en la seguridad del avión. De acuerdo con las normativas, remitió su informe a la Autoridad de Aviación Civil (CAA), el organismo británico que regula la aviación civil y es responsable de la seguridad aérea, el equivalente de la FAA estadounidense. Esta vez los objetos fueron seguidos por radar y el avistamiento se conoció inmediatamente en todo el mundo.

El comandante Bowyer afirma que no hubo efectos negativos por contar lo ocurrido cuando fue entrevistado por la BBC. Su compañía aérea lo apoyó en todo momento y el control de tráfico aéreo local entregó la información grabada a los periodistas e investigadores que la solicitaron. «No me pa-

reció que estuviera en peligro de recibir burlas, ya que lo único que yo hice fue informar de lo que había ocurrido realmente, como era mi obligación», afirmó.

Después de enterarse del incidente del aeropuerto O'Hare, que se produjo meses antes de su avistamiento, Bowyer se dio cuenta de las diferencias que había entre los regímenes informativos del Reino Unido y Estados Unidos y también entre las actitudes oficiales dentro de los dos países. Le llamó mucho la atención el hecho de que, en Estados Unidos, tripulantes y personal de tierra recibieran presiones de las respectivas compañías para que no comentaran el incidente y el que la FAA no abriera una investigación. «Me habría parecido escandaloso si me hubieran dicho que la CAA no quería investigar o si la CAA me dijera que lo que yo había visto era otra cosa completamente distinta», declaró en respuesta a la actitud de la FAA y su pretensión de que los testigos habían presenciado un fenómeno meteorológico. «Pero que yo sepa, los pilotos de Estados Unidos están acostumbrados a esas cosas».

Conocí al comandante Bowyer seis meses después de su avistamiento, en nuestra conferencia de prensa de Washington D.C., donde también conocí al general de Brouwer. Estuvo con nosotros unos cuantos días, con la total cooperación de su compañía, Aurigny Air Services, que hace vuelos entre las islas del Canal y Francia y el Reino Unido. Bowyer me pareció un hombre notablemente franco, sensato, un inglés típico, totalmente incorruptible; en otras palabras, un hombre sincero por naturaleza y dotado de un gran sentido del humor. Lo que sigue es su versión de los hechos: aunque a veces alarmante, transmite sus cualidades personales y representa un interesante contraste con el estilo de expresión, más formal y comedido, de los militares norteamericanos que colaboran en este libro.

S iempre ha habido en mi familia una notable afición a volar y, aunque personalmente estudié para ingeniero de producción e investigación, siempre sentí deseos de pasearme entre las nubes. Así que empecé a volar en 1985 y cuatro años más tarde terminé la carrera de piloto comercial. Desde entonces ha trabajado para muchas compañías aéreas, de Gran Bretaña, de Europa continental y de Oriente Medio.

Entré a trabajar en Aurigny Air Service en 1999 y he estado diez años con esta compañía, con sede en las islas del canal que discurre entre el sur de Gran Bretaña y el norte de Francia. Aurigny tiene vuelos entre las tres islas mayores —Alderney, Jersey y Guernsey— y el oeste de Francia e Inglaterra. Tengo unas 5.000 horas de vuelo y he hecho 8.000 aterrizajes para Aurigny con un Britten-Norman Trislander. Aunque muy básicos y algo ruidosos, estos trimotores de dieciocho plazas son potentes e ideales para desplazamientos locales y aterrizajes en pistas cortas como las de Alderney, la más septentrional y más pequeña de las islas en las que trabaja la compañía. En el Trislander no hay separación entre la cabina y la carlinga: todos estamos básicamente en una única cabina abierta. Mientras piloto el avión puedo volverme y hablar con los pasajeros que tengo detrás.

El 23 de abril de 2007 mis pasajeros y yo vimos varios objetos, no identificados hasta la fecha, encima de las islas que he mencionado, mientras cruzábamos el canal. Eran grandísimos. Fueron detectados por radar en dos lugares y uno fue visto por otro piloto desde un punto muy alejado.

La visibilidad era excelente aquella tarde a 1.200 metros de altitud —por lo menos de 100 millas a la redonda-, con una neblina poco consistente debajo de nosotros, que llegaba hasta 600 metros. Habíamos despegado de Southampton, en Inglaterra, e íbamos rumbo a Alderney, una travesía en la que se tarda unos cuarenta minutos navegando a 150 millas por hora.

Al principio vi un objeto que parecía cercano a causa de su tamaño aparente y calculé que estaría solo a cinco o seis millas de nosotros. Sin embargo, pasaba el tiempo, el objeto seguía a la vista, y aunque yo había recorrido veinte millas en su dirección, no parecía que nos acercáramos.

Cuando lo divisé, pensé, basándome en experiencias pasadas, que aquella brillante luz amarilla era un reflejo del sol en un invernadero comercial de Gernsey, que es famoso por sus tomates. Pero en el presente caso, el movimiento relativo del avión, en combinación con el ángulo crítico entre el suelo y el sol, no justificaba ese reflejo. Además, el sol no daba directamente en la superficie, porque a 3.000 metros había una capa de nubes que ensombrecía toda la zona. Teniendo en cuenta todo esto, puse el piloto automático, cogí los prismáticos de diez aumentos y descubrí que el objeto luminoso tenía una forma definida: la de un cigarro delgado o un CD visto de perfil con una ligera inclinación. Estaba claramente definido y tenía ambos extremos en punta. Su relación de aspecto era aproximadamente 15:1 y mientras miraba por los prismáticos vi claramente una franja oscura a dos tercios del extremo derecho.

Mientras me aproximaba apareció otro objeto de la misma forma al otro lado del primero. Los dos tenían forma de disco achatado, con la misma zona oscura a la derecha. Eran de un amarillo brillante y la luz emanaba de ellos. Transmití la información al control aéreo (ATC) de Jersey y al principio me dijeron que no tenían contacto. Insistí sobre el particular durante las siguientes millas y el controlador de Jersey, Paul Kelly, me dijo entonces que había habido contactos primarios al sur de Alderney. De modo que allí estábamos, en una clara tarde de abril, con dos objetos delante que no hacían más que crecer y sin saber lo que eran. Yo estaba atónito, pero sentía curiosidad.

En aquel momento, los pasajeros empezaron a ver aquellas cosas tan raras y a hacer preguntas. Opté por no comunicar nada por los altavoces internos para no alarmar a nadie, aunque se notaba que algunos estaban preocupados. Por entonces los objetos eran fácilmente visibles sin prismáticos, el segundo detrás del más cercano y con sus mismas características, solo que más alejado.

ATC me informó entonces de que había dos ecos en un radar primario y los dos procedentes del suroeste de Alderney. Aquello estaba más allá de mi punto de destino, de lo cual me alegré, porque los objetos se estaban poniendo desagradablemente cerca. Su brillo era difícil de describir, pero podía mirar aquella fantástica luz sin sentir molestias. Los dos parecían estacionarios, pero las señales de radar demostraron luego que no era así: en realidad se alejaban uno de otro a una velocidad de unos 6 nudos, uno hacia el norte, desde la punta septentrional de Guernsey hacia el faro de Casquettes, el otro hacia el sur, siguiendo la costa noroccidental de Guernsey.

A causa de la capa de niebla no es probable que los objetos pudieran verse desde tierra; sin embargo, después del episodio BBC radio recibió un informe no confirmado de que uno había sido visto por un turista que estaba en un hotel de Sark, cerca del faro de Casquettes.

Aunque ya cerca del punto de descenso, a veinte millas al nornordeste de Alderney, mantuve la altitud de 1.200 metros para seguir viendo los objetos. Si se ponían en marcha, quería estar en condiciones de emprender alguna acción para eludirlos, si es que era posible.

A causa de mi proximidad, la zona oscura de la derecha del objeto más cercano adquirió un aspecto distinto en la zona fronteriza entre el amarillo brillante y la franja vertical oscura. Parecía haber una capa fronteriza pulsátil entre las zonas de diferente color, una especie de interfaz con colores centelleantes, azules, verdes y otros matices, que lanzaban destellos a intervalos de un segundo aproximadamente. Era fascinante, pero yo había sobrepasado ya mi punto de descenso y, para ser francos, no me disgustaba mucho la idea de aterrizar.

Tenía sentimientos encontrados al respecto. La seguridad de los pasajeros es lo fundamental y eso siempre es lo primero, de modo que aterrizar era prioritario. Sin embargo, estaba realmente intrigado por aquellos objetos, aunque también debo decir que me inspiraban un sano temor. Si hubiera ido con el avión vacío, me habría acercado un poco más, quizás hasta sobrevolar el objeto más cercano, para recoger más información y satisfacer mi curiosidad. Pero nunca se me ocurriría poner en peligro a los pasajeros. La última vez que vi los objetos estábamos a 600 metros de altitud y descendíamos hacia la neblina.

Durante todo el encuentro, que duró quince minutos, no hubo ninguna interferencia en los sistemas o instrumentos del avión y las comunicaciones por radio funcionaron perfectamente.

Al aterrizar pregunté a los pasajeros si alguno había visto algo inusual, sin la menor intención de obligarlos a nada, y les dije que si querían informar, que dejaran su nombre y su teléfono en el mostrador de facturación. Los pasajeros Kate y John Russell, que habían estado tres filas detrás de mí, contaron públicamente lo que habían visto y su versión está bien documentada. Vieron el objeto por lo menos otros cuatro pasajeros y el caballero que se sentaba detrás de mí incluso me pidió los prismáticos para ver mejor.

Me dirigí al departamento de operaciones para presentar un informe oficial, tal como ordena la ley, para explicar a la autoridad competente que unas aeronaves no identificadas habían sido vistas en un espacio aéreo controlado en el que no deberían haber estado. Hice un rápido dibujo y lo envié al control aéreo de Jersey y luego al Ministerio de Defensa y a la Autoridad de Aviación Civil en Londres. Hecho lo cual, fue el momento de tomarse un té rápido y volver a Southampton por más pasajeros.

Hasta cierto punto estaba preocupado, porque tenía que partir hacia el oeste, hacia donde había visto por última vez el objeto más cercano, y aunque no había nada visible en el horizonte mientras me situaba en la pista, no olvidaba que si había perdido el contacto con la pareja había sido por culpa de la neblina. Afortunadamente, después de remontar los 600 metros de altitud, no vi nada en absoluto.

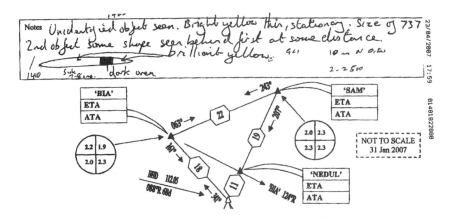

La parte de mi informe, presentado inmediatamente después del incidente,
que traía el dibujo que hice de un objeto. Se envió a la CAA y al Ministerio de
Defensa antes de darme cuenta del tamaño que tenían realmente los objetos.
R. Bowyer.

Fue entonces, durante el viaje de vuelta a Southampton, cuando tuve tiempo evaluar el tamaño que tenían realmente los objetos. En Alderney había obtenido confirmación de las señales de radar del controlador que había recibido los datos. Entonces pude determinar que había estado aproximadamente a cincuenta y cinco millas del primer objeto, no a la distancia que había creído al principio, de diez millas o menos. Cuando se vuela por Europa de noche llega a conocerse el tamaño de los pueblos y las ciudades en relación con distancias concretas, poniendo a escala lugares de tamaño conocido y sirviéndome de un ángulo oblicuo de valor conocido desde un punto de observación lejano. Yo había aplicado esta misma referencia a los objetos no identificados, suponiendo que eran discos achatados; naturalmente, parecían largos y delgados desde mi perspectiva lateral. El tamaño del objeto era comparable a un pueblo relativamente grande visto desde cincuenta y cinco millas. Fue entonces cuando caí en la cuenta de su enorme tamaño y calculé que debía de tener una milla de largo.

Cuando repetí el trayecto de Southampton a Alderney, llamé por teléfono al control aéreo de Jersey y hablé con Paul Kelly, el controlador de servicio con quien había estado en comunicación durante el avistamiento. Me contó que un piloto de otro avión le había detallado otro avistamiento que «coincidía con la descripción» de lo que yo había visto. Fue para mí un gran alivio, porque confirmaba que yo no era el único chiflado.

En efecto, el comandante Patrick Patterson, piloto de un Jetstream de la compañía Blue Islands que se dirigía a Jersey procedente de la isla de Man, había visto lo mismo que yo, a veinte millas al sur, por encima de la diminuta isla de Sark. Unos meses después coincidí con el comandante Patterson y cambiamos impresiones sobre lo que habíamos visto. Aunque su avistamiento duró solo un minuto aproximadamente, su descripción me demostró que había observado lo mismo, aunque él no vio más que un objeto, pues el otro estaba en la posición de las seis y por lo tanto fuera de su campo visual.

La diáfana señal de radar registrada entonces muestra con toda claridad dos objetos de avance lento que aparecían y desaparecían en la pantalla al mismo tiempo. Las señales empiezan y acaban exactamente en el mismo instante, sin un minuto de separación, ni siquiera diez segundos. El objeto más septentrional desaparece poco antes de pasar por encima del faro de Casquettes. En el radar se ve asimismo el aparato de Blue Island que se desplaza del ángulo superior izquierdo al inferior derecho y el mío del ángulo superior derecho hacia el centro.

Un equipo de investigadores independientes redactó un largo informe (con alguna de cuyas afirmaciones no estoy totalmente de acuerdo) que en general no presenta ninguna prueba que explique el avistamiento, lo que me confirma que aquel día aparecieron sobre las aguas del Canal dos objetos tangibles. Este estudio, de más de 175 páginas, contiene muchísimos detalles, con referencias al clima, las inversiones térmicas, la actividad militar, los movimientos navales de superficie, y muchas otras vías de investigación[44]. Sin

---

44. Jean-François Baure, David Clarke, Paul Fuller y Martin Shough, «Report on aerial phenomena observed near the Channel Islands, UK, april 23 2007», febrero de 2008, http://www.guernsey.uk.ufo.org/.

embargo, hay un punto importante en el que discrepo del equipo, concretamente el que se refiere a las señales de radar, que se desestiman aduciendo que probablemente son ecos de un carguero.

De ser así, ¿por qué las dos señales empiezan y desaparecen en mitad del mar, exactamente en el mismo momento, cuando deberían verse saliendo de puerto o volviendo a él? Y el objeto septentrional desaparece después de pasar por encima del faro de Casquettes, escenario de muchos naufragios, entre ellos el del *SS Stella*, producido a finales del siglo XIX, con numerosas pérdidas humanas. Con mareas de 8 nudos en la zona, se diría que es el lugar menos indicado para navegar con un carguero, incluso una insensatez.

Polémicas aparte, y aunque muchos avistamientos protagonizados por pilotos no cuenten con muchos testigos o con señales de radar, yo animaría a todas las tripulaciones a que informen lo antes posible de cualquier cosa que vean, sin temor a las consecuencias.

Las leyes aéreas dicen claramente que si la tripulación de un aparato ve otro aparato en un lugar en el que no debería estar, debe informar a la autoridad competente en cuanto se presente la primera oportunidad. En mi caso, la Autoridad de Aviación Civil británica tuvo noticia de lo que se había visto en menos de veinte minutos, tal como quedó descrito en el diario de vuelo que envié por fax directamente a la oficina correspondiente de la CAA. Al mismo tiempo, la torre de control de Jersey informó a las fuerzas armadas. No es un movimiento optativo: es obligatorio que las tripulaciones reaccionen de este modo.

Desde que vi los dos OVNIS e informé libremente de ellos, se me ha hecho la pregunta que todo el mundo quiere que se responda en relación con este tema: «¿Qué vio usted? ¿Qué cree usted que era?» La verdad es que aún no he dado con una respuesta que me satisfaga.

Hay una serie de preguntas condicionales («¿y si...?») que hay que tener en cuenta. Por ejemplo, ¿y si hubiera sido de noche? ¿Y si no hubiera habido niebla entre el suelo y los dos gigantescos objetos? Seguro que el resplandor que despedían habría sido visto a centenares de kilómetros por personas situadas en tierra y por todos los pilotos de la zona. El mar y la tierra habrían sido iluminados como por dos minisoles.

Además, cuatro días más tarde hubo un terremoto a 200 millas de la costa de Kent. ¿Pudieron haber sido luces sísmicas, un raro fenómeno que coincide con los temblores de tierra? Es poco probable. Las luces sísmicas no se ven sobre el agua, puesto que son generadas directamente por una falla. ¿Y podría una manifestarse como un objeto estacionario, brillante, bien definido, con un duplicado exacto a cierta distancia? Es más que dudoso.

Más aún: ¿fue el brillo de los objetos tal vez un efecto secundario, en el caso de que formaran parte de algún experimento secreto? Sería interesante saber si algún satélite artificial, de los militares o del Gobierno, captó aquella extraordinaria fuente energética o luz brillante, cosa que parecería probable. En cualquier caso, el Ministerio de Defensa declaró por escrito que no se trataba de un ejercicio de los militares ni de nada relacionado con ellos.

Mi conclusión para todo lo que pide respuesta es simple: creo que aquel día había dos naves sólidas trabajando en colaboración, según demuestra el hecho de que estaban en el mismo lugar en el mismo momento. Qué eran, no lo sé. Tampoco sé qué estaban haciendo allí. Lo que sí diré es que el hecho de que unas máquinas tan grandes fueran visibles desde dos puntos independientes situados a más de cincuenta millas, y con pruebas de radar para respaldar dónde estaban, me obliga a decir que no eran de aquí, y con esto quiero decir que no se habían fabricado, que no podían haberse fabricado en la Tierra.

Así pues, ¿qué sucede a continuación? Bueno, el presente caso, como muchos otros, se cerró antes incluso de empezar, por lo que se refiere a las autoridades. Los militares británicos y franceses dieron su ya acostumbrada evasiva, «En el fondo no hay que preocuparse», dado que sus respectivos espacios aéreos no corrieron ningún peligro. Yo la interpreté del siguiente modo: «Ya veremos, pero no podemos hacer nada por impedirlo ni para que desaparezca».

Creo que las autoridades competentes saben que lo que vimos aquel día, como lo que muchos pilotos de todo el mundo vienen observando regularmente, es algo que no procede de este planeta, y que lo saben desde hace mucho tiempo.

Pero ¿y si se diera esta información al ciudadano de a pie? Podría desatarse una ola de recriminaciones contra el Gobierno, la religión y las autoridades, y posiblemente una inquietud civil a gran escala que daría lugar a un nuevo orden mundial que podría ser beneficioso o no para el planeta, o tal vez a mil otras situaciones igual de complejas e igual de impredecibles. Es posible que las autoridades hagan bien en no destapar la caja de Pandora por el momento.

En cambio, creo que se acerca la hora en que ya no será posible seguir escondiendo este tema bajo la alfombra. Con una tecnología mejorada y con avistamientos que se registran fielmente todos los días, esa hora está al caer. No tardarán las autoridades en verse obligadas a explicar a la población lo que se sabe. Dependiendo de lo que sepan o de lo que seamos capaces de aprender cuando lo expliquen, podría ser el momento en que la especie humana empiece a madurar. Obligados a tomar conciencia de su pequeñez en relación con el lugar de la Tierra en el universo, los humanos podrían por fin encarar su futuro como un pececillo en un mar inmenso.

El episodio que viví me descubrió un mundo nuevo que no sabía que existiera. He llegado a conocer a un grupo poco usual de personas fascinadas por el tema de los OVNIS, un grupo ecléctico de adeptos fervientes y soñadores, de escritores, escépticos, cineastas, testigos presenciales, psicoterapeutas, exmilitares y todos los estados y condiciones posibles entre un extremo y otro del espectro. Unas personas creen firmemente en inteligencia extraterrestre; otras insisten en negar la idea de que haya inteligencias superiores a la humana. En cualquier caso, las creencias se defienden con fir-

meza y se expresan verbalmente en todos los medios. Y hay toda
una industria que satisface la sed de conocimientos en relación con
este tema.

En cuanto a mí, la vida ha vuelto a la normalidad. Todavía con-
cedo alguna que otra entrevista a la prensa, la televisión o la radio,
pero aquí, en Guernsey, el incidente está casi totalmente olvidado.
La gente tiene otras cosas en que pensar y la preocupación por
otros mundos cuando hay que pagar sin falta los plazos de la hipo-
teca queda relegada a segundo o tercer plano. Sin embargo, podría
llegar el día en que toda la especie humana tenga que afrontar la
espantosa realidad de que no estamos solos en el universo. En mi
opinión, no sería mala medida acostumbrarnos ya a la idea, porque,
francamente, no nos queda otro remedio.

8
Los OVNIS, objetivo de la Fuerza Aérea

Los aviones comerciales de pasajeros operan con total independencia de la aviación militar y evidentemente, como dice Richard Haines, tienen opciones limitadas cuando han de reaccionar a la aproximación de un OVNI. Además, en Estados Unidos por lo menos, el temor a informar de tales acontecimientos tiene mucha fuerza entre los pilotos civiles, pues si informan corren peligro de que la noticia se filtre a los medios y aumenten las burlas. Ni un solo testigo habló oficialmente sobre el caso del aeropuerto O'Hare de 2007, a pesar de los muchos que vieron el incidente y de la legítima preocupación que expresaron por la seguridad de la aviación. Pero ¿qué ocurre cuando pilotos de aviones militares, armados hasta los dientes, se encuentran con OVNIS? Y si la radiación electromagnética de los OVNIS inutiliza el delicado equipo de las bases militares, como han inutilizado a veces el de la cabina de un avión, ¿pasa a ser asunto de seguridad nacional? Estas especulaciones van un paso más allá de los problemas de seguridad en la aviación originados por la proximidad accidental de los OVNIS. ¿Cuándo es procedente que los aviones militares inicien una acción agresiva, si alguna vez se da el caso?

A diferencia de la aviación comercial, la militar opera en un medio más reservado y menos público. A diferencia de los pilotos comerciales, que procuran asegurar la comodidad y seguridad de centenares de pasajeros, y al mismo tiempo proteger su reputación y la de las compañías, los oficiales de la Fuerza Aérea tienen una serie de prioridades muy distinta. El cometido de estos pilotos es proteger a su patria de las agresiones y mantenerse en estado de alerta para contrarrestar una invasión inesperada o un ataque terrorista. Los pilotos militares están preparados para defenderse en caso de necesidad; sus aparatos no llevan pasajeros, sino armas mortales que pueden emplearse para atacar o defender.

Los pilotos militares y sus controladores aéreos están adiestrados para obedecer órdenes y no hacer demasiadas preguntas, y el sistema tiene experiencia en las artes de comunicar la información importante y mantener su confidencialidad. Los pilotos militares tienen más tendencia a informar por sentido del deber y están libres de los peligros que acechan a los pilotos comerciales, porque saben que su información seguramente será restringida. Cuando los pilotos de la Fuerza Aérea se encuentran con un OVNI, es muy probable que lo estén viendo también desde otro avión o desde una base de tierra, de manera que la información se puede transmitir rápidamente por la cadena de mando. Estos oficiales saben que otros aviones pueden despegar inmediatamente para apoyarlos si se produce un enfrentamiento inusual. Y pueden defenderse en el acto si es necesario.

Sabiendo esto, es natural que nos preguntemos: ¿Han disparado a un OVNI alguna vez los pilotos militares? La asombrosa respuesta es que sí.

En noviembre de 2007 tuve la suerte de conocer y pasar unos días con dos pilotos que estuvieron enzarzados en una larga refriega con OVNIS identificados. El general Parviz Jafari, ya retirado, era mayor de la Fuerza Aérea iraní en 1976, cuando la superioridad le ordenó que despegara con su reactor Phantom F-4 II y se acercara a un OVNI luminoso que se había visto en el cielo de Teherán.

En el curso de una persecución alocada, él y su navegante trataron varias veces de lanzar un misil Sidewinder contra unos objetos menores adicionales que se dirigían hacia ellos, pero en el momento de disparar, el equipo falló y no volvió a la normalidad hasta que el reactor se alejó. El objeto principal había sido perseguido igualmente por otro reactor de la Fuerza Aérea, fue captado por el radar de a bordo y observado desde tierra por un general y personal de navegación aérea con experiencia.

Cuatro años después, en 1980, ocurrió un hecho parecido sobre una base aérea de Perú, cuando se ordenó al entonces teniente Óscar Santa María Huertas que interceptara lo que al principio creyeron un aparato espía. Disparó contra el objeto, que parecía un globo, con fuego de ametralladora, pero no le causó el menor efecto. El teniente se dio cuenta en seguida de que era algo desconocido, un OVNI. Tres veces tuvo a tiro el objeto, que ocasionalmente se quedaba inmóvil, pero las tres veces los proyectiles salían desviados hacia arriba. El OVNI fue observado en pleno día por más de un millar de soldados y el Estado Mayor de la base militar de La Joya.

El general Jafari y el comandante[45] Santa María se conocieron en 2007, en la conferencia de prensa que celebramos en Washington D.C. y a la que también asistieron el general de Brouwer, el comandante Ray Bowyer y otros colaboradores de este libro. Fue una ocasión para hacer declaraciones públicas, pero también una oportunidad única para que aquellos hombres hablaran durante unos días y establecieran la base de una red internacional.

En mi condición de coorganizadora, relaciones públicas del acontecimiento y anfitriona de los participantes en la mesa redonda, tuve conocimiento de muchas conversaciones privadas durante los cafés matutinos y de otras que se desarrollaron hasta bien

---

45. En las fuerzas aéreas de Perú, el grado de comandante equivale al de teniente coronel en el ejército de tierra. *[No confundir con la calificación de comandante que reciben los pilotos civiles en idioma español y que en inglés se denominan capitanes —Nota del Traductor.]*

entrada la noche. Nunca olvidaré la noche, dos días antes de la conferencia, en que el general Jafari y el comandante Santa María se dieron la mano y se sentaron juntos. Los dos sencillos caballeros acababan de llegar de partes muy lejanas del globo y se unieron a nuestro pequeño grupo en el restaurante de la azotea del Hotel Washington, cansados pero relajados por estar entre amigos, y emocionados ante la perspectiva de participar en la importante conferencia de prensa. El general Jafari, sentado a mi derecha, estuvo afable y animado, y no tardó en verse rodeado de preguntas sobre los sucesos de 1976. Ni Jafari ni Santa María sabían mucho de la experiencia del otro, y la conversación que siguió fue improvisada y espontánea, sin grabadoras ni cámaras que coartaran su carácter íntimo.

El comandante Santa María no hablaba inglés, pero al poco de comenzar Jafari su relato, una pareja hispanohablante de la mesa contigua confesó que había escuchado sin querer y uno se ofreció a hacerle de intérprete. También él contó su experiencia, después de Jafari, estimulado por las preguntas que le hacían cuantos lo rodeaban. Ambos hombres, testigos de dos de los acontecimientos más insólitos de la historia de la aviación militar, descubrieron mientras hablaban lo parecidas que habían sido sus vivencias. Se identificaron con el temor y el asombro que expresaba el otro al recontar su aventura. En su condición de pilotos militares de dos continentes se habían encontrado cara a cara con algo teóricamente imposible pero pasmosamente real. Fue la velada más notable y escalofriante que viví desde que empecé esta investigación, hacía diez años, y me sentí privilegiada por estar presente. Ambos militares retirados eran hombres sencillos, sin pretensiones, directos y totalmente creíbles. Jafari describió un objeto veloz que persiguió su Phantom F-4 cuando se disponía a regresar a la base. Uno que estaba en nuestra mesa la preguntó cómo se sintió.

—En aquel momento —respondió con su imperfecto pero vistoso inglés—, dupliqué mi pánico.

Santa María hizo un dibujo de su OVNI en un sobre de azúcar que nos sirvieron con el café y que me quedé como recuerdo.

¿Y por qué se sintieron obligados los dos pilotos a disparar contra aquellos OVNIS? El general Jafari explicó que él lo hizo en defensa propia. Al principio no tenía intención de tomar aquella iniciativa, porque el general iraní que les ordenó despegar, a él y a su navegante, solo quería tener una idea más exacta de aquel brillante objeto cuasiestelar, conocer su identidad. Pero Jafari se vio de pronto en una situación totalmente inesperada y amenazadora para su avión. Las circunstancias de Santa María fueron diferentes. Al despegar se le dijo que el objetivo de su misión era destruir el «aparato espía» que sobrevolaba su base, dado que no había respondido a las comunicaciones normales. Ninguno de los dos pilotos supo lo inútil que iban a ser sus esfuerzos cuando abrieran fuego contra el OVNI.

Al considerar retrospectivamente lo ocurrido, siempre quedará en el aire la pregunta de si los OVNIS se comportaron de un modo realmente agresivo o no, y la verdad es que no tenemos la menor idea de sus intenciones y objetivos, ni siquiera si estos conceptos son aplicables a la situación. Sin embargo, estos incidentes, aunque escasos, plantean serias cuestiones relacionadas con la seguridad nacional. Parece que, en la actualidad, la opinión dominante en las altas esferas militares es que los OVNIS no son beligerantes. Ni siquiera toman represalias cuando los humanos los atacan, y tenemos que suponer que están más que capacitados para tomarlas. Como el general francés Denis Letty aseguró a los lectores en el Informe COMETA, aunque «hemos visto maniobras de intimidación», los OVNIS no se han mostrado hostiles hasta la fecha.

Puede que el verdadero problema para la seguridad nacional radique en las impulsivas pero comprensibles acciones que emprenden los pilotos militares para defenderse de —cosa que acaban descubriendo muy pronto— entidades de tecnología muy superior y con planes que desconocemos: una perspectiva que da auténtico miedo. Pero aunque los pilotos crean que atacar en defensa propia está justificado, esas iniciativas podrían tener consecuencias desastrosas si alguna vez consiguieran abatir al objetivo o si el objetivo respondiera agresivamente a una tentativa de destruirlo. Salta a la vista el peligro que supondría entablar combate con algo tan poderoso y completamente desconocido. Nadie puede predecir el comportamiento de unas entidades que no comprendemos. Adoptar una actitud belicosa también reduce las posibilidades de establecer comunicación con los OVNIS, si eso fuera posible, o, sin ir más lejos, las de aprender más de ellos mediante la observación prudente a corta distancia. Los episodios vividos por Jafari y Santa María nos revelan la verdad de lo que ocurre cuando dos pilotos militares tratan de derribar un OVNI. No habían recibido entrenamiento ni estaban preparados para enfrentarse a una eventualidad tan inesperada.

9
Refriega sobre Teherán

Por el general (ret.) Parviz Jafari, de la Fuerza Aérea iraní

Hacia las 11 de la noche del 18 de septiembre de 1976, los ciudadanos se asustaron al ver que un objeto desconocido daba vueltas a baja altitud en el cielo de Teherán. Algunos avisaron a la torre de control aéreo del aeropuerto de Mehrebad, cuyo inspector de servicio aquella noche era Houssain Pirouzi. Tras recibir cuatro llamadas, salió y miró con los prismáticos hacia donde la gente le había dicho. También lo vio: un objeto brillante, con luces de colores que centelleaban, y que cambiaba de posición, a unos 1.800 metros de altitud. También parecía cambiar de forma.

Pirouzi sabía que aquella noche no había aviones ni helicópteros en los alrededores. A eso de las 12.30 avisó al cuartel general de la Fuerza Aérea. El general adjunto Yousefi, que estaba de servicio entonces, salió al exterior y también vio el objeto. Decidió ordenar que despegara un reactor Phantom F-4 II de la base de Shahrokhi, situada en las afueras de Teherán, para que investigara. Iban dos personas en el F-4, el capitán Aziz Khani y el teniente Hossein Shokri, el navegante.

Yo tenía entonces el grado de mayor y era el jefe del escuadrón, y uno de mis pilotos, que estaba entre los primeros hombres alertados en la zona, despegó inmediatamente. Salí de mi casa y me dirigí a la base para hacerme cargo de la operación.

El F-4 volaba todavía cuando llegué a la base. Khani y Shokri habían avistado el objeto y lo estaban persiguiendo. Pero se movía a una velocidad cercana a la del sonido, de modo que no lo alcanzaban. Cuando se encontraban cerca de él, el instrumental no respondía, la radio farfullaba cosas incomprensibles, y perdían la comunicación. Cuando el F-4 se alejaba, recuperaba el funcionamiento de los instrumentos y podían reanudarse las comunicaciones.

Unos diez minutos después me ordenaron despegar para acercarme al objeto con otro reactor que yo pilotaba. Era ya aproximadamente la una y media de la madrugada del 19 de septiembre. El teniente Jalal Damirian, mi copiloto, en el asiento de atrás, operaba el radar y otros equipos; lo llamábamos «el guardaespaldas». Cuando despegamos, el objeto tenía el aspecto que se había dicho. Brillaba con mucha intensidad, volaba a baja altura sobre la ciudad y entonces empezó a ascender.

El capitán Khani se había acercado a la frontera rusa y en aquel momento le dijeron que volviese. Cuando dio la vuelta, informó de que veía el objeto delante de él, a las doce en punto. Yo pregunté: «¿Dónde lo ve usted exactamente?» Respondió: «Sobre la presa, cerca de Teherán». Le ordené: «Vuelva a la base, yo me encargo de él». Mientras él volvía, yo miré y lo vi.

Parpadeaba con destellos rojos, verdes, anaranjados y azules, tan brillantes que no alcanzaba a distinguir el cuerpo. Las luces estaban distribuidas en forma de rombo: todo eran luces, sin estructura sólida visible, ni a través ni alrededor de ellas. El ritmo de los destellos era muy rápido, como si fueran focos estroboscópicos. Es posible que las luces fueran solo una parte de un objeto más grande, que no podíamos ver. No había forma de saberlo.

Me dirigí hacia el lugar y me situé cerca, quizás a unas setenta millas, en posición ascendente. De súbito, saltó unos diez grados a la derecha. ¡En un instante! Diez grados... y luego saltó otros diez grados, y luego otra vez... Tuve que desviarme 98 grados a la derecha de mi dirección de 70 grados, así que cambiamos la posición 168 grados hacia el sur de la capital[46].

Pregunté a la torre si lo tenían en el radar. El operador respondió: «El radar está fuera de servicio. No funciona en este momento». De pronto, mi guardaespaldas, el teniente Damirian, dijo: «Señor, lo tengo en el radar». Miré la pantalla del radar y vi la señal. Dije: «Muy bien, echa el freno y dale otra mano». Esto era para asegurarnos de que no estábamos registrando en pantalla un efecto de tierra o una montaña. Ahora teníamos un eco excelente en la pantalla, estaba a 27 millas, 30 grados a la izquierda; nuestra velocidad de impacto era de 150 nudos y en ascenso.

No dejábamos de mirar el radar. El tamaño que veíamos en pantalla era comparable al de un avión cisterna 707.

---

46. Esta descripción del OVNI, visto de cerca, es inusual. Sin embargo, se parece mucho a un informe presentado por otro general cuando, al igual que Jafari, era piloto de la FA. Mencionado en el capítulo 4 por Júlio Guerra y por mí en la nota 21, el general portugués José Lemos Ferreira remitió en 1957 la descripción de un OVNI al Proyecto Libro Azul de la FA de EE.UU. El documento puede verse en sus archivos.

Mientras hacía un ejercicio nocturno con otros tres reactores militares, Ferreira vio un objeto que parecía «una estrella brillante inusualmente grande y destellante, con un núcleo coloreado que cambiaba de color continuamente: verde intenso, azul, tonos rojizos y amarillentos». Adviértase la similitud con la descripción de Jafari. «Parecía una estrella, pero mayor y más brillante», y luego «parpadeaba con destellos rojos, verdes, anaranjados y azules, tan brillantes que no alcanzaba a distinguir el cuerpo [...] El ritmo de los destellos era muy rápido, como si fueran focos estroboscópicos». La siguiente fase coincide de manera escalofriantemente en los dos encuentros. Ferreira dice que los pilotos vieron «primero un pequeño círculo de luz amarilla que salía del objeto mayor, luego otros tres», que eran menos que el destellante objeto mayor. Jafari afirma después en este mismo capítulo que vio un «objeto redondo» abandonar el objeto mayor y dirigirse hacia él, y que parecía «la luna llena cuando despunta por el horizonte». También él vio primero una luz redonda desgajada del objeto brillante y luego varias. En los dos incidentes hubo muchos testigos de la FA. Del caso de Jafari se informó con gran detalle en un documento de la Agencia de Inteligencia de la Defensa estadounidense, como se verá más adelante.

Es muy poco frecuente que los pilotos vean tan de cerca un OVNI mientras vuelan, que se presenten informes detallados al respecto y que los testigos iniciales sean ascendidos a generales. Pero cuando los detalles son tan pasmosamente parecidos —aunque los hechos se produjeran en dos continentes y con un intervalo de diecinueve años— es lógico que nos preguntemos si los dos grupos de pilotos no vieron el mismo fenómeno o cuando menos dos casi idénticos.

En aquel momento pensé que era mi ocasión de abrir fuego. Pero cuando aquello —fuera lo que fuese— estuvo cerca de mí, mis armas se encasquillaron y la radio farfullaba cosas incomprensibles. Nos acercamos más, a 25 millas, y lo teníamos a las doce en punto. De repente saltó a 27 millas en un instante. Me preguntaba qué sería. Seguía viendo aquel rombo gigante y resplandeciente con luces de colores que destellaban.

Entonces me sobresalté al ver un objeto redondo que salía del objeto inicial y se lanzaba derecho hacia mí a una velocidad altísima, casi como si fueran un misil. Imagínense la luna llena cuando despunta por el horizonte: pues eso es lo que parecía. Yo estaba realmente asustado, porque pensé que a lo mejor me habían lanzado un proyectil. Llevaba ocho misiles a bordo, cuatro operados por radar y cuatro de guía infrarroja. El radar estaba fijado en el objeto rómbico mayor y tuve que decidir muy deprisa qué hacer. Comprendí que si aquella segunda cosa, aquella cosa lunar, era un misil, tendría alguna clase de fuente de calor. Así que opté por dispararle un AIM-9 de guía infrarroja.

Al ir a disparar, miré el panel para comprobar que había elegido el misil deseado. De pronto, nada funcionó. El panel de control de armas estaba apagado y me quedé sin instrumentos y sin la radio. Las agujas de los cuadrantes iban locas de un lado a otro y los instrumentos parpadeaban. Yo ya estaba muerto de miedo. No podía comunicarme con la torre y hablaba a gritos con mi guardaespaldas. Pensé: si eso se acerca a más de cuatro millas, tendré que saltar del asiento, y tendrá que ser antes del impacto para que no me alcance la explosión. Para evitarlo tenía que dar la vuelta.

De modo que viré a la izquierda para eludir el objeto que venía hacia nosotros y que ahora tenía a las cuatro. Llegó a unas cuatro o cinco millas de nuestro avión y de súbito se detuvo allí, a las cuatro en punto. Me asomé brevemente por mi lado derecho para averiguar sobre qué punto del suelo estaba. Un segundo más tarde, cuando volví la cabeza, el objeto había desaparecido. «Santo Dios», y el teniente Damirian respondió: «Señor, está a las siete». Miré atrás, hacia las siete, y allí estaba. También volví a ver el objeto principal y entonces el más pequeño flotó suavemente hasta ponerse debajo y se reintegró en él.

Todo esto sucedió muy deprisa y yo no sabía qué pensar. ¡Pero al cabo de unos segundos salió otro! Se puso a dar vueltas a nuestro alrededor. Una vez más, se nos apagaron los instrumentos y la radio se puso a farfullar. Cuando se alejó, todo volvió a la normalidad y todo el equipo funcionó perfectamente. También aquel otro objeto parecía la Luna: una luz redonda y brillante.

Informé a la torre. El general Yousefi escuchaba por la línea y el operador dijo: «La orden es que vuelvan». Pusimos rumbo a la base militar y entonces me di cuenta de que uno de aquellos objetos iba a nuesto lado, siguiéndonos, mientras descendíamos. Informé de esto a la base. Mientras daba la vuelta para iniciar el aterrizaje, vi otro objeto delante de mí. Llamé a la torre y pregunté: «Tengo tráfico delante, ¿no?» El controlador respondió: «No tenemos tráfico». Yo dije: «Lo estoy viendo en este momento; lo tengo a las doce en punto a una altitud muy baja.» El controlador repitió que yo no tenía tráfico delante, pero estaba allí, como un rectángulo estrecho, con una luz en cada extremo y otra en el centro. Se acercaba hacia mí, pero cuando viré a la izquierda para aterrizar, lo perdí de vista. Mi guardaespaldas siguió observando y dijo: «Cuando viró usted, vi que tenía una cúpula redonda encima, con una lucecita dentro».

Me bajé otra vez los auriculares y, aunque ofuscado y preocupado por lo que estaba ocurriendo a mi alrededor, me concentré en el descenso. Pero la cosa no había acabado aún. Miré a mi izquierda y vi que el objeto principal, de forma rómbica, estaba allí, y de él salió otro objeto brillante que se dirigió a tierra. Pensé que en cuanto tocara el suelo vería una gran explosión, pero no se produjo. Pareció decelerar y aterrizar suavemente, emanando una luz muy brillante, tan brillante que distinguía la arena del suelo desde donde yo estaba, que era una distancia de unas quince millas.

Informé a la torre y me dijeron que también ellos lo veían. El general, que seguía escuchando, me ordenó que me acercara y echara un vistazo. Así que replegué el tren de aterrizaje y los alerones y di la vuelta. Me dijeron que pasara por encima para ver si descubría lo que era. En cuanto estuve a cuatro o cinco millas, la radio volvió a farfullar y el panel de mandos se apagó; era lo mismo, una vez y otra. Salí de la zona porque no me oían por la radio y les dije: «Ocurre cada vez que me acerco a esas cosas». Pensé que no debería haberme acercado, pero lo hice porque me lo habían ordenado. Por fin el general dijo: «Está bien, regrese y aterrice».

Oímos el graznido de emergencia en la localidad donde había tocado tierra el objeto. Un graznido suena como la sirena de dos notas de las ambulancias y los coches de la policía, y su finalidad es ayudar a encontrar a las personas cuando han sido eyectadas de un avión o si ha habido un aterrizaje forzoso. Es una señal de localización que dice: «Estoy aquí». En este caso, unos aviones de pasajeros que pasaron cerca informaron del graznido del OVNI.

Después de aterrizar, fui al puesto de mando y a continuación a informar a la torre de nuestra llegada. Dijeron que el objeto mayor que había en el cielo acababa de desaparecer, súbitamente, en un instante.

Lo primero que hice aquella mañana fue presentar un informe en el cuartel general, y todo el mundo estaba en la sala, todos los generales. Un teniente coronel estadounidense, Olin Mooy, de la Fuerza Aérea, miembro del Grupo de Asistencia y Asesoría Militar de Estados Unidos en Teherán, se sentó a mi izquierda, pasaba las páginas de su cuaderno y tomaba notas. Cuando expliqué que no pude disparar el misil porque el panel de mando se apagó, aunque yo insistí, el coronel dijo: «Fue una suerte que no pudiera disparar». Luego quise hablar con él y preguntarle si aquella cosa se había visto anteriormente, y hacerle otras preguntas. Lo busqué, pero no hubo forma de localizarlo.

Después nos llevaron al hospital a mí y al teniente Damirian. Nos hicieron una serie de pruebas, sobre todo análisis de sangre. Cuando iba a marcharme, un médico llegó corriendo y me dijo: «No se alarme, pero su sangre no coagula». O sea que me llevaron a hacerme otro análisis de sangre y entonces me dijeron: «Está bien, ya puede irse». Nos ordenaron que volviéramos por el hospital cada treinta días durante cuatro meses, para someternos a revisiones y hacernos más análisis de sangre[47].

Luego volé en helicóptero con un piloto y fui a la zona exacta donde había aterrizado el objeto brillante. El graznido de emergencia procedía de aquella zona y sobrevolamos el punto exacto, pero no había nada. Nada. Aterrizamos y anduvimos por el lugar por si veíamos algún rastro de calor o quemadura, o alguna mancha. Tampoco nada. Todo estaba normal e intacto. Pero a pesar de eso, la alarma sonaba. Era muy desconcertante para nosotros.

Cerca de allí había unas casas pequeñas y jardines, y preguntamos a los residentes si habían visto algo. Dijeron que habían oído un ruido la noche anterior, pasada la medianoche, pero nada más. El graznido de emergencia siguió sonando durante días y lo oyeron también los aviones comerciales que pasaban por la zona. Aquello era realmente fastidioso.

Un grupo de científicos nos preguntó durante un tiempo, pero no en persona, sino todo por escrito, en cartas que mandaban al cuartel general. Me llamaban de la base, yo iba al cuartel general y leía los documentos y respondía a preguntas, una y otra vez. Los oficiales iraníes examinaron los dos F-4 en busca de radiactividad, pero no encontraron nada.

Tiempo después, gracias a la Ley de Libertad de Información de Estados Unidos se hizo público en Norteamérica un memorando, hasta entonces clasificado, del teniente coronel Mooy, el mismo al que yo había buscado después de presentar mi informe. El escrito documentaba el acontecimiento con mucho detalle, más de tres páginas, y se había mandado a la Agencia de Seguridad Nacional, a la Casa Blanca y a la CIA. Otro documento, con fecha de 12 de

---

47. La exposición a radiación puede reducir la producción y/o la agregación de plaquetas, procesos esenciales para que haya coagulación. Puede que esto explique el problema de Jafari, aunque no lo sabemos. No conservó copias de los análisis médicos.

octubre de 1976, escrito por el coronel mayor Roland Evans, evaluaba el caso para la Agencia de Inteligencia de la Defensa (DIA). Afirmaba que «Este caso es de antología y reúne todos los elementos necesarios para proceder a un estudio legítimo del fenómeno OVNI».

Para subrayar esta opinión, Evans listaba algunos hechos importantes en su documento para la DIA: hubo muchos testigos fiables que vieron el objeto desde distintos lugares; los objetos fueron confirmados en el radar; el fallo de todos los instrumentos se produjo en tres aviones separados: un reactor comercial además de nuestros dos F-4; y «los OVNIS hicieron gala de muchísima maniobrabilidad». El documento evaluador alegaba que la fiabilidad de la información estaba «confirmada por otras fuentes» y el valor de la información era «elevado». Añadía que la información sería potencialmente útil. Esto demuestra que el Gobierno de Estados Unidos tomó esta información muy en serio y para mí estuvo claro entonces que iba a ser secreta allí. Pero los documentos fueron hechos público al cabo de un tiempo razonablemente breve. Probablemente hay material adicional en los archivos del Gobierno estadounidense, pero a mí nadie me ha dicho nada más.

En mi país, incluso el Sha se interesó. Conocí personalmente al Sha cuando vino a visitar mi escuadrón en la base aérea Shahrokhi de Hamadán y preguntó por el OVNI. Celebró una reunión a la que se invitó a muchos generales y a los pilotos que protagonizaron el encuentro. Cuando el jefe de la base dijo al Sha que yo era el piloto que había perseguido al OVNI, el Sha me preguntó: «Qué piensa usted de aquello?» Yo respondí: «En mi opinión, no pueden ser de nuestro planeta, porque si alguien de este planeta tuviera ese poder, sería el amo de todo». Él se limitó a comentar: «Sí», y añadió que no era el primer avistamiento que le habían notificado.

Yo no sé lo que vi y sigo sin saberlo hasta hoy. Pero es seguro que no fue un avión; no era un objeto volante fabricado por seres humanos en la Tierra. Se movía demasiado deprisa. Imagínense: yo lo estaba mirando a unas setenta millas de distancia y de pronto saltó 10 grados hacia mi derecha. Estos 10 grados equivalían a unas 6,7 millas por instante, y no digo por segundo porque fue mucho menos de un segundo. Intenten calcular ahora la velocidad que se necesita para pasar de una posición estacionaria al otro punto. Esto supone una tecnología avanzadísima. Además, de un modo u otro inutilizó mi misil y mis instrumentos. ¿De dónde venía? No lo sé.

Y no puedo dudar de lo que sucedió. No me ocurrió solo a mí. El piloto que tenía detrás, los dos pilotos del primer F-4, los hombres de la torre, el personal del cuartel general, el general Yousefi que estaba de servicio en el puesto de mando de la FA: todos lo vieron. Muchas personas que estaban en tierra se preocuparon por nosotros. Y además lo captamos por el radar de nuestra cabina. Nadie podría decir que me lo imaginé. El radar estaba fijado sobre el objeto y pudo determinar su tamaño, porque practicamos el reabastecimiento con cisternas 707, y el eco del OVNI en el radar indicaba que tenían aproximadamente el mismo tamaño.

Tengo que lamentar dos cosas: la primera es que en el avión no tenía ninguna cámara para hacer una foto del OVNI; la segunda, que como estaba muy nervioso y a veces asustado, no se me ocurrió llamarlos por radio para preguntarles: «¿Quiénes sois? ¡Por favor, comunicaos con nosotros!» Más tarde deseé haberlo hecho. En cualquier caso, espero que algún día tengamos esa tecnología y podamos viajar fácilmente a otros planetas para fisgonear también un poco por allí.

10
Combate encarnizado con un OVNI

Por el teniente coronel (ret.) Óscar Santa María Huertas,
Fuerzas Aéreas de Perú[48]

E l viernes 11 de abril de 1980, a las 7.15 de la mañana, me encontraba en mi puesto de la base aérea de La Joya, en la región de Arequipa, en Perú. Era un día cualquiera. En la base estábamos alrededor de 1.800 personas entre militares y civiles, y a aquella hora nos preparábamos para realizar nuestros ejercicios cotidianos.

Yo era entonces teniente y tenía solo veintitrés años, pero ya había acumulado ocho de experiencia aérea militar. Era un piloto militar muy precoz. A los diecinueve ya participaba en misiones de combate y a los veinte me seleccionaron para participar en los vuelos experimentales del reactor supersónico Sukhoi, adquirido recientemente por Perú. Tenía muchos trofeos en mi haber y también era conocido como un gran tirador aéreo, dotado de gran habilidad.

Poco recelaba yo que esta experiencia haría que me eligieran para realizar una insólita e inesperada misión aquella mañana apa-

---

48. El primer borrador de este informe fue traducido del español por Andrea Soares Berrios y Óscar Zambrano, que prosiguieron su labor en el curso de comunicaciones posteriores y retoques de última hora. Yo intervine en la edición final del texto inglés, con ayuda del teniente coronel Santa María.

rentemente rutinaria. Yo ya estaba listo para correr a los aparatos y despegar con mi escuadrilla, como de costumbre. Entonces llegó un jefe de servicio en una furgoneta y nos dijo que hacia el final de la pista había en el aire un objeto suspendido que parecía un globo. Salimos para verlo y supimos lo que había que hacer. Éramos cuatro pilotos los que habíamos salido para ver el objeto. El segundo jefe de la unidad, el comandante de las FAP Carlos Vásquez Zegarra, ordenó que un miembro de la escuadrilla despegara y abatiera el objeto. Nuestro jefe se volvió hacia mí y dijo: «Óscar, te ha tocado a ti».

El objeto redondo estaba a unos cinco kilómetros de nosotros, suspendido a una altitud de unos 600 metros. Puesto que el cielo estaba totalmente despejado, el objeto reflejaba la luz del sol.

El «globo» estaba en un espacio aéreo restringido sin autorización, lo que representaba una grave violación de la soberanía nacional. Todos los pilotos civiles y militares tienen cartas aeronáuticas en las que están claramente señalados los espacios aéreos especialmente protegidos, como el de nuestra base. Todos saben dónde están estas zonas y nadie las cruza, en ninguna circunstancia. Aquel objeto no solo se había introducido en una zona así, sino que tampoco respondía a los avisos que se le enviaban por una frecuencia universalmente conocida, y además se movía hacia la base. Tenía que bajar a tierra. La Joya era una de las pocas bases de Sudamérica que poseía equipo militar de fabricación soviética y el espionaje era un tema que nos preocupaba.

En 1980 Perú no tenía globos aerostáticos de ninguna clase, ni para la observación meteorológica ni para transporte de pasajeros. En consecuencia, sabíamos que se trataba de un objeto extraño y que no era de nuestro país. Conocíamos los globos sonda, pero tenían antenas y cables, y solo volaban a más de 13.500 metros de altitud. Aquel volaba mucho más bajo. No teníamos idea de dónde venía y se estaba acercando. No teníamos más remedio que destruirlo.

El jefe de la escuadrilla, capitán Óscar Alegre Valdez, me ordenó que despegara con mi reactor de combate Sukhoi-22 e interceptara el globo antes de que se acercara más a la base. Corrí hacia el caza, sin apartar los ojos del objeto y mientras calculaba los movimientos que debía hacer para llevar a cabo la misión. Puesto que el objeto estaba dentro de las fronteras de la base y mi avión estaba armado con proyectiles de 30 mm, decidí atacar en dirección noreste-sureste. De este modo tendría el sol a la izquierda y mis disparos no alcanzarían a la base.

Despegué, viré a la derecha y subí a una altitud de 2.500 metros. Me situé en posición de ataque. Cuando estuve a la distancia ideal, apunté al objetivo y le lancé una descarga de sesenta y cuatro proyectiles de 30 mm, formando una «pared de fuego» de forma cónica que normalmente barrería todo lo que encontrase a su paso. Unos proyectiles se desviaron y dieron en el suelo, y otros alcanzaron el objetivo con precisión. Creía que el globo estaría ya hecho trizas y expulsando gas por los agujeros. Pero no ocurrió nada. Era como si el globo hubiera absorbido aquellas balas de tres centímetros de anchura, no estaba dañado en absoluto. De súbito, el objeto ascendió rápidamente y se alejó de la base.

«¿Qué pasa aquí?», me dije. «Tendré que acercarme más».

De modo que gané altitud. Inicié la persecución activando el dispositivo de poscombustión del aparato e informé a la torre de control de que me proponía cumplir las órdenes recibidas y abatir el objeto. Como sabía que era una misión de lo más inusual, pedí que se asegurasen de que las grabadoras estaban en funcionamiento para que quedara constancia de todo lo que ocurriera. Entonces se desencadenó una asombrosa serie de fenómenos.

Mi reactor volaba a 950 km/h y el «globo» se mantenía a unos 500 metros por delante de mí. Como me estaba alejando de la base, iba dando la información correspondiente a la torre de control con datos como «Estoy a tres mil metros de altitud y a veinte kilómetros de la base… estoy a seis mil metros de altitud y a cuarenta kilómetros de la base…», y así sucesivamente. Por entonces había llegado a la ciudad de Camana, que estaba a ochenta y cuatro kilómetros de la base y volaba a 11.000 metros de altitud.

Yo estaba lanzado en la persecución del objeto, pero este se detuvo de pronto y tuve que efectuar un viraje. Giré hacia arriba y a la derecha y traté de situarme nuevamente en posición de disparo. Cuando estuve en la posición deseada, me encontraba a unos 1.000 metros del objeto, y empecé a acercarme para verlo bien. Fijé el objetivo e iba ya a disparar cuando el objeto efectuó otra maniobra de evasión, ascendiendo a gran velocidad. Había quedado por debajo de él; había «desbaratado el ataque».

Quise realizar la misma maniobra de ataque dos veces más. En las dos ocasiones tuve el objeto a tiro cuando estaba estacionario, pero en las dos ocasiones escapó ascendiendo en vertical segundos antes de pulsar yo el disparador. Eludió mi ataque tres veces, las tres en el último momento.

Durante todo este tiempo mi principal preocupación fue situarme en la franja de los 400-700 metros de distancia, que era la ideal para posicionar el avión y abrir fuego. Pero mis posibilidades parecían reducirse, yo no salía de mi asombro y no dejaba de preguntarme qué estaba pasando. Entonces se convirtió en algo personal. Tenía que alcanzarlo. Pero no podía porque siempre me eludía ascendiendo. Yo estaba comprometido con aquella misión y tenía que cumplirla. Era lo único que me importaba y me sentía confiado sabiendo que tenía un avión excepcional.

Al final, y a consecuencia de aquella serie de rápidos movimientos ascendentes, el objeto acabó estando a 14.000 metros de altitud. ¡Tenía que pensar en otra estrategia! Decidí hacer un ascenso arriesgado para situarme encima del objeto, bajar a continuación en vertical e iniciar el ataque por arriba. Esta vez, si el objeto subía como en las tres tentativas anteriores, no saldría de mi radio de acción y podría dispararle con más facilidad. No tenía miedo de chocar porque mi avión era ágil y tenía mucha capacidad de maniobra.

Así que aceleré, a velocidad supersónica, y volví donde estaba el «globo», que ahora volaba a una velocidad de mach 1,6, es decir, unos 1.850 km/h. Calculé la distancia que me separaba del objeto e inicié el ascenso. Conforme subía, veía que el objeto, efectivamente, iba quedando debajo de mí y pensaba que conseguiría alcanzar la altitud necesaria para efectuar la maniobra que me había propuesto y atacar con éxito. Pero me llevé una sorpresa cuando el objeto volvió a ascender a gran velocidad y se situó a mi altura, en paralelo. Esto anuló toda posibilidad de ataque.

Volando a mach 1,2, seguí ascendiendo, todavía con la esperanza de rebasar el objeto y atacarlo. Pero no pude. Llegamos a 19.200 metros de altitud y de pronto el objeto se detuvo y se quedó inmóvil. Ajusté las alas del avión a 30 grados y desplegué las aletas de borde de ataque para que al avión pudiera maniobrar a esa altura, ya que pensaba que aún podía fijar el blanco y disparar. Pero fue imposible. Yo no podía estar tan quieto como aquel «globo».

En aquel momento se apagó la luz que advertía del consumo de combustible y que indicaba que me quedaba el imprescindible para volver a la base. En aquellas condiciones no podía proseguir el ataque, así que me acerqué al objeto para observarlo y saber qué era. Los Su-22 no tenían radar a bordo, pero el visor tenía gradaciones bien marcadas que leían la distancia de un blanco y su diámetro. Esta tecnología estaba basada en el uso de rayos láser.

Me acerqué a unos 100 metros. Me sobresalté al comprobar que el «globo» no era realmente un globo. Era un objeto que medía unos 10 metros de diámetro, tenía una cúpula brillante en lo alto, de color crema, parecida a una bombilla cortada por la mitad. La base era circular y más ancha, de color plateado, y parecía hecha de metal. Carecía de los típicos componentes de un avión. No tenía alas, ni motores de reacción, ni sistema de escape, ni ventanas, ni antenas, ni nada. Tampoco tenía ningún sistema de propulsión visible.

Entonces caí en la cuenta de que no era un aparato espía, sino un OVNI, un objeto completamente desconocido. Yo ya estaba casi sin combustible, de modo que no podía atacar, ni hacer manio-bras, ni escapar a gran velocidad. De pronto me entró el pánico. Pensé que a lo mejor había llegado mi última hora.

Tras recuperarme de la conmoción que me produjo ver el ob-jeto, emprendí el viaje de regreso a la base y expliqué a la torre de control exactamente lo que había visto. Cuando me calmé, aun-que tenía que esforzarme para ocultar el miedo que sentía, pedí por radio que acudiera otro avión para reanudar el ataque. Res-pondieron que no, que estaba a demasiada altura y que volviera. Parte del trayecto lo hice planeando, porque apenas me quedaba combustible, y zigzagueando, para que fuera más difícil disparar-me, y con los ojos fijos en los espejos retrovisores, temiendo que el objeto me persiguiera. No me persiguió. Había estado en el aire veintidós minutos.

Cuando estaba por aterrizar, me sentía agitadísimo y me moría de ganas de explicar a los compañeros contra qué máquina tan ex-traordinaria me había lanzado. Era tan fascinante que realmente había deseado que subiera alguien más para echar una ojeada. Ha-bía descrito el objeto como volador, aunque no tenía ningún equi-po visible al efecto, nada que le permitiera volar.

Cuando bajé del avión, los compañeros me estaban esperando y me hicieron muchas preguntas. El encargado de mantenimiento estaba allí, comprobó la munición y dijo: «Mi teniente, no hay duda de que ha disparado usted». Llegó más gente y hubo muchas peticiones de datos y conversaciones.

Poco después del aterrizaje se reunió todo el personal que había tenido que ver con el incidente, es decir, personal de operaciones, defensa aérea, defensa de la base y el general que tenía el mando de la unidad, para proceder a informar. A causa de la alarma desperta-da por el «globo», nuestra base había activado los dispositivos de defensa y todos los sistemas estaban alerta. Todo el mundo infor-mó. Supimos que el objeto no había sido detectado por el radar, aunque los operadores de radar podían verlo en el cielo, al igual que la gente que lo había observado anteriormente, cuando estaba estacionario. También dijeron que era redondo y metálico. Se nos dijo que lo comunicado en la reunión debía quedarse allí y que no lo divulgáramos en ningún momento.

Después de informar me reuní con personal de inteligencia y repasamos todos los catálogos disponibles que traían imágenes de diferentes modelos de aeronaves y aparatos aéreos utilizados en espionaje, pero no encontramos nada capaz de maniobrar como yo había explicado sin sistema de propulsión de ninguna clase. En consecuencia, el objeto se catalogó como objeto volador no identificado. Estuvo otras dos horas en el mismo sitio donde lo había dejado, visible para todo el personal de la base mientras le dio la luz del sol.

En ningún momento vi en la base a funcionarios del Gobierno norteamericano que comentaran el caso ni tampoco me entrevistó ninguno. Sin embargo, hay un documento del Departamento de Defensa de Estados Unidos, con fecha de 3 de junio de 1980, y titulado «UFO sighted in Peru» («OVNI avistado en Perú») que describe el incidente y afirma que sigue desconociéndose el origen del objeto.

En conclusión, puedo decir que en 1980 tuve un encuentro bélico con un objeto volador no identificado que voló y maniobró en el aire sin tener ningún elemento propio de la aviación que fuera reconocible, elementos que incluso hoy son partes necesarias de toda máquina voladora. El objeto realizó maniobras que ponían en entredicho las leyes de la aerodinámica. Después de investigar concienzudamente todos los datos conocidos sobre aeronaves, nuestros expertos militares no encontraron ningún artefacto o máquina capaz de hacer lo que el objeto hizo.

Muchos años después me enteré de casos parecidos en que aviones militares persiguieron objetos voladores no identificados, pero no pudieron atacarlos porque sus mecanismos de disparo quedaron bloqueados antes de usarse. He comentado esto con expertos de todo el mundo, incluidos los que participaron en la conferencia del National Press Club, celebrada en Washington D.C. en noviembre de 2007. Tanto en el caso iraní de 1976 como en otro parecido que sucedió en Brasil hubo una desconexión del equipo electrónico: las pantallas de control se apagaron. Mi equipo era mecánico y quizá por ese motivo no pudo desconectarse, y el objeto tuvo que ascender en el último momento.

Me encuentro en una posición excepcional, al menos por el momento, porque soy, que yo sepa, el único piloto militar del mundo que atacó y lanzó proyectiles a un OVNI.

Todavía me da escalofríos cuando lo pienso.

SEGUNDA PARTE

En el cumplimiento del deber

«Una paradoja de la modernidad es que hoy resulta más acep-table afirmar públicamente que se cree en Dios, de cuya exis-tencia no hay ninguna prueba científica, que en los OVNIS, cuya existencia —sean lo que fueren— está materialmente do-cumentada.»

ALEXANDER WENDT Y RAYMOND DUVALL

11
Las causas del descrédito de los OVNIS en Estados Unidos

Puesto que todos, durante mucho tiempo, hemos sufrido el ridículo y el desprecio sistemático en que está inmerso el fenómeno OVNI, sospecho que la información presentada hasta aquí puede haber sido muy sorprendente para algunos lectores, incluso chocante. No es fácil aceptar indicios que demuestren la realidad de los OVNIS, a pesar de que hemos visto que esos indicios no pueden descartarse de buenas a primeras. Cuando nos enteramos de la laboriosa investigación del general De Brouwer, o cuando leemos los informes sobre el disco suspendido encima del aeropuerto O'Hare o sobre el destellante objeto que saltaba en el cielo nocturno de Teherán, nos vemos obligados a conciliar dos paradigmas radicalmente opuestos. Por un lado tenemos la postura que conocemos de siempre, la que dice que tales cosas son imposibles; no pueden ocurrir, según las leyes de la física y la cosmología conocidas, y en consecuencia no ocurren. Pero por el otro lado tenemos el hecho de que miles de personas de todo el mundo han visto objetos desconocidos que han exhibido ante nuestros ojos esas capacidades «imposibles». Lo más turbador, obviamente, es la posibilidad implícita de que estos OVNIS, que al parecer están sometidos a alguna clase de control inteligente, tengan un origen extraterrestre, por muy inconcebible que pueda resultar la idea.

Puede que el lector se sienta desconcertado por esta posibilidad, que se muestre incrédulo y dude en seguir adelante. Puede incluso sentirse tentado de rechazarlo rodo calificándolo de insensatez o atribuyéndole alguna clase de aberración psicológica, una actitud que ninguna cantidad de indicios cambiaría. Algunos lectores podrían mostrarse desafiantes ante esta cuestión o bien profundamente alarmados. La simple curiosidad y una mentalidad abierta templarán estas reacciones, totalmente naturales. Cualquiera que se aventure por este extraño reino pasará por alguna fase de forcejeo interior, como me ocurrió a mí tras descubrir y analizar el Informe COMETA. Al igual que todo el mundo, me sentí incómoda por todo aquello, pero como periodista de investigación no tardé en sentirme intrigada por su fuerza y trascendencia. Como ya he explicado, quise averiguar todo lo que pudiera sobre el fenómeno OVNI, averiguar si allí había algo real. Y pasado un tiempo se formó en mí una actitud desafiante, pero no porque me resistiera a aceptar la realidad de los OVNIS. Lo que me inquietaba en el fondo era que estuviese sucediendo algo real y nadie le prestara atención. Rebelde por naturaleza, me atraía la idea de cuestionar mis fronteras intelectuales y las limitaciones del pensamiento convencional. El sobrecogimiento y la humildad suavizaron los aspectos más inquietantes del proceso descubridor, porque cuanto más sabía, más convincente me resultaba todo el asunto. ¿Por qué hemos de presuponer que ya sabemos todo lo que hay que saber, cuando aparecimos en este planeta ayer mismo, como quien dice?

Mi evolución tardó años en completarse y supuso muchas lecturas, muchas conversaciones con investigadores veteranos, análisis de documentos gubernamentales y entrevistas con militares retirados y testigos de OVNIS. Creo que casi todos los que quieren tomarse en serio este tema, aunque no lleguen a obsesionarse por él, llegan a un punto de transición, a un momento decisivo en el que cruzan una barrera personal, profundamente arraigada. No resulta fácil. Al fin y al cabo, se trata de algo incomprensible hasta hoy: la naturaleza de los OVNIS. Tenemos que aceptar la reiterada aparición de algo completamente desconocido e inexplicable por la ciencia, algo que opera como si estuviera al otro lado de las fronteras de nuestro mundo físico, pero que está a este lado. Para aumentar las dificultades, tenemos que enfrentarnos al rechazo y a las negativas del sistema de valores vigente que todos hemos asimilado en mayor o menor medida.

Para comprender este aspecto del problema, hemos de poner los pies en el suelo y observar las raíces políticas e históricas de las reacciones del Gobierno estadounidense al fenómeno OVNI, empezando por el momento en que los gobernantes y militares admitieron por primera vez que estaban ante algo que no podía explicarse fácilmente. Aun si el fenómeno es psicológicamente difícil de afrontar, este argumento no basta para explicar la inacción, el rechazo y la burla que han sido normativos durante tantos años. ¿Por qué parece estar prohibido el enfoque serio del tema cuando hay tantos indicios de su realidad?

La verdad es que nuestro Gobierno tiene una política —una postura declarada de inacción elaborada hace más de cincuenta años— que apoya su actual enfoque de los OVNIS. Ciertos hechos decisivos nos han situado en la desdichada posición en que nos encontramos actualmente. Todo empezó a fines de los años cuarenta, cuando el Gobierno se vio inundado por un repentino alud de avistamientos de OVNIS en el cielo estadounidense, muchos debidos a observadores de alta credibilidad, como pilotos militares y civiles. El interés popular por los OVNIS (llamados en la época «platillos volantes», porque se les describía frecuentemente como discos planos) aumentaba a causa de la cobertura mediática nacional y al hecho de que nadie sabía qué eran ni qué hacer al respecto. Al principio, las autoridades trataron de determinar si los objetos eran aviones secretos extranjeros, por ejemplo, aparatos de tecnología superior de la Unión Soviética, o alguna clase de fenómeno meteorológico desconocida hasta entonces.

En 1947 las cosas estaban ya incómodamente claras entre bastidores. El teniente general Nathan Twining, jefe del Mando de Material del Aire, una importante sección de la Fuerza Aérea de Estados Unidos, envió un informe secreto sobre los «Discos Volantes» al general responsable de las Fuerzas del Ejército del Aire en el Pentágono. La opinión más cualificada, decía, basándose en datos proporcionados por numerosas ramas de la Fuerza Aérea, era que «el fenómeno descrito es real y no ilusorio o ficticio [...] Las características operativas que se describen, como la vertiginosa velocidad de ascenso, de maniobrabilidad (particularmente de rotación) y de acción que debe considerarse evasiva cuando [el objeto] es avistado o contactado por aviación amistosa o radar, permiten creer en la posibilidad de que algunos objetos estén controlados de manera manual o automática, o a distancia». Twining describía los objetos como metálicos o reflectantes, circulares o elípticos, con base plana y techo en cúpula, y en ocasiones con «luces de formación en perfecto orden que varían entre tres y nueve objetos», normalmente silenciosos. Proponía que las Fuerzas del Ejército del Aire hicieran un detallado estudio de los OVNIS, asignándole una clasificación de seguridad y un nombre en clave[49].

En consecuencia, se organizó un proyecto a este fin en el seno del Mando del Material del Aire y se le dio el nombre en clave de «Sign»[50]. El nuevo organismo comenzó sus operaciones a princi-

---

49. General Nathan F. Twining al jefe del Mando de Material del Aire, «AMC Opinion Concerning "Flying Discs"», 23 de septiembre de 1947 (en Edwin U. Condon, director del proyecto, *Scientific Study of Unidentified Flying Objects*, 1969), pp 894-895.

50. Directiva. General de división L.C. Craigie a general en jefe de Wright Field (Base Aérea Wright-Patterson), Administración y Seguridad del Proyecto Sign, 30 de diciembre de 1947 (en Edwin U. Condon, director del proyecto, *Scientific Study of Unidentified Flying Objects*, 1969), p. 896.

pios de 1948 en Wright Field (hoy Base Aérea Wright-Patterson), con la orden de recoger información, evaluarla y determinar si el fenómeno era una amenaza para la seguridad nacional. Conforme crecía en el Proyecto Sign el convencimiento de que los objetos no eran rusos, hubo divisiones entre los que pensaban que eran «interplanetarios» —término utilizado en una época en que el sistema solar se conocía mucho menos que en la actualidad— y los decididos a encontrar una explicación más convencional. Aquel mismo año, parte del personal del Proyecto Sign escribió un informe de máximo secreto, «Estimación de la Situación», dando datos sobre casos convincentes y llegando a la conclusión de que, según todos los indicios, lo más probable era que los OVNIS fueran extraterrestres. El documento acabó en la mesa del general Hoyt Vanderberg, jefe de Estado Mayor de la Fuerza Aérea, que lo rechazó por inaceptable, dado que él quería pruebas, y respondió devolviéndoselo a los autores del Proyecto Sign. Los defensores de la hipótesis extraterrestre perdieron terreno desde entonces y, a causa del claro mensaje de Vanderberg y otros, la mayoría de los investigadores del proyecto adoptó la prudente postura de que los OVNIS debían de tener una explicación convencional. Parece que sufrieron presiones para cambiar de objetivos. Oficialmente, la «Estimación de la Situación» fue destruida y desde entonces no han aparecido copias, a pesar de repetidos intentos que recurrieron a la Ley de Libertad de Información (LDLI)[51].

El Proyecto Sign fue rebautizado posteriormente Proyecto Grudge y en 1951 pasó a llamarse Proyecto Blue Book (Libro Azul), nombre más conocido que ostentó durante diecinueve

---

51. Edward J. Ruppelt, *The report on Unidentified Flying Objects* (Doubleday & Company, 1956), pp. 62-63. Ruppelt fue el primer director del Proyecto Libro Azul, desde principios de 1951 hasta septiembre de 1953. David Michael Jacobs, *The UFO controversy in America* (Indiana University Press, 1975), p. 47. Michael D. Swords, «Project Sign and the Estimate of Situation», *Journal of UFO Studies*, n.s. 7 (2000), p. 27-64, http://www.ufoscience.org/history/swords.pdf.

años. Conforme pasaba el tiempo, se fue haciendo cada vez más patente que aquellos objetos no pertenecían a ningún Gobierno extranjero y hubo que encarar la ineludible posibilidad de que no fueran de origen terrestre. Documentos oficiales publicados gracias a la LDLI revelan que en múltiples dependencias gubernamentales siguieron defendiendo la posibilidad de que fueran de origen interplanetario. Al igual que antes, otros se aferraban a la esperanza de hallar una explicación convencional, fuera cual fuese.

En julio de 1952, la oficina del general de división John Samford, director de inteligencia de la Fuerza Aérea, informó al FBI en el sentido de que no era «totalmente imposible que los objetos avistados fueran naves de otro planeta, por ejemplo de Marte». Según informó una nota interna del FBI, la inteligencia aérea estaba «razonablemente segura» de que no eran «naves o proyectiles de otro país de este mundo»[52]. Otra nota interna del FBI afirmaba meses después que «algunos militares piensan seriamente en la posibilidad de que sean naves planetarias»[53].

Al mismo tiempo, crecía la preocupación por la defensa nacional a causa de la superioridad tecnológica de los objetos no identificados que sobrevolaban Estados Unidos en aquellos tiempos de la Guerra Fría. En julio de 1952 fue noticia a nivel nacional una serie de avistamientos sobre el Parlamento de Washington. Aviones de la Fuerza Aérea despegaron para interceptar objetos brillantes registrados por radares de tierra. Se hizo necesario celebrar una conferencia de prensa, la mayor desde la Segunda Guerra Mundial, y el director de Inteligencia, el general Samford, procuró calmar al país diciendo:

---

52. W.P. Keay, nota interna del FBI, «Flying saucers», 29 de julio de 1952, reproducida en Bruce Maccabee, *UFO FBI connection* (Llewellyn Publications, 2000).

53. W.P. Keay, nota interna del FBI, «Flying saucers», 27 de octubre de 1952 (Maccabee, ibid.).

La intervención de la Fuerza Aérea en este problema responde a nuestra obligación de identificar y analizar, hasta donde podamos, cualquier objeto que surque el aire con posibilidades de [representar] una amenaza o peligro para Estados Unidos. Cumpliendo con nuestro deber, desde 1947 hemos recibido y analizado entre mil y dos mil informes de toda clase de fuentes. Hemos conseguido explicar debidamente la inmensa mayoría, es decir, explicarlas a nuestra entera satisfacción. Sin embargo, queda un pequeño porcentaje de informes procedentes de observadores creíbles que afirman haber presenciado cosas relativamente increíbles. Lo que ahora tratamos de resolver es este paquete de observaciones. Al día de hoy hemos llegado a una firme conclusión sobre este porcentaje restante. Y es que no presenta ninguna intencionalidad que podamos relacionar con ninguna amenaza imaginable para Estados Unidos[54].

Dijo a los reporteros que los acontecimientos de Washington D.C. se debían probablemente a simples aberraciones causadas por inversiones térmicas —por capas atmosféricas en que las temperaturas crecientes afectan al comportamiento del radar—, una interpretación impugnada por los pilotos y operadores de radar implicados en el caso.

Conforme aumentaba la cantidad de informes, aumentaban las dificultades para gestionarlos y administrarlos, al igual que el creciente interés del público por el fenómeno. A fines de 1952, H. Marshall Chadwell, ayudante de dirección de inteligencia científica de la CIA, envió una nota interna sobre este problema al Director de Inteligencia Central (DIC). «Avistamientos de objetos inexplicados a grandes altitudes y con altas velocidades en los alrededores de importantes instalaciones de defensa revisten tal carác-

---

54. La conferencia de prensa fue filmada y la declaración inicial del general Samford figura en numerosos documentales. Puede verse en la película de James Fox, *I know what I saw* y en el siguiente informativo de 1952: http://www.youtube.com/watch?v=utX5HvMO0PM.

ter que no son atribuibles a fenómenos naturales o tipos conocidos de vehículos aéreos», afirmaba[55].

En otra comunicación interna de 1952, titulada «Platillos volantes», Chadwell, de la CIA, decía al DIC que necesitaba «autorización» con objeto de realizar una investigación imprescindible «para resolver el problema de la identificación inmediata e inequívoca de los objetos voladores no identificados». La CIA admitía la necesidad de una «política nacional» relativa a «lo que debería decirse al público a propósito del fenómeno, a fin de minimizar el peligro del pánico», según documentos gubernamentales[56]. Por consiguiente, se decidió que el DIC «consiguiera los servicios de científicos selectos para analizar y valorar los indicios disponibles»[57]. A consecuencia de esta decisión, la CIA organizó un importante encuentro que cambiaría para siempre tanto el curso de la cobertura mediática como la actitud oficial hacia el tema OVNI. Los resultados del encuentro explican el omnipresente desinterés del Gobierno de Estados Unidos durante los decenios siguientes.

La CIA puso manos a la obra en enero de 1953, eligiendo a dedo a un grupo de consejeros científicos, presididos por H.P. Robertson, especialista en física y sistemas de armamento del Instituto Tecnológico de California, para celebrar una reunión de cuatro días a puerta cerrada. Preocupaba que los canales de comunicación estuvieran llenos de informes sobre OVNIS, tan llenos que corrían peligro de obstruirse. Aunque se había puesto de manifiesto que los OVNIS no representaban ninguna amenaza para la seguridad nacional, las falsas alarmas podían resultar peligrosas y los organismos de la defensa podían tener problemas para identificar las auténticas tentativas hostiles. Las autoridades temían que los soviéti-

---

55. H. Marshall Chadwell, nota para el Director de Inteligencia Central, 2 de diciembre de 1952.

56. H. Marshall Chadwell, nota para el Director de Inteligencia Central, «Flying saucers», 11 de septiembre de 1952, p. 3-4.

57. «Unidentified Flying Objects», 4 de diciembre de 1952, IAC-M-90.

cos pudieran aprovechar la situación para simular o escenificar una ola OVNI y a continuación atacar.

Así pues, la finalidad del Comité Robertson era encontrar medios de reducir el interés público para desmotivar la presentación de informes. Se presentó una sucinta antología de casos de OVNIS a los miembros del distinguido grupo y una filmación mantenida en secreto hasta entonces. La intención era que tuviesen una idea de los mejores datos disponibles sobre los OVNIS, pero los cuatro días asignados no fueron suficientes para hacer una valoración adecuada. No obstante, en el informe secreto que presentó por escrito al terminar la revisión, el Comité Robertson recomendaba que «los organismos de seguridad nacional tomaran medidas inmediatas para despojar a los Objetos Voladores No Identificados de la condición especial que les habían atribuido, así como del aura de misterio de que por desgracia se les había rodeado»[58].

¿Cómo podía conseguirse? El Comité propuso elaborar un amplio programa educativo que integrara los esfuerzos de todos los organismos interesados, con dos objetivos fundamentales: reeducación y desacreditación. Reeducación significaba enseñar al público a identificar objetos conocidos en el cielo, para no confundirlos con OVNIS. La desacreditación era sobre todo competencia de los medios. «La "desacreditación" tendría por resultado la reducción del interés público por los "platillos volantes" que hoy producen una intensa reacción psicológica», sugería el Comité, «y sería llevada a cabo por medios de comunicación de masas como la televisión, el cine y la prensa popular».

Además de recurrir a los medios, el Comité recomendaba servirse de psicólogos, expertos en publicidad, astrónomos aficionados, incluso de dibujos de Disney para reducir el entusiasmo y la credulidad. «Los clubes profesionales, los institutos de enseñanza

---

58. F.C. Durant, «Report of meetings of Scientific Advisory Panel on Unidentified Flying Objects», reunido por la Oficina de Inteligencia Científica, California, 14-18 de enero de 1953.

media, las universidades y los estudios de televisión estarán complacidos de cooperar en la exhibición de películas de tipo documental si se preparan de manera interesante. El uso de casos verdaderos que presentan primero el "misterio" y luego la "explicación" puede tener un efecto importante». Por último, debería «vigilarse» a los grupos civiles que investigaran los OVNIS, debido a su «gran influencia sobre la opinión de la gente si se produjeran avistamientos generalizados».

En pocas palabras, un grupo de científicos seleccionados por la CIA aconsejó a nuestro Gobierno que indujera a todos los organismos de la comunidad del espionaje y el contraespionaje a influir en los medios y a infiltrarse en los grupos civiles de investigación con la finalidad de desacreditar el tema OVNI. Los medios podrían así convertirse en instrumentos para controlar encubiertamente la información del público, en portavoces de la política y la propaganda del Gobierno, para «desacreditar» o ridiculizar el tema OVNI. El interés del público por los incidentes OVNI tenía que desalentarse y reducirse drásticamente mediante estas tácticas, y los operativos de inteligencia podrían ocultar los hechos a los investigadores mediante la desinformación. En nombre de la seguridad nacional, el tema se convirtió en blanco legítimo de todo el aparato de inteligencia de Estados Unidos. Todas estas recomendaciones fueron presentadas por escrito por el Comité de la CIA y luego clasificadas, y el público no tuvo acceso al informe completo hasta 1975, año en que por fin se hizo público el explosivo Informe del Comité Robertson, completo.

Cuando la CIA reunió a su selecto grupo de científicos, en 1953, el astrónomo J. Allen Hynek ya llevaba trabajando varios años como asesor del Proyecto Libro Azul de la Fuerza Aérea estadounidense. El doctor Hynek, antiguo director del observatorio McMillan de la Universidad Estatal de Ohio y más tarde presidente del departamento de astronomía y director del Centro de Investigación Astronómica Lindheimer de la Universidad Northwestern, había sido contratado en 1948. Estuvo presente en casi todas las reuniones del Comité Robertson y observó el desarrollo del programa de trabajo previsto, advirtiendo que no se prestaba la debida atención a los indicios más convincentes del tema OVNI. «El Informe del Comité venía a decir que los OVNIS eran un asunto disparatado (no científico) que había que desacreditar a toda costa», reveló Hynek más tarde. «Volvía científicamente ilegítimo el tema de los OVNIS»[59].

El Proyecto Libro Azul se había iniciado como archivo de casos OVNI y como lugar al que la gente llamaba e informaba de avistamientos, pero en realidad era una operación de relaciones públicas, con poco personal y poca seriedad, concentrada en encontrar explicaciones convincentes para los avistamientos de OVNIS, sin que importara lo descabelladas que fueran las explicaciones. Hynek, que fue famosa cabeza visible del Libro Azul mientras duró la operación, fue muy consciente de la articulación de la táctica de «reeducación y desacreditación» dentro del programa de la Fuerza Aérea, pero paradójicamente, en tanto que uno de los ejecutores de la agenda del Comité Robertson, formaba parte del problema.

Años después admitió que «durante casi veinte años [del Proyecto Libro Azul, 1951-1970] no se prestó suficiente atención al tema para reunir los datos que se necesitaban incluso para decidir la naturaleza del fenómeno OVNI»[60]. Hynek fue la única persona con continuidad en el Libro Azul y el único científico. La oficina estuvo atendida básicamente por funcionarios de poca monta que iban y venían, que carecían de preparación para aquel trabajo y que solían mostrar poco interés por él. Hynek aportó alguna respetabilidad al proyecto de la Fuerza Aérea, aunque este nunca estuvo equipado para resolver el problema y el prejuicio oficial se mantuvo.

A pesar de su transformación final después de trabajar veinte años con la Fuerza Aérea, Hynek, al principio, tuvo que llevar la

---

59. Hynek, *The Hynek UFO report*, p. 23.

60. J. Allen Hynek, *The UFO experience* (Marlowe & Company, 1998; primera ed., 1972), p. 169.

lógica a sus últimas consecuencias para dar explicaciones plausibles de todos los informes OVNI que pudo estudiar. En su importante libro de 1972, *The UFO experience: A scientific inquiry* («Experiencia OVNI: Una investigación científica»), reconoce que lo que la Fuerza Aérea esperaba de él era desacreditación. «Toda la operación Libro Azul fue una chapuza basada en la premisa categórica de que las cosas increíbles de las que se informaba no podían tener fundamento real», escribió[61]. La Fuerza Aérea, al menos en público, había desempeñado fielmente el papel desacreditador que el Comité de la CIA había recomendado tan vivamente, y los documentos del Libro Azul están plagados de casos sólidos de los que se dan explicaciones ridículas y a menudo irritantes, en ocasiones debidas al propio Hynek. Incluso tiempo después, cuando ya era consciente de las contradicciones en que incurría, alegaba que no quería entrar en conflicto con los militares y pensaba que era más importante conservar el acceso al almacén de datos del Libro Azul, «por escasos que fueran»[62].

Con esta misma actitud, quizá sea más famosa la declaración del «gas de los pantanos» que hizo en 1966. Más de cien personas de Dexter y Hillsdale, Michigan, vieron durante dos días objetos resplandecientes no identificados a altitudes relativamente bajas, muchos de los cuales estaban cerca de zonas pantanosas. El episodio se convirtió rápidamente en noticia nacional de alto voltaje y la Fuerza Aérea recibió muchas presiones para que solucionara el asunto lo antes posible. Se llamó a Hynek para que hablara en una abarrotada conferencia de prensa, una conferencia rayana en la histeria, según su propia descripción, y en la que comentó que las luces podían ser efecto del llamado gas de los pantanos (gas metano), un raro fenómeno consistente en la ignición espontánea de la vegetación en descomposición. La hostilidad que se desató contra él entre la prensa y entre el público por aquella explicación del «gas

---

61. Ibid., p. 186.
62. Ibid., p. 183.

de los pantanos» se generalizó y las burlas de que fue objeto en los medios son hoy legendarias. Todo el mundo pareció darse cuenta de que en aquella ocasión la Fuerza Aérea había ido demasiado lejos en su afán desacreditador y se había pasado de la raya. La decepción del público por la incapacidad de la Fuerza Aérea para investigar y tratar los avistamientos de OVNIS con propiedad no hacía más que crecer y muchas personas empezaron a pensar no solo que la Fuerza Aérea era incompetente, sino que en realidad estaba tratando de ocultar la verdad sobre los OVNIS. Dos figuras muy conocidas entonces —el comandante Donald Kehoe, de la Comisión Nacional de Investigaciones sobre Fenómenos Aéreos, un destacado grupo civil, y el doctor James E. McDonald, un veterano físico especializado en meteorología, de la Universidad de Arizona— desempeñaron un papel decisivo aportando credibilidad e información al tema OVNI, al mismo tiempo que ponían en duda el método del Proyecto Libro Azul. A juzgar por los libros superventas y los reportajes periodísticos que se publicaron aquel año en relación con el tema OVNI, el interés del público por el fenómeno estaba en su apogeo.

Nunca sabremos hasta qué punto se pusieron directamente en práctica las recomendaciones del Comité Robertson, pero sabemos que uno de sus miembros dio un paso al frente en 1966. El astrofísico Thornton Page, de la Universidad Johns Hopkins, escribió a Frederick Durant, director del departamento de aeronáutica del Museo Nacional Aeroespacial —los dos habían formado parte del Comité Robertson-, afirmando que había «ayudado a organizar el programa de la CBS sobre las conclusiones del Comité Robertson», refiriéndose al especial de dos horas titulado «OVNIS: ¿amigos, enemigos o fantasía?», presentado por el leal Walter Cronkite[63]. El programa de Cronkite desacreditó los OVNIS desde todos los puntos de vista con afirmaciones falsas y muy tendenciosas, por

---

63. La carta, fechada en 10 de septiembre de 1966, fue encontrada en los archivos del Instituto Smithsoniano por el doctor Michael Swords.

ejemplo diciendo que no existía ninguna prueba fotográfica ni registros de radar que confirmaran la realidad material de los OVNIS.
Parece claro como el agua que alguien tuvo que mover los hilos
entre bastidores para que se adoptara una postura tan extrema. Lo
irónico fue que el propio Thornton Page apareció en el especial de
la CBS, defendiendo la objetividad de la evaluación del Comité
Robertson y diciendo a los telespectadores que «procuramos sope-
sar todos los informes sin pensar que fueran ridículos por adelantado». Cronkite afirmó que el Comité de la CIA no encontró «ninguna prueba de OVNIS» y terminó el programa animando a los
telespectadores a recordar que «aunque la fantasía mejora la ciencia
ficción, la ciencia se nutre de hechos»[64].

A causa de la indignación que sintieron sus electores a raíz de
una serie de avistamientos que hubo en su estado, entre ellos el
etiquetado «gas de los pantanos», el diputado Gerald Ford, a la
sazón jefe de la minoría republicana del Congreso, «con la firme
convicción de que el público americano merece una explicación
mejor que la ofrecida hasta la fecha por la Fuerza Aérea», solicitó
una sesión parlamentaria sobre el tema de los OVNIS[65]. Poco antes
del especial de Cronkite, exactamente el 5 de abril de 1966, la Comisión Parlamentaria para las Fuerzas Armadas oyó las explicaciones de algunos miembros de la Fuerza Aérea, entre ellos el asesor
J. Allen Hynek, sobre el problema OVNI, durante las que se sugirió que se abriera una investigación científica independiente, al
margen del Proyecto Libro Azul. La Fuerza Aérea dio el primer
paso para salir de aquel engorroso asunto de los OVNIS, accedien-
do a buscar una universidad dispuesta a coordinar el estudio y que
ayudara a la Fuerza Aérea a decidir si debía continuar con su pro-

64. «UFO: friend, foe or fantasy?», presentado por Walter Cronkite, especial CBS,
1966, http://www.cbsnews.com/video/watch/?id=2935380n.

65. Diputado Gerald R. Ford, carta a L. Mendel Rivers, presidente del comité científico y astronáutico de la Comisión para las Fuerzas Armadas, 28 de marzo de 1966;
David Michael Jacobs, *The UFO controversy in America* (Indiana University Press,
1975), p. 204.

grama o desvincularse de una campaña de relaciones públicas insatisfactoria que cada vez era más difícil de mantener.

A fines de 1966 quedó decidido: la Universidad de Colorado accedió a ser la sede de un estudio sobre los OVNIS, financiado por el Gobierno y dirigido por Edward U. Condon, físico de renombre y antiguo director de la Oficina Nacional de Pesas y Medidas. Aunque al principio se esperó mucho del proyecto, y durante una breve temporada aportó legitimidad al estudio científico de los OVNIS, poco a poco se vino abajo por culpa de disensiones internas entre los miembros de la comisión investigadora. No tardó en saberse que Condon, desde el principio, había adoptado una postura personal muy negativa sobre el tema y que en ningún momento había tenido intención de proceder imparcial ni objetivamente. Para colmo, surgió un conflicto sobre si la hipótesis extraterrestre tenía la misma validez que muchas otras que se tenían en cuenta. La crisis llegó cuando dos miembros preocupados sacaron a relucir un perjudicial comunicado interno, fechado en 9 de agosto de 1966, escrito por el coordinador Robert Low y dirigido a dos decanos de la universidad. Low había comentado en él los pros y los contras de emprender una investigación sobre los OVNIS cuando la idea estaba todavía debatiéndose.

Si se aceptaba el proyecto, Low exponía el problema que representaba:

Hay que enfocarlo con objetividad. En otras palabras, hay que admitir la posibilidad de que los OVNIS existan. No es respetable prestar una atención seria a tal posibilidad [...] habría que llegar al extremo de contemplar la posibilidad de que los platillos, si se confirma alguna de las observaciones, se comportan de acuerdo con leyes físicas que no conocemos. El simple acto de admitir estas posibilidades como posibilidades ya resulta intolerable y nos haría perder más prestigio en la comunidad científica del que posiblemente ganaríamos emprendiendo la investigación.

Low, en consecuencia, ofrecía una salida:

El estudio sería dirigido casi en exclusiva por incrédulos, que, aunque tal vez no consiguieran demostrar un resultado negativo, podrían añadir y posiblemente añadirían una impresionante masa de indicios de que no hay ninguna realidad en las observaciones. La maniobra consistirá en describir el proyecto de modo que al público le parecerá un estudio totalmente objetivo y a la comunidad científica el esfuerzo de un grupo de escépticos que quiere ser objetivo, pero que en el fondo no tiene la menor esperanza de encontrar un platillo[66].

El claro lenguaje empleado en el comunicado —sobre todo la palabra «maniobra»— contribuyó a descubrir su juego. La expresión «platillo volante» se empleaba a menudo en compañía de «creyentes» y «entusiastas», que suponían que los objetos eran extraterrestres y (presumiblemente) no utilizaban el método científico para afrontar el problema. Condon se irritó cuando el comunicado se hizo público y al día siguiente de enterarse despidió a los dos empleados que lo filtraron.

Aunque Low se esforzaba por mantener en secreto sus opiniones personales, Condon no tuvo empacho en hacer pública su actitud negativa hacia el asunto. En una conferencia pronunciada en enero de 1967, señaló que «me inclino en este momento por recomendar al Gobierno que se olvide de este tema. Al día de hoy mi postura es que no hay nada en esta historia». Y añadió: «Pero no es de esperar que llegue a una conclusión antes de un año»[67].

En respuesta a la preocupación pública y como reacción a los incesantes y espectaculares avistamientos de OVNIS, la Comisión

---

66. Robert J. Low, nota personal para E. James Archer y Thurston E. Manning, «Some thoughts on the UFO project», 9 de agosto de 1966, reproducida en David R. Saunders y R. Rogers Harkins, *UFOs? Yes! Where the Condon Committee went wrong* (Signet Books/New American Library, 1968), pp. 242-244.

67. John Fuller, «Flying saucers fiasco», *Look*, 14 de mayo de 1968.

Parlamentaria para Ciencia y Astronáutica solicitó otra comparecencia en julio de 1968. Un tropel de científicos ajenos a la Fuerza Aérea presentó escritos convincentes sobre sus propios estudios de OVNIS; muchos tenían serias reservas sobre la eficacia de la investigación de Condon y defendieron la continuación de los estudios sobre los OVNIS, a pesar de los resultados de aquella. El testimonio del doctor James E. McDonald, del Instituto de Física Atmosférica y catedrático de meteorología de la Universidad de Arizona, fue el más amplio y aportó una serie de informes convincentes sobre fenómenos OVNIS. Autoridad respetada e investigador destacado en el campo de la física atmosférica, McDonald había escrito muchos artículos altamente técnicos para publicaciones profesionales. Movido por un interés personal, pasó dos años analizando material de archivos oficiales clasificados hasta fecha reciente y datos de seguimientos de OVNIS por radar, entrevistando a centenares de testigos y dirigiendo por propia iniciativa investigaciones en profundidad sobre determinados casos, algunos detalles de las cuales fueron presentados a la Comisión.

McDonald declaró que dentro de su jurisdicción no había ningún problema que pudiera compararse con aquel. «La comunidad científica de este país y de todo el mundo ha pasado por alto por pura indiferencia y por considerar absurdo un asunto que es de extraordinaria importancia científica». Señaló que se inclinaba por la hipótesis extraterrestre, «no por disponer de argumentos basados en lo que yo llamaría "pruebas irrefutables", sino por un proceso de eliminación de otras hipótesis alternativas»[68]. El doctor Hynek recomendó que una junta científica parlamentaria para investigar el tema OVNI estableciera un mecanismo para estudiar adecuadamente los fenómenos en cuestión, «utilizando todos los métodos

---

68. Hearings before the Committee on Science and Astronautics, U.S. House of Representatives, Ninetieth Congress, «Symposium on Unidentified Flying Objects», 29 de julio de 1968 (U.S. Government Printing Office, Washington, 1968), p. 32.

disponibles para la ciencia moderna» y que se solicitara la cooperación internacional a través de Naciones Unidas[69].

Se ha investigado a conciencia y se han escrito libros sobre el alboroto que acabó desencadenando el informe de la comisión Condon, «Estudio científico sobre Objetos Voladores No Identificados», publicado en 1968. El volumen, de unas mil páginas, empieza exponiendo las conclusiones y recomendaciones del propio Condon. Este afirmaba que carecía de justificación seguir estudiando científicamente los OVNIS y sugería que la Fuerza Aérea clausurase el Proyecto Libro Azul. En su opinión, no había que hacer nada con los informes sobre OVNIS que llegaran a manos del Gobierno nacional en lo sucesivo. Según él, ningún OVNI había planteado ningún problema para la seguridad nacional ni para la defensa y no había ningún secreto oficial relativo a informes sobre OVNIS. El resumen de dos páginas que preparó Condon, y que fue entregado a la prensa y al público, en realidad contradecía los hallazgos contenidos en el informe, que la mayoría de la gente no se molestó en leer.

La verdad es que Condon no intervino en los análisis de los casos escrupulosamente investigados que componían el grueso del informe y que, según parece, tampoco él se molestó en leer. El extenso estudio contenía excelentes análisis científicos de otros miembros de la comisión, pero estaban emparedados entre tediosos análisis de casos de importancia secundaria que abarcaban muchas páginas. Otros casos decisivos, en cambio, se quedaron en el tintero. Algunos informes demostraban la realidad de los desconcertantes fenómenos OVNIS, todavía sin resolver. Por ejemplo, el investigador William K. Hartman, astrónomo de la Universidad de Arizona, estudiaba dos magníficas fotografías hechas en McMinnville, Oregón, y aducía que «es uno de los pocos informes sobre OVNIS en los que todos los factores investigados, geométricos, psicológicos y físicos, parecen ser compatibles con la afirmación de

---

69. Ibid., p. 15.

que un extraordinario objeto volador, plateado, metálico, discoidal, con un diámetro de decenas de metros, y claramente artificial, fue visto en el aire por dos testigos»[70].

Sin embargo, el resumen de Condon alegaba: «De los estudios sobre OVNIS realizados en los últimos veinte años no ha salido nada que aumente nuestro conocimiento científico». La Academia Nacional de Ciencias refrendó las recomendaciones de Condon. «Un estudio de OVNIS en general no es una forma prometedora de ampliar el conocimiento científico del problema», concluyó siete semanas después[71]. Por si fuera poco, Condon declaró al *New York Times* que su investigación había sido «un montón de bobadas» y que lamentaba haberse «visto envuelto en tamaña insensatez»[72].

El Instituto Americano de Aeronáutica y Astronáutica (AIAA) estuvo entre las entidades que detectaron incongruencias después de pasar un año analizando las mil páginas del informe Condon. Este organismo constató, en efecto, que el resumen de Condon no reflejaba las conclusiones del informe, sino que, por el contrario, exponía opiniones personales del mismo Condon. Los científicos del AIAA no encontraron en el informe ningún fundamento que justificara la afirmación de Condon de que estudios futuros carecerían de valor científico, antes bien confirmaron que «un fenómeno con tan alto porcentaje de casos sin explicar (alrededor del 30% de los contenidos en el informe propiamente dicho) debería despertar suficiente curiosidad para proseguir su estudio»[73].

Detrás del desprecio y la cerrazón de Condon y Low, y de otros que cojeaban del mismo pie, se encontraba, una vez más, el

---

70. Edward U. Condon, director del proyecto, y Daniel S. Gillmor, editor, *Scientific study of Unidentified Flying Objects* (Bantam, 1969), p. 407.

71. «Review of the University of Colorado Report on Unidentified Flying Objects by a Panel of the National Academy of Sciences», 1969.

72. «Air Force closes study of UFO's», *New York Times*, 18 de diciembre de 1969.

73. J.P. Kuettner y otros, «UFO: an appraisal of the problem, a statement by the UFO Subcommittee of the AIAA», *Astronautics and Aeronautics*, 8, n.º 11.

problema que planteaba la hipótesis extraterrestre. Como señaló Hynek por entonces, Condon y sus partidarios cometían el error de confundir OVNIS con alienígenas, pensando que si se admitía la existencia objetiva del fenómeno OVNI, había que aceptar inevitablemente la hipótesis extraterrestre. Y esto era totalmente inaceptable para ellos. Como indicó Low en su comunicado interno, el simple acto de admitir tal posibilidad resultaba «intolerable» y cualquier profesional que diera un paso así se arriesgaba a perder el prestigio en una comunidad científica no acostumbrada a ideas tan radicales.

Después de que la Fuerza Aérea hubiera estado recopilando datos durante veintidós años y de que científicos como McDonald hubieran realizado estudios independientes, seguía habiendo una abrumadora cantidad de científicos y funcionarios del Gobierno que se sentían intranquilos incluso ante la idea de contemplar la remota posibilidad de la hipótesis de marras. La aversión que sentían fue suficientemente intensa para que no les importara boicotear la exactitud y efectividad de un estudio científico caro y prolongado, del que tanto dependía y cuyo tremendo impacto histórico no ignoraba nadie.

Pero la suerte estaba echada. La Fuerza Aérea anunció en diciembre de 1969 el fin del Proyecto Libro Azul —la única investigación oficial de nuestro Gobierno sobre los OVNIS-, anuncio que se hizo efectivo el mes siguiente. En adelante los científicos podrían justificar su desdén por los OVNIS citando las conclusiones del informe Condon. El Gobierno podría remitirse al cierre de las investigaciones de la Fuerza Aérea para justificar su desinterés por los casos de OVNIS. Los medios podrían pasárselo bien burlándose de los OVNIS o relegándolos al terreno de la ciencia ficción. Ya no hacía falta más acción directa por parte de los encargados de cumplir la misión del Comité Robertson: ya se habían plantado las semillas y el impulso se generaría solo durante decenios. La «edad de oro» de las investigaciones oficiales, de las comparecencias ante las comisiones parlamentarias, de las conferencias de prensa, de los estudios científicos independientes, de los grupos ciudadanos poderosos, de los libros superventas y de los artículos de portada revisteril había terminado.

Durante los decenios siguientes hubo muchos investigadores abnegados que recogieron el testigo y dedicaron su vida a documentar casos y a ampliar nuestro conocimiento del fenómeno. Su trabajo, vasto y valioso, ha sido importantísimo para hacernos progresar. Pero si la cuestión OVNI era antaño un tema que despertaba el interés nacional, hoy vive arrinconado en los márgenes. El tabú que pesaba sobre los OVNIS ha cristalizado y hoy, medio siglo después, la prohibición de tomarse el asunto en serio está profundamente arraigada en nuestra sociedad, como un cáncer que ha metastatizado con eficacia.

12
Tomar en serio el fenómeno

Podemos aprender mucho, con el fin de evaluar las acciones del Gobierno estadounidense y ponerlas en la debida perspectiva histórica, fijándonos en las actividades de otros gobiernos y su forma de tratar los encuentros de los militares y los aviadores con los OVNIS. Desde el cierre del Proyecto Libro Azul, Estados Unidos ha pasado a ser una especie de paria de la escena internacional cuando se trata de investigaciones oficiales sobre los OVNIS, lo cual es particularmente un problema, dado que en tanto que superpotencia tiene un potencial excepcional para influir en el progreso científico en temas de alcance global. Otros países se han comportado admirablemente cuando se han producido acontecimientos con OVNIS en su espacio aéreo. Algunos han recogido datos útiles cuando han aparecido objetos anómalos en radares o han dejado marcas en el suelo, como ha sucedido en Francia y el Reino Unido. Estos dos países estaban bien equipados para tratar acontecimientos tan notables como un aterrizaje OVNI, porque disponían de organismos gubernamentales encargados específicamente de recoger informes sobre OVNIS y dirigir investigaciones. Incluso después de que en 1970 Estados Unidos se retirara del tema OVNI, otros países se mantuvieron alerta y otros aún fundaron nuevos organismos de investigación para enfocar el problema abiertamente y con responsabilidad.

Durante los años que siguieron a la clausura del único organismo público que tenía Estados Unidos para afrontar el tema OVNI, los que han seguido investigando por otros conductos han hecho lo que han podido para encontrar financiación y recursos. Afortunadamente, no se han basado en el Proyecto Libro Azul. Más que dedicarse a difundir falsas explicaciones y propaganda, estos otros organismos han estado dispuestos a realizar investigaciones sinceras y a reconocer, sobre todo en casos documentados por pilotos, la presencia de objetos no identificados que no han podido explicarse. Los pilotos y tripulantes aéreos de otros países no han recibido presiones para tener la boca cerrada, como les ocurrió a sus colegas estadounidenses durante el incidente del aeropuerto O'Hare, y no temen tanto al ridículo como los norteamericanos. Los pilotos militares y civiles de otros lugares hablan públicamente de sus encuentros y se organizan conferencias de prensa para que sea pública la información. Los temas de la seguridad aérea tienen en cuenta los acontecimientos relacionados con OVNIS. En términos generales, aunque el Gobierno estadounidense no ha cambiado de opinión desde 1970, un sector importante del resto del mundo toma más en serio el tema OVNI.

El estudio de los OVNI en el Reino Unido empezó en 1950, en el seno del Ministerio de Defensa, de modo que sus programas oficiales están entre los de más larga andadura. El Ministerio de Defensa tenía un organismo especial, un «negociado OVNI» que gestionaba los informes sobre OVNIS e investigaba casos. En diciembre de 2009 estaba tan saturado de informes presentados por el público (en los niveles máximos de los últimos diez años) y eran tantas las peticiones que recurrían a la Ley de Libertad de Información que el Ministerio clausuró la recepción de informes. El Ministerio no había encontrado una forma de resolver los casos, que, según declaró, no representaban una amenaza para la seguridad nacional. Sin embargo, reconocía lo evidente: que los «peligros legítimos» —casos relacionados con pilotos militares, instalaciones de la defensa aérea y objetos registrados por radar— aún estaban por tratarse con el debido rigor[74]. El Reino Unido había dado comienzo, además, al largo y tedioso proceso de publicar todos los archivos acumulados durante los años en que había estado operativo el negociado OVNI.

En Chile y Perú se crearon organismos gubernamentales de nuevo cuño, en 1997 y 2000 respectivamente, para estudiar casos de OVNIS. Los militares brasileños vienen investigando los OVNIS desde fines de los años cuarenta. Los cosmonautas, científicos y militares rusos han hablado públicamente de acontecimientos relacionados con OVNIS que se han producido en cielo ruso. Y la Secretaría de la Defensa Nacional de México proporcionó datos a un investigador civil en 2004 acerca de un avistamiento no esclarecido que había protagonizado la aviación militar; era la primera vez que se hacía y representó un importante paso hacia la apertura gubernamental de aquel país.

En términos generales se admite que el Gobierno francés es el que realiza las investigaciones sobre OVNIS más productivas, científicas y sistemáticas del mundo, y lo viene haciendo ininterrumpidamente desde hace cuarenta años. El organismo encargado, llamado actualmente GEIPAN[75], forma parte del ente conocido como CNES[76], que es el equivalente francés de la NASA y sirve de modelo para otras naciones que lo han consultado en el transcurso de los años. Es particularmente notable la red de científicos, policías y otros especialistas que están vinculados con el GEIPAN y preparados para ayudar en cualquier momento en las investigaciones de cualquier caso de OVNI. Su finalidad ha sido siempre la de un or-

---

74. BBC News, «UFO investigations unit closed by Ministry of Defence», 4 de diciembre de 2009, http://news.bbc.co.uk/2/hi/uk_news/8395473.stm.

75. Groupe d'Étude et d'Information sur les Phénomènes Aérospatiaux Non-Identifiés, es decir, Grupo para el Estudio e Información de Fenómenos Aeroespaciales No Identificados.

76. Centre National d'Études Spatiales, o Centro Nacional de Estudios Espaciales.

ganismo de investigación, sin esa relación preponderante con los asuntos de la defensa que tiene el Ministerio de Defensa británico o con la seguridad de la aviación, como en Chile. Se creó siete años después de cerrarse el Proyecto Libro Azul y afirma que su misión es únicamente investigar «fenómenos aeroespaciales no identificados» y poner sus hallazgos a disposición del público.

Jean-Jacques Velasco, Nick Pope y el general Ricardo Bermúdez dirigían pequeños organismos gubernamentales, el primero en Francia, el segundo en el Reino Unido y el tercero en Chile, que trabajaban con plena dedicación investigando casos de OVNIS. Estas personas, entre otras que han escrito las páginas que siguen, describen la labor innovadora que realizan en nombre de sus respectivos países y el impacto que ha tenido en la vida de cada uno el trabajo de campo en el tema de los fenómenos OVNIS. En todos los países del mundo, testigos e investigadores como ellos son muy conscientes de que se necesita una mayor participación de Estados Unidos y se han reunido aquí para abordar ese problema.

Hayan abierto o no negociados concretos para la investigación de los OVNIS, son muchos los países que han acumulado montañas de documentación y los ciudadanos desean que esos papeles oficiales se conozcan.

En los últimos años, como si hubiera una tendencia general a la transparencia, se han desclasificado cantidades sin precedentes de documentos que se han hecho públicos por primera vez. Los gobiernos de Brasil, Chile, Francia, México, Rusia, Uruguay, Perú, Irlanda, Australia, Canadá y el Reino Unido vienen publicando desde 2004 documentos que eran secretos hasta entonces y en 2009 incluso Dinamarca y Suecia se unieron a la tendencia, publicando más de 15.000 expedientes cada uno. Sin embargo, ninguno de estos nuevos documentos ha modificado nuestro conocimiento general del fenómeno, aparte de confirmar que en todo el mundo se producen los mismos acontecimientos y que los comportamientos de los objetos, y a menudo las reacciones de los gobiernos, se repiten sin cesar. Por desgracia, se ha adelantado poco en la solución del misterio y la adquisición de más documentos no es la respuesta.

En realidad, los investigadores gubernamentales han estado limitados, por lo general, por el hecho de que no pueden ir más allá de saber todo lo que puede saberse una vez que el acontecimiento ha terminado. Sin mayores recursos, es poco lo que puede hacerse, salvo redactar informes año tras año. Las cartas de civiles que hablan de avistamientos aislados y a menudo dudosos se añaden igualmente a la colección y pasan a constituir un elevado porcentaje del material que se publica. Aunque a menudo fascinantes, los papeles del Gobierno ya no revelan nada nuevo y los miles de páginas que se ponen a disposición del público no revolucionan nuestro conocimiento. Los expedientes más confidenciales —los informes de inteligencia que están relacionados con serias cuestiones de seguridad nacional y que seguramente contienen análisis e investigaciones más profundos— no se desclasifican ni se hacen públicos. Hasta ahora no ha visto la luz ninguno de esos esperados documentos que revelan «toda la verdad».

Creo que pedir la publicación de más documentos no es ya un objetivo útil, ni siquiera en Estados Unidos. Es una vía secundaria que puede resultar interesante, pero que no va al fondo de la cuestión. Hacer demasiado hincapié en la publicación de documentos podría incluso prolongar el callejón sin salida internacional en que nos encontramos actualmente, y dar a los gobiernos un pretexto para alegar que ya han cumplido su papel desclasificando expedientes o que lo cumplirán en un futuro próximo.

A pesar de todo, el público sigue temblando de emoción cada vez que ve un nuevo paquete de documentos oficiales sobre los OVNIS. La publicación de numerosos documentos franceses en 2007 y de expedientes británicos en 2008, 2009 y 2010 generó un revuelo internacional que hizo las delicias de los medios estadounidenses. El sitio web francés recibió tantas visitas el primer día que cayó todo el sistema. Más interesante fue el anuncio de que el 28 por ciento de los casos franceses seguía sin explicarse: más o menos el mismo porcentaje que aparecía en el Proyecto Libro Azul y en el informe Condon de 1968[77].

Un artículo aparecido en 2008 en el *New York Times* y firmado por una corresponsal destacada en el Reino Unido se concentraba selectivamente en algunos de los documentos más imbéciles que había publicado el Ministerio de Defensa (concretamente, cartas escritas por chiflados), reincidiendo así, para regocijo de los lectores, en el típico enfoque burlesco y tendencioso que ha empleado tradicionalmente el notable rotativo[78]. La consecuencia fue, paradójicamente, el gran salto adelante mediático que yo estaba esperando, ya que el mismo periódico publicó poco después, por primera vez en su historia, un artículo serio sobre los OVNIS. En efecto, «Amenazas voladoras no identificadas», de Nick Pope[79], exfuncionario del Ministerio de Defensa británico, fue una respuesta racional al otro artículo, básicamente insincero. Esta publicidad, sin embargo, no cambió el panorama político estadounidense en lo relativo a los OVNIS, ni consiguió nada en ningún sentido, aparte de señalar que había que tomar en serio el tema.

Por desgracia, no tenemos forma de saber si algún Gobierno tiene guardados en lugares seguros más documentos reveladores. Menos aún sabemos cuáles siguen clasificados en Estados Unidos, sin duda los más importantes de todos, y es poco probable que los conozcamos en un futuro próximo. Si un organismo gubernamental no desea hacer público determinado material confidencial, no lo hará por mucho que se invoque la Ley de Libertad de Información. Así que para buscar nuevas expectativas, mientras informamos

---

77. Associated Press, «French space agency puts UFO files online», 23 de marzo de 2007, http://www.foxnews.com/story/0,2933,260590,00.html.

78. Sarah Lyall, «British UFO shocker! Government officials were telling the truth», *New York Times*, 26 de mayo de 2008.

79. Nick Pope, «Unidentified flying threats», *New York Times*, 29 de julio de 2009.

y convencemos a los gobernantes estadounidenses de que recapaciten a propósito del tema OVNI, podríamos fijarnos en otros países con organismos gubernamentales propios para saber qué se ha ganado con estos esfuerzos. ¿Cómo se establecieron estos organismos y por qué? ¿En qué se diferencia su trabajo del trabajo del Proyecto Libro Azul? ¿Qué han aprendido de los OVNIS? ¿Qué acciones han emprendido como resultado?

Ante todo debemos fijarnos en Francia. El general Denis Letty, presidente del grupo COMETA, y Jean-Jacques Velasco, antiguo director del GEPAN y actual miembro del CNES, han escrito expresamente para este libro sendos artículos en los que estudian estos problemas. Otro notable experto francés, Yves Sillard, es uno de los más destacados defensores de que se coopere internacionalmente en las investigaciones del fenómeno OVNI. Antiguo director general del centro espacial francés, el CNES, Sillard es desde 2005 presidente del comité directivo del GEIPAN. En 1977, siendo director del CNES, fundó el primer comité científico de Francia para la investigación de los informes sobre OVNIS, el GEPAN, que luego adoptó otro nombre. Sillard ha ocupado diversos e importantes cargos de investigación y de gobierno entre aquella fecha y su posterior incorporación al GEIPAN. En 1998, el secretario general de la OTAN, Javier Solana, lo nombró secretario general adjunto para asuntos científicos y medioambientales.

Para la mentalidad popular estadounidense, la Administración Nacional de Espacio y Aeronáutica, es decir, la NASA, es la principal organización científica del país y la que más sabe sobre todo lo que sucede en el espacio exterior, líder mundial en la Tierra y en investigación espacial. En Francia ocurre algo parecido con el CNES. Aunque menor que la NASA, es responsable de formar e implementar la política espacial francesa en Europa y desarrolla sistemas espaciales y nuevas tecnologías en colaboración con la Agencia Espacial Europea, que tiene su sede en París. Las opiniones de los sucesivos directores de ambas organizaciones —CNES y NASA— tienen, obviamente, muchísima importancia, ya se trate de las complejidades de la exploración espacial o de las extrañezas del fenómeno OVNI.

Yves Sillard, desconocido para la mayor parte de los estadounidenses, es un personaje de primer orden en la comunidad espacial europea. Fundó hace más de treinta años el organismo de investigación ufológica más efectivo del mundo y todavía tiene un papel destacado en la dirección del mismo.

Más importante aún es subrayar que salvó con éxito el abismo que hay habitualmente entre la ciencia espacial y la investigación ufológica, asegurando así la coexistencia de ambos intereses en el marco de trabajo de la agencia espacial francesa. Sillard consolidó sus ideas en un libro fundamental, *Phénomènes aérospatiaux non identifiés: un défi à la science* («Fenómenos aeroespaciales no identificados: un reto para la ciencia»)[80], escrito en colaboración con otros científicos, bajo su dirección. En 2008 tuve el honor de reunirme con él en la sede parisina del CNES.

El señor Sillard tuvo la gentileza de entregarme el siguiente comentario, escrito especialmente para este libro y que resume la situación actual. Hay que reconocer la fuerza de este agudo y conciso trabajo, que da fe de la importancia del autor en la comunidad internacional.

Es imposible cuestionar ya la realidad objetiva de los fenómenos aéreos no identificados, más conocidos por el público en general con el nombre de OVNIS. Los datos recogidos por el GEIPAN se basan en métodos rigurosos de análisis y control. Los casos aeronáuticos proceden de testigos competentes, entrenados para hacer frente a situaciones inesperadas y reaccionar con calma.

El clima de sospecha y desinformación, por no hablar de burla y desprecio, que todavía rodea demasiado a menudo la recopilación de informes, ejemplifica una sorprendente

---

80. Le Cherche Midi, París, 2007.

forma de ceguera intelectual. Este es evidentemente el motivo del silencio de muchos testigos, que no se atreven a presentarse, y es particularmente cierto en el caso de los pilotos, civiles y militares, que temen poner en peligro su puesto de trabajo si hablan. Debemos ser muy receptivos con la información, para minimizar el dramatismo y facilitar la iniciativa de los testigos.

Al tratar el tema OVNI debemos tener en cuenta el futuro. Llegará el día en que conquistaremos el espacio y podremos viajar fuera del sistema solar, algo concebible en la actualidad si extrapolamos la capacidad técnica que poseemos. Este potencial permite contemplar por vez primera la posibilidad de que se establezcan contactos entre civilizaciones distantes, contactos que en el pasado se consideraban inconcebibles.

A pesar de que en los últimos años hemos conseguido progresos espectaculares, la ciencia actual nos parecerá muy modesta cuando miremos atrás dentro de unos siglos. El avance de la ciencia traerá sin duda en las próximas décadas muchas ideas nuevas, totalmente imprevisibles hoy. Lo que hoy creemos obstáculos insuperables para que civilizaciones más avanzadas vengan a la Tierra desde cualquier exoplaneta se nos presentará bajo una luz distinta cuando llegue el momento, un momento en que probablemente se propondrán y harán realidad hipótesis completamente nuevas, vinculadas a teorías cosmológicas todavía desconocidas y que cambiarán nuestra concepción del mundo material y del universo que nos rodea.

Aunque la idea es hoy por hoy únicamente hipotética, ¿qué ocurriría si se descubriera que uno de esos fenómenos no identificados es un vehículo automático o tripulado que viene de un exoplaneta? ¿No debería el famoso «principio preventivo» inducir a pensar a los líderes políticos en las consecuencias que habría en todos los aspectos de nuestra sociedad si la hipótesis se confirmara? La postura de la Agencia Europea de Medio Ambiente es que «el principio preventivo justifica la acción anticipada cuando hay incertidumbre e ignorancia, con objeto de evitar el dato potencial». Y define la «incertidumbre» como «un marco de entendimiento en el que sabemos lo suficiente para identificar lo que no conocemos» [81]. Los autores del Informe COMETA iniciaron el proceso de presentar recomendaciones de sentido común a las máximas autoridades civiles y militares, con el fin de prepararlas para reaccionar del modo más idóneo en caso de que se haga realidad mañana lo que hoy es solo una hipótesis. Yo recomendaría mayor receptividad a las autoridades de todo el mundo.

En la medida en que no se ha formulado ninguna otra interpretación verosímil, limitémonos a esperar que el GEIPAN y otros organismos hagan una modesta contribución a este debate y estimulen la reflexión sobre estos fenómenos, cuya existencia no puede negarse. Por último, esperemos que nuestros esfuerzos conjuntos animen a los espíritus imparciales a juzgar la hipótesis extraterrestre con la seriedad y el rigor que merece, mientras no se formule ninguna otra interpretación verosímil.

---

81. http://www.eeb.org/publication/1999/eeb_position_on_the_precautionar. html. Véase también http://ec.europa.eu/dgs/health_consumer/library/pub/ pub07_en.pdf.

13
El nacimiento de COMETA

Por el general de división Denis Letty (ret.)

Para que comprendamos mejor por qué los militares franceses enfocan el problema OVNI con una mentalidad abierta, el general de división Denis Letty nos expone aquí su perspectiva personal sobre el histórico Informe COMETA y nos explica por qué se sintió personalmente obligado a organizar la investigación del grupo. Como ya dije más arriba, fue obra de un grupo de generales retirados franceses y otras personalidades del mismo país que se unieron para redactar el informe, el primero que llamó mi atención sobre el tema OVNI. El general Letty fue el impulsor de aquella iniciativa, la fuerza conductora fundamental que estuvo detrás de su puesta en práctica y su terminación. En el informe, los autores criticaban a la Administración estadounidense por negar la existencia de los OVNIS, por el duro trato que dispensaban a los testigos, por su exceso de secretismo y por recurrir a la «desinformación». Pedían a la Administración de Estados Unidos que trabajara conjuntamente con Francia y otros países para investigar el fenómeno OVNI, quizá bajo los auspicios de la Unión Europea. La Administración estadounidense no respondió.

Dennis Letty, presidente del grupo COMETA, es un conocido expiloto de combate que fue adjunto a la Defensa Aérea de la Zona Sudeste y jefe de la misión militar francesa de las Fuerzas

Aéreas Aliadas de Europa Central. jefe del 5º Escuadrón del Ejército del Aire, fue asimismo comandante de la base aérea de Estrasburgo. En 2008 tuve el privilegio de sentarme en su casa de las afueras de París. Él y su esposa fueron muy amables con el cineasta James Fox y conmigo, que, con carpetas, cuadernos y un equipo de rodaje para documentar nuestras conversaciones, aterrizamos en su bien cuidado dúplex, que se alza en una ladera montañosa desde la que se goza de una vista fascinante de la ciudad. El encuentro fue todo un hito para mí. Digno, amable y agradable, el general fue muy natural y estuvo relajado con nosotros, a pesar de la tremenda autoridad que inspiraba. Sigue desconcertado por el fenómeno OVNI y quisiera que hubiese una solución.

Mientras estábamos sentados alrededor de la mesa de su sala, comentando casos franceses con la filmadora en funcionamiento, abordó el tema de la transparencia gubernamental en el asunto de los OVNIS. «No me creo que un país poderoso como Estados Unidos encuentre aceptable admitir que lo sobrevuelan objetos extraños y no sea capaz de despejar el cielo. Otro problema podría ser el pánico, creado por gente que imagina que sus militares no pueden protegerla». Anoté cuidadosamente otros comentarios que hizo sobre el papel de la Administración estadounidense: «Estamos convencidos de que algunos gobiernos no dicen todo lo que saben sobre el particular, y me refiero, naturalmente, a Estados Unidos. Por eso pedimos la cooperación de todos los países. Nosotros estamos dispuestos a investigar, a trabajar juntos»[82]. El general está convencido de que los militares franceses no ocultan nada en relación con los OVNIS, dado que todos los expedientes se habían publicado el año anterior, precisamente para que eso quedara bien claro. El general amplió sus opiniones en el trabajo que sigue.

---

82. *I know what I saw,* la película de James Fox, incluye fragmentos de esta entrevista con el general Letty en su casa, y habla además del Informe COMETA y del trabajo del GEIPAN.

Supe de la existencia de los OVNIS en 1965[83], cuando era capitán en la 3ª comandancia de la Fuerza Aérea Táctica (FATAC), con sede en la ciudad de Metz. Allí recibía todos los informes que presentaba la policía nacional en el territorio de la 1ª Área. Algunos eran desconcertantes. Puesto que no había ninguna amenaza perceptible, nos limitábamos a archivarlos. Al principio estaba un poco confuso, pero luego, pilotos competentes a los que conocía en persona acabaron admitiendo que habían visto aquellos fenómenos.

Uno era Hervé Giraud, hoy coronel. Un día de 1977, cuando ya había anochecido, pilotaba un Mirage IV, con su navegante, a una altitud de 32.000 pies. Entonces vieron una luz muy brillante que se dirigía hacia ellos en línea recta. Giraud se comunicó por radio con el control aéreo militar, en cuya pantalla de radar no se detectaba nada. Tuvieron que escorar a la derecha para eludir el objeto, pero no quisieron perderlo de vista. El objeto se alejó. Más tarde, o volvió o apareció otro idéntico. Giraud tuvo entonces la sensación de que era observado, se sentía indefenso, los dos hombres se asustaron y el piloto tuvo que ladear otra vez el aparato, escorándolo bruscamente. A todo esto, el radar seguía sin detectar nada. Volvieron sanos y salvos a la base de Luxeuil.

El capitán Giraud informó de que el objeto le había parecido sólido y enorme y comparó el encuentro con verse ante un camión de dieciocho ruedas, lanzado a toda velocidad en plena noche y con todas las luces encendidas. No emitía haces de luz, sino que resplandecía con una luz blanca, muy brillante y uniforme que eclipsaba cualquier forma que hubiera detrás del resplandor.

Hubo dos cosas que me impresionaron realmente. Solo un avión de combate podía tener la velocidad y la maniobrabilidad de aquel objeto. Pero si era un reactor de combate, habría tenido que detectarse por radar, sobre todo a aquella altitud tan baja. Sin embargo, los controladores aéreos de la zona del Mirage IV no detectaron

---

83. Algunos párrafos relativos a los capitanes Giraud y Fartek fueron traducidos al inglés por Óscar Zambrano. El resto se escribió directamente en inglés.

ningún tráfico. El otro detalle fue que la velocidad del objeto durante los dos encuentros era tan elevada en el momento del viraje que habría tenido que ser supersónica. Esto significa que, si hubiera sido un avión de combate, habría producido una explosión sónica que se habría oído en tierra y en los alrededores, sobre todo en el silencio de la noche. No se oyó ningún ruido en ninguna parte.

Hubo otros casos relacionados con pilotos que volaban con reactores de combate Mirage y aviones de entrenamiento. Uno en particular me dejó una huella profunda. En 1979 supe que el capitán de la Fuerza Aérea Jean-Pierre Fartek, a la sazón piloto de un Mirage III, había visto un OVNI. Fue de lo más inusual, porque no lo vio mientras volaba, sino cuando se encontraba en su casa, en un pueblo cercano a Dijon, y de día. El objeto estaba muy cerca del suelo y muy próximo. Quise entrevistarme con él para comentar el suceso y acordamos vernos tres meses después, en la base de Estrasburgo. En otra ocasión fui a su casa, donde conocí a su esposa, que también había visto el OVNI.

El capitán me contó que el 9 de diciembre de 1979, a eso de las nueve y cuarto de la mañana, su mujer se dirigía a la planta baja para preparar el desayuno cuando vio por la ventana un extraño objeto con forma de disco. Llamó a Fartek para que mirase. El objeto estaba suspendido a poca distancia del suelo, delante de una fila de manzanos, algunas de cuyas copas sobresalían detrás; gracias a esto, el capitán pudo calcular las distancias y las medidas: estaba a unos 250 metros de la casa, medía aproximadamente 20 metros de diámetro y 7 de espesor. El cielo estaba despejado, la visibilidad era excelente. Aún conservo las notas que tomé durante la reunión, en presencia del capitán Fartek y señora:

- El objeto parecía como formado por dos platos superpuestos, uno boca arriba, el otro boca abajo. Su perfil se veía definido con claridad, la parte superior era de un color gris metálico y la inferior azul oscuro. No tenía luces ni ventanillas.
- Estaba a unos tres metros del suelo, pero no estabilizado. Se elevaba al nivel de los árboles, oscilando continuamente,

bajaba otra vez y se detenía. Volvió a subir otro poco, siempre oscilando; se inclinó, salió disparado a una velocidad muy superior a la de un Mirage III y desapareció.

El capitán Farek y su mujer me dieron muchos otros detalles. Había una clara diferencia entre la parte superior del aparato y la inferior, y que el color de ambas fuera distinto no podía deberse a reflejos de la luz. La claridad y precisión de la forma del objeto no permitían dudar que era sólido y material. El disco parecía girar alrededor de su eje, pero oscilaba con lentitud, como si tratara de equilibrarse. Sus movimientos no producían el menor ruido. Los testigos veían claramente los árboles que asomaban detrás, pero no si el objeto proyectaba sombra. El capitán Farek observó cuidadosamente por si veía alguna perturbación debajo del objeto, mientras estaba suspendido, pero no vio nada y no dejó el menor rastro en el suelo. Su velocidad de partida fue tan extraordinaria que desapareció en el horizonte en cuestión de segundos.

El capitán Ferek informó del incidente en el puesto de guardia de la base. Dice que otras personas vieron también el fenómeno, por ejemplo sus vecinos y sus hijos, pero que no se atrevieron a informar. El comandante de la base ordenó a Fartek que no comentara el episodio porque no quería exponerse al ridículo.

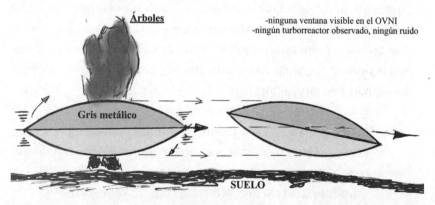

Dibujo del capitán Fartek del objeto que vio con su mujer en 1979. Colección de Jean-Pierre Fartek.

El capitán Fartek quedó muy afectado por la experiencia. Cuando nos vimos me contó que el avistamiento había modificado su idea de lo que entonces se llamaba «platillos volantes», porque nunca había creído en ellos. Pero me confesó que después de haber visto aquel aparato ya no podía dudar de su existencia. Al oír su testimonio, tampoco yo tuve más dudas sobre la realidad del fenómeno. La verdad es que, al oír a los dos cónyuges, su testimonio me pareció tan turbador que desde entonces he estado preocupado por el problema de los OVNIS. En 1996, ya ascendido a comandante, el capitán Fartek fue entrevistado para el estudio de COMETA que puse yo en marcha, y todavía, a pesar de los diecisiete años transcurridos, se le notaba inquieto por lo que había visto. Su caso se documentó en nuestro informe, en la sección de avistamientos desde tierra.

La decisión de fundar con otras doce personas una «Comisión de Estudios Avanzados», abreviadamente COMETA, para estudiar los OVNIS, se tomó en 1996, en el seno de la asociación de auditores veteranos del Instituto de Estudios Avanzados de la Defensa Nacional (IHEDN), un organismo de planificación estratégica sufragado por el Gobierno. Dado que Francia venía estudiando casos de OVNIS desde hacía veinte años, este organismo había reunido una base de datos bien provista de casos bien investigados y totalmente documentados. La verdad es que Francia era de las naciones más avanzadas en este sentido. Pensamos que ya era hora de hacer una evaluación sobre la situación actual en todo el mundo y sobre temas de defensa, y que necesitábamos la cooperación internacional para tratar este problema, que era de alcance global.

Yo di comienzo a la investigación privada y pasé a ser presidente del grupo. El general Norlain, exjefe de la Fuerza Aérea Táctica y asesor del primer ministro, y André Lebeau, exdirector del CNES, accedieron gustosamente a ayudarnos y aceptaron desempeñar papeles de la máxima importancia. Los tres éramos ya por entonces militares retirados, aunque yo, hasta 2002, fui presidente de una compañía aeronáutica que trabajaba básicamente para la defensa francesa.

La investigación duró de 1996 a 1999. Empezamos entrevistando a personas que habían presenciado fenómenos OVNIS en Francia y luego pasamos a revisar los mejores casos que habían sido reconocidos y estudiados en profundidad en todo el mundo. Solo recogíamos datos de fuentes oficiales, autoridades gubernamentales, pilotos y fuerzas aéreas de Francia y otros países. Mientras tanto, valorábamos y certificábamos la mejor información, y presentábamos nuestros resultados a las autoridades francesas competentes.

Todos los testimonios que reteníamos para la preparación del Informe COMETA venían avalados por pruebas tangibles: registros de radar, huellas en el suelo, fotografías, fenómenos electromagnéticos, incluso modificaciones de la fotosíntesis de las plantas. Muchas declaraciones de testigos independientes se confirmaban entre sí. Quedó claro que al menos el 5 por ciento de los avistamientos que contaban con una documentación sólida no podía atribuirse a causas humanas o naturales. Nuestros expertos estudiaban todas las posibles explicaciones para estos casos.

Queríamos poner de manifiesto que el fenómeno OVNI era real y no fruto de la fantasía. Yo me quedé asombrado al descubrir, y ahora saber con certeza, que objetos silenciosos y completamente desconocidos se introducían de manera ocasional en nuestro espacio aéreo con una capacidad de vuelo imposible de reproducir en la Tierra. Y esos objetos parecían controlados por alguna clase de inteligencia. El Informe COMETA expone sin rodeos que la hipótesis extraterrestre es la explicación más lógica, aunque, evidentemente, no se ha demostrado.

Desde la publicación del informe, he citado con frecuencia las palabras del general Thouverez, jefe de las fuerzas aéreas francesas, que en 2002 reconoció que en el cielo de Francia se veían a veces objetos desconocidos y que, en consecuencia, era responsabilidad nuestra estudiarlos con seriedad[84].

A causa de declaraciones como esta, mis colaboradores y yo creímos importante remitir el Informe COMETA a las máximas autori-

---

84. Entrevista con el general Thouverez, *Armées d'aujourd'hui*, julio de 2002.

dades del Estado, y, en efecto, se lo mandamos al primer ministro y al gabinete militar del presidente. Con objeto de informar al público, también publicamos el informe en Francia. En el momento de la publicación, Francia había reducido considerablemente los recursos de su agencia nacional OVNI en el CNES y ya solo disponía de dos personas fijas. Después de la publicación del informe, la agencia se reactivó y recibió el nombre de GEIPAN, proceso probablemente facilitado por el apoyo de nuestro grupo. El Informe COMETA ha recibido desde entonces el reconocimiento internacional, a pesar de los violentos ataques de algunas personas; pero cuando se lee atentamente, no pueden pasarse por alto sus hallazgos.

Defendemos firmemente la cooperación internacional en las investigaciones de los OVNIS, con Estados Unidos en particular, y nuestra postura sigue siendo esa. Los avistamientos de noviembre de 2006 en el aeropuerto O'Hare, en las afueras de Chicago, y en el cielo de Guernsey en abril de 2007, que fueron notificados por pilotos y controladores aéreos, reforzaron nuestra determinación de no claudicar. Mientras seguimos recogiendo informes de colegas de todo el mundo, esperamos facilitar el conocimiento y la comprensión para que culminen en un esfuerzo unificado internacional que determine la verdadera naturaleza y origen de los OVNIS. Nosotros, en nuestro país, estamos preparados para desempeñar un papel destacado en dicho esfuerzo.

14

Francia y la cuestión OVNI

por Jean-Jacques Velasco

Jean-Jacques Velasco estuvo al frente de la agencia guberna-
mental francesa para los OVNIS durante más de veinte años.
Aunque empezó a investigar después de la clausura del Proyec-
to Libro Azul, trabajó para el Gobierno francés de manera sis-
temática durante el mismo tiempo aproximadamente que J.
Allen Hynek trabajó para el Gobierno de Estados Unidos. Se
entregó al tema con total dedicación, como Hynek, y acabó sien-
do una de las figuras más emblemáticas de los estudios ufológi-
cos en el mundo. Antes de integrarse en la nueva agencia que
estudiaba los fenómenos aeroespaciales no identificados, cosa
que hizo el mismo año que la fundó Yves Sillard, en 1977, Ve-
lasco había sido un ingeniero que trabajaba en la construcción
de satélites en el CNES. Seis años después, fue puesto al frente de
la agencia.
 Durante todo el tiempo que la dirigió, trabajó investi-
gando los OVNIS sin injerencias ni restricciones militares.
Autor de varios libros sobre el tema, ha seguido estudiando
los fenómenos OVNIS hasta el día de hoy.

Fui director[85] del programa francés para investigar y analizar los fenómenos aeroespaciales no identificados durante veintiún años, de 1983 a 2004. Puesto que trabajaba en el marco de una misión oficial, con responsabilidades concretas, me impuse, como era mi deber, una gran reserva en cuanto a expresar interpretaciones o conclusiones sobre la cuestión OVNI. Ahora todo ha cambiado. Después de todos aquellos años de conocimientos y experiencias adquiridos, tengo las manos libres y puedo expresar mis conclusiones personales con completa libertad de conciencia. En consecuencia, he optado por hablar aquí con más libertad y franqueza que en mis anteriores publicaciones.

En primer lugar, es posible demostrar, sirviéndonos de datos procedentes de casos establecidos y oficialmente listados en todo el mundo, que los OVNIS —objetos materiales— existen y son diferentes de los fenómenos normales. Esos casos son pocos, pero sus extraordinarias características y sus efectos físicos ponen de manifiesto este hecho sin ambigüedades. Sobre la base de casos bien establecidos, la existencia de los OVNIS está fuera de duda.

Los OVNIS parecen ser «objetos artificiales y controlados» y sus características físicas pueden medirse con nuestros sistemas de detección, en particular con radares. Dan muestras de una física que al parecer está muy por encima de la que tenemos en nuestros países más avanzados tecnológicamente. Los radares de tierra y de aviones revelan que su eficacia supera con mucho nuestra capacidad espacial y aeronáutica. Entre sus aptitudes están el vuelo silencioso y estacionario, las aceleraciones y velocidades que contradicen las leyes de la inercia, influencia en sistemas electrónicos de navegación o transmisión y la aparente capacidad de producir bloqueos eléctricos. Cuando se encuentran con aviones militares, estos objetos parecen capaces de adelantarse y neutralizar las manio-

---

85. El primer borrador de este artículo, mucho más largo, se escribió en francés y fue traducido al inglés por Jean-Luc Rivera. Durante su corrección y adaptación, el señor Velasco y yo trabajamos en inglés.

bras defensivas de los pilotos, como en el notable caso protagonizado por el general Parviz Jafari en Teherán y en los incidentes de la base aérea de Malmstrom[86]. En estos encuentros, el fenómeno OVNI pareció comportarse como si hubiera estado controlado por alguna clase de inteligencia.

Mi relación con este tema se remonta a 1977, cuando yo era ingeniero del CNES, la agencia espacial francesa. Aquel año se encargó al CNES que iniciara una investigación oficial sobre el fenómeno OVNI en Francia, bajo los auspicios de una nueva agencia interna llamada entonces GEPAN[87]. No tardé en saber por qué el CNES creaba este departamento: Francia venía contendiendo con la cuestión de los fenómenos aeroespaciales no identificados desde hacía más de veinticinco años.

Databan de 1951, de cuando tres pilotos militares que volaban en sendos cazas Vampire F-5B vieron un objeto redondo, brillante y plateado. Dos quisieron acercarse, pero el objeto fue mucho más rápido que ellos. En 1954 hubo una ola de OVNIS, durante la que los gendarmes de toda la Francia europea recogieron más de 100 informes oficiales sobre avistamientos de «platillos volantes», algunos de los cuales se calificaron de «encuentros cercanos». En un caso, observado por miles de personas, un objeto extraño estuvo moviéndose hacia delante y hacia atrás en el cielo de Tananarive, llamada hoy Antananarivo, la capital de Madagascar. Los testigos estaban comprando en el mercado al aire libre, a media tarde, y se quedaron petrificados y estupefactos ante el espectáculo. Según sus descripciones era una especie de bola verde del tamaño de un avión, seguido por un objeto metálico con forma de balón de rugby. Los perros corrían aullando por toda la ciudad, los bueyes enloquecieron y rompieron las cercas de los corrales. Lo más extraordinario

---

86. Velasco se refiere al caso de 1967, descrito más abajo por Robert Salas, en el capítulo 15 de este libro, y a otros avistamientos que tuvieron lugar en la zona de Malmstrom (Montana, EE.UU.) en la misma época.

87. Groupe d'Étude des Phénomènes Aérospatiaux Non-Identifiés: Grupo de Estudio de Fenómenos Aeroespaciales No Identificados.

fue que, mientras el fenómeno sobrevoló la capital, la electricidad del servicio público se fue y volvió al cabo de unos minutos, cuando se hubo alejado la «gran bola verde» con su presunto compañero. Como era de esperar, hubo mucho clamor público y amplia cobertura en la prensa, todo lo cual obligó a las autoridades francesas a abrir una investigación.

Veinte años después, en 1974, el ministro de Defensa, Robert Galley, declaró en la radio nacional que había un fenómeno inexplicado que necesitaba investigarse. Por aquel entonces, ni se me había ocurrido que pudiera acabar implicado en esa investigación. Nuestra primera misión en el GEPAN fue establecer una red de miembros de la policía, la gendarmería, la Fuerza Aérea, la Armada, meteorólogos y personal de aviación, y además una metodología para recoger y centralizar los datos de los avistamientos. Un consejo científico de astrónomos, físicos, peritos jurídicos y otros ciudadanos eminentes se reuniría anualmente para evaluar y orientar los estudios.

Esta primera fase, de 1977 a 1983, llegó a tres conclusiones básicas, que siguen siendo válidas en la actualidad:

- La gran mayoría de OVNIS puede explicarse tras someterse a un análisis riguroso.
- Pero hay algunos fenómenos que no se pueden explicar con las herramientas convencionales de la física, la psicología y la psicología social.
- Parece altamente probable que este pequeño porcentaje de fenómenos aeroespaciales no identificados tenga una base material.

Poco a poco adquirí pericia y competencia en estos estudios y en 1983 me pusieron al frente del GEPAN. De acuerdo con los pasos iniciales, procedimos a hacer un enfoque más teórico, pero igual de riguroso, de los estudios. Ya en el comienzo estuvo claro que sería necesario considerar la naturaleza tanto física como psicológica del fenómeno. Para comprender plenamente lo que explicaba un testigo teníamos que evaluar no solo la información que daba, sino también su personalidad y su estado emocional, el entorno físico en que se había producido el acontecimiento y el medio psicosocial del testigo. El GEPAN creó una base de datos, única en el mundo, de todos los casos de avistamientos de fenómenos aeroespaciales registrados por las autoridades francesas desde 1951, teniendo en cuenta los análisis estadísticos.

Se adoptó una clasificación que colocaba a los FANIS (fenómenos aeroespaciales no identificados) en cuatro categorías:

Tipo A: El fenómeno se identifica totalmente y sin equívocos.

Tipo B: Seguramente se ha identificado el carácter del fenómeno, pero quedan algunas dudas.

Tipo C: El fenómeno no puede identificarse ni clasificarse por insuficiencia de datos.

Tipo D: El fenómeno no puede explicarse a pesar de la exactitud de las descripciones de los testigos y de la buena calidad de los indicios recogidos en el lugar de los hechos.

Para los casos de Tipo D, los inexplicados, se adoptó una subcategorización utilizando la clasificación de «encuentros cercanos», establecida por el doctor J. Allen Hynek, que se basa en la distancia del avistamiento y los efectos generados por el fenómeno.

Estas investigaciones de campo, realizadas a petición de la policía o las autoridades de aviación civil y militar, seguidas por análisis científicos, permitieron confirmar la existencia de fenómenos físicos inusuales, clasificados como FANIS sin explicación, que no coinciden con ningún fenómeno natural o artificial conocido. Los análisis estadísticos y los sondeos llevados a cabo desde la fundación del GEPAN lo pusieron aún más de manifiesto. La categoría Tipo D contenía más casos durante períodos inusuales, llamados «olas», como la de 1954; casi el 40 por ciento de los casos de la base de datos pertenecen a esta última categoría.

El GEPAN inició varias líneas de investigación, con la colaboración de otros laboratorios y consultores en países en que se habían producido acontecimientos parecidos, lo cual permitió establecer comparaciones con otros ficheros y bases de datos. Nos dedicamos a idear mejores sistemas de detección, por ejemplo el análisis de imágenes de fotografías y videograbaciones.

En 1988 el GEPAN pasó a ser un organismo nuevo llamado SEPRA[88], cuyo objeto era ampliar la misión e incluir la investigación de todos los fenómenos de reentrada, entre ellos chatarra de satélites, lanzamientos, etc. Cuando un objeto no identificado deja en el entorno rastros o cualquier otra clase de efecto susceptible de ser registrado y medido por sensores o instrumentos, entonces lo llamamos OVNI. Entre los casos que han dejado rastros físicos en tierra y que han sido investigados a conciencia, hay tres que resistieron el análisis más riguroso y no pudieron ser categorizados como objetos conocidos.

En noviembre de 1979 una mujer llamó a los gendarmes para avisar de que delante de su casa acababa de aterrizar un platillo volante. Los gendarmes acudieron inmediatamente al lugar del aterrizaje y el GEPAN se presentó asimismo con un equipo multidisciplinar de investigadores. Otro testigo dio un aviso independiente sobre un objeto que se había posado en el suelo. Entre los rastros visibles que se detectaron había una zona de hierba aplastada en una misma dirección y una universidad de prestigio llevó a cabo poco después un análisis fitofisiológico. Puesto que era la primera vez que recogíamos muestras de suelo y vegetación en un supuesto caso de aterrizaje, aún no había un protocolo riguroso para el análisis y no se obtuvo ningún resultado significativo.

Todo esto cambió, sin embargo, con el caso de Trans-en-Provence, uno de los mejor conocidos en Francia. A eso de las cinco de la tarde del 8 de enero de 1981, el electricista Renato Nicolai

---

88. Service d'Expertise des Phénomènes de Rentrées Atmosphériques (Servicio de Investigación de Fenómenos de Reentradas Atmosféricas).

se encontraba en su jardín construyendo un pequeño alpendre para una bomba de agua. Aún hacía sol. Entonces oyó un ligero silbido que venía de lo alto. Al volverse, vio un objeto ovoide que descendía sobre el bancal del fondo del jardín y aterrizaba. El testigo se acercó con cautela para observar el extraño fenómeno desde detrás de un cobertizo, pero antes de transcurrido un minuto el objeto se elevó y se alejó por donde había llegado. Seguía emitiendo el suave silbido. Mientras se alejaba, Nicolai vio que en la parte de abajo tenía dos protuberancias redondas que, según dijo luego, le parecieron una especie de tren de aterrizaje. Se aproximó al punto de aterrizaje y vio en el suelo unas depresiones circulares, separadas por una corona. Como pasó la noche muy agitado, al día siguiente su mujer avisó a los gendarmes, que se presentaron en la casa y vieron dos círculos concéntricos en el suelo, uno de 2,2 metros de diámetro y otro de 2,4, con una zona elevada entre los dos, de 10 centímetros de anchura. Recogieron muestras del suelo y otras muestras de contraste de una zona alejada del punto de aterrizaje.

Los investigadores del GEPAN acudieron a la casa de Trans-en-Provence un mes más tarde, recogieron más muestras del suelo compacto y de la vegetación más cercana, así como otras muestras de contraste. Y entrevistaron al señor Nicolai. Los rastros físicos dejados por «el objeto» proporcionaron a los laboratorios mucha información útil sobre su naturaleza, forma y características mecánicas.

El análisis bioquímico de la alfalfa silvestre del lugar reveló un importante deterioro de la vegetación, al parecer causado por poderosos campos electromagnéticos. El doctor Michael Bounias, del Instituto Nacional de Investigación Agronómica, dijo que la degradación vegetal se debía probablemente a vibración de microondas. Al año siguiente volvió a analizarse la alfalfa y se vio que había recuperado la actividad biológica normal.

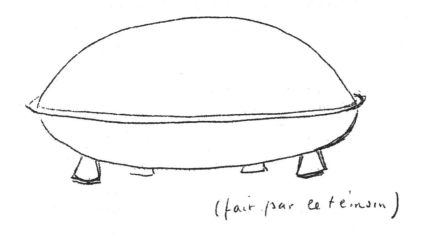

(fair par ce témoin)

Dibujo del testigo Renato Nicolai del objeto de Trans-en-Provence,
que dejó rastros visibles en el suelo y degradó la vegetación cercana.
© témoin, GEIPAN.

La investigación del GEPAN prosiguió durante dos años y llegó a conclusiones muy interesantes. Había en el suelo indicios de una fuerte presión mecánica, probablemente debida a un gran peso, y al mismo tiempo o inmediatamente después el suelo se calentó a una temperatura entre 300 y 600 grados centígrados. En las inmediaciones de estos rastros del suelo, el contenido de clorofila de las hojas de alfalfa silvestre se redujo entre un 30 y un 50 por ciento, en razón inversamente proporcional a la distancia del punto de aterrizaje. Las hojas más jóvenes experimentaron la pérdida mayor de clorofila y además presentaban «signos de envejecimiento prematuro». A efectos comparativos, los análisis bioquímicos revelaron numerosas diferencias entre las muestras cercanas al lugar y otras más alejadas.

El informe concluía diciendo que «era posible demostrar cualitativamente que había habido un acontecimiento importante que había producido deformaciones en el suelo, causadas por efectos mecánicos, térmicos y de masa, y quizás algunas transformaciones y depósitos de oligominerales». No parece que la radiación nuclear fuera responsable de los efectos observados, pero la reducción de clorofila podría haberse debido a la acción de alguna clase de campo de energía eléctrica[89].

Aproximadamente un año después del caso de Trans-en-Provence, se produjo el llamado caso Amaranto: en 1982, un científico (M.H., biólogo celular) vio en pleno día un pequeño objeto de un metro de diámetro que estaba suspendido en el aire, sobre su jardín. El testigo vio la brillante nave voladora a las 12.35 de la tarde, delante de su casa, efectuando un lento descenso. Retrocedió, porque parecía dirigirse hacia él, pero se detuvo a un metro del suelo y se quedó allí, suspendido y en silencio durante unos veinte minutos, que el testigo midió mirando su reloj. No estaba asustado y, dado que era un científico, hizo una observación precisa y detallada. Tenía forma ovalada y parecía dos platos metálicos acoplados, la mitad superior una cúpula azul verdosa. De súbito ascendió en línea recta, como atraído por una fuerte succión, y la hierba de debajo se enderezó momentáneamente, pero el objeto no dejó rastros visibles en el suelo.

En menos de cinco horas la gendarmería tomó numerosas notas del acontecimiento e informó de sus hallazgos al GEPAN,

---

89. El caso fue presentado en el informe del GEPAN, Note Technique N.º 16, Enquête 81/01, «Analyse d'une trace», 1 de marzo de 1983.

Para saber más sobre el caso de Trans-en-Provence, véase Jean-Jacques Velasco, «Report on the analysis of anomalous physical traces: The 1981 Trans-on-Provence UFO case», p. 27, y Jacques F. Vallée, «Return to Trans-on-Provence», p. 19, en *Journal of Scientific Exploration*, vol. 4, n.º 1, 1990. Los dos artículos pueden verse asimismo en el excelente libro de Peter A. Sturrock, *The UFO enigma: A new review of the physical evidence* (Warner Books, 1999), pp. 257-297.

El trabajo de Vallée es digno de mencionarse: el lugar de Trans-en-Provence donde aterrizó el OVNI en 1981 fue visitado nuevamente en 1988. Las muestras de suelo recogidas en el momento de la primera investigación fueron analizadas en un laboratorio de Estados Unidos, con intención de validar el estudio realizado por el GEPAN/CNES. Los resultados de las entrevistas con el testigo y su esposa y el examen de las muestras tomadas en superficie y bajo la superficie del lugar donde estaban los rastros físicos confirmaron los hallazgos del equipo del CNES y la veracidad de las declaraciones de los testigos.

que envió un equipo de investigadores cuarenta y ocho horas después. Fueron del máximo interés los rastros visibles que quedaron en la vegetación contigua, en particular en unos amarantos, cuyas hojas se desecaron y deshidrataron después del acontecimiento. Los frutos de otras plantas cercanas al lugar donde había estado suspendido el objeto parecían haberse cocido. Los análisis bioquímicos revelaron que estos efectos solo podían haberse debido a un fuerte flujo de calor, procedente sin duda de poderosos campos electromagnéticos, causantes de la deshidratación. Este campo eléctrico habría tenido que ser superior a 200 kV/m al nivel de la planta y pudo haber sido también la causa de que las hojas de la hierba se enderezaran. Investigaciones posteriores revelaron que el fenómeno pudo reproducirse en el laboratorio utilizando campos eléctricos muy intensos.

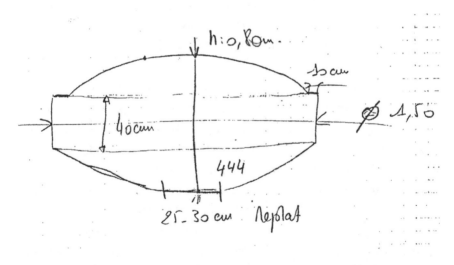

En el «caso Amaranto» intervino un objeto, dibujado aquí por el testigo, que quedó suspendido cerca del suelo. La vegetación se secó, muy probablemente a causa de potentes campos electromagnéticos. © témoin, GEIPAN.

Un psicólogo encargado de analizar la declaración y el perfil psicológico del testigo concluyó su informe aduciendo que su versión no había sido inventada y que el testigo no era ni un fabulador ni un embaucador.

Investigaciones de campo como estas pusieron de manifiesto que la realidad física de los FANIS era un hecho posible, aunque lo cierto es que los casos que proporcionan los resultados más convincentes sobre el tema son los aeronáuticos. A diferencia de los testigos de tierra, los pilotos operan en el marco de misiones de transporte o de seguridad aérea, siguiendo directrices procedentes de centros de control de navegación civiles o militares. Son observadores neutrales y responden a un riguroso entrenamiento cuando se producen avistamientos de FANIS. Las observaciones de fenómenos aéreos extraños no identificados por pilotos civiles y militares en Francia condujeron a la formación de una base de datos de 150 casos de FANIS aeronáuticos, el primero de los cuales se remontaba a 1951. La clasificación en las cuatro categorías reveló que más del 10 por ciento (el 15, exactamente) de los casos de FANIS aeronáuticos pertenece al Tipo D, es decir, casos que no pueden explicarse, a pesar de la precisión de las declaraciones de los testigos y de la buena calidad de los indicios. En la mitad aproximada de estos casos, los pilotos informaron de la presencia de efectos ambientales, como interferencias electromagnéticas en instrumental de a bordo y/o perturbaciones de las comunicaciones radiofónicas con los controladores aéreos, cuando había FANIS cerca.

En enero de 1994 el SEPRA investigó un caso protagonizado por un piloto que resultó ser el más excepcional de cuantos se han documentado en cielo francés. A primeras horas de la tarde del 28 de aquel mes, el comandante Jean-Charles Duboc y la copiloto Valerie Chauffour conducían el vuelo 3532 de Air France, de la línea Niza-Londres, a una velocidad de 350 nudos (unos 650 km/h). La visibilidad era excelente cuando un miembro de la tripulación informó al comandante y a la copiloto de la presencia de un objeto oscuro situado a la izquierda del aparato, que él creía que era un globo sonda. Eran las 13.14 GMT y el sol se encontraba en el cenit. Al principio, Duboc pensó que era una nave inclinada en un ángulo de 45 grados, pero pronto estuvieron todos de acuerdo en que no era un objeto conocido. Calcularon que se encontraba a cincuenta kilómetros y a una altitud de diez kilómetros. Al principio parecía tener forma de campana, pero luego adoptó forma de lente o disco, marrón y ancho, y los testigos se quedaron pasmados ante aquellos cambios de forma. Un minuto después desapareció casi instantáneamente, como si se hubiera vuelto invisible, sin dejar ver ninguna trayectoria de huida. El avistamiento duró aproximadamente un minuto.

El comandante Duboc informó inmediatamente a las autoridades del centro de control de Reims, que no tenía la menor noticia sobre la presencia de aparatos aéreos en el lugar. Se envió un informe al SEPRA, que clasificó el fenómeno como de Tipo C, lo que significaba que no había suficiente documentación para identificarlo. No obstante, Reims llamó a Taverny, al centro de operaciones de la defensa aérea, CODA, y más tarde nos enteramos de algo importante que nos permitió clasificar el acontecimiento como un claro Tipo D: CODA había registrado un eco de radar en su centro de control de Cinq-Mars-la-Pile que coincidía en tiempo y lugar con la observación de la tripulación del vuelo 3532 de Air France. El objeto desapareció de la pantalla del radar y de la vista de la tripulación *en el mismo instante*. Las averiguaciones del CODA descartaron la posibilidad de que fuera un globo sonda. Como se conocía la distancia exacta de la convergencia de las dos trayectorias, los expertos calcularon que el FANI tenía unos 230 metros de longitud.

Un destacado investigador francés independiente, Dominique Weinstein[90], hizo una importante contribución a los estu-

---

90. Dominique Weinstein, «Unidentified aerial phenomena: eighty years of pilot sightings — Catalog of military, airliner, private pilots' sightings from 1916 to 2000», febrero de 2001, 6.ª edición. *[Nota del traductor: no es libro ni un artículo de revista, sino un documento publicado en Internet en inglés:* http://www.ufoevidence.org/newsite/files/WeinsteinPilotCatalog.pdf*].*

dios de casos aéreos, catalogando 1.305 casos de avistamientos de FANIS y OVNIS protagonizados por pilotos —casos de los que hay suficientes datos para categorizar los FANIS como desconocidos-, recogidos de fuentes oficiales, incluido el material que tomé yo del CNES/SEPRA. Los resultados que siguen son interesantes: 606 casos (36,7 por ciento) son avistamientos de pilotos militares y tripulaciones; 444 casos (26,9 por ciento) son avistamientos de pilotos civiles; y 196 casos (11,8 por ciento) son avistamientos de pilotos privados. En 200 casos (12,1 por ciento) la observación visual fue confirmada por radar de a bordo o de tierra. Y en 57 casos (3,45 por ciento) los pilotos advirtieron efectos electromagnéticos y perturbaciones en uno o más sistemas de transmisión del aparato.

En combinación con el radar, podemos trazarnos una clara imagen de la fisicidad de las maniobras de los OVNIS en el espacio aéreo. Los análisis de ciertas características y maniobras de estos objetos evidencian comportamientos que no tienen nada que ver con fenómenos naturales ni con operaciones realizadas por aviones o máquinas aeronáuticas y espaciales.

Un punto crucial que he observado, y que aparece en el estudio de Weinstein, es que el comportamiento de un OVNI suele depender de si el encuentro se produce con un avión militar o con un avión civil de pasajeros. Cuando los que están en escena son aviones de líneas comerciales o privados, la regla general parece que es la neutralidad, mientras que suele haber interacción activa entre los OVNIS y los aviones militares. Los pilotos militares suelen describir los movimientos de los OVNIS como ellos describirían maniobras de aviones convencionales, utilizando expresiones como seguimiento, huida, curva cerrada, en formación, peligro de colisión y combate aéreo. En el catálogo Weinstein hay veintidós casos militares con peligro de colisión y seis informaron de «refriegas», o de maniobras de combate, entre los OVNIS y los aparatos militares. Mi conclusión es que estos incidentes ponen claramente de manifiesto que no estamos ante acontecimientos naturales, sino que los

OVNIS son fenómenos con un comportamiento intencionado. Se ha demostrado la naturaleza física de los OVNIS. Algunos además manifiestan *control inteligente* cuando interaccionan con aviones militares.

Me gustaría proponer una fascinante hipótesis que para mí, personalmente, es importante. Ha requerido de mi parte, cierta investigación que sale de Francia y se adentra en Estados Unidos. Creo que hay una conexión entre poder nuclear estratégico, la bomba atómica, y la presencia en el cielo de objetos artificiales no identificados. Me lo sugieren datos recogidos durante decenios. Podría ser parte de la respuesta a la pregunta de por qué los OVNIS han estado presentes en nuestro entorno.

Encuentro muy interesante que la Fuerza Aérea estadounidense propusiera durante la Guerra Fría esta asociación entre sitios estratégicos secretos y los sobrevuelos de «discos volantes». La inteligencia de la aviación militar señaló que muchos avistamientos se producían en el cielo de «instalaciones secretas». Según un documento, el 16 de febrero de 1949 se celebró una reunión en Los Álamos, Nuevo México, en el que participó Edward Teller, «el padre de la bomba H». El comandante Richard Mandelkorn, de la Marina estadounidense, escribió en su informe sobre la reunión que «hay motivos para preocuparse por la repetición de fenómenos inexplicables de esta naturaleza en las proximidades de instalaciones secretas»[91]. Casi lo mismo afirmaba un comunicado interno de la inteligencia del ejército de tierra, escrito un mes antes, que bosquejaba diferentes teorías para estos «fenómenos extraordinarios»: «Se cree que estos incidentes son de gran importancia, especialmente porque ocurren en las proximidades de

---

91. Richard Mandelkorn, commander, U.S. Navy, «Report of trip to Los Alamos, New Mexico, 16 february 1949», Subject: Project Grudge, february 18, 1949, p. 4. Project Blue Book file.

instalaciones secretas»[92]. El 28 de abril de 1949, el doctor Joseph Kaplan, miembro del Comité Asesor Científico de la Fuerza Aérea, recomendaba una investigación científica de los «fenómenos aéreos no identificados» que se habían observado y subrayaba que «era de extrema importancia», porque «estos episodios están relacionados con la defensa nacional de Estados Unidos»[93].

Estos documentos históricos nos permiten comprender el origen de la conexión entre OVNIS y bases nucleares y entender que este problema fuera tomado muy en serio por las autoridades militares y gubernamentales. Lo más explícito formaba parte de un informe de George E. Valley, físico del MIT, experto en radiación y miembro del Comité Asesor Científico de la Fuerza Aérea, que se envió en 1949 al Proyecto Sign de la Fuerza Aérea. Valley descartaba todas las presunciones relativas a fenómenos naturales y artificiales conocidos y avanzaba la hipótesis de que eran objetos extraterrestres, hablando concretamente de «naves espaciales». Afirmaba que cualquier «civilización extraterrestre» que construyera aquellos objetos tenía que estar mucho más desarrollada que la nuestra. Y añadía:

Una civilización así podría observar que en la Tierra tenemos ya bombas atómicas y que estamos construyendo cohetes a toda velocidad. En vista de la pasada historia de la humanidad, deben de estar alarmados. En consecuencia, deberíamos esperar en cualquier momento la llegada de visitantes.

Puesto que los actos humanos que pueden verse mejor a distancia son las explosiones atómicas, es muy posible que haya alguna relación entre el momento de las explosiones

---

92. Nota del Cuartel General del Cuarto Ejército al Director de Inteligencia, «Unconventional aircraft (control N.º A-1917)», por el coronel Eutis L. Poland. www.project1947.com/gfb/poland.htm.

93. Informe tocante a una conferencia celebrada el 27 y 28 de abril de 1949, en la base aérea de Kirtland, sobre fenómenos aéreos no identificados, para el director de investigaciones especiales, USAF, Washington D.C.

atómicas, el momento en que empezaron a verse naves espaciales y el tiempo que tales naves necesitan para venir y volver a su lugar de origen[94].

Conocemos el número de explosiones producidas en todo el mundo y el de las pruebas efectuadas tanto en la atmósfera hasta 1963 como bajo tierra entre 1958 y 1998, desde la primera en el desierto de Nuevo México en 1945 hasta la más reciente, en la India, en 1998, y sabemos que suman en total algo más de 2.400 (543 pruebas atmosféricas y 1.876 explosiones subterráneas). Si comparamos las pruebas nucleares con los 150 casos de OVNIS detectados visualmente y por radar desde 1947, advertiremos que las curvas se superponen casi exactamente en el tiempo y que coinciden, sin que entre el número de las explosiones y una de las apariciones de OVNIS haya más margen de diferencia que unos meses. Esta similitud entre las dos curvas sugeriría que la demostrada presencia de OVNIS está relacionada con la actividad nuclear estratégica en el mundo. Baso mi hipótesis en mis estudios de documentos oficiales, de lugares y zonas de avistamientos de OVNIS, y de observaciones realizadas por civiles y militares que ocupan puestos de gran responsabilidad y han estado implicados en programas secretos. Ha habido muchos casos de OVNIS que han aparecido encima o en los alrededores de comandancias aéreas estratégicas y otras bases militares de Estados Unidos, sobre todo los documentados durante los años sesenta.

En realidad, las apariciones de «bolas de fuego verde» y de «discos volantes» se produjeron en lugares secretos de Estados Unidos, como Los Álamos, Albuquerque, la base aérea de Kirtland, Alamogordo y la base aérea de Hanford. Los perímetros de Oak Ridge, Hanford y Knoxville, donde se fabricaban materiales destinados a

---

94. George E. Valley, «Some considerations affecting the interpretation of reports of Unidentified Flying Objects», informe para el Proyecto Sign, Fuerza Aérea de Estados Unidos, originalmente clasificado «Secreto»

bombas nucleares, también fueron sobrevolados. Y hay otros casos documentados: bases áreas de Great Falls y Malmstrom (Montana); Fairchild (Washington); bases aéreas de Kincheloe, Wurtsmith y Sawyer (Michigan); Plattsburg (Nueva York); base de Loring (Maine); y base de Pease (New Hampshire)[95]. Puede que si hay en realidad alguna clase de vigilancia, se manifieste con más energía cuando hay una crisis nuclear en el planeta. El 16 de marzo de 1967, cerca de veinte misiles nucleares de la base aérea de Malmstrom (Montana) se desactivaron repentinamente mientras hubo OVNIS en los alrededores.

Algo muy extraordinario ocurrió igualmente un año antes en la base de Minot (Dakota del Norte). La tarde del 24 de octubre de 1966, el sistema de misiles Minuteman sufrió un fallo mientras unos OVNIS eran observados desde tierra y durante más de tres horas por múltiples testigos situados en tres silos separados, y dos objetos fueron detectados por radar. Cuando los OVNIS se acercaron a los silos, los parásitos interfirieron en las comunicaciones y transmisiones por radio entre diversas instalaciones que seguían los acontecimientos.

A las 4.49 de la tarde, las alarmas exteriores e interiores del silo de misiles Oscar 7 se activaron en el puesto de control situado a dieciséis kilómetros de distancia. Un equipo de seguridad partió hacia el lugar y descubrió que no solo estaba abierta la valla, sino también la puerta horizontal que cerraba el silo. Esta puerta, de hormigón armado, pesaba cerca de veinte toneladas y no había huellas de neumáticos ni ningún otro indicio de que se hubiera acercado nadie al lugar.

Este caso puso sobre la mesa algunos temas muy serios en relación con la naturaleza del fenómeno responsable: el eco de los radares de a bordo y en tierra; el fallo de las transmisiones de UHF;

---

95. Larry Hatch, Nuclear Connection Project (1998); para ver más detalles sobre estos y otros incidentes, consúltese además el libro de Robert Hastings, *UFOs and nukes: extraordinary encounters at nuclear weapons sites* (AuthorHouse, 2008). *[Nota del traductor: el listado de Larry Hatch es una página web:* http://www.nicap.org/ncp/ncp-hatch1.htm*]*.

la observación simultánea en tierra y desde el aire de una inmensa bola luminosa que permaneció estacionaria sobre la zona Oscar 7; la activación de las alarmas; y la apertura de la puerta de veinte toneladas que protegía el silo. Los principales testigos del incidente fueron localizados y entrevistados años después, confirmando los acontecimientos. El jefe de operaciones de la base de Minot remitió un informe detallado, que fue hecho público con los expedientes del Proyecto Libro Azul de la Fuerza Aérea estadounidense.

A diferencia del caso de Teherán de 1976, en que las autoridades militares iraníes no supieron cómo reaccionar ante la presencia de los OVNIS, la Fuerza Aérea estadounidense supo que no había que emplear la fuerza encima de un silo de misiles Minuteman, sino que había que mantener la máxima neutralidad posible en una situación de esta clase.

A mí me fascina la posible correlación entre la actividad nuclear, la situación de los depósitos de armas nucleares y la presencia de OVNIS. Podemos ver en un gráfico la relación entre explosiones atómicas y avistamientos/detecciones por radar, si nos fijamos en el parecido de las dos curvas. No podemos estar seguros del motivo, pero es posible que los OVNIS estén «vigilando» y que su actividad aumente durante los períodos de peligrosa actividad nuclear en el planeta.

Tras haber pasado muchos años estudiando los casos inexplicados más importantes, creo que hemos acabando sabiendo algo sobre los OVNIS. Parecen objetos artificiales y controlados cuyas características físicas pueden medirse con nuestros sistemas detectores, en particular con radar. Se rigen por una física que es muy superior y está más evolucionada que la que tenemos en los países tecnológicamente más avanzados, como ponen de manifiesto los vuelos silenciosos y estacionarios, las aceleraciones y velocidades que contradicen las leyes de la inercia, los efectos en los sistemas electrónicos de navegación o transmisión de los aviones y los bloqueos eléctricos. El radar ha puesto en evidencia estos comportamientos. Cuando intervienen aviones militares, los objetos son capaces de prever y neutralizar las maniobras de los pilotos que cumplen misiones de seguridad y defensa y algunos casos notables revelan la capacidad de los OVNIS para entender, al menos en apariencia, una situación particular o para prever intenciones de huida o neutralización militar. El fenómeno OVNI está definitivamente relacionado con algo controlado e inteligente.

La única especulación que me permito en relación con los OVNIS es que si son sondas artificiales, no pueden ser de origen terrestre y en consecuencia tienen que venir de otra parte. Si hay civilizaciones extraterrestres y tienen capacidad para llegar hasta nosotros, es posible que su intención sea vigilarnos porque les preocupe nuestro comportamiento.

15
Los OVNIS y el problema de la seguridad nacional

ientras la agencia francesa dirigida por Velasco se centraba en el estudio científico de la presencia OVNI como un programa integrado en el Centro Espacial Nacional durante los años setenta, ochenta y noventa, el Gobierno estadounidense no hacía absolutamente nada en relación con los avistamientos que tenían lugar al otro lado del Atlántico, al margen de quién informara de ellos o qué efecto tuvieran en la aviación o las instalaciones militares. Desde la conclusión del Proyecto Libro Azul, parece que la política pública de Estados Unidos era negar todo interés por los OVNIS, incluso si eso equivalía a escurrir el bulto o a torcer un poco la verdad de vez en cuando. Saltaba a la vista que, a pesar de los datos extraordinarios recogidos en Francia y otros lugares del mundo, el Gobierno norteamericano esperaba que todos los estadounidenses olvidaran sin más la existencia de los OVNIS.

Las declaraciones de la Fuerza Aérea a raíz del cierre del Proyecto Libro Azul proporcionaron a los negadores de los OVNIS argumentos que todavía se utilizan, lo cual revela que nada ha cambiado en Estados Unidos en el medio siglo transcurrido. Cuando se le pregunta por los OVNIS, la Fuerza Aérea sigue respondiendo básicamente con la misma carta formularia —irónicamente llamada «hoja informativa»— que empezó a utilizar cuando se clausuró el Libro Azul. Alegando que las investigaciones sobre los OVNIS se han suspendido, la respuesta ofrece tres puntos, exactamente los mismos que dio la Fuerza Aérea en su comunicado de prensa de 1969 para anunciar el cierre del Libro Azul. Declaraba entonces, como declara hoy, que el Gobierno estadounidense ya no investiga los OVNIS por las siguientes razones:

- Ningún OVNI detectado, investigado y evaluado por la Fuerza Aérea ha presentado nunca el menor indicio de ser una amenaza para nuestra seguridad nacional.
- No ha habido ningún indicio comunicado o descubierto por la Fuerza Aérea de que los objetos avistados y categorizados como «no identificados» representen avances o principios tecnológicos que excedan el ámbito del conocimiento científico actual.
- No ha habido ningún indicio que señale que los objetos avistados y categorizados como «no identificados» sean vehículos extraterrestres[96].

¿Nos daba realmente esta «hoja informativa» toda la información disponible en la época y es aplicable a la actualidad? A diferencia de otras agencias gubernamentales que aparecen representadas en este libro, un vistazo entre bastidores para ver cómo se comportaba realmente el Gobierno estadounidense en relación con el tema

96. Hoja Informativa de la Fuerza Aérea, «Unidentified Flying Objects and Air Force Project Blue Book», puede consultarse en http://www.af.mil/information/factsheets/factsheet.asp?fsID=188. El Comunicado de Prensa n.º 1077-69 de 17 de diciembre de 1969, «Air Force to Terminate Project Blue Book», fue publicado por la Oficina del Subsecretario de Defensa (Asuntos Públicos), Washington D.C.-20301. Véase htttp://www.dod.gov/pubs/foi/ufo/asdpa1.pdf.

OVNI desde el cierre del Libro Azul —a pesar de su posiciona-miento público— revela una continua duplicidad oficial y deja sin responder muchas preguntas sobre qué estaba sucediendo en rea-lidad.

Si analizamos la hoja informativa, vemos que el segundo punto puede ser cuestionado por estudios de casos bien documentados de la época y por muchos otros que se han producido desde entonces, como los del general Parvis Jafari y el teniente coronel Óscar Santa María Huertas. El doctor James Harder, catedrático de ingeniería civil de la Universidad de California, declaró a la Comisión Parla-mentaria para Ciencia y Astronáutica en su audiencia de 1968[97]: «Basándonos en los datos y en los análisis convencionales de las pruebas, tal como se presentarían ante un tribunal civil o criminal, la realidad física de los OVNIS está demostrada más allá de cual-quier duda razonable». Los OVNIS han puesto de manifiesto «se-cretos científicos que no conocemos»[98]. La cuestión del origen extraterrestre, el tercer punto, sigue siendo una hipótesis no de-mostrada, pero en la época había ya indicios suficientes para poner la posibilidad sobre la mesa y desde luego ninguna justificación para tacharla de un plumazo. El primer punto, la afirmación de que los OVNIS no han representado nunca una amenaza para la segu-ridad nacional, es, sin embargo, el más importante para cualquier Gobierno, porque exime a las agencias encargadas de la defensa nacional de toda responsabilidad por no prestar atención a los ob-jetos no identificados que haya en el cielo.

Ahora bien, este primer punto es sencillamente falso. ¿Ningún OVNI, ni siquiera uno, ha causado nunca impacto en la seguridad

97. Es la misma audiencia que se comentó en el capítulo 11 en relación con el testi-monio de James E. McDonald y que se celebró poco antes de que publicara el informe Condon y se clausurase el Proyecto Libro Azul.

98. Hearings before the Committee on Science and Astronautics, U.S. House of Representatives, Ninetieth Congress, «Symposium on Unidentified Flying Objects», 29 de julio de 1968 (U.S. Government Printing Office, Washington, 1968), pp. 121-124.

nacional? Puede que la palabra «amenaza» sea demasiado fuerte y es posible que fuera la elección de esa palabra concreta, pronunciada por el general Samford en su conferencia de prensa de 1952[99], la que permitió a la Fuerza Aérea salir adelante con la declaración de que ningún OVNI había dado nunca el menor *indicio* de amenaza para la seguridad nacional. Todavía no se ha visto que ningún OVNI adopte una actitud hostil o agresiva. Pero es indudable que en los años que precedieron a esta afirmación los OVNIS habían preocupado a la defensa o la seguridad nacionales, causando alarma e impacto en nuestra capacidad defensiva durante la Guerra Fría.

A pesar del esfuerzo del Comité Robertson por reducir el interés público por los OVNIS por razones de seguridad nacional, el vicealmirante Roscoe Hillenkoetter, primer director de la CIA, que estuvo en el cargo hasta 1950, no estaba de acuerdo con la postura adoptada por la CIA en 1953, cuando aconsejaba ridiculizar el tema OVNI en la palestra pública. En 1960 publicó una declaración, reproducida por el *New York Times*. «Ya es hora de que la verdad reluzca en sesiones parlamentarias abiertas», dijo. «Militares de alta graduación de la Fuerza Aérea están seriamente preocupados por los OVNIS entre bambalinas. Pero entre el secreto oficial y el ridículo, muchos ciudadanos son inducidos a creer que los objetos voladores desconocidos son una quimera. La Fuerza Aérea ha silenciado a su personal para ocultar los hechos». El artículo, distribuido por United Press International, empezaba del siguiente modo:

> Según se ha sabido hoy, la Fuerza Aérea ha enviado a sus mandos un aviso para que traten los avistamientos de objetos voladores no identificados como «asunto serio», directamente relacionado con la defensa de la nación. Un portavoz de la Fuerza Aérea confirmó la distribución de la directriz tras ha-

---

99. Véase el capítulo 11 para repasar los detalles de la conferencia de prensa de Samford. Afirmó que el porcentaje de informes sobre OVNIS que resultaban creíbles no representaba «ninguna amenaza imaginable para Estados Unidos».

berse hechos públicos algunos pasajes por un grupo privado pro «platillo volante». Las nuevas instrucciones fueron publicadas el 24 de diciembre por el inspector general de la Fuerza Aérea. Dichas instrucciones, que corregían otras publicadas anteriormente, bosquejaban procedimientos y afirmaban que «las investigaciones y análisis de los OVNIS están directamente relacionados con la responsabilidad de la Fuerza Aérea con la defensa de Estados Unidos»[100].

Aquel mismo año, el diputado Leonard G. Wolf presentó para que figurasen en las Actas del Congreso un «aviso urgente» del vicealmirante Hillenkoetter en el que se declaraba que «hay ciertos peligros relacionados con los objetos voladores no identificados», sobre todo porque los OVNIS podrían causar una guerra accidental si se confundían con armas soviéticas. Señalaba que el general L.M. Chassin, coordinador de la OTAN de los Servicios Aéreos Aliados, advertía que podía producirse una tragedia global. «Si seguimos negándonos a reconocer la existencia de los OVNIS, uno de estos días terminaremos por confundirlos con misiles guiados de un enemigo, y entonces nos sucederá lo peor», dijo. Basándose en un estudio realizado durante tres años por la conocida Comisión de Investigación Nacional sobre Fenómenos Aéreos (NICAP), con la que Hillenkoetter estaba relacionado, el diputado Wolf afirmó que todo el personal de defensa «debería ser informado de que los OVNIS son reales y adiestrado para distinguirlos —por su velocidad y maniobras características— de los aviones y misiles convencionales [...] Hay que convencer al pueblo americano, con hechos documentados, de que los OVNIS no pueden ser máquinas soviéticas»[101].

---

100. UPI, «Air Force order on "saucers" cited; pamphlet by the Inspector General called objects a "serious business"», *New York Times*, 28 de febrero de 1960.

101. Informe del señor Leonard G. Wolf, diputado por Iowa, en la Cámara de Diputados, 31 de agosto de 1960. Incluido en las Actas del Congreso, p. 18955.

Tiempo después cundió otra clase de preocupación por la seguridad nacional que no implicaba a los rusos, aunque afectaba a la seguridad de nuestras bases militares. Dos años antes de que la Fuerza Aérea declarase públicamente que los OVNIS no representaban una amenaza para la seguridad nacional, se había producido un acontecimiento que en opinión de algunos exmilitares contradecía espectacularmente aquella conclusión, aunque sigue sin poder determinarse si hubo alguna intención —una acción dirigida o decicida— por parte del OVNI implicado.

La mañana del 24 de marzo de 1967, el teniente Robert Salas, de la Fuerza Aérea, oficial de lanzamiento de misiles, recibió una llamada de un asustado guardia de seguridad que informaba de la presencia de un objeto oval y de un rojo brillante, suspendido encima del Centro de Control de Lanzamiento Oscar Flight, de la Base Aérea de Malmstrom, Montana. Salas, que poseía una habilitación de seguridad «por encima del máximo secreto», estaba destinado allí en un equipo encargado de los silos y responsable de desplegar los misiles de cabeza nuclear en caso de guerra. Salas despertó inmediatamente al jefe del grupo, el teniente Fred Meiwald, que estaba dando una cabezada, aprovechando un descanso. Menos de un minuto después de recibirse la llamada, los misiles, uno tras otro, se desconectaron.

«Estuvieron inservibles mientras el OVNI estuvo sobre nosotros», dice Salas. «Quiero decir que quedaron inutilizados, imposibles de lanzar». Había diez misiles en Oscar Flight y Salas recuerda haberlos perdido todos. Estaban en silos individuales, a kilómetro y medio uno de otro, con reserva de energía independiente. Una semana antes, la mañana del 16 de marzo, habían aparecido OVNIS en Echo Flight, a cincuenta y cinco kilómetros de Oscar Flight, y también se habían desconectado los misiles de allí. En total, se inutilizaron veinte misiles en una semana.

Un télex de la Fuerza Aérea anteriormente clasificado afirma que «los diez misiles de Echo Flight en Malsmstrom perdieron *alert strat* [alerta estratégica] en menos de diez segundos [...] Que no pueda identificarse en el acto ninguna razón palpable para el fallo de diez misiles es causa de grave preocupación en esta jefatura»[102]. Salas supo años después, por unos ingenieros de Boeing, que los técnicos investigaron todas las posibles causas del fallo de los misiles, pero que no pudieron encontrar ninguna explicación definitiva de lo ocurrido. En la época se sugirió que la causa más probable era alguna vibración electromagnética directamente en contacto con el equipo[103]. Fuera cual fuese la fuerza implicada, para causar el daño tuvo que meterse dieciocho metros bajo tierra.

En 1995, cuando el teniente quiso acceder a los expedientes del Gobierno sobre el incidente, la Fuerza Aérea le envió la reedición de su declaración pública de 1969 —la «hoja informativa» de nuestros días—, en la que se afirmaba que ningún OVNI había dado nunca el menor indicio de amenaza para nuestra seguridad nacional, con una carta que aseguraba que la declaración seguía siendo válida. Dada su experiencia, y habiendo sido confirmado posteriormente por otros testigos el incidente de Malmstronm de 1967, Salas disiente de esta valoración de la seguridad nacional. «Es sencillamente inexacta», dice. «Si tenemos en cuenta que el incidente con el OVNI supuso el fallo de veinte misiles durante la Guerra Fría y la guerra de Vietnam, yo diría que fue una amenaza para la seguridad nacional. La Fuerza Aérea no nos dice la verdad». Salas no es el único exoficial de la Fuerza Aérea que adopta esta postura. Otros —personal de misiles, policía de seguridad, operadores de radar y pilotos— han hecho declaraciones parecidas[104].

---

102. Cuartel general de SAC a Área de Material Aéreo de Ogden (OOAMA), base aérea de Hill, Utah, «Loss of strategic alert, Echo Flight, Malmstrom AFB», 17 de marzo de 1967. Clasificado secreto inicialmente. El documento se reproduce en la p. 108 de Robert Salas y James Klotz, *Faded giant* (edición de autor, 2004), un libro con información útil sobre el caso de Malmstrom y otros incidentes de OVNIS relacionados con misiles desde los años sesenta. Para ver más detalles sobre estos casos, consúltese Robert Hastings, *UFO and nukes: extraordinary encounters at nuclear weapons sites* (AuthorHouse, 2008).

103. Salas, op. cit., p. 29.

104. Hastings, op. cit.

Podemos concluir diciendo que la declaración que hizo la Fuerza Aérea para justificar el cierre del Proyecto Libro Azul se basó en falsedades sobre temas que entonces eran de gran importancia para el pueblo americano. Negar la imagen real de los OVNIS era en sí mismo peligroso. Y no tiene sentido. ¿De veras decidieron los militares estadounidenses dar la espalda a los OVNIS en 1969, cuando se estaban produciendo avistamientos que afectaban a las bases aéreas? Parece inconcebible. Habría sido muy irresponsable, un incumplimiento del deber. Lo más probable es que nuestro Gobierno desinformara a la población para apartar a los OVNIS de la atención pública. La creciente demanda pública de respuestas que la Fuerza Aérea no podía dar a fines de los años sesenta era abrumadora y la estrategia de la CIA, «reeducación y desacreditación», no había bastado para solucionar el problema. Puede que las autoridades competentes quisieran disipar el miedo a cualquier posible peligro asociado a los OVNIS, puesto que, de todos modos, era poco lo que podían hacer ellas al respecto. Pero parecía muy improbable que todas las investigaciones oficiales sobre los OVNIS se abandonaran como si tal cosa.

Hoy ya no especulamos sobre este asunto, gracias a un explosivo documento del Gobierno, antaño clasificado y luego hecho público, gracias a la Ley de Libertad de Información. Publicado en secreto dos meses antes del anuncio de la Fuerza Aérea de 1969, en el sentido de que iban a acabarse las investigaciones gubernamentales sobre los OVNIS, el documento revela que, en realidad, los OVNIS se consideraban un tema de seguridad nacional y seguirían tratándose como tal. El «comunicado Bolender», como ha acabado por conocerse aquel documento de octubre de 1969, ilustra la duplicidad del Gobierno a propósito de la postura pública que adoptaba en relación con los OVNIS.

La finalidad del comunicado que envió el general de brigada de la Fuerza Aérea Carroll H. Bolander, piloto de combate nocturno durante la Segunda Guerra Mundial y más tarde director de la misión Apollo de la NASA, era acabar oficialmente con el

Proyecto Libro Azul. Bolander señalaba de ese modo que ya estaban en curso las normas a través de las cuales se hacen «informes sobre objetos voladores no identificados que podrían afectar a la seguridad nacional», informes que «no forman parte del sistema Libro Azul». Esto sugiere que incluso antes de cerrar el Libro Azul ya se estaban canalizando por otros conductos los informes más confidenciales. Y proseguía diciendo que «la función defensiva podría llevarse a cabo dentro del marco establecido para las operaciones de inteligencia y vigilancia sin la continuación de una unidad especial como el Proyecto Libro Azul». Y más adelante:

> La conclusión del Proyecto Libro Azul no dejaría ninguna agencia oficial de alcance nacional para recibir informes de OVNIS. Sin embargo, como ya se ha dicho, los informes de OVNIS que pudieran afectar a la seguridad nacional seguirían tramitándose por los procedimientos habituales de la Fuerza Aérea, establecidos para este fin. Es de creer que los departamentos de policía locales se encargarán de responder a los informes que entren dentro de su competencia[105].

En otras palabras, los militares no necesitaban realmente el Libro Azul —que en cualquier caso era una simple operación de relaciones públicas— para seguir tratando el tema OVNI. No obstante, seguirían realizando, lejos de la mirada pública, las necesarias investigaciones sobre casos, y dirían a la población que en ningún momento había habido indicios de amenaza contra la seguridad nacional por parte de ningún OVNI. En el comunicado de Bolender, desconocido por la mayoría de los americanos de entonces y probablemente también por la mayoría de los militares y los fun-

---

105. C.H. Bolender, gral. brig. USAF, comunicado sobre «Unidentified Flying Objects (UFO)», 20 de octubre de 1969. Obtenido gracias a la Ley de Libertad de Información por Robert Todd en 1979, http://www.nicap.org/directives/Bolender_Memo.pdf.

cionarios de la Administración, quedan claros tres puntos que nos dicen cuál era la postura real del Gobierno:

- Los OVNIS pueden afectar a la seguridad nacional.
- Podría necesitarse una «función defensiva» para responder a los OVNIS.
- Se «tramitan» informes que afectan a la seguridad nacional, al margen del Proyecto Libro Azul.

No sabemos en qué medida los oficiales de menor graduación que trabajaban en el Proyecto Libro Azul, o el doctor J. Allen Hynek, el científico más importante del proyecto, sabían que algunos informes sobre OVNIS se estaban presentando e investigando en otra parte. El doctor Condon, mientras preparaba en la Universidad de Colorado la publicación de su estudio, creía que tenía acceso a todos los datos sobre OVNIS de los archivos del Gobierno y que no se le ocultaba nada. Parece que hay que poner en duda esta suposición. Aunque algunos directores del Libro Azul tenían una alta habilitación de seguridad, es posible que algunos casos de seguridad nacional nunca llegaran a sus escritorios.

Sabemos que tras el cierre del Libro Azul el Gobierno estadounidense siguió haciendo algunas investigaciones sobre OVNIS a través de diversos organismos. A pesar de las afirmaciones del Gobierno en sentido contrario, el hecho ha sido puesto de manifiesto por documentos oficiales publicados gracias a la Ley de Libertad de Información. Dos ejemplos irrefutables son los casos de Irán y Perú, en que hubo intentos de abatir a tiros a los OVNIS implicados, según contaron más arriba el general Parviz Jafari y el teniente coronel Óscar Santa María. Los funcionarios del Gobierno estadounidense se interesaron por ambos casos y presentaron informes secretos sobre ellos en la época: informes que revelaban que tomaban en serio los casos, pero que no querían que se conociera su interés.

Más o menos por entonces, en 1975, personal de Estados Unidos seguía contendiendo con la delicada actividad OVNI cerca de las bases áreas de la costa occidental del país. La Fuerza Aérea mandó reactores militares a Montana para perseguir múltiples objetos desconocidos, tal como se detalla en el diario oficial del director principal de la 24ª región del NORAD (Mando Norteamericano de la Defensa Aérea). El 8 de noviembre de 1975, el diario informa de la aparición de entre dos y siete OVNIS, un «objeto grande entre rojo, naranja y amarillo», con pequeñas luces, y otro con luces blancas y rojas. «Conversación sobre los OVNIS. Aconsejo despegue, pero que tengan cuidado y doy instrucciones pilotos, FAA», dice el documento. Dos F-106 trataron de acercarse, pero cuando se aproximaban, las luces del objeto se apagaron y solo volvieron a encenderse cuando los reactores de combate se alejaron. Finalmente, el objeto salió disparado hacia arriba a «alta velocidad» y «ya no se puede distinguir de las estrellas», informa el diario del NORAD[106].

Este informe tiene interesantes similitudes con otros casos en que los OVNIS parecen «reaccionar» ante los reactores de la Fuerza Aérea que se aproximan. Aquí, según el NORAD, las luces se apagaron cuando los aviones estuvieron cerca y los pilotos ya no pudieron ver el OVNI. Cuando se retiraron, las luces se encendieron. Parece, una vez más, que una especie de inteligencia respondía e ideaba medios de «escape».

Los militares estadounidenses informaron de todo esto entre ellos, pero lo ocultaron al público americano. Y había más. El día siguiente el diario registra el avistamiento de un «objeto discoidal blanco anaranjado» que da lugar a una orden para que un «equipo móvil de seguridad» investigue. El 12 de noviembre se vieron otros

---

106. 24th NORAD Region Senior Director's Log, noviembre de 1975; NORAD Command Director's Log, noviembre 1975.

dos; uno «pareció proyectar en el suelo un haz de luz intermitente» y luego desapareció.

A diferencia de los informes completos que tenemos sobre la persecución aérea de OVNIS por reactores de combate armados en Irán, Perú y Bélgica, las abreviadas anotaciones del diario del NORAD no revelan lo que ocurrió en la misión de los reactores de la Fuerza Aérea que despegaron. ¿Dispararon los pilotos a los OVNIS si estuvieron suficientemente cerca y en condiciones de hacerlo? ¿Pensaron si los objetos eran una amenaza potencial para la seguridad nacional? ¿Qué reacciones pudo haber provocado en los objetos la agresión de la Fuerza Aérea? Los informes del Departamento de Defensa afirman que aviones de combate persiguieron a los OVNIS cuando estos quedaron suspendidos sobre tres silos de lanzamiento de misiles nucleares supersecretos, también en 1975, según el *Washington Post*. «Objetos no identificados elusivos y de vuelo bajo visitaron una serie de bases de bombarderos y silos de lanzamiento de misiles nucleares supersecretos», informó el *Post*[107]. El radar detectó su presencia sobre instalaciones de Montana, Michigan y Maine. Los objetos permanecían suspendidos en el aire, en algunos casos a tres metros del suelo. «En varios casos, después de haber cruzado los límites de seguridad de la base, la Fuerza Aérea mandó despegar aviones de combate y aparatos con mandos aerotransportados para emprender una persecución que resultó infructuosa. *Los registros no indican si los cazas dispararon a los intrusos*», prosigue el *Post* (la cursiva es mía).

Pero sí dicen que, durante las persecuciones, los intentos de «detener» los objetos también resultaron infructuosos. ¿Detener? No deja de ser curioso; ¿cómo habrían detenido uno los militares? Lo más probable es que la única forma de detener un aparato así sea inutilizarlo materialmente o abatirlo. La informa-

---

107. Ward Sinclair y Art Harris, «UFOs visited U.S. bases, reports say», *Washington Post*, 1979.

ción del *Post* sugiere que la Fuerza Aérea tal vez intentara exactamente eso, pero no lo sabemos y todavía no hemos sido capaces de averiguarlo.

En cambio, sabemos mucho sobre lo que ocurrió en 1976 en el cielo de Teherán y sobre el incidente de Perú, entre otras cosas porque el Gobierno estadounidense se interesó por ambos casos y las agencias de inteligencia presentaron informes. Cabe suponer que los casos de Jafari y Santa María despertaron un interés especial, pero no solo porque los pilotos emprendieron acciones militares contra los OVNIS, sino también porque estos interaccionaron con aquellos. En ambos casos hubo un toma y daca de acciones y respuestas durante un período, una especie de comunicación entre un humano vulnerable en un avión pequeño y una desconocida máquina voladora de alta tecnología. Ningún piloto sabía de dónde venía ni por qué estaba allí. Pero los dos, durante la larga escaramuza, pudieron ver el objeto de muy cerca.

El aspecto de la seguridad nacional salta a la vista, aunque quizá fuera más exacto hablar de seguridad global. En sus tentativas por abatir el OVNI, ninguno de los dos pilotos tuvo éxito, pero por diferentes motivos. Santa María, en un primer ataque, acribilló el objeto con una ráfaga de proyectiles, que no surtieron el menor efecto, pero en los ataques siguientes el objeto ascendió en vertical a una velocidad enorme y eludió los siguientes disparos. En el caso de Jafari, el mecanismo disparador no funcionó cuantas veces quiso lanzarle sus proyectiles. Los dos OVNIS pusieron de manifiesto una capacidad asombrosa y siniestra: esquivaron repetidamente el ataque *en el último segundo*, cuando los pilotos tenían ya fijado el blanco y estaban a punto de disparar, como si de algún modo «supieran» o detectaran el instante exacto en que los pilotos iban a apretar el botón. Estas huidas en el último segundo parecen demasiado cronometradas y se repitieron demasiadas veces para tratarse de una casualidad. Los dos casos figuran entre los mejores ejemplos conocidos de que los OVNIS obedecen a alguna clase de *control inteligente*. A pesar de la distancia que había entre ellos, los objetos parecían responder con una precisión asombrosa a las acciones de los aviones con los que estaban enzarzados en combate. Ninguno de los OVNIS replicó ni dañó los aviones, a pesar de sus agresivas maniobras. Es lógico suponer que nuestro Gobierno ha estado interesado por estos notables acontecimientos, a pesar de sus afirmaciones en sentido contrario. Y lo estuvo. Los fascinantes documentos hechos públicos gracias a la Ley de Libertad de Información cuentan la verdadera historia.

El incidente iraní de 1976 fue una noticia de primera plana en Teherán e incluso la televisión estadounidense estuvo en el escenario de los hechos. Como ya dijo más arriba el general Jafari, el teniente coronel Olin Mooy, de la Fuerza Aérea estadounidense, asistió a la sesión informativa que se celebró un día después del incidente. El propio Mooy redactó un comunicado de tres páginas, titulado «Avistamiento OVNI», que fue clasificado y enviado por teletipo por la Agencia de Inteligencia de la Defensa al secretario de Estado, a la CIA, a la Agencia de Seguridad Nacional, a la Casa Blanca y a los ejércitos de tierra, mar y aire[108]. Este rarísimo documento explica con detalle la información presentada en la sesión a la que asistió Jafari e incluye una descripción del objeto principal y los secundarios, que eran más pequeños; el fallo del instrumental de a bordo y de los intentos de abrir fuego; y el supuesto aterrizaje de un objeto.

Altamente significativa fue la increíble evaluación de la descripción de Mooy que hizo la Agencia de Inteligencia de la Defensa y que redactó el coronel mayor Roland Evans, de la Fuerza Aérea, el 12 de octubre de 1976. Constata:

---

108. JCS Communication Center of the USDAQ Tehran Message 230630Z, septiembre de 1976, publicado en 1977 a través del Departamento de Defensa, «Reported UFO sighting», 3 páginas más 1 página de evaluación. Véase también Henry S. Shields, «Now you see it, now you don't», United States Air Force Security Service, *MIJI Quarterly* Report 3-78, octubre de 1978.

Informe notable: este caso es un clásico que satisface todos los criterios imprescindibles para hacer un estudio válido de los fenómenos OVNIS.

- El objeto fue visto por muchos testigos desde diferentes lugares (por ejemplo, Shemiran, Mehrebad y el lecho del lago seco) y puntos de vista (desde el aire y desde tierra).
- La credibilidad de muchos testigos era alta (un general de la Fuerza Aérea, tripulaciones cualificadas, operadores de torre experimentados).
- Avistamientos visuales fueron confirmados por radar.
- Hubo efectos fisiológicos en miembros de la tripulación (por ejemplo, pérdida de visión nocturna debido a la brillantez del objeto).
- Tremenda capacidad de maniobra exhibida por los OVNIS[109].

La evaluación indica que la fiabilidad de la información estaba «confirmada por otras fuentes» y que su valor era Alto (definido como «excepcional, oportuno y de gran importancia»). Se usó, o se pensó usar, como «inteligencia actual». Esta información de inteligencia de valor alto, de gran importancia, relativa a un notable informe sobre OVNIS que justificaba posteriores estudios del fenómeno, fue archivado como tal: a pesar de que el esquema que se repetía públicamente en muchísimos casos en Estados Unidos era el desinterés del Gobierno por los OVNIS y la rotunda descalificación de los avistamientos, y a pesar también de que se había dicho al público en 1969 que los OVNIS no eran preocupantes.

Cuatro años después, el Gobierno archivó asimismo un informe sobre el incidente peruano protagonizado por Óscar Santa María. Un «comunicado informativo» de la Junta de Jefes de Estado Ma-

---

109. Esta lista aparece exactamente así en el documento; la única diferencia es que yo he puesto topos donde en el original había letras (a-f) y he eliminado 1) de la primera línea para facilitar la lectura.

yor de la Defensa fue distribuido a casi tantas agencias como el informe de Irán. Titulado «OVNI avistado en Perú»[110], el documento, fechado en junio de 1980, fue preparado por el coronel Norman H. Runge, que afirma que su fuente fue un «oficial de las Fuerzas Aéreas de Perú que observó el acontecimiento [...] fuente que ha informado con credibilidad en el pasado». Santa María no conoce el nombre de ese oficial, no fue entrevistado por ningún militar estadounidense y recuerda con claridad meridiana que cuando presentó su informe no estuvo presente ningún militar de Estados Unidos. «Éramos muy cuidadosos y no revelábamos nuestras operaciones confidenciales», me explicó desde Perú en una de nuestras entrevistas telefónicas.

Por desgracia, el informe de la Defensa estadounidense se equivoca en la fecha del encuentro: 9 de mayo de 1980, cuando debería decir 11 de abril. San María cree que la información estaba tergiversada y algunos datos confundidos, porque el informe no se archivó hasta dos meses después del incidente. Al parecer la información recorrió varios canales y tardó en llegar a los norteamericanos.

El documento informa de que un OVNI fue observado encima de la base y que el mando aéreo ordenó que despegara un SU-22. «Las FAP [Fuerzas Aéreas de Perú] trataron de interceptar y destruir el OVNI, pero sin resultado», afirma el documento. El piloto «interceptó el vehículo y disparó contra él desde muy cerca sin causarle ningún daño aparente. El piloto quiso efectuar otro acercamiento, pero el OVNI dejó atrás el SU-22».

Encuentro interesante que se empleara sistemáticamente el término «vehículo» y se intercambiara por el de «OVNI» a lo largo de todo este documento gubernamental; por lo general, el término que se elige oficialmente es «objeto», que deja un amplio margen para muchas explicaciones. Un «vehículo» es algo construido con el fin de transportar personas o cosas. Este, que sigue siendo de

---

110. Department of Defense, Joint Chiefs of Staff message center, «UFO sighted in Peru», 3 de junio de 1980.

origen desconocido, salió inexplicablemente indemne tras recibir ráfagas de proyectiles de gran calibre, disparadas desde muy cerca. Suponiendo que fuera un vehículo de origen desconocido, según se dijo, con una capacidad que no tiene ningún vehículo no tripulado, la idea de «vehículo» invita a la reflexión, viniendo de un coronel de la Fuerza Aérea. ¿Qué transportaba y por qué? No parece que hubiera habido ningún problema para reconocer oficialmente la existencia de un OVNI real, diez años después del cierre del Proyecto Libro Azul, cuando el documento estaba clasificado. En este caso, un coronel de la Fuerza Aérea estadounidense reconoce la existencia de un OVNI real: no es lo que se esperaría de una agencia gubernamental que se burla públicamente de tal idea.

Por el motivo que sea, parece que en los últimos decenios se ha preferido oficialmente reparar en casos sucedidos en el extranjero a fijarse en los sucedidos en el país. Podría ser que hubiera un interés especial por los casos militares en los que ha habido disparos contra OVNIS o persecución de los mismos por reactores de combate, como sucedió en Irán, Perú y Bélgica. ¿O es que resulta más fácil para nuestro Gobierno estudiar casos extranjeros para que nadie se dé cuenta de que la atención se centra en acontecimientos con OVNIS? Si lo proclamara abiertamente, tendría que desmentir las conclusiones que la Fuerza Aérea hizo públicas en la época del Proyecto Libro Azul y que ha repetido desde entonces. Es evidente que el Departamento de Defensa preferiría evitar las consecuencias de un gesto así.

Sin embargo, mientras elaboraban estos informes que han estado clasificados hasta hace poco, nuestros gobernantes eran muy conscientes de los esfuerzos de los gobiernos extranjeros —de los países a los que han tratado de sonsacar información— por investigar como es debido los avistamientos militares de OVNIS. Nos hemos beneficiado de su información, pero está claro que no hemos seguido su ejemplo.

En vez de contribuir arrimando el hombro, parece que los gobernantes americanos han preferido acercarse a hurtadillas al resto del mundo para observar casos ajenos y encontrar ocasionalmente alguno que «es un clásico que satisface todos los criterios imprescindibles para hacer un estudio válido de los fenómenos OVNIS», como afirmaba la evaluación llevada a cabo por la Agencia de Inteligencia de la Defensa. En vez de encargar a la Fuerza Aérea que aborde abiertamente los OVNIS locales, nuestro Gobierno se ha desentendido obstinadamente de avistamientos inequívocos que han repercutido en la vida de miles de ciudadanos americanos. Al mismo tiempo, tiene operativo un sistema de información para incidentes con OVNIS, «dentro del marco establecido para las operaciones de inteligencia y vigilancia», del que no le gusta hablar. Todo lo cual resulta un poco confuso. Pero en lo referente a nuestros intereses como ciudadanos, las agencias gubernamentales siguen dándonos explicaciones insostenibles de los acontecimientos con OVNIS que se producen aquí o los pasa totalmente por alto, a pesar de que los encuentros cercanos plantean problemas para la seguridad de la aviación y también para la seguridad nacional, y a pesar de que sabemos que se interesan por los casos extranjeros. ¿Durante cuánto tiempo seguirán las autoridades repartiendo las desinformativas «hojas informativas» de la Fuerza Aérea, para justificar este comportamiento irresponsable?

16

Un intenso deseo de no hacer nada

L a mayoría de los americanos ignora que mientras nuestro Gobierno se dedicaba tranquilamente a presentar informes sobre casos extranjeros, nuestro cielo fue testigo de la aparición de una espectacular ola de OVNIS. Fue un acontecimiento tan extraordinario como la ola que barrió Bélgica y los objetos, grandes y de vuelo bajo, se parecían en muchos aspectos a los que se vieron en el país europeo. Solo tres años después de que las agencias gubernamentales estadounidenses recibieran los detalles del incidente peruano de 1980, empezó la llamada «ola del valle del Hudson», que barrió el norte del estado de Nueva York y ciertas zonas de Connecticut. Duró varios años y, cuando acabó, nuestro Gobierno presentó otro documento secreto sobre la ola belga de 1990. Pero ninguna agencia hizo averiguaciones sobre lo ocurrido *aquí* entre los dos acontecimientos extranjeros, el peruano y el belga, a pesar de que nuestros OVNIS fueron vistos por millares de ciudadanos estadounidenses. Que nosotros sepamos, nunca se ha presentado ningún documento oficial sobre los acontecimientos del valle del Hudson.

Sin embargo, su parecido con la ola belga fue notable. La ola estadounidense empezó en diciembre de 1982, duró varios años, alcanzó su apogeo en un tramo menor de dos años y consistió asimismo en repetidas visitas de grandes objetos silenciosos, en ocasiones más de uno a la vez, que quedaban suspendidos a baja altitud y tenían proyectores muy potentes. Los veían grupos de personas, generalmente de cerca o debajo mismo, y algunos informaron haber visto estructuras sólidas y oscuras detrás de las luces. Muchos que iban en coche por la Taconic Parkway (una autovía del estado de Nueva York) o recorrían en solitario las sinuosas carreteras secundarias, frenaban para ver mejor los OVNIS, mientras otros los divisaban cuando paseaban al perro o hacían footing por la orilla de embalses y lagos. Los testigos dijeron que parecían tan grandes como campos de fútbol y que salían disparados como centellas tras haber permanecido inmóviles. Como ya era habitual en los OVNIS, eran silenciosos o emitían un zumbido sordo.

Los OVNIS del valle del Hudson, como luego los de Bélgica, no tuvieron una conducta hostil ni agresiva. En realidad, los testigos menos asustados contaron, como en Bélgica, haber encendido y apagado los faros del coche y haber recibido señales luminosas a modo de respuesta. Y también esta ola contó con testigos de la policía. En Danbury, Connecticut, los agentes bromearon al recibir las primeras llamadas de testigos, hasta que se dieron cuenta de lo que sucedía, como ocurriría luego en Bélgica. Más tarde, doce agentes de este departamento tuvieron sus propios avistamientos[111]. Pudieron reconstruirse las trayectorias gracias a los numerosos informes que se recibieron de diversas localidades y en períodos de corta duración, y se levantaron mapas de itinerarios como posteriormente en Bélgica. Del mismo modo, en Nueva York se hicieron por la noche fotos y videograbaciones que luego se analizaron en diversos laboratorios, aunque no tantas ni tan claras como la foto que se tomaría en Petit-Rechain en 1990.

---

111. Dr. J. Allen Hynek, Philip J. Imbrogno y Bob Pratt, *Night siege: The Hudson Valley UFO sightings* (Llewellyn Publications, 1998), p. 81.

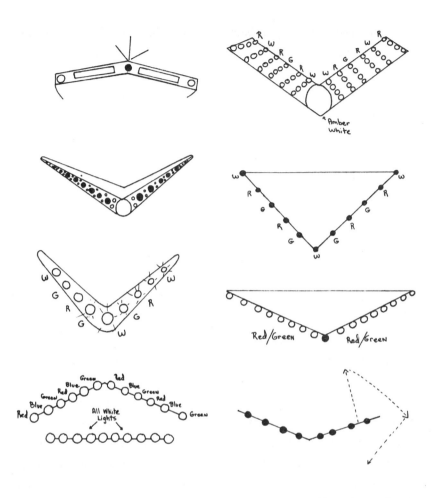

Copia de dibujos hechos por testigos independientes en diferentes partes de Nueva York y Connecticut en 1983 y 1984, reducidos y adaptados para que encajen en la misma escala. Colección de Phil Imbrogno.

Aunque los habitantes del valle del Hudson informaron sobre todo de objetos deltoides o en forma de V, y los belgas verían más que nada triángulos, cuando se lee la versión de los testigos de ambos acontecimientos, llama la atención el parecido entre el comportamiento de unos objetos y otros. El chocante e inusual fenómeno «bola de luz roja» que verían los cuatro policías belgas apareció asimismo en el norte del estado de Nueva York. La primera y espectacular noche de la ola belga, en 1989, dos parejas de policías situadas en distintas poblaciones vieron la bola de luz roja en el extremo de una lanza que salía de un aparato suspendido en el aire y que luego se replegó y se reintrodujo en el OVNI, raro detalle observado desde muy cerca. Heinrich Nicoll, uno de los agentes que presenciaron este espectáculo, lo interpretó como una especie de sonda. En una entrevista declaró: «La bola avanzaba y retrocedía, como si estuviera midiendo algo»[112].

Durante la ola del valle del Hudson, David Athens, jefe del cuerpo de bomberos de New Fairfield, Connecticut, se encontraba hablando en la calle con un agente de policía, en julio de 1984, cuando los dos vieron una serie de luces en forma de círculo. «Habría jurado que era algo hecho por el hombre, si no hubiera sido porque dos luces rojas se separaban del grupo y se iban en direcciones distintas tras las montañas. Una volvió, la otra no», informó Athens[113].

Jim Cooke, ingeniero biomédico, volvía en coche a su casa cierta noche de octubre de 1983 y se quedó atónito al ver un objeto triangular suspendido a menos de cinco metros de la superficie del embalse de Croton Falls. Bajó del coche y miró desde el borde del embalse. «Salía algo de debajo del objeto, o rayo de luz roja o algo sólido de un rojo brillante, en realidad no sé lo que era. Pero daba la impresión de que exploraba el agua», dijo[114]. Según Cooke, el objeto se movía muy despacio sobre el embalse y cada tanto la «sonda roja» entraba en contacto con el agua y retrocedía. Al igual que la nave belga que se comportaría básicamente del mismo modo, el objeto que vio Cooke era triangular. La descripción de Heinrich Nicoll se parecería mucho a la de Cooke. También él vio

---

112. Entrevista con Heinrich Nicoll para la serie de televisión de la NBC «Unsolved mysteries», presentada por Robert Stack.

113. Hynek, Imbrigno y Pratt, op. cit., p. 117.

114. Ibid., p. 2

el fenómeno encima del agua y también él diría que era una especie de sonda. Puede que nunca sepamos la finalidad de aquel extraño apéndice rojo del OVNI, pero todo esto sugiere que objetos muy parecidos tal vez visitaron los dos lugares en los años ochenta.

A pesar de las interesantes semejanzas, hubo una importante diferencia entre los acontecimientos del norte del estado de Nueva York y los de Bélgica, no en los detalles de lo que ocurrió, sino en la forma en que aquellos extraordinarios encuentros cercanos, repetidos un año tras otro, fueron tratados por las autoridades, las mismas encargadas de proteger a los ciudadanos y vigilar las incursiones aéreas imprevistas en áreas habitadas.

Debemos recordar que la ola belga de 1989-1990 fue tratada racionalmente, con transparencia y responsabilidad por parte del Gobierno. La Fuerza Aérea belga se movilizó inmediatamente y organismos como la Gendarmería Nacional (combinación de policía y ejército) y el equivalente belga de nuestra Administración Nacional de Aviación cooperaron en la identificación de los objetos. La Fuerza Aérea no solo respondió, sino que incluso fue previsora en sus investigaciones, buscando aparatos en múltiples sistemas de radar, haciendo despegar F-16 para interceptar uno en tres ocasiones y celebrando posteriormente una conferencia de prensa para explicar a los ciudadanos todo lo ocurrido. Además, una serie de laboratorios se encargó de analizar con la última tecnología la magnífica fotografía de un aparato, la mejor foto de OVNI que se conoce. Y para avanzar otro paso, la Fuerza Aérea belga puso todos sus datos y todos sus recursos, incluyendo estaciones de radar e incluso aviones, al servicio de un competente grupo de científicos civiles que organizó la información, entrevistó a testigos y creó unos valiosos archivos. Los medios europeos informaron de todos estos importantes avances, incluso se informó un poco en Estados Unidos. Y el Gobierno belga no ocultó información en ningún momento, ni dio explicaciones falsas ni se burló de los testigos. Sabemos que el coronel Wilfried de Brouwer, director de la investigación de la Fuerza Aérea, contó la verdad a la población. Se aprendió mucho, aunque no lo más importante: el origen de las naves y su intención.

En cambio, la ola de OVNIS estadounidense no recibió el menor tratamiento. Ninguna rama del Gobierno hizo nada. No hubo movilización nacional ni regional. No despegó ningún F-16 militar (no por lo menos con conocimiento público). No se hizo el menor intento de localizar los objetos por radar. No se estableció tampoco ninguna asociación con organizaciones investigadoras de relieve para recoger informes, aunque estos grupos científicos cualificados estaban preparados y a la espera. Ningún laboratorio del Gobierno analizó las fotografías. Ningún organismo gubernamental celebró una conferencia de prensa para exponer datos de la Fuerza Aérea a un público deseoso de información. Los medios locales informaron abundantemente en los lugares donde ocurrieron los hechos y donde fueron acontecimientos trascendentes, pero como los únicos funcionarios públicos que se movilizaron fueron los agentes de policía locales, la cobertura nacional fue mínima.

Presionada por los ciudadanos preocupados, la Administración Nacional de Aviación dijo a los testigos que no habían visto lo que habían visto, sino otra cosa: objetos reconocibles que hacían mucho ruido, como aviones en formación o helicópteros. Esta explicación se hizo insostenible a causa de diversos factores, los más importantes de los cuales eran que las naves observadas se quedaban suspendidas o eran capaces de moverse a menor velocidad de la que podían permitirse los aviones normales, a menudo a altitudes muy bajas, y que por lo general eran silenciosas. Los helicópteros inmóviles o los aviones que vuelan en formación son muy ruidosos. Además, los OVNIS fueron vistos en muchas ocasiones en que no había aviones ni zepelines en el cielo, como confirmaban los aeropuertos cercanos. A veces, los testigos veían grandes estructuras sólidas alrededor de las luces que impedían distinguir el cielo de detrás, cosa que no ocurre con los aviones convencionales. En 1984, por ejemplo, seis guardias de seguridad de la central nuclear de Indian Point vieron un OVNI suspendido a unos cien metros por encima del reactor, en espacio aéreo restringido. Dos guardias contaron a los investigadores que era un objeto sólido, mayor que un campo de fútbol[115].

Sin embargo, el desinterés del Gobierno estadounidense persistió, a pesar de que los objetos que muchos llamaron los «bumeranes del condado de Westchester» aparecieron suspendidos en el cielo o se pasearon de aquí para allá durante años por todo el valle del Hudson y algunas zonas de Connecticut, vestidos de luces de colores que en ocasiones parpadeaban cuando se acercaba gente. Los testigos se quedaron solos con aquellos acontecimientos, encuentros que inquietaron a unos, aterrorizaron a otros e inspiraron respeto a casi todos; pero ninguna instancia oficial ofreció a nadie ninguna orientación sobre lo que hacer. Los departamentos de policía de Nueva York y Connecticut recibieron un alud de llamadas, pero ¿qué podían hacer estas pequeñas unidades? No estaban preparadas ni equipadas para enfrentarse a una situación así y solo podían limitarse a tomar nota de las declaraciones de los testigos, algunos de los cuales eran los propios agentes. Hubo embotellamientos en la Interestatal 84, una importante vía de comunicación, ya que los conductores estaban con los ojos fijos en el cielo. Y los aeropuertos locales se limitaban a responder a quienes llamaban que no detectaban nada por radar y no podían confirmar los avistamientos. Las comunidades no encontraban ninguna clase de información que las ayudara a entender qué eran aquellos asombrosos acontecimientos y la mayoría del público estadounidense jamás oyó nada al respecto.

¿Cómo pudieron hechos tan extraordinarios como los avistamientos del valle del Hudson, repetidos año tras año, ser pasados por alto por el Gobierno y escondidos bajo la alfombra? La indiferencia oficial fue tan escandalosa que tendría sentido preguntarse si aquellos acontecimientos sucedieron realmente. Muchos se preguntarían: ¿cómo es posible que ocurriera todo esto si yo no oí ni

---

115. Ibid., pp. 165-166.

una sola palabra al respecto? ¿Y por qué no oí nada tampoco sobre la ola belga, para el caso, ni sobre otros muy creíbles avistamientos de OVNIS, si hubo miles de testigos por medio? Esta desconcertante situación, que legitima las preguntas sobre si los OVNIS existen realmente, explica por qué los estadounidenses inteligentes y bien informados no «creen» en los OVNIS. No faltan razones. Una conclusión lógica sería que si existieran, lo sabríamos todos.

Si el Proyecto Libro Azul hubiera estado vigente en la época de los avistamientos en el estado de Nueva York, estos habrían sido oficialmente investigados, aunque no hubiera sido al nivel que a muchos nos habría gustado. La Fuerza Aérea se lo habría pensado dos veces antes de ofrecer explicaciones rápidas y dudosas sobre unos acontecimientos que se habían visto repetidamente y desde muy cerca. Por suerte, los científicos que habían sido clave durante los veinte años del Libro Azul seguían investigando casos de OVNIS a mediados de los años ochenta y habían prestado atención a los avistamientos neoyorquinos. Aunque ya no estaba oficialmente vinculado al Gobierno, el doctor J. Allen Hynek empezó a investigar la ola del valle del Hudson en 1984. Por entonces era considerado en general la máxima autoridad mundial en OVNIS, así como un elocuente portavoz del tema para el público americano. Aquellos avistamientos fueron el último caso del doctor Hynek —falleció en 1986—, que dedicó mucha energía a sacudir la escandalosa indiferencia de los funcionarios del Gobierno ante aquellas repetidas y bien documentadas apariciones del misterioso fenómeno[116]. Comprendió que la apatía del Gobierno era la responsable de que la noticia no recibiera cobertura nacional.

A pesar de que había estado en la vanguardia de muchas investigaciones sobre OVNIS desde hacía más de tres decenios, la incesante ola del valle del Hudson pareció impresionar a Hynek más

---

116. Las investigaciones del doctor Hynek sobre la ola del valle del Hudson fueron recogidas en el ameno libro *Night siege,* publicado después de su fallecimiento, en 1987, con la colaboración de Philip Imbrogno y Bon Pratt. Ha habido reediciones posteriores.

que ninguna de sus experiencias anteriores. En Estados Unidos no había ocurrido nada igual hasta la fecha. En un trabajo de 1985 habló de «centenares de personas bien situadas, por lo general profesionales, que vivían en zonas residenciales de la periferia», cuyas declaraciones recogían con grabadoras él y otros investigadores, que estaban «pasmadas, impresionadas y a menudo asustadas» por aquellos singulares avistamientos[117]. Cuando sobrevolaba la autovía Taconic o se paseaba a baja altura sobre calles y casas, un «objeto totalmente extraño y posiblemente amenazador» representaba un serio peligro que debería haber preocupado a la Administración Nacional de Aviación, escribió. Aquellos acontecimientos deberían haber sido de un interés excepcional para los científicos, pero la policía y los medios, apáticos e indiferentes, daban muestras de una negligencia absoluta y solo se preocupaban por mantener los hechos lejos de la conciencia pública.

Para entender cómo pudieron ocurrir estas cosas sin que lo supiéramos, es necesario analizar la total inacción de quienes ocupaban cargos de responsabilidad. «Fue como si una enfermedad sumiera en una postración mortal a todo el que encontraba a su paso, exceptuando a los testigos», reflexionaba Hynek. «En la historia de los avistamientos de los bumeranes, la Administración Nacional de Aviación, los medios, los científicos, los políticos y los militares tal vez tocaran el misterio fugazmente, pero parece que entonces intervino la apatía, que absorbió todo incentivo y dejó en su lugar un intenso deseo de no hacer nada».

Al igual que muchos ciudadanos en la actualidad, Hynek quiso saber cómo y por qué se produjo aquella escandalosa inacción.

---

117. Mientras investigaba los «bumeranes» del condado de Westchester (estado de Nueva York), el doctor Hynek dejó este trabajo, grabado en disquete, en casa de su amigo el doctor Willy Smith, el 30 de agosto de 1985. Titulado «The roots of complacency», tenía que ser el prólogo de *Night siege*. Unas semanas después de escribirlo, fue hospitalizado y operado. Su salud decayó en pocos meses y murió en abril de 1986. Este último trabajo suyo es muy diferente del prefacio, más breve, que se publicó con *Night siege*, por su vehemencia, su carácter íntimo y su estilo espontáneo y sin corregir.

Había sido un escéptico redomado en el tema de los OVNIS cuando había sido contratado por la Fuerza Aérea y cuando estaba con sus colegas del mundo científico solía reírse de la gente que afirmaba haberlos visto. Al principio se había propuesto demostrar que no había nada tangible en aquel «absurdo», pero fue sufriendo una transformación gradual durante los muchos años que trabajó para el Gobierno. Mientras investigaba centenares de casos de OVNIS y entrevistaba a multitud de testigos creíbles, acabó por reconocer que allí había un fenómeno real y físico, y ciertamente muy misterioso. En 1977 describió su transformación de este modo:

> Había empezado siendo un «desacreditador» declarado que disfrutaba machacando casos que en principio parecían desconcertantes. Era el archienemigo de los «fanáticos de los platillos volantes» que deseaban de todo corazón que los OVNIS fueran de origen extraterrestre. Lo que yo sabía de estos grupos procedía casi en su totalidad de lo que decía el personal vinculado al Libro Azul: todos eran «unos chiflados y unos visionarios».
>
> Mi transformación fue gradual y a fines de los años sesenta era ya completa. Actualmente no dedicaría ni un minuto más al tema de los OVNIS si no creyera seriamente que el fenómeno es real y que los esfuerzos por investigarlo y comprenderlo, y resolverlo con el tiempo, podrían tener un efecto profundo, quizás incluso ser el trampolín desde el que la humanidad saltara al universo»[118].

En 1985, este abnegado investigador se enfrentaba a una manifestación extrema de ese fenómeno típicamente americano que es el tabú de los OVNIS: la automática y arraigada tendencia a no admitir la posibilidad de que exista nada que contradiga lo que consideramos «normal» y por lo tanto inaceptable para nuestra

---

118. J. Allem Hynek, *The Hynek UFO report* (Dell Publishing. 1977), p. 1.

concepción del mundo, por muchas pruebas en contrario que se nos pongan delante. En este caso, Hynek observó que el tabú era tan poderoso que podía impedir que personas por lo demás responsables y en puestos de autoridad cumplieran con sus obligaciones. Y se esforzaba por encontrar alguna solución al problema.

Hynek se dio cuenta de que ver los fantasmales bumeranes del condado de Westchester producía depresiones, traumas y temores en los testigos. No se daba a estos ninguna respuesta y se sentían abandonados por el Gobierno, y muchos se negaban a hablar públicamente de los acontecimientos por miedo al ridículo. En la mente de la mayoría de las personas, por ejemplo de los policías que recibían informes de testigos pero que no habían visto nada personalmente, yacía arraigada la convicción colectiva de que no podían producirse acontecimientos de aquella clase. La única salida era poner a los testigos la etiqueta de chiflados. Y sin embargo, millares de personas habían visto los objetos. Millares de personas que tenían ante sí un problema: sabían que aquellos acontecimientos ocurrían realmente, como lo sabían otras personas de la misma zona que conocían personalmente a los testigos o que se habían informado sobre los avistamientos por fuentes de confianza, como los periódicos locales. ¿Podían mentir o estar confusas tantas personas? ¿O había algo más grande, más arraigado, que impedía al Gobierno escuchar seriamente las declaraciones, aceptarlas como datos verdaderos e investigarlas en consecuencia?

Hynek suponía que, ante la imposibilidad de aceptar algo tan revolucionario como la existencia de aquellas naves inconcebibles, nuestra psique bloqueaba la entrada de la argumentación. La realidad imposible «sobrecalienta los circuitos mentales humanos y quema los fusibles a modo de mecanismo protector de la mente [...] Cuando se alcanza un punto límite colectivo, la mente desecha la evidencia material de los sentidos. La evidencia ya no cabe en sus fronteras normales». Y concluía diciendo que a causa de la naturaleza anómala, escandalosa e incluso traumática de un acontecimiento así, falta la energía para actuar, como si todo el organismo funcionara con una batería agotada. Esta dinámica puede afectar a grupos de personas y los que tienen responsabilidades públicas no sin inmunes a sus efectos paralizadores. «Con la apatía llega la facilidad para aceptar incluso las explicaciones más idiotas —cualquier cosa en cualquier sentido-, con tal de no pensar lo impensable», escribió.

Puede que esta no sea la respuesta completa, pero toca la naturaleza profunda del tabú de los OVNIS, que consigue mantenernos en la oscuridad incluso en cosas que suceden en nuestro jardín. Este fenómeno, fundamentalmente psicológico, puesto en movimiento por el Comité Robertson en los años cincuenta, opera aquí con mucha más fuerza y tenacidad que en otros países. Contagió la mala gestión del Proyecto Libro Azul hasta su desaparición. El tabú se generalizó desde entonces, se volvió una idea aceptada y afectó a todos los niveles del Gobierno. Todavía cuesta creer que los acontecimientos del valle del Hudson sucedieran sin que la mayoría de los ciudadanos nos enterásemos, pero eso es lo que pasó. Naturalmente, si nuestro Gobierno hubiera reaccionado como el Gobierno belga cuando Bélgica fue visitada por una ola parecida, todo habría sido diferente. Y algo más importante aún: si hubiéramos fundado un organismo parecido al que fundaron en Francia, dedicado a la investigación por la investigación misma, habríamos adquirido incluso mayores conocimientos. Nuestro aliado más cercano, el Reino Unido, tenía abierta una oficina para recoger informes sobre OVNIS en la época de la ola del valle del Hudson y habría investigado. El Gobierno estadounidense, aunque responsable de un territorio y un cielo muchísimo más extensos que los de Francia, Bélgica y el Reino Unido, parece destacar únicamente por su incapacidad para ver lo que tiene delante.

17
Los verdaderos expedientes X

Por Nick Pope

El Ministerio de Defensa británico abrió su oficina para las investigaciones sobre OVNIS en los años cincuenta, más o menos en la época en que Estados Unidos inauguró su Proyecto Libro Azul. Sin embargo, los británicos han mantenido las investigaciones mucho más tiempo. Nick Pope fue el hombre encargado de dirigir este organismo gubernamental de 1991 a 1994. Su enfoque del fenómeno cambió radicalmente durante los años en que se concentró en las investigaciones y conoció la información «interna» sobre los OVNIS. Al igual que otros contribuyentes a este libro, le gustaría que los gobernantes y las agencias de inteligencia estadounidenses se interesasen más por el asunto.

Pope es uno de los exfuncionarios que más explicaciones da sobre el tema y los medios internacionales lo buscan en calidad de experto de primer orden. Su aguda mente analítica está a la altura de su profundo interés por el fenómeno OVNI y estas dos cualidades aparecen en su caso sazonadas por un sobrio y característico ingenio británico. Es además otro de los muchos funcionarios y militares que entraron en contacto con las investigaciones ufológicas prácticamente por casualidad y cuyo escepticismo inicial acabó cediendo ante la inesperada fuerza de los indicios que inicialmente habían esperado descalificar. Nick Pope tuvo acceso a expedientes clasificados y otra información altamente confidencial que no es libre de comunicar, cosa que hace que sus intuiciones y sus convicciones sean muy fascinantes. Todavía relacionado con el tema a un nivel semioficial, trabajó hasta 2006 con los Archivos Nacionales Británicos como asesor del programa de desclasificación y publicación de los expedientes sobre OVNIS contenidos en los archivos del Ministerio de Defensa.

Trabajé veintiún años para el Ministerio de Defensa, desde 1985. La política de entonces era cambiar al personal cada dos o tres años —o se le trasladaba o se le ascendía— para que todo el mundo adquiriese experiencia en un amplio abanico de puestos: política, operaciones, personal, economía, etc. Yo había estado ya en dos o tres puestos y a principios de los años noventa trabajaba en una división llamada Secretaría (Estado Mayor del Aire) y había sido trasladado temporalmente a la Sala de Operaciones de la Fuerza Aérea del Centro de Operaciones Conjuntas. Trabajé allí en el período anterior a la primera guerra del Golfo, durante la guerra y en la resaca del conflicto en calidad de informador, preparando material para los informes clave que se entregaban diariamente a los ministros y jefes militares. Mi trabajo consistía en recoger datos generales sobre las operaciones de la RAF y seleccionar los puntos clave que el personal superior necesitaba saber: detalles de bajas y pérdidas, objetivos atacados, evaluación de daños de batallas, etc. Mientras trabajaba allí me abordaron en 1991 y me preguntaron si cuando estuviera libre de las obligaciones del Centro de Operaciones Conjuntas me gustaría hacer investigaciones sobre los OVNIS en un puesto situado en otra parte de la división. Acepté la oferta, aunque sabía poco sobre el tema y no creía en los OVNIS ni por asomo. Así pues,

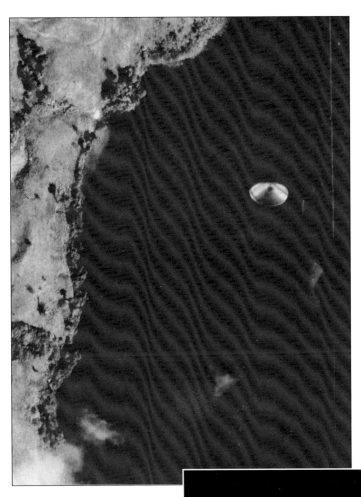

En 1971 fue fotografiado un OVNI desde arriba por un avión cartográfico del Gobierno de Costa Rica. Se procedió a hacer un profundo análisis científico de la imagen de un disco opaco sin medio visible de propulsión, tal como aparece descrito en el histórico Informe COMETA. Colección de Bernard. Thouanel.

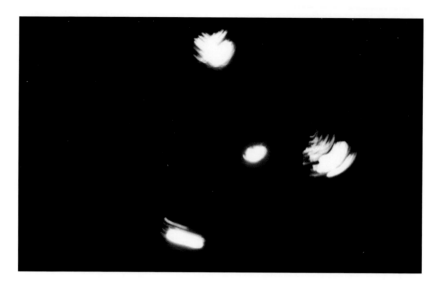

Foto excepcional de un OVNI de la ola belga de 1989-1990. El fotógrafo estaba debajo de la nave y captó cuatro luces de la parte inferior cuando se inclinaba hacia la izquierda. © 2010, SOFAM/Belgium.

Cuando la imagen se sobreexpuso ligeramente, se hizo visible el perfil triangular del objeto, con un proyector en cada esquina y una luz central. © 2010, SOFAM/ Belgium.

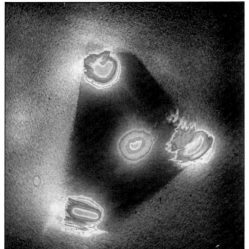

En un análisis, un experto realzó un «halo» de partículas de luz que formaban un dibujo alrededor de la nave y que sugería la presencia de un potente campo magnético. © 2010, SOFAM/Belgium.

Tomadas por el granjero Paul Trent y su mujer en 1950, estas clásicas fotos de McMinnville, Oregón, figuran entre las más exhaustivamente analizadas de la historia de los OVNIS y no se ha encontrado el menor indicio de que sean falsificaciones. Gentileza del Dr. BruceMaccabee.

En 1976, el mayor Parviz Jafari, de la Fuerza Aérea iraní, hoy general retirado, fue enviado con su reactor F-4 Phantom a investigar un brillante objeto con forma de rombo que volaba sobre Teherán. Gentileza de Parviz Jafari.

El piloto Óscar Santa María, de la Fuerza Aérea peruana, con su reactor de combate Suhkoi-22 y un despliegue de munición. En 1980 le ordenaron atacar un mal identificado aparato espía que resultó ser un OVNI. Gentileza de Óscar Santa María.

El capitán Jean-Pierre Fartek, de la Fuerza Aérea francesa, piloto de un Mirage-III, hizo un avistamiento diurno de un disco suspendido cerca del suelo. Gentileza de Jean-Pierre Fartek.

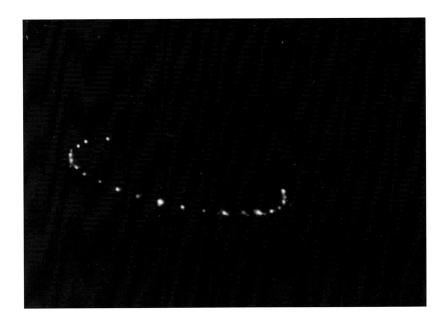

Luces de una nave no identificada, fotografiada por un agente de la policía
estatal sobre la Interestatal 84, cerca de Waterbury, Connecticut, en 1987.
Miles de personas vieron OVNIS durante la «ola del valle del Hudson» de
mediados de los ochenta. Colección de Phil Imbrogno.

El astrónomo J. Allen Hynek
a fines de los años setenta.
Durante veinte años fue
asesor científico del Proyecto
Libro Azul de la Fuerza Aérea
estadounidense. Escéptico
empedernido al comienzo, al
final reconoció la realidad
material del fenómeno OVNI.
Gentileza del Centro de
Estudios Ufológicos J. Allen
Hynek.

En 1958, un buque de reconocimiento de la Armada brasileña hizo una serie de fotos frente a la costa de la isla Trinidad, a unos mil kilómetros al este de Río de Janeiro. Visto por militares y científicos que iban a bordo, el objeto tenía alrededor una especie de anillo como el de Saturno. Las imágenes fueron analizadas por la Armada brasileña y el presidente de Brasil respondió de su autenticidad. Gentileza del Fund for UFO Research.

El general de división (retirado) Denis Letty, de Francia, inició un estudio privado de alto nivel sobre el fenómeno OVNI, completado en 1999. Lo entrevisté en su casa en 2008. Copyright © Enzo Peccinotti.

De izquierda a derecha: Óscar Santa María, Anthony Choy, Ray Bowyer, Nick Pope, James Penniston y Charles Halt en el National Press Club, 2007. Copyright © Randall Nickerson.

John Callahan, exdirector de la división de accidentes e investigaciones de la Administración Nacional de Aviación estadounidense. Copyright © Lisa Kimmell.

Fife Symington III, exgobernador de Arizona. Copyright © Randall Nickerson.

Nick Pope, exdirector de la unidad investigadora de OVNIS del Ministerio de Defensa británico, ante un radiotelescopio del Observatorio Jodrell Bank. Copyright © Steel Spyda Ltd.

El general de división (retirado) Wilfried de Brouwer, encargado de la investigación de la Fuerza Aérea belga sobre la ola de OVNIS que barrió Bélgica en 1989-1990. Gentileza de Wilfried de Brouwer.

El general de brigada (retirado) José Carlos Pereira, jefe del Mando de la Defensa del Espacio Aéreo de Brasil entre 1999 y 2001, sigue teniendo acceso a los valiosísimos informes brasileños sobre OVNIS. Gentileza de José Carlos Pereira.

aunque en todas mis investigaciones tuve la mente abierta, mi punto de partida fue básicamente escéptico.

El Ministerio de Defensa se había fijado en el fenómeno OVNI desde principios de los años cincuenta y hasta la fecha había recibido más de 12.000 informes de avistamientos Los objetivos no habían cambiado gran cosa en todo aquel tiempo. El Ministerio había fundado, allá por 1950, un organismo secreto, el Flying Saucer Working Party (Grupo de Trabajo Platillo Volante), compuesto por especialistas de inteligencia científica y técnica, con el fin de investigar y evaluar los numerosos avistamientos de OVNIS de que informaban los medios. En 1951 el grupo recomendó que las investigaciones terminaran «a menos que se consigan indicios materiales o hasta que se consigan»[119]. Pero esta política cambio unos años después a raíz de una serie de llamativos avistamientos de OVNIS en que estuvieron por medio los militares. Dos divisiones del Ministerio del Aire —la S6, una división de secretariado civil del Estado Mayor del Aire, y la DDI (Tech), una división de inteligencia técnica— pasaron a investigar activamente los avistamientos de OVNIS. Su cometido era averiguar e investigar el fenómeno OVNI, buscando indicios de posibles amenazas para el Reino Unido.

Esta política estaba todavía en vigor cuando me incorporé, en los años noventa. Había que investigar los avistamientos para comprobar si había indicios de algo que fuera importante para la defensa, cualquier amenaza para la defensa del Reino Unido, o información que pudiera sernos útil, científica o militarmente. Llevar a cabo investigaciones ufológicas no supone en modo alguno que el Gobierno crea en visitas alienígenas. Simplemente refleja el hecho de que vigilamos nuestro espacio aéreo y queremos estar al tanto de cualquier cosa que ocurra en la Región de Defensa Aérea del Reino Unido. Muchos otros países realizan misiones parecidas.

---

119. Las conclusiones del grupo de trabajo, tituladas «Unidentified Flying Objects» y clasificadas «secreto prudencial», fueron presentadas en un documento fechado en junio de 1951, con la designación DSI/JTIC No. 7. Sus seis páginas pueden consultarse en http://www.nickpope.net/documents.htm.

Yo tenía acceso a todos los expedientes de OVNIS recogidos hasta entonces, algunos se habían clasificado como altísimo secreto, de modo que tenía que evaluar una montaña de datos. Esta situación me permitía emprender varias investigaciones a la vez, buscar tendencias, etc. Pero lo fundamental era investigar los nuevos avistamientos y estos se producían prácticamente a diario. Solíamos recibir entre 200 y 300 informes cada año.

La metodología de una investigación es totalmente convencional. Primero se entrevista a los testigos para obtener toda la información posible sobre el avistamiento: día, hora y lugar del avistamiento, descripción del objeto, su velocidad, su altitud, etc. Luego se procede a correlacionar el avistamiento con actividades aéreas conocidas, como vuelos civiles, ejercicios militares o lanzamientos de globos meteorológicos. Podíamos consultar con el Real Observatorio de Greenwich para averiguar si había habido fenómenos astronómicos, como meteoritos o bólidos, capaces de explicar lo que se había visto. También podíamos comprobar si los OVNIS percibidos visualmente se habían detectado por radar. Si teníamos fotos o videograbaciones, consultábamos con especialistas del Ministerio para que mejorasen y analizaran las imágenes. También, si era el caso, podíamos contactar con personal del Sistema de Alerta de Misiles Balísticos de RAF Fylingdales, donde tienen radar de rastreo espacial. Por último, y a propósito de otras cuestiones científicas y técnicas, podíamos contactar con el servicio de inteligencia de la Defensa, aunque en este apartado no puedo entrar en detalles.

Hechas las averiguaciones, alrededor del 80 por ciento de los avistamientos resultaba que eran confusiones con fenómenos corrientes, por ejemplo luces de aviones, satélites, dirigibles, globos meteorológicos, incluso planetas. En el 15 por ciento de los casos, más o menos, no había información suficiente para sacar conclusiones en claro. El 5 por ciento restante parecía rechazar las explicaciones convencionales. Los casos que entraban en esta última categoría se referían a OVNIS que contaban con múltiples testigos o cuyos testigos era observadores adiestrados, como agentes de policía o personal militar; avistamientos de pilotos civiles o militares; avistamientos respaldados por material fotográfico o de vídeo y cuyo análisis técnico no descubría signos de trucaje; avistamientos registrados por radar y avistamientos de objetos estructurados, aparentemente capaces de velocidades y maniobras superiores a las de los aviones más avanzados.

En términos generales, como mis competencias limitaban mis investigaciones a los avistamientos ocurridos en la Región de Defensa Aérea del Reino Unido, no contacté con otras naciones a este fin. Sin embargo, hubo ocasiones en que hacíamos indagaciones en otros países acerca del fenómeno OVNI en general o acerca de avistamientos concretos, siempre a través de la embajada británica correspondiente. También me reunía a título privado con funcionarios de otros países que habían estado trabajando oficialmente con estos temas, por ejemplo con Jacques Patenet, del GEIPAN/CNES de Francia, y el coronel Aldo Olivero, de la Fuerza Aérea italiana. En el curso de estas conversaciones quedaba claro que nuestras competencias y metodologías eran muy parecidas, al igual que nuestras conclusiones.

El incidente de Cosford

El 30 y 31 de marzo de 1993 hubo una serie de avistamientos en el Reino Unido, con centenares de testigos, muchos de ellos agentes de policía y personal militar. Los OVNIS sobrevolaron también dos bases aéreas. Lo que sigue es la extraordinaria historia de lo que se dio en llamar incidente de Cosford.

El primer avistamiento tuvo lugar el 30 de marzo a eso de las 8.30 de la noche, en Somerset. A las 9.00 hubo otro avistamiento en los montes Quantock. El testigo era un agente de policía que, junto con un grupo de excursionistas, había visto una nave que según él era «como dos Concords que estuvieran pegados y volasen juntos». Hubo informes abundantes e inmediatos, y cuando llegué al trabajo la mañana siguiente no dejaron de caerme encima. Pronto estuvo claro que tenía entre manos un acontecimiento OVNI de los importantes.

Entre los informes más interesantes había uno de un civil de Rugely, Staffordshire, que hablaba de un OVNI que según él tendría un diámetro de 200 metros. Este caballero y otros miembros de su familia me explicaron que habían perseguido el objeto con el coche y que llegaron a acercársele mucho, pensando que había aterrizado en un campo próximo. Cuando llegaron al lugar, unos segundos después, ya no había nada. Muchas descripciones se referían a una nave de forma triangular o a luces que creían que se encontraban en la parte inferior de la nave en cuestión. La verdad es que, coincidencia o no, estos avistamientos tuvieron lugar tres años exactos después de la famosa ola de avistamientos belgas, durante la que despegaron cazas F-16 para interceptar un OVNI detectado por radar.

El OVNI británico fue visto por una patrulla de la policía de la Fuerza Aérea apostada en la base de Cosford, a 240 kilómetros al noroeste de Londres. El informe oficial de la policía (clasificado Policía Confidencial) afirmaba que el OVNI pasó sobre la base «a gran velocidad [...] a una altitud aproximada de 300 metros». Describía dos luces blancas con un débil resplandor rojo en la parte posterior y ningún ruido de motores. El informe de la policía de la FA contenía asimismo detalles de una serie de avistamientos civiles que les habían notificado mientras hacían indagaciones en otras bases militares, en aeropuertos civiles y entre la policía local.

Aquella misma noche, el oficial meteorólogo de la RAF Shawbury —la base en la que reciben adiestramiento avanzado los tripulantes de helicópteros, los controladores aéreos y el personal de operaciones de vuelo de los tres ejércitos británicos— vio el OVNI. Me describió que lo había visto avanzar lentamente por el campo, hacia la base, a una velocidad que no superaría las 30 o 40 millas por hora. Vio que la nave disparaba al suelo un fino rayo de luz (como un láser) y vio que la luz barría el campo hacia atrás y

hacia delante, al otro lado de la valla del perímetro, como si busca-
ra algo. Oyó procedente del objeto un desagradable zumbido de
baja frecuencia y dijo que podía oírlo y sentirlo, como si estuviera
delante de un altavoz de bajos. Calculaba que el tamaño del aparato estaba entre un transporte C-130 Hercules y un Boeing 747. A
continuación explicó que el rayo de luz se había replegado de un
modo poco natural y que la nave se había alejado bruscamente
hacia el horizonte a una velocidad muy superior a la de cualquier
avión militar. Era un experimentado oficial de la RAF que veía
aviones y helicópteros con frecuencia y me hablaba de algo que no
se parecía a nada que hubiera visto en su vida. La excusa habitual
del Ministerio, que los OVNIS no eran relevantes para la defensa,
decididamente empezaba a parecerme poco firme. Me preguntaba
qué podía decirle a aquel hombre: ¿«No se preocupe, seguramente
no es más que un globo meteorológico»?

Se informa muy poco sobre los OVNIS por una serie de razones. Los dos factores principales que entran aquí en juego son el
miedo a la incredulidad y/o al ridículo y el hecho de que muchas
personas no saben a quién comunicar los detalles de los avistamientos. Aunque había instrucciones de que los informes sobre
OVNIS que llegaran a bases militares, aeropuertos civiles y comi-
sarías de policía se remitieran al Ministerio de Defensa para proceder a su investigación, este sistema no siempre funcionaba. La
documentación del incidente OVNI de 30-31 de marzo de 1993
pone de manifiesto que hubo muchos más avistamientos de los
que llegaron al departamento. Un comentario hecho como al azar
en un informe policial sobre un avistamiento ocurrido en Liskeard,
Cornualles, afirmaba que el objeto había sido «visto por otros
agentes de policía en Devon y en Cornualles». Solo podemos hacer especulaciones sobre cuántos avistamientos no se notificaron
aquella noche.

A causa de la semejanza entre estos informes y los que se presentaron repetidamente en Bélgica en 1989 y 1990, pedí al servicio
de inteligencia de la defensa que hiciese algunas discretas averigua-

ciones entre las autoridades belgas, a través de la embajada británica en Bruselas. Recuerdo que nuestro agregado del aire consiguió hablar con el general de Brouwer y los dos pilotos de los F-16. Quedó claro que de Brouwer había hecho una excelente investigación en condiciones muy difíciles.

Al igual que de Brouwer, emprendí una investigación pormenorizada de los avistamientos de Cosford, teniendo en cuenta que la principal diferencia era que el incidente de Cosford no había sido una «ola», sino un solo episodio, como casi todos los casos de OVNIS. Trabajé estrechamente con la RAF, con colegas de la inteligencia de la defensa y con personal del Sistema de Alerta de Misiles de la RAF Fylingdales. Una de mis primeras iniciativas fue ordenar la incautación de las grabaciones del radar para que me las mandaran al edificio principal del Ministerio de Defensa en Whitehall. Los datos del radar estaban grabados en videocasete normal de VHS y llegaron al poco tiempo. Revisé la grabación con especialistas de la RAF, que me dijeron que había unos cuantos ecos extraños, pero que no eran concluyentes. El radar no es una ciencia exacta y en determinadas circunstancias pueden generarse ecos falsos. Más tarde se hizo una evaluación más formal de los datos de radar. Por desgracia, una de las cabezas no funcionaba en el radar primario durante el momento que nos interesaba, así que solo pudo verse el radar secundario de vigilancia de la aviación. Pero con esta y otras comprobaciones pudimos reconstruir una imagen de toda la actividad de aviones y helicópteros que había habido en cielo británico, para incluirla en la investigación y eliminarla de nuestras averiguaciones, llegado el caso.

El Sistema de Alerta de Misiles Balísticos de la RAF Fylingdales, con sus potentes radares espaciales, desempeñó un papel importante en mi investigación sobre los OVNIS. Las autoridades del centro me avisaron inmediatamente de que había habido una reentrada en la atmósfera de la Tierra, de un cohete ruso que transportaba un satélite de comunicaciones, el Cosmos 2238. Pensamos que tal vez aquello explicara los avistamientos de OVNIS que habían tenido lugar hacia la una de la madrugada del 31 de marzo.

Para explicar algunos avistamientos espectaculares se ha propuesto a menudo que podrían ser prototipos de aviones, de drones o de otros vehículos aéreos no tripulados. Como es lógico, en todo momento hay vuelos de prueba de máquinas que no veremos en los salones aeronáuticos hasta pasados unos años, pero lo importante es que esos ensayos se hacen en zonas determinadas, así que en el seno del Gobierno podemos establecer diferencias entre los proyectos negros —proyectos clasificados que no se dan a conocer públicamente, como el programa del reactor invisible F-117 antes de 1988— y los OVNIS.

Aun así, se había desatado una polémica a propósito del estadounidense Aurora, el supuesto sustituto hipersónico del SR-71 Blackbird que algunos periodistas y entusiastas de la aviación dijeron que había surcado el espacio aéreo británico sin conocimiento de las autoridades británicas. De modo que hablamos con las autoridades estadounidenses, a través de la embajada británica en Washington, acerca de los avistamientos de OVNIS de marzo de 1993. ¿Cabía la posibilidad de que hubiera fallado algo en el proceso normal de sobrevolar otro país y podían atribuirse nuestros avistamientos de OVNIS a algún prototipo estadounidense? La respuesta que recibí —a través de nuestro agregado en la embajada del Reino Unido en Washington— fue asombrosa: los americanos también habían visto OVNIS grandes y triangulares y querían saber si la RAF tenía aparatos así, quizá como parte de un programa «negro», capaces de pasar de un estado prácticamente estacionario a alcanzar velocidades de miles de kilómetros por hora en cuestión de segundos. ¡Ojalá los hubiéramos tenido! Lo mejor de todo esto fue enterarnos de que en Estados Unidos todavía había personal inequívocamente interesado en los OVNIS, a pesar de la aparente inhibición gubernamental sobre el tema desde 1969, con el cierre del Proyecto Libro Azul.

Dada la conclusión del Ministerio de que los OVNIS no eran importantes para la defensa, creo conveniente concluir esta sección con citas de documentos ministeriales que desmienten esa postura. En un resumen informativo que preparé el 16 de abril de 1993 para el jefe de la división a raíz de la investigación de Cosford, escribí: «Parece que un objeto no identificado y de origen desconocido estaba operando en la Región de la Defensa Aérea del Reino Unido sin que fuera detectado por radar; se diría que es de mucha importancia para la defensa y recomiendo que se siga investigando, en el seno del Ministerio de Defensa o con las autoridades de Estados Unidos».

El jefe de mi división era habitualmente escéptico en relación con el fenómeno OVNI, pero en este caso estuvo de acuerdo con mi conclusión. Su informe de 22 de abril de 1993 para el subjefe del Estado Mayor del Aire (uno de los oficiales de la RAF con más autoridad en el Reino Unido) decía: «En resumen, parece que en esta ocasión hay indicios de que un objeto (u objetos) no identificado y de origen desconocido estuvo operando sobre el Reino Unido».

El Ministerio de Defensa nunca estuvo tan cerca de decir que los OVNIS son algo más que confusiones y patrañas.

El incidente del bosque de Rendlesham: revisión de un caso archivado

El incidente OVNI más espectacular de Gran Bretaña se produjo la noche de Navidad de 1980 y en la madrugada del 26, cuando se vieron luces extrañas en el bosque de Rendlesham, cerca de Ipswich. Los numerosos testigos fueron mayoritariamente de la Fuerza Aérea estadounidense, militares destinados en las bases conjuntas, norteamericana y de la OTAN, de la RAF Bentwaters y la RAF Woodbridge, en Suffolk. A pesar de que los acontecimientos sucedieron en suelo británico, las bases eran entonces instalaciones de la Fuerza Aérea de Estados Unidos. El bosque de Rendlesham se encuentra entre las dos bases y, como la Guerra Fría estaba todavía en el congelador, un avistamiento OVNI en dos de los lugares militares más secretos de la nación era decididamente del máximo interés.

A causa de mis investigaciones sobre los OVNIS tuve acceso al amplio expediente del Ministerio de Defensa sobre este incidente, que no se había hecho público en su momento[120]. Incluso la información más elemental sobre este caso era extraordinaria, así que decidí iniciar lo que la policía llamaría revisión de un caso archivado. Fue básicamente un análisis del expediente ministerial sobre el caso, para evaluar lo que sabíamos y —algo más importante— ver lo que los investigadores habían pasado por alto.

La serie de acontecimientos empezó en la madrugada del 26 de diciembre, cuando el personal de guardia informó haber visto unas luces tan brillantes que temía que se tratara de un avión estrellado. Los soldados solicitaron y obtuvieron permiso para salir de la base e investigar. No encontraron un avión estrellado, sino un OVNI.

La patrulla de tres hombres del 81 Escuadrón de Policía de Seguridad —Jim Penniston, John Burroughs y Ed Cabansag— vio una pequeña nave metálica que se movía entre los árboles. En cierto momento pareció que aterrizaba en un pequeño claro. Los soldados se aproximaron con cautela y Penniston se acercó lo suficiente para ver en el costado de la nave unas marcas que le recordaron los jeroglíficos egipcios. Copió rápidamente aquellas marcas en su cuaderno[121].

Más tarde, a causa de la complicada situación jurídica y jurisdiccional de las bases aéreas estadounidenses en suelo británico, se avisó a la policía de Suffolk para que investigara el lugar donde al parecer había aterrizado el objeto. Los agentes realizaron un breve examen no concluyente y se marcharon. En el suelo del claro había tres agujeros y cuando se midieron se vio que unidos formaban un triángulo equilátero. Se utilizó un contador Geiger para comprobar el lugar y fue notablemente elevada la lectura de las depresiones que tal vez habían producido las patas del objeto en su breve estancia en la Tierra.

Las noticias del encuentro con el OVNI se extendieron rápidamente por las bases y llamaron la atención del subjefe de la instala-

---

120. Se publicó en 2001 con el título de «Unidentified Flying Objects (U.F.O.'s) report of sighting, Rendlesham Forest, december 1980». Los documentos clave pueden verse en http://www.nickpope.net/documents.htm.

121. En el capítulo siguiente el propio Jim Penniston da una versión detallada de lo sucedido.

ción, el teniente coronel Charles Halt. Se mostró escéptico, pero tenía los informes oficiales que se habían redactado y en ellos se incluían dibujos de lo que había visto la patrulla. Dos noches después, Halt se encontraba en una función social cuando irrumpió un joven soldado y se acercó a él a paso vivo: «Señor», tartamudeó, «ha vuelto». Halt parecía confuso. «¿Qué?», replicó. «¿Qué es lo que ha vuelto?». «El OVNI, señor, el OVNI ha vuelto». Halt siguió sin creérselo, pero reunió un pequeño equipo y se adentró en el bosque para investigar. Luego declararía que fue pensando que no vería nada; según sus propias palabras, su intención era «desacreditar» toda aquella historia.

Pero no llegó a hacerlo. También él vio el OVNI y pasó a ser uno de los militares de mayor graduación que hablaría en público sobre el avistamiento de un OVNI. Cuando él y sus hombres localizaron el OVNI, las radios empezaron a fallar y los potentes proyectores que llevaban para iluminar el bosque se pusieron a cortocircuitar misteriosamente. En cambio, la grabadora de mano que llevaba el teniente coronel para documentar la investigación no falló. La cinta grabada todavía existe y gracias a ella se puede oír la creciente tensión de las voces de Halt y de sus hombres cuando el OVNI se les acercó. «Yo también lo veo… Ha vuelto… Ha llegado por aquí… De eso no hay duda… Es extraño… Parece un ojo haciendo guiños… Casi escuece mirarlo… Ahora viene hacia nosotros… En este momento vemos que desciende hacia el suelo algo que parece un rayo… un objeto todavía suspendido sobre la base de Woodbridge… baja algo».

En cierto momento, cuando el OVNI se les acerca y lanza rayos luminosos que caen junto a Halt y sus hombres, la tensión de las voces bordea el pánico. A raíz de estos acontecimientos, Charles Halt escribió un informe oficial del incidente y lo envió al Ministerio de Defensa. Aunque inofensivamente titulado «Luces inexplicadas», el informe explicaba que el OVNI de la primera noche era «de aspecto metálico y forma triangular [...] una luz roja intermitente encima y un banco de luces azules debajo [...] Los animales de una granja cercana se pusieron frenéticos». A continuación detallaba las lecturas de la radiación que se habían tomado en el lugar del aterrizaje y procedía a describir su propio avistamiento.

El informe de Halt fue a parar a la misma sección del Ministerio en la que poco más de diez años después pasaría yo un trienio buscando e investigando avistamientos de OVNIS. El informe fue recogido por mis predecesores, que empezaron una investigación. Pero tropezaron con un error crítico que tuvo nefastas consecuencias. Por la razón que sea —y pudo haberse tratado de un sencillo error de mecanografía—, el informe de Charles Halt fechaba el incidente de modo incorrecto. Así que cuando el Ministerio comprobó las grabaciones de radar, se trataba de grabaciones de días equivocados.

Comprobar los registros de radar es una parte importantísima de cualquier investigación sobre OVNIS. Con el paso de los años ha habido muchos avistamientos espectaculares y muchos se cotejaron con los registros de radar. Los expedientes completos del Ministerio detallan varios casos así, entre ellos algunos en que pilotos de la RAF avistaron OVNIS y los persiguieron, infructuosamente, debo añadir. A falta de datos de radar que confirmaran la presencia de los OVNIS del bosque de Rendlesham, la investigación se abandonó. Sin embargo, como yo descubriría años después, el OVNI, efectivamente, había dejado huella en el radar.

Hablé con Nigel Kerr, antiguo operador de radar de la RAF que había estado destinado en la RAF Watton en las Navidades de 1980 y había recibido una llamada de alguien de la RAF Bentwaters. La persona que había llamado quería saber si le pasaba algo raro a su pantalla de radar. Kerr hizo una comprobación y durante tres o cuatro barridos apareció algo que se encontraba directamente encima de la base. Kerr no se enteró del incidente del bosque de Rendlesham hasta unos años después y entonces se dio cuenta de que podía estar en posesión de una pieza que faltaba en el rompecabezas.

En la época, sin embargo, dada la aparente ausencia de datos de radar que verificasen la presencia del OVNI, no se investigó la que probablemente era la prueba más importante: el personal de inteligencia de la Defensa había estudiado las medidas de radiación tomadas en el lugar de aterrizaje y las había juzgado «sensiblemente superiores a la media del entorno». En realidad, eran unas siete veces la que se habría esperado en la zona afectada.

Al volver a evaluar el caso durante mi revisión, me decepcionó lo que encontré. Descubrí una serie de errores que habían viciado fatalmente la primera investigación: no habían acordonado el punto de aterrizaje y no habían pasado detectores de metales ni tomado muestras del suelo; habían tardado en informar del incidente al Ministerio; y no había habido intercambio de información entre el Ministerio y la Fuerza Aérea estadounidense. Si la investigación se hubiera realizado de otro modo, es posible que hoy supiéramos mucho más sobre el extraño objeto que aterrizó allí. Aunque el retraso y las malas comunicaciones fueron sin duda errores humanos, la raíz del problema era la falta de claridad jurisdiccional y el no saber quiénes debían dirigir la investigación, los británicos o los americanos. Mi opinión es que ambos países tenían competencia jurisdiccional, pero que las autoridades británicas tenían prioridad y deberían haber sido ellas quienes tomaran la iniciativa. En puridad, las dificultades fueron resultado de la naturaleza del incidente, que carecía de precedentes. No había un protocolo de actuación para aplicarlo a una situación como aquella. Volví a comprobar la evaluación de las medidas de radiación, esta vez con los peritos de Protección Radiológica de la Defensa, y se confirmaron los análisis iniciales.

He hablado en muchas ocasiones con los testigos clave de este complejo caso. Estoy convencido de que son sinceros y, aunque los recuerdos varían en algunos casos, es normal que suceda, por el tiempo transcurrido y por el hecho de que los acontecimientos se produjeron en el curso de varias noches y estuvieron implicadas personas diferentes en lugares diferentes. La verdad es que habría sospechado si todos me hubieran contado exactamente la misma versión, porque, según mi experiencia, esto sugeriría una connivencia inaceptable entre los testigos.

Pero el simple hecho de que sea un acontecimiento con múltiples testigos, con personal militar por medio y con indicios materiales, convierte el avistamiento en uno de los más importantes que se hayan producido[122].

El finado almirante de la flota lord Hill-Norton, antiguo jefe del Estado Mayor de la Defensa del Reino Unido (cargo equivalente al de presidente del Estado Mayor Conjunto en Estados Unidos), aunque ya retirado en la época, me pedía a menudo que lo informara sobre los fenómenos OVNIS y que le pasara material sobre el tema, una tarea temible para un funcionario de rango medio como era yo. Era particularmente franco cuando hablaba del caso del bosque de Rendlesham y creía firmemente que la actitud ministerial ante el incidente (que no tenía importancia para la defensa) era totalmente inaceptable y estaba reñida con los hechos. En una carta que escribió al ministro de Defensa británico, y que me fotocopió, resumió sus opiniones sobre el caso, como sigue:

Mi posición, tal como he venido expresando privada y públicamente durante más de doce años, es que solo hay dos posibilidades:

- O una nave no identificada se introdujo en nuestro Espacio Aéreo y aterrizó en Rendlesham, tal como se ha descrito. O:
- El subjefe de una base aérea estadounidense situada en Inglaterra y con armas nucleares sufrió alucinaciones o mintió, y con él una notable cantidad de hombres que estaban bajo su mando.

Cualquiera de las dos es «de interés para el Ministerio de Defensa», cosa que se ha negado repetidas veces, con esas mismas palabras[123].

---

122. Véase una detallada exposición de todo el caso en Georgina Bruni, *You can't tell the people* (Pan Books, 2001).

123. Carta de lord Hill-Norton a lord Gilbert, ministro de Estado, Ministerio de Defensa, fechada en 22 de octubre de 1997.

Proyecto Condign

El 15 de mayo de 2006, de acuerdo con la ley británica de Libertad de Información, que es muy parecida a la vigente en Estados Unidos, el Ministerio de Defensa publicó un informe sobre OVNIS, clasificado hasta entonces. Ya se había publicado mucha información sobre OVNIS, tanto en los Archivos Nacionales como en la página web del Ministerio, pero la publicación de este último estudio fue distinto y totalmente sin precedentes. El estudio fue clasificado «secreto solo personal RU» y no se hicieron más que once copias del informe. Tenía más de 460 páginas y se le dio el nombre en clave de Proyecto Condign. El trabajo empezó en 1996 y el informe final no se publicó hasta diciembre de 2000.

Es interesante señalar que la escala temporal es a grandes rasgos parecida al semioficial Informe COMETA de Francia, que empezó en 1995 y se publicó en 1999. No hubo ninguna relación entre los dos proyectos y la elevada clasificación y extrema confidencialidad del estudio británico imposibilitó el contacto con ningún otro país.

El informe reflejaba el deseo de emprender un estudio científico en profundidad de todos los indicios recogidos por el Ministerio durante los decenios pasados para llegar a una concepción definitiva del fenómeno OVNI. Mi homólogo en el servicio de inteligencia de la Defensa, que era mi principal contacto en dicho servicio y mi puerta de entrada a esta organización secreta, ya lo había comentado conmigo en 1993. Al igual que yo, parecía fascinado por ciertos casos de OVNIS de nuestros archivos y nuestras conversaciones sobre los sistemas aerodinámicos y de propulsión de los OVNIS eran como diálogos de un episodio de *Star Trek*. No se decía nada abiertamente, pero cuando se eliminaban las explicaciones convencionales de algunos de los casos más plausibles, los dedos señalaban hacia arriba. Y cada vez que se tocaba el problema de quién operaba los OVNIS, se empleaba la maravillosa expresión «esa gente». Solían ser reuniones privadas en las que solo estábamos los dos y no tomábamos ninguna nota. Sin embargo, en una ocasión me acompañó mi jefe y permaneció en silencio durante todo el diálogo, que rayó en lo surrealista. Cuando volvimos a nuestra oficina, me preguntó con voz exasperada: «¿A qué se refería ese hombre cuando decía "esa gente"?»

Pero ¿cómo iban a encargarnos un estudio cuando muchos colegas pensaban que el Ministerio había abandonado las investigaciones sobre los OVNIS, tal como había hecho la Fuerza Aérea estadounidense en 1969? Una de nuestras tácticas para conseguirlo fue una sencilla estratagema lingüística: prohibimos las siglas «OVNI». Se hablaba de «OVNIS» y se disparaban los prejuicios y sistemas de creencias de los individuos, fueran escépticos o creyentes; la expresión era demasiado sentimental y estaba demasiado cargada. Así que ideamos la expresión «fenómeno aéreo no identificado» (FANI) para reemplazarla y procurábamos emplearla en todos los documentos de política interna, conservando la expresión «OVNI» únicamente para nuestros contactos con el público.

Funcionó. Liberados de la expresión «OVNI», conseguimos que nos autorizaran un estudio. Para mi sorpresa y deleite, y a pesar de las voces más escépticas del departamento, con el tiempo conseguimos recursos. Evalué la propuesta formal cuando llegó y recomendé a mis jefes que se encargara el estudio; en contra de lo que me temía, se aceptó la recomendación. Sin embargo, el proyecto se fue retrasando y en 1994 me ascendieron y me trasladaron a otra sección. En consecuencia, no tuve ningún papel en el estudio y desde luego no fui —como se ha dicho en Internet— su autor anónimo.

Así pues, ¿qué conseguimos? ¿Habíamos resuelto el misterio OVNI después de cuatro años y 460 páginas de análisis? Pues no, la verdad es que no. Lo que conseguimos fue una síntesis de investigaciones previas, acompañada de nuevas teorías exóticas. «Es indiscutible que existen los FANIS», afirma el Resumen, antes de sostener que no se ha encontrado ningún indicio que sugiera que son «hostiles o estén bajo ninguna clase de control». Pero el infor-

me reconocía que no daba ninguna explicación definitiva del fenómeno: «El estudio no puede explicar con certeza todos los fenómenos FANIS», dice, dejando la puerta abierta.

Uno de los aspectos más polémicos se refiere a lo que el informe llama «campos relacionados con el plasma». El origen de
algunos informes que hablan de naves triangulares se atribuye al
plasma atmosférico cargado eléctricamente, mientras que una de
tantas razones por las que la gente cree que tiene una experiencia
anómala podría ser la interacción de los campos de plasma con
los lóbulos temporales del cerebro. El problema de estas sugerencias es que no hay consenso científico al respecto y una buena
regla de oro es no explicar un fenómeno desconocido citando
indicios de otro. En otras palabras, no se puede explicar un misterio con otro.

El informe trata igualmente de temas de seguridad aérea. Hay
muchos avistamientos de OVNIS protagonizados por pilotos y la
Autoridad de Aviación Civil (CAA) tiene registrados algunos ate-
rradores incidentes cuasi colisión entre aviones y OVNIS. En uno
de estos casos, ocurrido el 6 de enero de 1995, un OVNI se acercó
peligrosamente a un Boeing 737 que se dirigía al aeropuerto de
Manchester con sesenta pasajeros a bordo. La CAA elogió a los
pilotos por informar del OVNI, a pesar de que el informe oficial
declara que fueron «incalculables» tanto el riesgo que corrió el
avión como la causa. Numerosos pilotos de la RAF también han
visto OVNIS. He hablado con muchos de estos testigos, aunque
no todos presentaron informes oficiales sobre el avistamiento. El
Proyecto Condign contiene una buena recomendación cuando trata de los encuentros aéreos: «Durante un intento de intercepción
no es conveniente querer ser más hábil que el FANI»[124].

---

124. Defense Intelligence Analysis Staff Study, december 2000, «Unidentified Aerial
Phenomenon in the UK Air Defense Region», vol. 1, cap. 5, p. 4. Para el pasaje que
interesa aquí, véase http://www.mod.uk/NR/rdonlyres/AB43D483-44F0-85DE-
C4233C7C9F10/0/uap_vol1_ch5_pg4.pdf.

Por un lado se da al público... y por otro se le quita

Cuando me incorporé al Ministerio, en 1985, era una organización cerrada con contactos públicos y mediáticos limitados. Pero la ley británica de libertad de información (FOIA) entró en vigor en 2005 y el departamento que yo abandoné en 2006 era prácticamente irreconocible, comparado con el que era veintiún años antes. La sección en que trabajaba estaba tan atareada tramitando peticiones relacionadas con la FOIA que estas se habían impuesto al trabajo de investigación que se hacía en mis tiempos. Se investigaban pocos avistamientos de OVNIS en el sentido fuerte de la expresión y casi todos los que se producían daban para poco más que una carta convencional. Si el testigo era un piloto comercial o un militar, el incidente por lo menos se investigaba, pero no tanto como antes.

En 2007, el trabajo de tramitar una por una las solicitudes acogidas a la FOIA se estaba volviendo insoportable y sé que el personal se resentía. En consecuencia, y a causa de la carga administrativa que representaba, el Ministerio decidió publicar todo el archivo de expedientes OVNIS. El Gobierno francés lo había hecho ya en 2007 y los funcionarios de nuestro Ministerio de Defensa esperaban que el paso mitigara las acusaciones de que el Gobierno británico estaba ocultando la verdad sobre los OVNIS. En realidad, tanto el Ministerio como los Archivos Nacionales deseaban aparecer con una nueva imagen de apertura gubernamental y libertad informativa. El Ministerio me confirmó en diciembre de 2007 que se había tomado la decisión final y yo, obedientemente, di la noticia a los medios.

Los 160 expedientes, algunos con centenares de páginas de documentación, comprenden decenas de miles de páginas en total. Hubo que estudiar la edición de cada página, para comprobar que no se publicaba información clasificada ni datos personales. El primer paquete de ocho expedientes se publicó el 14 de mayo de 2008 y en menos de un mes había ya alrededor de dos millones de descargas desde el sitio web de los Archivos Nacionales. Muchos avistamientos de OVNIS que se detallan en los expedientes son insignificantes, pero hay informes extraordinarios de pilotos civiles y militares y avistamientos confirmados por registros de radar. En principio se esperaba que el programa de publicación se completase en 2011. El último paquete se publicó en junio de 2013.

Estaba el Ministerio en mitad de su programa desclasificador de expedientes OVNIS cuando tomó la decisión, en diciembre de 2009, de cerrar la oficina de recepción de informes del público —el conocido negociado OVNI—, ante la desilusión de muchos ciudadanos. Yo me llevé una sorpresa, porque no se anunció en el Parlamento ni se consultó al público sobre aquel cambio de política que ponía fin a la correspondencia con la ciudadanía británica a propósito de los avistamientos de OVNIS. Por el contrario, la noticia se dejó caer de modo que no llamara la atención, mediante la corrección de un documento ya existente, «Cómo informar de un avistamiento de OVNI», en la sección relativa a la Libertad de Información del sitio web del Ministerio de Defensa. El nuevo texto alegaba que «en más de cincuenta años, ningún informe de OVNIS ha presentado ningún indicio que suponga una amenaza potencial para el Reino Unido» y añadía que «el Ministerio de Defensa ya no responderá a los avistamientos de que se informe ni los investigará».

Lo cual fue como poner el punto final al proyecto OVNI del Ministerio de Defensa británico, un acontecimiento que reflejaba la suerte que había corrido el Proyecto Libro Azul de Estados Unidos. Pero la verdadera situación era un poco diferente. Un portavoz del Ministerio dijo a la prensa que «cualquier amenaza real para el espacio aéreo del Reino Unido será detectada por nuestros incesantes controles de radar y respondida por la aviación de combate de la RAF»[125].

---

125. BBC News, «UFO investigations unit closed by Ministry of Defence», 4 de diciembre de 2009, http://news.bbc.co.uk/2/hi/uk_news/8395473.stm.

Esto confirmaba lo que yo ya sabía. Tras las puertas cerradas, lejos de la mirada pública, no se descuidarían los avistamientos de OVNIS realmente interesantes. Avistamientos de agentes de policía, OVNIS presenciados por pilotos civiles o militares, objetivos no correlacionados y detectados por radar... todas estas cosas seguirán teniéndose en cuenta, aunque fuera de un programa OVNI formalmente constituido.

Esto no debería sorprender a nadie. Al fin y al cabo, si hay indicios de que el espacio aéreo británico ha sido invadido por un objeto no identificado, automáticamente debe ser de interés para la defensa. Pensar y obrar con indiferencia solo porque el objeto intruso es un aparato no convencional sería peligroso. Al igual que muchos países, el Reino Unido es vulnerable y sensible al espionaje y a los ataques terroristas. ¿Y si resulta que el «OVNI» es un prototipo de avión espía o de dron? ¿Y si es un avión secuestrado con el transpondedor apagado, como ocurrió el 11 de septiembre? Dado el actual clima de inseguridad, este no es momento de bajar la guardia, aunque solo sea por la carga de significados que tiene la palabra «OVNI».

A propósito del reciente y polémico curso que han seguido los acontecimientos tengo sentimientos encontrados. Por un lado, romper con el público parece un paso atrás desde el punto de vista de la responsabilidad y apertura del Gobierno. Por otro, los avistamientos de OVNIS en el RU alcanzaron cotas altísimas en diez años y el Ministerio de Defensa recibió más solicitudes amparadas en la FOIA a propósito de los OVNIS que a propósito de cualquier otro asunto. Desembarazarse de esta complicación y concentrarse en los avistamientos de pilotos y objetivos de radar no correlacionados podría representar nuestra mejor oportunidad para hacer progresos en nuestras investigaciones del fenómeno OVNI. La realidad es que los OVNIS todavía se toman en serio y se investigan. Seguirán enfocándose como tema de importancia potencial para la defensa, aunque, por desgracia, el público en general ya no recibirá obligatoriamente información sobre los casos de OVNIS más importantes.

Aunque el Ministerio se ha puesto innecesariamente a la defensiva en lo tocante a los OVNIS, tratando siempre de minimizar el asunto y la implicación del departamento, no he visto ningún indicio que sugiera la existencia de una conspiración para ocultar ninguna siniestra verdad sobre los OVNIS. La mayoría de los avistamientos consiste en confusiones con objetos corrientes y con fenómenos naturales. Pero hay material convincente, en los archivos del Ministerio de Defensa y en los de otros países, que revela que algunos OVNIS no pueden explicarse en términos convencionales. Aunque nadie tiene una explicación definitiva del fenómeno, mis pesquisas e investigaciones revelan no solo que existe, sino que pone sobre la mesa importantes temas relacionados con la seguridad aérea y la seguridad nacional.

A pesar del extraordinario carácter del material comentado en este capítulo, todo lo que he dicho se puede comprobar recurriendo a documentos de libre acceso en los Archivos Nacionales británicos o en la página web del Ministerio de Defensa. Sin embargo, la gente me pide a menudo que vaya más allá de los hechos y entre en el reino de la especulación. ¿Qué pienso, al margen de lo que sé? ¿Qué creo? ¿Cómo me ha afectado el trabajo oficial con el fenómeno OVNI? Veintiún años de trabajo para el Gobierno me han enseñado a elegir las palabras cuidadosamente.

Desde el punto de vista de mi concepción del mundo, el trabajo que hice en el Gobierno me ha afectado profundamente. Antes de ponerme a indagar e investigar oficialmente, sabía poco sobre los OVNIS y no tenía opiniones muy concretas sobre el fenómeno. Con el tiempo noté que los ojos y la mente se me abrían a un mundo en el que no había reparado hasta entonces. En el fenómeno había sin duda más cosas que confusiones y patrañas. ¿Qué pasa con el 5 por ciento de avistamientos que no pueden explicarse convencionalmente? ¿Podría atribuirse alguno a algo exótico, incluso extraterrestre?

Muchos científicos creen hoy que debe de haber vida en otros lugares del universo. Si hay civilizaciones a menos de 100 años luz de la Tierra, debería poder detectarlas el radiotelescopio SKA, el más potente que habrá en el mundo y cuya terminación está prevista para 2024. ¿Hemos recibido visitas de alguna civilización extraterrestre? Algunos colegas del Ministerio, militares y personal de inteligencia creen que sí y yo, desde luego, no descarto la posibilidad. Con que un solo OVNI resultara ser una nave espacial extraterrestre, las consecuencias serían incalculables.

18

El extraordinario incidente del bosque de Rendlesham

Por el sargento (ret.) James Penniston, de la Fuerza Aérea
de Estados Unidos, y el coronel (ret.) Charles I. Halt,
de la Fuerza Aérea de Estados Unidos

I. Sargento James Penniston

En 1980 yo tenía veinticinco años y estaba destinado en el ala de combate táctico más grande de la Fuerza Aérea estadounidense, el complejo RAF Bentwaters/Woodbridge, en Inglaterra. Yo era el suboficial de seguridad más antiguo que estaba a cargo de la seguridad de la base de Woodbridge. En aquella época tenía una habilitación de seguridad de máximo secreto en las fuerzas armadas estadounidenses y en la OTAN y era responsable de la protección de los recursos de guerra de la base.

Poco después de las doce de la noche de Navidad —en la madrugada del 26 de diciembre de 1980—, el sargento administrativo Steffens me informó de que se habían visto luces en el bosque de Rendlesham, muy cerca de la base. También me dijo que, fuera lo que fuese, no se había estrellado: había aterrizado. No tuve en cuenta estas palabras e informé al centro de control de la base de que teníamos un posible avión caído. A continuación, ordené a los soldados de primera Edward Cabansag y John F. Burroughs que me acompañaran.

Cuando llegamos al lugar del supuesto accidente, quedó claro inmediatamente que no se trataba de un avión estrellado ni de ninguna otra cosa ante la que tuviéramos que intervenir. Había una luz brillante que emanaba de un objeto sito en el suelo del bosque. Al acercarnos a pie, vimos una nave triangular de unos tres metros de longitud por dos de altura. La nave estaba intacta, posada en un pequeño claro del interior del bosque.

Cuando los tres nos acercamos, empezamos a tener problemas con las radios. Indiqué a Cabansag que se comunicara con el Centro de Control de Seguridad y se quedó atrás mientras Burroughs y yo seguimos avanzando. Al principio estuve confuso, porque no entendía qué era aquello. Era realmente increíble. Luego tuve miedo, pero me dije que tenía que concentrarme. ¿Representaba aquello un peligro para la base y para nosotros? Era lo primero y principal que tenía que determinar.

Cuando llegamos ante la nave triangular, había luces azules y amarillas girando por fuera como si formaran parte de la superficie y el aire que nos rodeaba estuviese eléctricamente cargado. Lo sentíamos en la ropa, en la piel y en el pelo. Era como electricidad estática, nos erizaba el pelo y nos correteaba por la piel. Pero de la nave no salía el menor sonido. Nada de mi entrenamiento me había preparado para lo que estábamos presenciando. Era una clase de nave que no había visto en toda mi vida.

Pasados diez minutos sin que hubiera agresión evidente, llegué a la conclusión de que la nave no era hostil para mi patrulla y decidí aproximarme más. De acuerdo con el protocolo de seguridad, hicimos una investigación completa in situ, sin olvidarnos de examinar el aspecto material de la nave. Tras haberla observado por los cuatro costados, el asombro y el respeto se apoderaron de mí. Ya no sentía ningún temor. En el ínterin había hecho fotos, tomado notas y enviado mensajes al Centro de Control de Seguridad, por mediación de Cabasang, según los procedimientos de rigor. Lo que sentí durante aquel encuentro no se parecía a nada que hubiera experimentado antes.

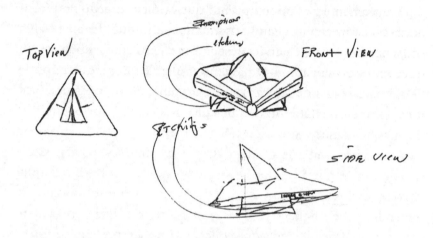

Dibujo de la nave aterrizada que hice para la Oficina de Investigaciones Especiales de la Fuerza Aérea. Colección de James Penniston.

En un lado de la nave había símbolos que medían alrededor de siete centímetros de altura por setenta de anchura. Estos símbolos eran como dibujos; el mayor era un triángulo y estaba en el centro de los demás. Estaban grabados en la superficie de la nave. La toqué con la mano y estaba caliente. La superficie era lisa, como el cristal, pero tenía la textura del metal, y sentí todo el tiempo en la mano una corriente de bajo voltaje que me subía hasta medio antebrazo.

Al cabo de unos cuarenta y cinco minutos, la luz de la nave se intensificó. Burroughs y yo nos apartamos y nos pusimos en posición defensiva, mientras la nave se elevaba del suelo sin hacer ruido y sin que hubiera la menor perturbación del aire. Maniobró entre los árboles y salió disparada a una velocidad de vértigo. Desapareció en un abrir y cerrar de ojos.

En mi diario oficial, que todavía conservo, escribí: «Velocidad imposible». Luego supe que otros hombres de Bentwaters y Woodbridge, todos observadores adiestrados, habían presenciado el despegue.

En aquel momento comprendí que la tecnología de aquella nave estaba muy lejos, muy por encima de lo que llegaríamos a construir nosotros. Cuando despegó me sentí solo, sabiendo lo que John y yo sabíamos. De repente no me cupo ninguna duda. Comprendí, con una certeza del ciento por ciento, que formábamos parte de una comunidad mayor que desbordaba los límites de nuestro planeta.

Mi versión de los símbolos, basándome en lo que anoté en mi diario oficial
y mis recuerdos. Su textura era áspera, como de papel de lija.
Colección de James Penniston.

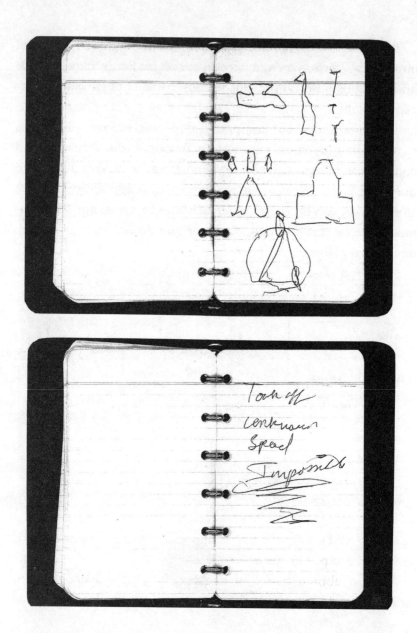

Anotaciones que hice en mi diario oficial mientras observaba la nave.
Arriba: en una página dibujé los símbolos. Abajo: cuando vi que el objeto
despegaba, su velocidad era tan asombrosa y rápida que escribí: «Despega...
desconocido... velocidad imposible». Colección de James Penniston.

Cuando volvimos al Centro de Control de Seguridad, informamos y nos aconsejaron que volviéramos al punto de aterrizaje a la luz del día para buscar indicios físicos. Después de entregar las armas y terminar el servicio, Burroughs y yo regresamos y descubrimos ramas rotas esparcidas por el lugar de aterrizaje. Por lo visto, cuando la nave aterrizó, se abrió paso hasta el suelo. Había quemaduras en los árboles que daban al claro. Pero lo más importante fue que vimos tres incisiones en tierra, marcas dejadas por el tren de aterrizaje del OVNI en los tres vértices de un triángulo. Me tranquilizó encontrar pruebas de que aquello había ocurrido de verdad. Hice fotos del lugar de aterrizaje, fui al laboratorio de la base y entregué los carretes, que también contenían las que había hecho del OVNI. Llevé a Burroughs a casa, volví solo al lugar y saqué moldes de yeso de las tres incisiones que el objeto había hecho en el suelo.

La información obtenida durante la investigación se comunicó a través de conductos militares y a mi equipo y a otros testigos se nos dijo que la tratáramos como «máximo secreto». No se permitieron más comentarios. Nosotros dimos parte al teniente Fred Buran, jefe del turno de guardia en el Centro de Control de Seguridad; al sargento mayor J.D. Chandler, subjefe de escuadrilla; y al jefe del turno de día, capitán Mike Verano. En los días que siguieron fuimos entrevistados por el teniente coronel Charles Halt y luego por la Oficina de Investigaciones Especiales de la Fuerza Aérea (AFOSI). Fue un período muy difícil para mí, ya que estaba muy aturdido por lo que había presenciado.

Volví al laboratorio fotográfico de la base, porque era yo quien había rellenado la petición de que se revelaran los dos carretes de 35 mm que contenían las fotos que había hecho de la nave y el lugar de aterrizaje. Me dijeron que las fotos, al parecer, estaban sobreexpuestas o neblinosas y que no había salido ninguna. Sin embargo, el primer sargento mayor Ray Gulyas había hecho seis fotos del lugar cuarenta y ocho horas después del suceso, las reveló fuera de la base y sobrevivieron; en dos aparecen un agente de policía británico y el capitán Verano examinando el lugar y las tres incisiones se ven claramente señaladas por palos verticales.

Aún no estoy seguro de que todo aquello ocurriera aquella noche de 1980. Aún siento como una pesada carga el acontecimiento y sus consecuencias. Espero que podamos descansar cuando por fin juntemos todas las piezas del rompecabezas. Hasta entonces seguiré buscando respuestas para las muchas preguntas que quedan.

II. Coronel Charles I. Halt

En 1980 yo era subjefe de la base de RAF Bentwaters, el gran complejo de dos bases de Anglia Oriental, Inglaterra. Como tal, mi obligación era dar apoyo y respaldo al jefe de la base y sustituirlo en su ausencia.

A fines de diciembre de 1980 me llamaron para que investigara un extraño suceso que estaba apartando de sus principales obligaciones a nuestra policía de seguridad. Poco después de medianoche, en la madrugada del 26 de diciembre de aquel año, nuestros patrulleros de la policía descubrieron luces extrañas en el bosque situado al este de la puerta trasera de la RAF Woodbridge. Tres patrulleros —el sargento administrativo James Penniston y los soldados de primera clase John Burroughs y Edward Cabansag— fueron enviados al bosque para investigar. Informaron de que habían descubierto una extraña nave triangular apoyada en tres patas. La nave tenía unos tres metros de lado y múltiples luces. Reaccioné inmediatamente abandonando la zona.

Al principio no me enteré de los detalles, solo me hablaron de luces extrañas y supuse que habría una explicación lógica.

Dos noches después, la fiesta navideña que se celebraba el 27 fue interrumpida por el jefe de policía de guardia. Nos contó los extraños sucesos y afirmó que «aquello» había vuelto. Dado que mi superior tenía que repartir regalos, me tocó a mí salir a investigar. Esperaba encontrar una explicación.

Recogí mi grabadora de bolsillo y una cinta, y me llevé a cuatro hombres al bosque: Bruce Englund (jefe de escuadrilla), Bobby Ball (supervisor de escuadrilla), Monroe Nevilles (suboficial de emergencias) y otro joven policía de seguridad, Adrian Bustzina. John Burroughs, que había presenciado el suceso dos noches antes en compañía de Jim Penniston y estaba libre de servicio, se había ido en autostop y estuvo hablando conmigo con una radio prestada. Ni a él ni a los demás policías de seguridad (quince o veinte por lo menos) se les permitió pasar de la carretera de servicio forestal en la que estaban aparcados los camiones y los generadores portátiles. Yo estaba francamente molesto por la cantidad de policías que había desplegados en el bosque. Estar allí simplemente esperando que ocurriera algo era una pesadilla para las relaciones públicas.

Fuimos al lugar donde había aterrizado algo y encontramos las tres incisiones del suelo, de tres centímetros de profundidad y unos treinta de anchura, que formaban un triángulo. Hicimos mediciones y descubrimos una ligera radiación e indicios físicos, entre ellos un agujero en las copas de los árboles y ramas rotas. Había abrasiones en la cara de los árboles que daba al lugar de aterrizaje. Mientras documentaba verbalmente estos hallazgos en la grabadora, advertí unos sonidos muy extraños, que creí causados por los animales de una granja cercana. «Están muy alborotados, hacen un ruido espantoso», grabé en el magnetofón.

Segundos más tarde, uno de los hombres reparó por primera vez en un objeto que había en el bosque, de forma oval, de un rojo anaranjado brillante y con el centro negro. Me recordó un ojo y parecía parpadear. Maniobraba horizontalmente entre los árboles, haciendo ocasionales movimientos verticales, zigzagueando entre los troncos como si estuviera sometido a un control inteligente. Reproduzco de la grabación la conversación que sostuvimos mientras observaba el objeto con cierta agitación:

Tte. Coronel Halt: Acabamos de encontrarnos con la primera luz que hemos visto. Estamos a 150 o 200 metros del lugar.

Todo lo demás está sumido en un silencio sepulcral. No hay
duda, hay una especie de luz roja delante, una luz extraña e
intermitente.

Sgto. Nevilles: Es amarilla.

Halt: Sí, también yo he visto un tinte amarillo. Extraño. ¿No
parece que esté haciendo señales hacia aquí?

Nevilles: Sí, señor.

Halt: Brilla más que antes... Viene hacia aquí. Definitivamente
viene hacia aquí.

Sgto. Ball: ¡Dispara piezas!

Halt: Partes suyas salen disparadas.

Sgto. Ball: Hacia las once.

Halt: No hay duda de eso... ¡qué extraño!

Cuando nos acercamos, retrocedió en silencio hacia el campo
abierto que había al este. Estuvimos un par de minutos mirando
con asombro. Grabé más conversaciones en la cinta:

Halt: Extraño. Otra que se fue. Acerquémonos al borde del
bosque, hacia allí. ¿Podemos avanzar sin luces? Vayamos con
cuidado, vamos... Muy bien, ahora vemos la cosa, probablemente estemos a dos o trescientos metros. Parece un ojo
que nos hiciera guiños, todavía se mueve de parte a parte y
cuando lo miramos por el anteojo, tiene como un hueco en
el centro, sí, un centro oscuro, es...

Tte. Englund: Es como una pupila

Halt: Es como la pupila de un ojo que nos mirase y nos hiciera
guiños... y el destello es tan brillante por el anteojo, uf...
casi te quema el ojo.

La luz del objeto se reflejaba brillantemente en las ventanas
occidentales de una granja que había al otro lado del pastizal, en el
lado que teníamos de cara, y yo estaba preocupado por la seguridad
de sus habitantes. Durante todo el acontecimiento veíamos a la

derecha el faro de Orford Ness, a cosa de kilómetro y medio, al otro lado de la granja.

De pronto, el objeto explotó en cinco luces blancas que desaparecieron rápidamente. Entramos en el campo y buscamos restos, pero no encontramos nada. Entonces vimos varios objetos en el cielo septentrional, con múltiples luces rojas, verdes y azules que cambiaban de forma, de la elíptica a la redonda, y avanzaban rápidamente trazando ángulos cerrados. Otros objetos fueron vistos hacia el sur y uno se aproximó a alta velocidad y se detuvo encima. Lanzó al suelo un concentrado rayo blanco —estrecho, denso, como un lápiz, como un rayo láser—, muy cerca de donde yo estaba. Iluminó el suelo, a unos tres metros de nosotros, y nosotros nos quedamos allí, preguntándonos si era una señal, algún tipo de comunicación o quizás un aviso. La verdad es que no lo sabíamos. El rayo se apagó y el objeto se alejó, subió hacia el cielo. Informé de esto, una vez más, en mi grabadora de bolsillo.

Un objeto también lanzó rayos aquella noche, cerca o en la zona del arsenal. Yo estaba a kilómetros de allí, pero alcancé a ver unos cuantos rayos y se informó de ellos por radio, desde el lugar de los hechos. Más tarde, otros, procedentes de la zona del arsenal, me dijeron que habían visto los rayos. Aquello me preocupó muchísimo. ¿Qué hacía allí el objeto?

Todo el tiempo tuvimos dificultades para comunicarnos con la base, ya que las tres frecuencias de radio —mando, seguridad y policía— estaban inservibles. Esta actividad prosiguió durante una hora, aproximadamente. Dejé constancia de los avistamientos, conforme se producían, en mi grabadora de bolsillo, encendiéndola y apagándola, y llenando unos dieciocho minutos de información grabada.

Al día siguiente me encontré en el pasillo común con el coronel Gordon Williams, jefe de la 81 Ala de Combate Táctico, destinada en la RAF Bentwaters. Había oído la noche anterior mis transmisiones por radio y le puse la grabadora. Me la pidió prestada y la llevó a la reunión de Estado Mayor de la Tercera Fuerza Aérea, donde la puso para que la oyeran los presentes y su superior, el general Robert Bazley.

Williams me contó que nadie aportó ideas a la reunión y que respondieron con el silencio. Pero me dio orden de ponerme en contacto con el Don Moreland, oficial de enlace de la RAF británica, alegando que como el episodio se había producido fuera de la base, el general Bazley había dicho que era «asunto británico». Resultó que Don estaba de permiso, pero cuando volvió me pidió que presentase un comunicado interior (la ausencia de Don explica la fecha atrasada del documento). Describí los detalles en mi comunicado de 31 de enero de 1981, titulado «Luces inexplicadas», del que envié copias al Ministerio de Defensa británico y a la Tercera Fuerza Aérea. El comunicado describía el avistamiento del objeto triangular posado en el suelo, por Penniston y los dos patrulleros; las depresiones y otros indicios físicos que encontramos en el lugar de aterrizaje; y las diversas luces y objetos que yo y muchos otros presenciamos posteriormente.

Tiempo después, mi nuevo superior encontró mi cinta y, sin que yo lo supiera, la puso en algunos cócteles. El contenido trascendió y un investigador estadounidense quiso recabar más información. En 1983 recibí una llamada de Pete Bent, jefe en funciones de la Tercera Fuerza Aérea, y me contó que el comunicado mío que figuraba en los archivos de la Tercera Fuerza Aérea iba a ser publicado, en conformidad con la Ley de Libertad de Información. Conocía a Pete y le pedí que lo quemara, que lo destruyera, y le expliqué que mi vida y la suya no volverían a ser las de antes a causa de lo que ocurriría si se publicaba. Me dijo que ya había mucha gente que conocía su existencia y que no tenía más remedio. Mis peores temores se confirmaron en octubre de 1983. El conocido tabloide británico, *News of the World*, publicó en portada un titular de gran tamaño anunciando el escrito, y la base se llenó de reporteros que buscaban al autor. Por suerte, yo ya estaba en un avión, rumbo a Estados Unidos, pero aquello fue solo el principio. En 1984 se publicó el contenido de la cinta. La cinta original me fue devuelta y también conservo la grabadora de bolsillo que utilicé aquella noche.

Si no se hubiera hecho público el comunicado, yo seguiría guardando silencio. La experiencia que viví no es algo de lo que quiera hablar en público. Por otro lado, nadie me ha presionado nunca para que no lo hiciera. Cuando presenté mi último informe, antes de cesar en la Fuerza Aérea, ni siquiera salió a relucir, y cuando pregunté si podía hablar sobre el caso, me dieron permiso como si en realidad no tuviera importancia.

Con el paso de los años, he oído en privado a muchos otros testigos. El operador de torre de la zona del arsenal y un empleado de comunicaciones de la misma torre me dijeron que habían visto un objeto entrar en el bosque, cerca de la base de Woodbridge. Los operadores de la torre de control de Bentwaters también vieron un objeto y observaron que algo pasaba por su pantalla a una velocidad elevadísima, entre 3.000 y 4.000 millas por hora: el monitor del radar registró una raya en vez de la habitual serie de puntos luminosos que se ve incluso con los aviones más rápidos. Otros se han atrevido a dar la cara últimamente y han contado versiones parecidas. Algún superior les había advertido en su momento de que no hablaran o ellos mismos habían tenido miedo de hablar por diversas razones.

Muchos se han preguntado cuánto podía saber el Gobierno estadounidense sobre el incidente del bosque de Rendlesham. Con el tiempo he acabado sabiendo que en la base había agentes de la Oficina de Investigaciones Especiales (OSI), el principal organismo investigador de la Fuerza Aérea, y que investigaron el caso en secreto durante los días siguientes. El incidente puso muy nervioso a todo el mundo. Los mandos querían estar al margen y el personal de la OSI no quería tratar con nadie a quien no pudiera controlar. Los agentes de la OSI interrogaron con brutalidad a cinco jóvenes soldados que eran testigos clave; algunos estaban entonces bajo los efectos de una conmoción profunda. Estos hombres contaron después que los agentes les habían dicho que no hablaran sobre los

OVNIS o su futuro profesional estaría en peligro. Durante los interrogatorios se administraron fármacos como el pentotal sódico, a menudo llamado «suero de la verdad», con alguna forma de lavado de cerebro o de hipnosis, todo lo cual produjo efectos perjudiciales y duraderos en aquellos hombres.

Es posible que otros testigos quedaran expuestos a altas dosis de radiación procedente de los objetos que aterrizaron. Algunos tienen problemas de salud y otros más personales con los que bregan hasta el día de hoy. Que la OSI reprima no es infrecuente en el ejército, pero nadie implicado lo admitirá nunca. El jefe de la OSI en Bentwaters me dijo en su momento que no habían abierto ninguna investigación. Otros han dicho lo contrario.

Me di de baja en la Fuerza Aérea estadounidense en 1991, con la graduación de coronel. La publicidad que se me dio no sirvió precisamente para mejorar mi imagen; sin embargo, con el tiempo fui jefe de base de dos grandes instalaciones y cuando me di de baja era director de inspecciones de la Oficina del Inspector General del Departamento de Defensa. En aquel cargo supervisaba a los tres ejércitos y todas las agencias de la defensa.

Sigo sin saber exactamente qué vi aquella noche. Debió de ser algo superior a nuestra tecnología, a juzgar por la velocidad de los objetos, su forma de moverse y los ángulos que trazaban, y otras cosas que hacían. Pero sí sé algo de lo que no me cabe la menor duda: aquellos objetos estaban bajo control inteligente.

19

Chile: casos aeronáuticos y respuesta oficial

Por el general (ret.) Ricardo Bermúdez Sanhueza, de la Fuerza Aérea chilena, y el capitán Rodrigo Bravo Garrido, de la Brigada de Aviación del Ejército de Chile

Al igual que en Europa Occidental, también en Sudamérica se han abierto nuevas agencias dedicadas a la investigación de los OVNIS, una iniciativa que no ha hecho más que adquirir fuerza con el tiempo. Perú inauguró la OIFFA[126] en diciembre de 2001, sobre todo para proteger la seguridad de las operaciones aéreas. El Gobierno peruano dio otro paso unos dos años después. La Fuerza Aérea informó públicamente de sus investigaciones sobre una serie de avistamientos que fueron grabados en vídeo en los alrededores de la ciudad de Chulucanas, situada en el extremo noroeste de Perú. La FA afirmó que lo que se avistó era real, aunque no haya podido

---

126. Siglas de la Oficina de Investigación de Fenómenos Aéreos Anómalos. La Fuerza Aérea peruana abrió esta agencia dentro de la DINAE, es decir, la División de Intereses Aeroespaciales, una dependencia de la Fuerza Aérea.

explicarse[127]. *En febrero de 2003, el coronel José Raffo Molo-
che, de la Fuerza Aérea, reconoció oficialmente la existencia
de OVNIS, cosa que el Gobierno peruano no había hecho hasta entonces; la noticia representó un avance importante.*

*El comandante Julio Chamorro, fundador y primer di-
rector de la OIFFA, había estado destinado en la base aérea
de La Joya y fue testigo del incidente que protagonizó Óscar
Santa María Huertas en 1980, cuando la base se puso en
alerta. Me contó que Perú abrió su agencia para OVNIS
porque«la frecuencia con que estos acontecimientos anómalos
venían produciéndose en territorio nacional podía representar un peligro, de modo que reconocimos que tenían que tomarse en serio». Chamorro dice que, como director de la
OIFFA, se había dirigido a la embajada de Estados Unidos
en diversas ocasiones para comentar la situación y pedir ayuda, pero no recibió ninguna respuesta. «No parece que vayamos a contar con la ayuda de los yanquis para afrontar este
problema», alega.*

*La Fuerza Aérea uruguaya, que viene investigando los
OVNIS desde hace decenios, desclasificó sus expedientes sobre
este tema en 2009 y los hizo públicos, con informes de cuarenta
casos que siguen sin explicarse y en algunos de los cuales intervinieron pilotos militares. «El fenómeno OVNI existe y hay que
decir que la Fuerza Aérea no descarta una hipótesis extraterrestre, según nuestros análisis científicos», dijo por entonces
el coronel Ariel Sánchez, un oficial con treinta y tres años de*

---

127. El doctor Anthony Choy, investigador de campo de FANIS y miembro fundador
de la OIFFA, fue el iniciador de las investigaciones en los alrededores de Chulucanas,
incluso antes de la fundación de la OIFFA. En 2003, mientras se ocupaba de otras
investigaciones, fue testigo excepcional de un espectacular acontecimiento OVNI que
tuvo lugar sobre la plaza de un antiguo pueblo y que contó con otros cuarenta testigos.
Sus estudios en esta zona decidieron a la Fuerza Aérea a reconocer la existencia de un
fenómeno que es real, aunque desconocido. Choy (Jorge Anthony Choy Montes)
trabaja actualmente en diversas campañas para pedir al gobierno peruano que descla-
sifique sus expedientes sobre OVNIS.

servicio activo que preside una comisión de la Fuerza Aérea que estudia los casos[128].

Chile abrió en 1997 una agencia dentro de su departamento de aviación civil para investigar casos de OVNIS que afectaran a la seguridad de la aviación. El CEFAA[129] fue fundado y dirigido por el general Ricardo Bermúdez y no tardó en establecer relaciones con la rama de aviación del ejército chileno, gracias a la labor del capitán Rodrigo Bravo. Cuando el general Bermúdez dejó el CEFAA, en 2002, preparó un curso sobre FANIS, de nivel universitario, «destinado a proporcionar a los estudiantes las herramientas necesarias para distinguir entre la realidad y la ficción en el tema de los OVNIS», según sus propias palabras, y con intención de impartirlo en la Universidad Iberoamericana de Ciencias y Tecnología de Santiago. El curso sería un marco en el que intervendrían otros profesores de campos relacionados, como astronomía, física espacial y astronáutica. En enero de 2010, el general Bermúdez volvió a ponerse al frente del CEFAA, en el curso de una compleja ceremonia presidida por el director general de aviación civil. Asistieron representantes de las fuerzas armadas, carabineros y comunidades académicas y científicas de todo el país. El acto recibió cobertura mediática. «Fue una hermosa ceremonia que recibió pleno apoyo de las autoridades», me explicó Bermúdez en un correo electrónico[130].

---

128. Daniel Iglesias, «Fuerza Aérea uruguaya desclasificó archivos OVNI; no descarta la "hipótesis extraterrestre"», *El País digital*, 6 de junio de 2009, http://www.elpais.com.uy. *[Nota del traductor: esta dirección está actualmente bloqueada por no ser segura para la navegación: el artículo en cuestión puede verse también en* http://www.unpuntoenelinfinito.com/ufologia/ufologia/776-fuerza-aerea-uruguaya-desclasifica.html.*]*

129. Siglas de Comité de Estudios de Fenómenos Aéreos Anómalos. Fue fundado en octubre de 1997 en el seno de la Dirección General de Aeronáutica Civil (DGAC), organismo equivalente a la Administración Nacional de Aviación de Estados Unidos.

130. Enviado en enero de 2010.

I. General Ricardo Bermúdez Sanhueza

En los últimos días de marzo y primeros de abril de 1997[131] fueron observados varios fenómenos aéreos anómalos sobre la ciudad de Arica, en el extremo norte de Chile. Al oeste de la ciudad y en el aeropuerto se vieron luces durante dos días seguidos que alarmaron a los habitantes de la región. También se vieron luces sobre el mar, moviéndose al parecer de forma coordinada. Entre los testigos, además de miembros de la población civil, hubo funcionarios de la Administración pública y profesionales de la aeronáutica del aeropuerto Chacalluta, el aeropuerto de la mencionada ciudad. La noticia llegó a la prensa y la Dirección General de Aviación Civil (DGAC) hizo una declaración pública reconociendo y confirmando las observaciones. Era la primera vez que el Gobierno chileno reconocía públicamente la existencia de objetos no identificados en el espacio aéreo nacional.

Dada la importancia del caso, dado el notable interés público por el tema y habida cuenta de las conversaciones que ya habían tenido lugar en el seno de la Fuerza Aérea sobre la necesidad de abordar el tema OVNI, el general Gonzalo Miranda, director de la DGAC, ordenó la creación de un comité para el estudio de los fenómenos aéreos anómalos. Este grupo, el CEFAA, recibió la misión de compilar, analizar y estudiar todos los incidentes que comportaran fenómenos aéreos anómalos, observados por personal aeronáutico, fuera civil o militar. Empezó a trabajar el 3 de octubre de 1997.

Yo estuve al frente del CEFAA de 1998 a 2002. En mi condición de último director de la Escuela Técnica de Aeronáutica, había tenido otros importantes puestos docentes en la Fuerza Aérea, como director de la Escuela de Ingenieros y subdirector de la Escuela de Aviación. Había sido activo investigador de fenómenos no

---

131. Algunos pasajes de este escrito fueron traducidos del español por Gustavo Rodríguez Navarro, Óscar Zambrano y Andrea Soares Berrios.

identificados, sobre todo cuando había sido agregado de aviación en Inglaterra. Durante esta misión llegué al convencimiento de que en los cielos del mundo sucedía algo y no sabíamos lo que era. Mi posición como director del CEFAA me exigía tener un punto de vista científico sobre el tema, pero también implicaba que estuviera dispuesto a tener en cuenta cualquier hipótesis sobre el origen y la naturaleza de los fenómenos.

Mis obligaciones eran, entre otras, presidir las sesiones regulares del personal y miembros del grupo, orientar los esfuerzos investigadores y proporcionar el marco logístico para implementar dichos esfuerzos. Además, promovía la cooperación con universidades y organizaciones científicas, nacionales y extranjeras. Esto incluía trabajar con el doctor Richard Haines y el NARCAP, y con el GEIPAN del Gobierno francés. Todos los días comprobaba los progresos realizados en las diversas investigaciones y supervisaba la estructura de los procedimientos. A veces me encargaba personalmente de las indagaciones y me involucraba activamente en la investigación de casos.

A semejanza de la Administración Nacional de Aviación de Estados Unidos, la competencia legal de la DGAC es administrar el espacio aéreo nacional y garantizar la seguridad de todas las operaciones aéreas, civiles, militares y comerciales. La seguridad de los vuelos comerciales es asimismo prioridad del CEFAA, que trabaja en el seno de aquel organismo. Las operaciones aéreas exigen una preparación y una ejecución cuidadosas, para que no haya elementos que distraigan a los pilotos. El avistamiento de un fenómeno desconocido es sin duda una distracción importante que podría afectar tanto a la tripulación del avión como al personal de tráfico aéreo de la torre de control. Si los operadores se concentran en el fenómeno anómalo, e intercambian detalles y preguntas, las comunicaciones por radio podrían sobrecargarse en perjuicio de pilotos y controladores aéreos, un hecho que debería preocupar a los gobernantes de cualquier país. La política del CEFAA es investigar casos sólidos con datos científicos apropiados, pero solo si hay indicios de que podía haber habido peligro para la seguridad del avión.

En mi condición de director, declaré ya desde el principio que el CEFAA desea la cooperación internacional con los siguientes objetivos:

- Compartir información pertinente y nuevos hallazgos.
- Aportar incentivos a las universidades y organizaciones científicas para que trabajen en este campo en equipos multidisciplinarios que abarquen muchas ramas de la ciencia.
- Marginar a charlatanes y falsos investigadores, y denunciar las imposturas.
- Disponer de un método uniforme para los procesos y análisis de investigación.
- Coordinar recomendaciones para operadores del control aéreo cuando haya riesgo de efectos electromagnéticos u otros peligros a bordo de los aviones.

Chile, sin duda, ha dado un gran paso adelante en la investigación de los fenómenos aéreos anómalos. Y así como la Fuerza Aérea chilena fue una de las primeras que se formaron en el mundo, es también un hecho histórico que somos uno de los primeros países en reconocer oficialmente estos fenómenos y en crear una agencia gubernamental dedicada concretamente a su investigación.

La postura oficial del CEFAA ha sido siempre reconocer que pasa algo en nuestros cielos, pero que aún no sabemos de qué se trata. Un elevado porcentaje de informes recibidos e investigados ha resultado deberse a planetas, meteoritos o fenómenos climatológicos; en algunos casos no había datos suficientes para proceder a su análisis. De vez en cuando hemos tenido casos en que no hemos podido resolver nada porque los testigos se negaban a ser entrevistados o no eran creíbles o incluso trataban de engañar. En otras ocasiones nuestros pilotos han tenido miedo de las burlas, aunque este problema se está solucionando. Entre todos los casos que se han analizado, alrededor del 4 por ciento carece de explicación, lo que significa que después de aplicar todos los medios técnicos de que disponemos, no hemos podido llegar a una conclusión satisfactoria.

Creemos que es posible que en el futuro haya muchas más apariciones de OVNIS, sobre todo teniendo en cuenta la documentación de expertos de otros países. Creemos de la máxima importancia estar preparados.

Chile no ha solicitado oficialmente la cooperación de Estados Unidos. Sin embargo, en abril de 1998, el CEFAA informó de nuestra existencia al oficial aeronáutico adjunto a la embajada de Estados Unidos en Chile y le mencionó el interés de Chile por trabajar con el organismo competente de Estados Unidos, a fin de compartir experiencias, políticas, procedimientos, etc., en relación con este tema. En julio de 2000, el CEFAA envió a la embajada un documento solicitando una consulta con el Pentágono para saber si un avistamiento presenciado en febrero del mismo año por multitud de ciudadanos de la costa central de Chile se había debido al Sistema Nacional de Defensa Antimisiles. Ninguna de las dos peticiones recibió respuesta. Para ser sinceros, no hemos recibido la menor respuesta de Estados Unidos cuantas veces hemos tratado de conseguir su cooperación.

Ahora, a principios de 2010, vuelvo a ser director del CEFAA. Tenemos tres investigadores que trabajan a tiempo completo y muchos casos nuevos que estudiar.

En resumen, estoy convencido de que los OVNIS existen y de que son una realidad a la que los gobiernos no pueden cerrar los ojos. Los fenómenos están presentes en todo el mundo y no hay que escatimar ningún esfuerzo para estudiarlos. A este fin es vital la cooperación internacional, para generar modelos de protocolos y políticas de análisis de datos. Personalmente, y en consonancia con mi mejor criterio, estoy de acuerdo con los hallazgos del Informe COMETA de los franceses: hay muchas probabilidades de que los OVNIS sean de origen extraterrestre. Sin embargo, mientras esta hipótesis no se confirme o se desmienta, debemos abstenernos de caer en el terreno de la filosofía o la religión. Pero tampoco debemos descartar la hipótesis porque pueda parecer disparatada. Necesitamos someterla a rigurosos análisis científicos para poder llegar a conclusiones válidas.

El capitán Bravo, de treinta y tres años, es nuestro colaborador más joven y el único que sigue activo en las fuerzas armadas. Tuve ocasión de pasar unos días con él a fines de 2007, cuando habló en nuestra conferencia de prensa de Washington, con permiso de las autoridades chilenas. Aunque no ha visto nunca un OVNI, es un concienzudo investigador de informes de pilotos y una autoridad sobre este tema en su país.

II. Capitán Rodrigo Bravo Garrido

Durante toda la historia de Chile ha habido informes de fenómenos no identificados, a veces llamados OVNIS, que se han visto en el cielo. Con el paso de los años hemos aumentado nuestra capacidad para explicar avistamientos, pero sigue habiendo algunos que no tienen explicación científica o lógica. En 1997 se hicieron análisis relacionados con la defensa, en el marco de la industria de las telecomunicaciones, que tocaron el tema de los fenómenos anómalos y sus efectos en los campos electromagnéticos. Se advirtieron casos en que había un bloqueo de las comunicaciones por radio coincidente con la presencia de un OVNI cerca de un avión.

Reconociendo el impacto potencial en la seguridad de la aviación, la Dirección General de Aeronáutica Civil, que está bajo la supervisión directa del comandante en jefe de la Fuerza Aérea chilena, creó en octubre de 1997 el Comité de Estudios de Fenómenos Aéreos Anómalos, conocido como CEFAA. En colaboración con especialistas aeronáuticos, este organismo investiga informes sólidos y bien documentados sobre fenómenos aéreos no identificados.

En el año 2000, con veinticuatro años, yo estaba adiestrándome para ser piloto militar. Como tema de mi tesis, que debía entregar al año siguiente, me habían encargado que investigara fenómenos aéreos anómalos, con objeto de determinar su efecto e impacto en la seguridad aeroespacial. La BAVE[132] tenía en sus archivos muchos informes de pilotos militares que describían incidentes en vuelo con fenómenos aéreos que no pertenecían al tráfico aéreo normal. Estos incidentes suponían una amenaza potencial para la seguridad aérea.

En 1988 ocurrió uno de los casos más importantes de nuestra aviación civil y reveló que los objetos voladores no identificados podían ser un peligro para las operaciones aéreas. El piloto de un Boeing 737, cuando descendía ya hacia la pista del aeropuerto El Tepual, en las afueras de Puerto Montt, ciudad situada al sur de Santiago, vio de pronto una luz blanca rodeada de un resplandor verde y rojo que avanzaba hacia el avión en línea recta. El piloto tuvo que hacer un viraje pronunciado para evitar el choque. El fenómeno fue observado también por personal de la torre de control.

Más recientemente, en 2000, la tripulación de un avión chileno de la Brigada de Aviación del Ejército que volaba hacia el sur de Santiago observó un objeto en forma de cigarro, de un gris brillante. Voló dos minutos en sentido paralelo al avión, a su derecha, muy cerca de él, y desapareció a gran velocidad siguiendo las montañas de la costa. Este objeto fue detectado por el radar del centro de control de Santiago, que lo notificó a la tripulación minutos antes del incidente y confirmó las subsiguientes observaciones del piloto.

Dio la casualidad de que el piloto de este avión era el director de estudios de aviación militar y mi instructor de vuelo en la época en que me entrenaba para piloto militar. A causa de esta relación, tuve acceso al informe completo del incidente, que fue presentado en mi departamento por el personal implicado, y amplié la investi-

---

132. Siglas oficiales de la Brigada de Aviación del Ejército de Chile.

gación del caso. Entrevisté a los otros pilotos, al ingeniero de vuelo y a los pasajeros que también vieron el objeto.

En este raro caso, los miembros de la tripulación, que pertenecían a la aviación militar, confirmaron la realidad del OVNI mediante una observación cuidadosa y un informe detallado. El radar confirmó al mismo tiempo los extraordinarios movimientos del objeto; el caso aumentó el interés oficial de los militares chilenos y el personal de aviación por los FANIS, los fenómenos aéreos no identificados. En realidad, este significativo acontecimiento tuvo un efecto importante en las actitudes y opiniones de nuestros pilotos militares. Gracias a mi implicación en este decisivo caso, se me pidió que estudiara el infrecuente tema de los FANIS para terminar mi programa de entrenamiento.

Tras llevar a cabo esta investigación, concluí en mi tesis que los OVNIS son físicamente reales y que su presencia en nuestro cielo es algo concreto. No obstante, aparecen dificultades cuando queremos estudiar su comportamiento, a causa de la complejidad del fenómeno y de nuestra incapacidad para prever acontecimientos relacionados con OVNIS. Me di cuenta de que la amplia variedad de formas, estructuras, colores y movimientos de los OVNIS significaba que el fenómeno era más amplio y general de lo que pensábamos.

Cuando fui piloto, oí historias de encuentros con objetos voladores no identificados y fui consciente de los riesgos que podían crear, de los posibles peligros. En Chile tenemos un excelente entrenamiento para toda clase de emergencias aeroespaciales, pero no hay nada escrito ni se enseña nada sobre los OVNIS. Esto significa que las reacciones durante los encuentros con OVNIS se dejan a la discreción de los pilotos y, como es lógico, han de improvisarse sobre el terreno. Mientras estaba enfrascado en la investigación de los FANIS se estableció un vínculo entre nuestra BAVE y el CEFAA, y las dos entidades trabajaron juntas para compartir información y colaborar en casos. Nuestros análisis objetivos y la seriedad con que se ha enfocado este importante fenómeno han contribuido a fomentar la conciencia OVNI entre nuestras tripulaciones de vuelo. Cooperando con la seguridad aérea, están ahora más predispuestos a informar de cualquier situación irregular y no se burlan de las opiniones sobre los OVNIS.

He seguido investigando los OVNIS, con el apoyo total del CEFAA en los estudios de casos militares y los temas de aviación, y los casos de la Brigada de Aviación del Ejército se remiten directamente al CEFAA. Hasta la fecha he analizado veintiocho casos, nueve en relación con aparatos de la Brigada. Estos nueve casos han sido estudiados por otros oficiales del Gobierno chileno y fueron presentados en informes oficiales. Además, colaboramos estrechamente con organizaciones investigadoras civiles, que aportan una vasta experiencia en investigaciones y también intercambian información con otros países.

Aunque mi puesto oficial en la BAVE no está relacionado concretamente con los OVNIS, soy la persona con quien consultan los pilotos cuando han hecho una observación, antes de informar a su departamento, como es de rigor. Parece que trato este tema con frecuencia creciente porque ha acabado sabiéndose que soy una persona clave para los informes e investigaciones sobre los OVNIS.

En la actualidad, tanto la BAVE como el CEFAA están ideando nuevos métodos de investigación y formando una importante base de datos para futuras operaciones aéreas. Esta información no es secreta. Hay un interés real por el tema de los OVNIS. Pero, por desgracia, la ciencia no apoya los experimentos o la puesta a prueba de los indicios, y nuestra metodología científica actual para medir y comprobar datos no es fácilmente aplicable al estudio del fenómeno OVNI. A consecuencia de lo cual, el estudio de los OVNIS ha atraído a multitud de investigadores autodidactas que promueven teorías acientíficas que encuentran eco en los medios. Por culpa de esta situación, en Chile como en otros países de todo el mundo, los OVNIS se consideran al margen de la ciencia oficial y son rechazados por las instituciones científicas establecidas. Todo esto dificulta mucho la identificación de estas anomalías, que existen en los cielos de todo el globo.

Personalmente creo que el fenómeno OVNI es el más interesante de todos los que afectan a nuestro planeta y el que más se resiste a las explicaciones lógicas. Hoy por hoy parece estar fuera de nuestro alcance comprenderlo. Pero sigue habiendo casos nuevos documentados por pilotos, controladores aéreos, personal de operaciones de los aeropuertos de todo el mundo y muchos otros con el adiestramiento indicado para determinar si un objeto que se ve en el cielo es algo inusual. Aunque el verdadero origen de los OVNIS sigue siendo desconocido, afectan a la aviación en todas partes y este problema hay que resolverlo. Con el tiempo, creo yo, seremos capaces de comprender la verdadera naturaleza de este fenómeno, aplicando el método científico.

20
OVNIS en Brasil

Por el general de brigada (ret.) José Carlos Pereira

*La mayoría de los norteamericanos ignora que Brasil es el quin-
to país más grande del mundo y que abarca casi la mitad de
América del Sur. Con el tiempo ha engendrado muchos excelentes
ufólogos e investigadores de campo, adquiriendo con ello la dudo-
sa fama de ser un «caldo de cultivo» de extraños incidentes con
OVNIS. También tiene una provechosa historia de interés oficial
e informes de la Fuerza Aérea. Los militares brasileños investigan los OVNIS desde hace muchos años, como puede verse por los
documentos gubernamentales.*

*Por ejemplo, Brasil hizo una notable contribución al publicar
una de las series de fotografías más importantes de la historia de
los OVNIS. Las fuentes oficiales solo han hecho unas pocas fotografías claras de OVNIS, que se sometieron en su día a intensos
análisis de laboratorio para comprobar su autenticidad y luego
se hicieron públicas. Entre las mejores hay cuatro imágenes procedentes de Brasil, las llamadas fotos de Trinidad, las más valiosas
que se hayan hecho nunca. El Gobierno brasileño colaboró en la
publicación de las mismas, hace ya más de medio siglo.*

*Hacia mediodía del 16 de enero de 1958, el capitán José
Teobaldo Viegas, oficial ya retirado de la Fuerza Aérea bra-*

sileña, y *Amflar Vieira Filho, jefe de un equipo de exploradores submarinos, fueron los primeros —entre muchos oficiales, marineros y otros— que vieron un objeto inusual desde la cubierta de un buque escuela de la Armada brasileña. Almiro Barauna, fotógrafo submarino profesional que iba a bordo, consiguió hacer una serie de estupendas fotografías sobre la cercana isla Trinidad, a pesar de la conmoción causada en cubierta por la multitud de nerviosos observadores. El capitán Viegas declaró más tarde: «Lo primero que vimos fue un disco brillante con un resplandor fosforescente, que, incluso a la luz del día, brillaba más que la luna». Precisamente del tamaño de la luna llena, «siguió avanzando por el cielo, poniéndose en posición inclinada; su forma real se perfilaba claramente sobre el fondo del cielo; era como una esfera achatada, rodeada en el ecuador por un ancho anillo o plataforma».*

El ministro de Marina brasileño confirmó las fotos de Trinidad. Un informe de United Press International afirmaba que «el ministro de Marina, almirante Antonio Alves Camara, ha dicho, tras reunirse con el presidente Juscelino Kubitschek en el palacio presidencial de Petrópolis, que él también respondía personalmente de la autenticidad de las fotografías». Kubitschek ordenó que se hicieran públicas y la cámara de diputados pidió que la marina abriera una investigación. La marina compiló un informe[133]. Las fotos originales y los negativos fueron analizados tanto por el Laboratorio de Reconocimiento Fotográfico de la Marina como por el Servicio Aerofotogramétrico Cruzeiro do Sul, de carácter privado, y los dos confirmaron su autenticidad. Poste

---

133. Carlos Alberto Ferreira Bacellar, capitán de corbeta y jefe de la Estación Oceanográfica de Trinidad, «Informe sobre observaçao de OVNIs registrados na Ilha de Trinidade no periodo comprendido entre 5 de dezembro de 1957 e 16 de janeiro de 1958». *[Nota del traductor: el texto original portugués puede consultarse en* http://www.portaldascuriosidades.com/forum/index.php?topic=1359.30;wap2.*].*

riormente, expertos civiles de Estados Unidos realizaron más análisis[134].

En 2008 y 2009 el Gobierno brasileño empezó a publicar numerosos expedientes sobre OVNIS, considerados secretos hasta entonces, y declaró que iría publicando todos los demás, en lotes de diez años a la vez. Hasta 2010 se habían publicado documentos, fotos y dibujos comprendidos entre los años cincuenta y ochenta —más de 4.000 páginas—, muchos relativos a la «Operação Prato», de la Fuerza Aérea, en que los militares investigaron la presencia de OVNIS en la región del Amazonas en 1977[135]. *En 2014 se publicó otro paquete de documentos.*

Ademar José Gevaerd, coordinador del Centro Brasileiro de Pesquisas de Discos Voadores, destacado grupo civil, y sus colegas han tenido un papel fundamental en la publicación de los expedientes oficiales. Gevaerd fue el primero en entrevistar al general de brigada retirado José Carlos Pereira, el militar brasileño de más alta graduación que ha hablado de los OVNIS. El general Pereira ha colaborado en este libro con un artículo del más alto nivel sobre los OVNIS de Brasil, sin descuidar su opinión personal sobre el tema. A petición suya, parte del artículo procede de una entrevista que sostuvo con Gevaerd; el resto se ha escrito especialmente para este libro. El texto original estaba en portugués[136].

---

134. La información sobre las fotos de Trinidad procede de Don Berliner, *UFO briefing document* (Dell Publishing, 1995), pp. 71-77. Este informe puede verse en https://www.bibliotecapleyades.net/ciencia/ufo_briefingdocument/1958.htm#50.

135. Los expedientes brasileños pueden consultarse online. Véase el informe de la Agencia Nacional de Inteligencia sobre la Operação Prato en: http://www.ufo.com. br/public/prato/ACE_3370.83.pdf; y el informe de la Fuerza Aérea brasileña correspondiente a la Operação Prato, en http://www.informeovni.net/documentos.html. Pueden consultarse expedientes más recientes en www.ufo.com.br/public/abertura_2; y más a través de enlaces que aparecen en las páginas de la revista brasileña *UFO*.

136. La traducción al inglés corrió a cargo de Edoardo Rado, de Brasil, y Andrea Soares Berrios, de Nueva York.

El general empieza con la descripción de una serie de acontecimientos espectaculares que tuvieron lugar el 19 de mayo de 1986 y que fueron presenciados por pilotos militares y detectados por radar; la jornada ha pasado a la historia como «la noche oficial de los OVNIS de Brasil». No se publicó ninguna documentación sobre este caso hasta fines de 2009, poco después de que el general terminara el artículo «OVNIS en Brasil». El «Relatório de Ocorrência» (Informe del suceso), documento de cinco páginas sobre dicho incidente y publicado por entonces, fue escrito por el jefe en funciones del mando de la defensa aérea brasileña para que el ministro de Aeronáutica contara con «información del control de tráfico aéreo y de la defensa aérea, así como del piloto interceptor que intervino en el acontecimiento». Este informe, clasificado en tiempos, afirma que las lecturas de radar del sistema de la defensa aérea y de los reactores de interceptación se registraron al mismo tiempo, mientras los pilotos observaban los objetos por la ventanilla de la cabina, todos al mismo tiempo. Es lo que la Fuerza Aérea belga esperaba que sucediera unos años después con el despegue del F-16, según explicó el general de Brouwer.

El documento enumera una serie de características comunes en los fenómenos registrados aquella noche, por ejemplo las aceleraciones y deceleraciones repentinas, la capacidad de quedar suspendidos en el aire y las velocidades supersónicas. Los objetos eran luces blancas, verdes y amarillas, y en ocasiones no parecían tener ninguna luz. La conclusión oficial dice lo siguiente: «Este Mando cree que el fenómeno es sólido y refleja inteligencia por su capacidad para seguir y mantenerse a distancia de los observadores, y también para volar en formación, no necesariamente con tripulación»[137].

---

137. José Pessoa Cavalcanti de Albuquerque, general de brigada del Ejército del Aire y jefe del Mando Aéreo de la Defensa Aérea, al Mando General Aéreo, «Relatório de Ocorrência de 2 de junho de 1986». Texto original portugués y traducción inglesa en www.ufo.com.br/documentos/night.

El general de brigada José Carlos Pereira fue jefe del COMDABRA[138] de 1999 a 2001, año en que pasó a ser general en jefe de las Operaciones de la Fuerza Aérea, hasta 2005. En calidad de tal, tenía bajo su mando a trece generales y otros 27.000 hombres. Antes de desempeñar estos empleos había sido jefe de varias bases aéreas de Brasil y director de la Academia de la Fuerza Aérea brasileña.

La noche del 19 de mayo de 1986 se localizó un despliegue de OVNIS en el sureste de Brasil y todo el sistema de la defensa se puso en alerta. La Fuerza Aérea mandó despegar reactores F-5 y F-10, con sus pilotos más experimentados, para interceptar los objetos en cuestión. El coronel Ozires Silva, presidente de una compañía petrolera brasileña, y su piloto, el comandante Alcir Pereira de Silva, volaban en un reactor Xingu, modelo ejecutivo, cerca de Poços de Caldas, rumbo a São José dos Campos, cuando radares de distintos puntos revelaron la presencia de veintiún OVNIS en el cielo, en la dirección de São Paulo a Río de Janeiro. Silva y su piloto vieron uno y lo persiguieron durante treinta minutos: era una luz brillante, rojo-anaranjada, que se movía con mucha rapidez y parecía saltar de un sitio a otro. No consiguieron alcanzarlo y al final abandonaron la persecución.

Fue una situación en la que muchos testigos expertos vieron algo y el radar detectó lo mismo. El equipo de radar puede resultar afectado por muchos factores y puede presentar un falso eco, pero un objetivo falso aparece brevemente y es fácil de reconocer porque desaparece en seguida. La historia es diferente cuando tenemos una trayectoria regular que seguir. Además, cuando hay más de un radar que localiza el mismo objeto, sabemos que está ahí. Este equipo opera en distintas frecuencias, así que tenemos la correlación de lecturas independientes de fuentes distintas. Estos datos no tienen

138. Siglas de Comando do Defesa Aérea Brasileiro.

nada que ver con los ojos humanos. Cuando los ojos del piloto ven lo mismo que el radar, y también otro piloto, y otro, etc., el incidente adquiere credibilidad real y se sostiene sobre una base sólida.

Días después de aquellos avistamientos, el general de brigada Octavio Moreira Lima, ministro de Aeronáutica, convocó una conferencia de prensa para explicar lo ocurrido. Reveló que seis reactores habían despegado de las bases aéreas de Santa Cruz y Anápolis, y algunos pilotos habían tomado contacto visual mientras el radar registraba todos los objetos. El ministro prometió presentar un informe oficial antes de treinta días, pero por la razón que fuese cambió de idea sobre la publicación. Se debió probablemente a alguna razón política, o quizá al miedo al pánico, porque en aquella época se pensaba que si la gente se enteraba podía desatarse la histeria colectiva. Pero a los pilotos y controladores aéreos no se les prohibió que hablasen del asunto.

Los acontecimientos de aquella noche fueron realmente asombrosos y algunas de nuestras preguntas sencillas tienen respuestas sencillas: ¿vieron los pilotos los fenómenos? Los vieron. ¿Los localizaron los radares? Los localizaron. ¿Los vieron Ozires y otros pilotos militares? Sí. ¿Los vieron pilotos de aviones comerciales? Sí. ¿Se correlaciona la cronología de los avistamientos? Sí. ¿Se correlacionan las trayectorias de los objetos? Sí. Y todo esto fue analizado técnicamente. Entonces ¿sucedió?

Sí, sucedió.

Todos los objetos fueron localizados por los radares de los aviones y por los radares en tierra. Los radares de a bordo operaban en una banda de microondas muy estrecha, mientras los radares de tierra operaban en una banda más ancha, así que no hay riesgo de confusión ni correlaciones confundidas.

Los militares no temieron, durante el acontecimiento, que se tratara de alguna clase de invasión. Los reactores armados con misiles despegaron y alcanzaron los objetos en menos de dos minutos. Estos reactores siempre van armados, pero con armamento de tiempos de paz, que consiste en dos misiles pequeños. Si los objetos hubieran sido de un país enemigo, habrían sido derribados aquella noche. Los pilotos estaban muy bien entrenados y la capacidad de sus radares se aumentó al máximo, lo cual no se necesita normalmente. Los radares nunca operan a la máxima potencia, para ahorrar energía e impedir el desgaste del equipo. Pero cuando despegaron los aviones, la potencia se aumentó a un nivel superior. Las comunicaciones no fallaron en ningún momento y el país no corrió ningún peligro. Los aviones aterrizaron sanos y salvos y los pilotos volvieron indemnes. ¡Misión cumplida!

Yo no creo que los OVNIS hayan supuesto ningún peligro real para la seguridad nacional, aunque hay que reconocer que la actual ausencia de conocimiento sobre el tema basta para levantar sospechas, como las despertaría cualquier cosa aparentemente avanzada. Así pasamos entonces a la principal pregunta: ¿qué eran aquellos objetos? Nadie lo sabe. No eran aviones extranjeros atacándonos. Eran *objetos voladores no identificados*. ¿Y dónde están ahora esos objetos? ¿Quién sabe? ¿Fueron capturados? Que nosotros sepamos, no. Aquí es donde entra el problema de la prueba material y no la tenemos.

Cuanto yo tenía mando, estos avistamientos se producían normalmente una vez al mes y solían ser de muy corta duración. Recuerdo que había al año dos o tres incidentes en que había que mandar pilotos militares a interceptar cosas desconocidas que aparecían en el radar. Nuestros pilotos civiles no temen hablar y lo hacen siempre, porque no quieren perder el empleo por *no* informar de acontecimientos inusuales. Lo primero que hacen cuando ven algo extraño es llamar a los controladores, porque tienen una gran responsabilidad personal.

Los aviones civiles siempre están en contacto con el control de tráfico aéreo y todas estas operaciones en Brasil están relacionadas con la Fuerzas Aérea y son de carácter militar. Cuando un piloto militar dice: «Aquí pasa algo», el centro de control avisa inmediatamente al centro de operaciones militares de la zona, si es algo serio. A continuación se emprende alguna acción en relación con ese hecho y se informa al CODA[139], que es el organismo superior y el único que supervisa todo el país. Luego, el piloto o el controlador aéreo redactan un informe; saben dónde están los formularios —en cualquier base aérea o en cualquier oficina de control de tráfico del país— y, una vez completado el documento, se entrega en cualquier base aérea.

Siempre hay una investigación cuando el piloto informa de lo que ha visto. Tal como se pide en el formulario, debe informar de la dirección, altitud y velocidad del objeto. También necesitamos otros detalles, como la posición del sol en relación con el avión en aquel momento concreto. El brillo del objeto es igualmente importante, así como la clase de nubes que había entonces en el cielo. Todos estos datos son preciosos. Los controladores pueden comprobar entonces si otros aviones se cruzaron con la trayectoria de nuestro piloto, lo cual podría explicar el acontecimiento. Hay una investigación y si se averigua que ningún otro avión estuvo presente allí y que el clima no fue un factor, entonces tenemos una situación especial. Y todas estas cosas son fáciles de comprobar cuando se detalla todo en el informe inicial. Luego eliminamos todas las posibilidades hasta que estamos seguros de que no hay ninguna explicación convencional para los datos, y entonces el informe se archiva con todos los requisitos de seguridad.

Los informes que tienen una explicación convencional se eliminan al cabo del tiempo y el personal de la Defensa Aérea informa al piloto de que se ha averiguado lo sucedido. Si no se halla ninguna explicación, el caso se traslada a otra carpeta, llamada «Libro de Sucesos de Vuelo». Todos los casos sin resolver se guardan en esos libros y es de esperar que con el tiempo se permita verlos a los investigadores. En ellos hay importantes informes de pilotos y controladores aéreos: todo lo que no podemos explicar, todo lo que se considera secreto, va a parar a esos libros. Es importante subrayar que este «Libro de Sucesos de Vuelo» contiene casos que no pu-

---

139. Siglas de Comando de Operações de Defesa Aérea.

dieron explicarse ni siquiera después de someterse a los análisis de los expertos especialmente encargados de esta misión.

Cuando fui jefe del COMDABRA, el Mando de la Defensa del Espacio Aéreo Brasileño, de 1999 a 2001, todos los casos relacionados con OVNIS localizados por pilotos y por radar acababan en mi mesa. Solo en una ocasión participé activamente en la investigación de un incidente OVNI, aunque tenía acceso a los expedientes secretos y a los informes tanto oficiales como extraoficiales. Después de jubilarme seguí teniendo acceso a casi toda la información que deseaba.

No he estado al tanto de lo que sucede en la Defensa Aérea en los últimos cuatro años, pero sé que seguimos recibiendo informes. A pesar de todo, quiero mencionar algo importante. Creo que hay muchos avistamientos, del orden del 90 por ciento, de los que no se nos informa. Brasil es un país muy grande y esos informes se presentan donde hay aeropuertos o bases militares aéreas, y solo los presentan personas que saben cómo funciona el proceso. Los civiles ni siquiera saben que hay formularios y que están a disposición del público en todo el país. Desconozco el verdadero porcentaje de avistamientos que se comunican, pero creo que es muy pequeño. Así que el número de informes que llegan a conocimiento de los militares es casi insignificante.

Para un país es un gran paso reconocer oficialmente la existencia de OVNIS, como ha hecho Francia. Publicar información no ha causado pánico entre la ciudadanía y no creo que lo cause si se hacen públicos más expedientes. Nadie teme la transparencia; por el contrario, teme su ausencia. Yo creo que desde el momento en que el Gobierno permite el debate público sobre un tema, todo el miedo de la gente hacia el tema en cuestión desaparece. Y si hay un país donde nunca cunde el pánico, es Brasil. Más bien ocurre lo contrario; es posible que para celebrarlo se invente una nueva samba sobre el asunto.

¿Cómo afrontamos la existencia de los OVNIS? Los indicios muestran que hay fenómenos inexplicados y esto inclina a muchos de nosotros a creer en la existencia de naves espaciales alienígenas que vienen a la Tierra. Sin embargo, es peligroso sacar conclusiones sobre lo que son esos objetos, porque nos faltan conocimientos para ello. Yo creo que la ciencia tiene mucho camino que recorrer si quiere identificar y explicar los fenómenos. Necesitamos astrónomos, meteorólogos, expertos en aviación, astrofísicos y muchos otros científicos, porque una investigación así debe ser emprendida conjuntamente por muchos especialistas. En realidad, debería ser un esfuerzo nacional. El efecto sinérgico del conocimiento es innegable.

Soy hombre entregado a la ciencia, un hombre con mentalidad científica. Si presentas la hipótesis de que puede haber entre nosotros extraterrestres que hacen cosas que no comprendemos, chocamos con el razonamiento científico convencional. Por lo que sabemos, en ningún planeta de nuestro sistema solar puede haber vida, salvo en la Tierra.

Yo me baso en el conocimiento que tenemos en la actualidad, en la idea del universo que la ciencia tiene actualmente. Esta es la condición que hay que tener en cuenta. Si yo me limito a dar por bueno lo que sabemos actualmente, no tengo más remedio que rechazar toda posibilidad de que venga nadie a la Tierra, procedente del espacio exterior. La cosa se vuelve más compleja si vamos más allá, porque Alfa de Centauro, la estrella que tenemos más cerca, no parece tener sistema planetario. Hemos de dirigirnos entonces a la región del universo que los astrónomos llaman «zona habitable», que está a muchos años luz de la Tierra.

A pesar de todo, nunca afirmaría que otras civilizaciones, estén donde estuvieren, no podrían ir un millón de años por delante de nosotros. Humildemente repito, por tanto, que nuestro conocimiento actual no es suficiente por sí mismo para comprenderlo todo. Después de conocer el fenómeno OVNI en el tiempo que estuve en el ejército, soy consciente —estoy convencidísimo— del elevado nivel de ignorancia que tenemos en lo que se refiere al universo, en la etapa actual del desarrollo científico humano. El fenómeno OVNI ha puesto de manifiesto que tenemos mucho que aprender sobre física y otras disciplinas científicas. Nuestra ciencia no ha llegado al límite y con el tiempo llegaremos a comprender lo que actualmente desconocemos.

Basta fijarnos en lo que ha sucedido en los últimos cien años, la cantidad de descubrimientos que ha habido, la penicilina, la navegación aérea. Despegamos del suelo en un avión hace cien años y en menos de un siglo conseguimos llegar a la Luna. Desde el punto de vista astronómico, cien años no es nada, ni siquiera polvo. Evidentemente, una civilización avanzada no mandaría al espacio, como nosotros, naves propulsadas por motores de cohete. Si en menos de un siglo y con nuestra limitada capacidad hemos conseguido eso, pensemos en lo siguiente: ¿qué conseguiremos dentro de otros cien años o dentro de mil?

No tengo inconveniente en recurrir a la filosofía cuando se trata de abordar temas que no hemos sido capaces de resolver: quiénes somos, de dónde venimos, adónde vamos. Los seres humanos, desde Aristóteles, vienen haciéndose esas preguntas y todavía no conocemos la respuesta. La investigación científica del fenómeno OVNI, en combinación con otros temas propios de la ciencia y la filosofía, podría abrir un camino que nos condujera a esa respuesta.

Ninguna institución tiene derecho a cerrar la puerta a los debates sobre cualquier asunto, científico, político, social o religioso, y eso incluye el estudio de los objetos voladores no idenificados, que considero dentro del campo de la ciencia. Creo que no solo Brasil, sino también todos los países social y tecnológicamente desarrollados, debería crear agencias oficiales para abordar este tema. Estados Unidos debería tomar la delantera, porque ese país es y seguirá siendo el de más poder tecnológico del mundo y tiene una gran capacidad para absorber conocimiento de otros países. Y si se aceptara que hay algo que viene del espacio, creo que Naciones Unidas debería responder y no dejar esa misión en manos de cada país por separado.

TERCERA PARTE

Una llamada a la acción

«La única forma de descubrir los límites de lo posible es ir más allá y adentrarse en lo imposible.»

Arthur C. Clarke

21
Por la apertura de otra agencia OVNI en Estados Unidos

A pesar de la pasmosa pero lógica deducción de que habría que tener en cuenta la hipótesis extraterrestre para explicar algunos OVNIS, como nuestros expertos han señalado en páginas anteriores, los gobiernos sienten aversión a aceptar ese enfoque o sus consecuencias. Ellos no están motivados para unificar recursos y averiguar si la hipótesis puede demostrarse, ya que desestiman el interés popular por el tema y su potencial para que haya un descubrimiento revolucionario. En el fondo, la hipótesis extraterrestre —repito que hablamos solo de una posibilidad, no de un hecho— posee una cualidad desconcertante y es esto probablemente lo que explica que muchos gobiernos se mantengan a una distancia segura de todo el embrollo. La dificultad de investigar algo tan escurridizo e impredecible como los OVNIS es también un problema, aunque no insuperable. Las instituciones que han aceptado el reto han conseguido mucho, como ha quedado claro en la segunda parte de este libro, pero en última instancia carecen de los recursos necesarios para resolver por su cuenta el misterio de los OVNIS. Incluso después de todos estos decenios de investigación seria en Francia, de exploración de las consecuencias para la defensa en el Reino Unido y de las investigaciones de campo en la Amazonía brasileña (por poner tres ejemplos significativos), seguimos sin saber qué son realmente los misteriosos objetos. Algunos organismos gubernamentales siguen recogiendo informes de casos en su país respectivo, investigan avistamientos y acumulan datos a la montaña de los ya existentes, pero no solucionan nada, mientras el resto del mundo les vuelve la espalda.

Cuando se les pregunta, casi todos los militares que han estado personalmente envueltos en incidentes OVNI se abstienen de interpretar o especular, aunque en privado conservan un agudo y persistente interés con llegar al fondo del problema. Quieren saber qué es lo que han visto por sus propios ojos o con qué se han encontrado sus fiables colegas de uniforme, y este deseo no mengua con el tiempo. Estos testigos y otros que están en el secreto admiten la posibilidad extraterrestre o quizás interdimensional; una vez que se ha visto de cerca una de estas extrañísimas cosas, la mentalidad se abre inevitablemente. Incluso quienes empezaron siendo detractores y se burlaban de la simple idea de un OVNI, se ven obligados a admitir lo que antes les parecía inconcebible. A menudo se sienten aislados, temen el ridículo y se sienten abandonados por el mundo que los rodea. Pero colectivamente podrían tener un peso importante.

Los testigos fidedignos y los investigadores oficiales han documentado miles de informes de casos convincentes y versiones en primera persona. Hemos acumulado ya datos suficientes para afirmar, *sin la menor duda*, la realidad de un fenómeno físico y coherente. Y sin embargo, el Gobierno de Estados Unidos se ha quedado atrás, negándose a reconocer nada y dejando a los ciudadanos empantanados en un perpetuo punto muerto.

¿Cómo superar esta situación? Si queremos encontrar un modelo factible, ahí tenemos la agencia OVNI de Francia, la matriz de todas las existentes, porque, como hemos tenido ocasión de ver, su oficina, que funciona en el seno del CNES, ha trabajado diligentemente el problema durante más de treinta años, más desde una perspectiva investigadora que militar. Por buscar el conocimiento por el conocimiento, los franceses han estado abiertos a todo un abanico de explicaciones de los OVNIS, que es lo que han de hacer los científicos. El histórico Informe COMETA de 1999 cruzó una barrera cuando sus generales, almirantes e ingenieros, junto con un antiguo director del CNES, llevaron el tema al campo militar y afirmaron con gran autoridad que, a pesar de que aún no se había demostrado, la hipótesis extraterrestre era la más probable.

¿Llegaremos a descubrir, para satisfacción de los científicos de la comunidad internacional, qué son los OVNIS y de dónde vienen? ¿Seremos capaces de emprender de una vez esta investigación en tanto que sociedad planetaria? Si es así, tendríamos que ser previsores y proponernos con toda firmeza la aclaración del problema, convirtiéndolo en una prioridad. La otra solución que nos queda es sentarnos a esperar que los presuntamente todopoderosos objetos voladores decidan revelarnos su identidad. Casi todas las personas del Gobierno y el ejército con quienes he hablado, las más preocupadas, las más fidedignas y las más serias, están de acuerdo en tres puntos básicos, cuando se aborda el tema de promover el tema:

- necesitamos más investigación científica, entre otras cosas por el impacto de los OVNIS en la seguridad de la aviación
- esta investigación debe ser una empresa internacional y cooperativa en la que participen muchos gobiernos y que esté por encima de la política
- este esfuerzo global no podrá ser efectivo sin la participación de Estados Unidos, hoy por hoy la mayor potencia tecnológica del mundo

Estamos maniatados por el opresivo tabú de los OVNIS, que solo ha servido para defendernos de cuestiones subyacentes más profundas e incluso de amenazas —conscientes e inconscientes—

inherentes al hecho de reconocer, al nivel más básico, un fenómeno
físico turbador e inexplicado. Necesitamos romper las ligaduras. En
esta tercera parte exploraremos estas cruciales cuestiones políticas,
con ayuda de un antiguo funcionario de alto nivel de la Administración Nacional de Aviación, de un exgobernador estatal y, en un
plano más teórico y filosófico, de dos destacados expertos en ciencias políticas. Sin embargo, corresponde a todos los ciudadanos
tomar la decisión final sobre el papel potencial que haya de tener
nuestro país en el futuro.

Lógicamente, el primer paso hacia la solución es la creación de una
oficina o pequeña agencia, en el seno del Gobierno, para administrar apropiadamente las investigaciones sobre los OVNIS y las relaciones con otros países, y para exponer a la comunidad científica
que es un tema que vale la pena estudiar. Para alcanzar estos objetivos habría que pensar dónde —en qué rama de la Administración— podría crearse esta modesta «oficina OVNI» para poner en
marcha el proceso. Si nos ponemos como modelo otros países, tenemos muchas opciones. A menudo es la Fuerza Aérea la que se
encarga de estas investigaciones, como hemos visto en los casos de
Bélgica y Brasil, aunque ningún Gobierno haya abierto un negociado especial dedicado a este fin en el seno de la Fuerza Aérea. Sin
embargo, en ambos casos, los generales implicados han afirmado
que una unidad especial encargada a tiempo completo de investigar
OVNIS sería de gran ayuda y subrayan que es indispensable. Puede
que Estados Unidos necesite abrir otra oficina en la Fuerza Aérea,
guardándose mucho de repetir las muchas equivocaciones del Proyecto Libro Azul. El general de Brouwer de Bélgica recomienda
que la agencia estadounidense esté integrada en la Fuerza Aérea
porque esta es responsable de la seguridad del espacio aéreo y tiene
medios para intervenir si es necesario. El trabajo de esta oficina,
añade, deberá ser objetivo, imparcial y transparente, y podría contar con la colaboración de grupos civiles privados.

Cuatro agencias concretas mencionadas en páginas anteriores —el GEIPAN de Francia, el CEFAA de Chile, la OIFFA de Perú y la oficina del Ministerio de Defensa británico— se fundaron en cuatro departamentos administrativos muy distintos. La agencia francesa se fundó en el seno de una entidad equivalente a la NASA estadounidense, mientras que las autoridades chilenas abrieron la suya en un organismo equivalente a nuestra Administración Nacional de Aviación. La oficina peruana es una agencia de la Fuerza Aérea y la oficina OVNI británica estaba integrada en el Ministerio de Defensa, con instrucciones de proteger los intereses de la defensa del Reino Unido. Esta diversidad de ubicaciones y orientaciones tiene mucho que enseñarnos y nos revela que en Estados Unidos tenemos bastantes opciones estructurales.

Diversos colaboradores de este libro, como Jean-Jacques Velasco, de Francia, el doctor Richard Haines, de Estados Unidos, el general Bermúdez, de Chile y el general Pereira, de Brasil, subrayan la importancia de establecer alguna clase de base de datos centralizada, «una organización global seria, que sea objetiva, esté conectada con agencias de todo el mundo y se dedique a responder con espíritu científico y responsable a las principales preguntas que plantea el tema OVNI», como dice Bermúdez. «Sin un organismo así, nos estancamos». En consecuencia, algunos han propuesto que Naciones Unidas sea el punto lógico de concentración de ulteriores estudios de los OVNIS, dado que el fenómeno se da a nivel mundial, trascendiendo las fronteras nacionales. Esto tiene sentido, al menos teóricamente, aunque su efectividad tal sea altamente improbable, habida cuenta de las muchas preocupaciones y engorros burocráticos que hay en el mundo, en una época como la nuestra, de crecientes peligros y dificultades.

Sin embargo, ya hubo en una época anterior, en un mundo relativamente más sencillo, una propuesta tendente a este mismo fin, en las Naciones Unidas. Siete años después de que se clausurase el Proyecto Libro Azul, J. Allen Hynek y otros trataron de crear un cuerpo investigador internacional en las dependencias de Naciones Unidas.

En 1978, sir Eric M. Gairy, a la sazón primer ministro de Granada, propuso a la Asamblea General de la ONU el establecimiento de «una agencia o departamento de las propias Naciones Unidas cuyo cometido sea asumir, coordinar y difundir los resultados de las investigaciones sobre Objetos Voladores No Identificados y fenómenos parecidos»[140]. El doctor Hynek, con sus colegas el doctor Jacques Vallée y el teniente coronel Larry Coyne, un piloto estadounidense cuyo helicóptero casi chocó con un OVNI en 1973, solicitó —en una sesión de la ONU— que Naciones Unidas aportara un marco de trabajo en el que los muchos científicos y especialistas de todo el mundo que trabajaban en el fenómeno OVNI pudieran compartir sus hallazgos. Señaló que había habido informes sobre OVNIS en 133 países miembros de la ONU y que había más de un millar de casos «con indicios físicos de la presencia del OVNI. Una cantidad importante de informes se debe a personas altamente responsables: astronautas, expertos en radar, pilotos militares y comerciales, funcionarios del Gobierno, astrónomos y otros científicos»[141].

A pesar de estas preocupaciones, los teletipos del Departamento de Estado revelan que la delegación de Estados Unidos en la ONU desestimó la propuesta de Gairy, calificándola de «propaganda comercial de la guerra relámpago» y tratando de impedir que se aprobara[142]. Un mensaje confidencial de la misión estadounidense al secretario de Estado solicitaba «pasar a la acción» y pedía «instrucciones para adoptar postura de EE.UU. en este particular, así como qué nivel de notoriedad se desea. El año pasado Granada nos pidió apoyo y Misoff tuvo que pelear duro entre bas-

---

140. Teletipo del Dpto. de Estado, «Grenadian UFO crusade: déjà vu», 18 de noviembre de 1978, hecho público gracias a la Ley de Libertad de Información. Tomado de Clifford E. Stone, *UFOs are real* (SPI Books, 1997).

141. Teletipo del Dpto. de Estado, «Grenadian UFO resolution», 28 de noviembre de 1978, clasificado Confidencial y publicado gracias a la Ley de Libertad de Información. Tomado de Clifford E. Stone, *UFOs are real* (SPI Books, 1997), doc. 5-21a.

142. Teletipo del Dpto. de Estado, 18 de noviembre de 1978; cf. op. cit.

tidores para atenuar la resolución y, en efecto, demorar una votación por un año. Otra cosa a decidir es si lavarnos las manos en declaraciones hechas por ciudadanos estadounidenses sobre delegación de Granada»[143].

En fecha posterior, los miembros de la delegación de Estados Unidos iniciaron «sesiones negociadoras» con delegados de otras misiones, «en un intento de llegar a una solución de compromiso sobre el problema que fuera aceptable por todas las partes». Se había ideado un plan para remitir la resolución de Granada a la Comisión del Espacio Exterior, sin que hubiera orden de iniciar un estudio. Esto reduciría «la necesidad de votar una resolución y tener que confiar en los resultados»[144]. A pesar de los esfuerzos estadounidenses por bloquear la votación, la Asamblea General acabó aceptando una resolución preliminar presentada por Granada. Se fue a pique en 1979, cuando Gairy fue destituido a raíz de un golpe de Estado comunista en la isla.

Hynek había informado asimismo a la comisión de la ONU de un estudio iniciado por el CNES francés con la colaboración de científicos de diversos campos. Señaló que los estudios de casos habían sido «ejemplares y muy superiores a los estudios anteriores de otros países [...] las consecuencias de esta investigación francesa para la ciencia y el público en general son profundas»[145]. El GEPAN, agencia oficial del Gobierno francés, acababa de crearse en el seno del CNES, bajo la dirección de Yves Sillard, como parte de una respuesta natural y lógica a un problema científico relacionado con el espacio que necesitaba más investigación. Al mismo tiempo, en Estados Unidos hubo intentos de lanzar otra investigación OVNI en el seno de nuestra agencia espacial nacional, la NASA.

---

143. Ibid.

144. Teletipo del Dpto. de Estado, «Grenadian UFO resolution», 2 de diciembre de 1978. Tomado de Clifford E. Stone, *UFOs are real* (SPI Books, 1979), doc. 5-22.

145. J. Allen Hynek, discurso en la ONU, 27 de noviembre de 1978. Este discurso fue resumido en un teletipo del Dpto. de Estado de EE.UU., «Grenadian UFO resolution», 28 de noviembre de 1978.

Pero las cosas no eran tan sencillas en Estados Unidos, ni siquiera cuando la NASA recibía la petición de parte de la máxima autoridad: el presidente del país. Sin que lo supiera la mayoría de los ciudadanos, ni siquiera el presidente Carter pudo conseguir que una agencia financiada con dinero público echara un vistazo a los indicios que había sobre los OVNIS y viera si quizás, solo quizás, estaba justificada la creación de una oficina de investigación dentro de la NASA.

Carter protagonizó su propio avistamiento OVNI en 1969, antes de ser gobernador de Georgia. En 1973, siendo ya gobernador, presentó un informe de dos páginas, escrito a mano, en respuesta a una petición hecha por un grupo civil de investigación. Según dicho informe, una tarde de octubre iba a pronunciar un discurso en Leary, Georgia, cuando él y diez miembros del Leary Georgia Lions Club vieron un objeto luminoso que a veces se hacía tan grande como la luna. Durante diez minutos estuvo cambiando de color, «se acercaba, se alejaba, se acercaba, se alejaba» y a veces se quedaba inmóvil; entonces «desapareció»[146].

Año y medio después de que Carter fuera elegido presidente, en 1977, su consejero científico, Frank Press, escribió a Robert Frosch, administrador de la NASA, sugiriéndole que esta organizase «un pequeño grupo de investigación» para ver si había «nuevos hallazgos significativos» posteriores al informe Condon. «El centro de la cuestión OVNI debe ser la NASA»[147], escribió Press, y la respuesta inicial de Frosch fue entusiasta. «Un grupo de investigación como el que usted propone seguramente podría descubrir nuevos hallazgos significativos», respondió en septiembre. «Sin duda, generaría interés y podría redundar en la designación de la NASA como centro de los asuntos

146. Informe de avistamiento para el International UFO Bureau, Oklahoma City, Oklahoma, 18 de septiembre de 1973.

147. Dr. Frank Press, carta al Dr. Robert Frosch, 21 de julio de 1977. Richard C. Henry, «UFOs and NASA», *Journal of Scientific Exploration*, vol. 2, n.º 2 (1988), pp. 109.

OVNIS». Sugirió que la NASA nombrase un «jefe de proyecto»[148] que repasara los informes de OVNIS de los últimos diez años e hiciera una recomendación. La Casa Blanca estuvo inmediatamente de acuerdo[149].

La Fuerza Aérea estadounidense, que había declarado públicamente que no valía la pena investigar los OVNIS, pareció abrigar dudas profundas sobre la petición del Gobierno Carter de que la NASA iniciara una nueva investigación. El coronel Charles E. Senn, jefe de la División de Relaciones con la Comunidad de la Fuerza Aérea, dijo en una carta dirigida al teniente general Duward L. Crow, de la NASA, que «espero sinceramente que impida usted la reapertura de las investigaciones sobre los OVNIS»[150]. No hay ningún documento que indique en qué medida esta u otras presiones de la Fuerza Aérea influyeron en la respuesta de la NASA a la petición que había hecho Frank Press en nombre de Carter.

Tras una larga serie de cartas, comunicados internos e indagaciones realizadas en varios niveles de la jerarquía burocrática de la NASA, la agencia denegó la petición del presidente de la nación en diciembre de 1977: sin dar al jefe de proyecto la menor oportunidad de repasar los datos acumulados. Frosch dijo que para ello la NASA necesitaba «indicios físicos sinceros de fuentes fidedignas [...] indicios físicos o tangibles que puedan analizarse en laboratorio». A falta de tales indicios, añadió, «no hemos podido idear un procedimiento científico sólido para investigar estos fenómenos». En consecuencia, proponía que no se diera ningún paso para «iniciar una actividad inves-

148. Dr. Robert Frosch, carta al Dr. Frank Press, 6 de septiembre de 1977. Carta completa en el apéndice de Richard C. Henry, «UFOs and NASA», *Journal of Scientific Exploration*, vol. 2, n.º 2 (1988), pp. 110-111.

149. Dr. Frank Press, carta al Dr. Robert Frosch, 14 de septiembre de 1977. Carta completa en el apéndice de Richard C. Henry, «UFOs and NASA», *Journal of Scientific Exploration*, vol. 2, n.º 2 (1988), p. 114.

150. Charles E. Senn, carta a Duward L. Crow, 1 de septiembre de 1977.

tigadora en este campo ni convocar ningún simposio sobre este tema»[151].

El Dr. Richard Henry, destacado catedrático de astrofísica en la Universidad Johns Hopkins, era a la sazón subdirector de la División de Astrofísica de la NASA y tenía voz y voto en la toma de decisiones. En un artículo publicado en 1988, Henry discrepa de la afirmación hecha por Frosch en el sentido de que no había «indicios físicos o tangibles». Dice que en la época había abundancia de indicios importantes, cosa que estaba en condiciones de saber como jefe de la División de Astrofísica.

Henry alega que no era verdad lo que había dicho Frosch al negar la existencia de un protocolo científico sólido. «La Academia Nacional de Ciencias aprobó el estudio de Condon sobre los OVNIS y sancionó concretamente sus procedimientos (protocolo). No podemos admitir que se diga que no es posible un protocolo sólido», escribió en un comunicado particular a Noel Hinners, administrador de ciencia espacial de la NASA. «La cuestión es que para que el protocolo sea válido debe contemplar la posibilidad de que el fenómeno OVNI se deba en parte a inteligencias superiores a la nuestra»[152]. Paradójicamente, fue este mismo informe Condon el que introdujo la nota negativa en la ciencia oficial y sin duda influyó en el deleznable rechazo de la petición presidencial, que estaba científicamente fundada.

Salta a la vista que la NASA no es el mejor sitio para instalar una agencia OVNI en Estados Unidos. Pero ¿y la Administración Nacional de Aviación (FAA)? Este organismo parece tener en relación con los OVNIS un papel muy distinto del que tienen los centros de

151. Dr. Robert Frosch, carta al Dr. Frank Press, 21 de diciembre de 1977. En Henry, op. cit., p. 115.

152. Dr. Richard Henry, comunicado para el Dr. Noel Hinners, Asunto: cuestiones OVNIS, 17 de enero de 1978; en Richard C. Henry, «UFOs and NASA», *Journal of Scientific Exploration*, vol. 2, n.º 2 (1988), p. 130.

aviación civil de los países de Europa Occidental y América del Sur, a pesar de que es responsable de la protección de nuestro cielo. Recordemos que en 2006 informó a los pilotos y otros testigos del disco suspendido sobre el aeropuerto O'Hare de que en realidad era un fenómeno meteorológico, aunque el tiempo era entonces de lo más normal, era de día y todos los datos climatológicos se registraron mediante los procedimientos habituales. Presionada, la FAA fue más allá y dijo que lo que se había visto era una nube perforada, un fenómeno climatológico muy inusual y muy concreto que exige, para producirse, temperaturas bajo cero; y las temperaturas del aeropuerto aquella tarde estaban muy por encima de cero. Estas afirmaciones irresponsables hacen que los testigos no quieran presentar informes, que normalmente es el primer paso que hay que dar cuando se quiere emprender una investigación[153]. Por desgracia, en la cuestión de hacerse cargo de los OVNIS, la FAA parece una candidata incluso menos aceptable que la NASA.

Parece indicado establecer una comparación con la Autoridad de Aviación Civil (CAA), el organismo de nuestro más próximo aliado, el Reino Unido. Allí es obligatorio informar de cualquier incidente en que pilotos o personal de tripulación aérea crean que ha habido algún peligro para el avión, sea cual sea la causa. A partir de aquí, la CAA y otras autoridades tienen una base para decidir si es necesario investigar.

Cuando el comandante Ray Bowyer y sus pasajeros vieron en 2007 un par de objetos brillantes sobre las aguas del canal de la Mancha, lo primero que hizo Bowyer cuando aterrizó fue informar por fax a la CAA, siguiendo el procedimiento que se exige normalmente. Ni su compañía ni nadie quiso que guardara silencio sobre lo ocurrido, que fue comentado por la BBC[154]. En realidad, se han hecho públicos muchos expedientes de la CAA

---

153. Véase el Capítulo 6 para conocer los detalles del incidente del aeropuerto O'Hare en 2006 y la respuesta de la FAA.

154. Para los detalles, véase el Capítulo 7.

sobre casos no resueltos en que han intervenido pilotos, controladores aéreos y personal de tierra. Por ejemplo, un informativo de la BBC informó en 1999 de que «los expertos en aviación están desconcertados a causa de un OVNI que evitó por poco colisionar con un avión de pasajeros que acababa de despegar del aeropuerto londinense de Heathtrow». Un objeto metálico pasó a menos de siete metros del avión, pero por el motivo que fuera no fue detectado por el radar. La BBC explicó que el piloto presentó un informe de incidente de cuasi colisión (*airprox* en jerga internacional) y que «el informe publicado por la Autoridad de Aviación Civil no ha encontrado explicación para el incidente, que también ha dejado perplejos a los expertos militares locales y a la policía local»[155].

Imagínense si la Administración Nacional de Aviación (FAA) estadounidense hubiera hecho una declaración así sobre el incidente de O'Hare, en el que el radar tampoco detectó nada. Acostumbrado a un comportamiento más saludable, al comandante Bowyer le parecía inconcebible aquella práctica de no informar que imperaba en Estados Unidos, porque la CAA no establece diferencias entre las posibles causas de peligro para el avión. Bien mirado, resulta muy extraño que la Administración de Aviación de Estados Unidos desestime una causa infrecuente de peligro —objetos voladores no identificados— y en cambio admita todas las demás, aunque el impacto potencial sea el mismo. La Administración de Aviación norteamericana no facilita formularios para informar de esta clase de avistamientos, aunque tiene formularios para informar de actividades volcánicas y colisiones con aves en vuelo, incluso un detallado «cuestionario de exposición a rayo láser».

La Administración de Aviación de Estados Unidos (FAA) no se esfuerza por ocultar su parcialidad. Como norma de política inte-

---

155. BBC News, «UFO bafles aviation experts», 15 de septiembre de 1999, http://news.bbc.co.uk/2/hi/uk_news//448267.stm.

rior, la agencia ha comunicado a sus empleados que no quiere tener nada que ver con informes sobre OVNIS ni con ninguna otra anomalía, sea cual sea la gravedad del peligro que entrañe para el avión o la vida de las personas que van en él. En la edición de 2010 del Manual de Información Aeronáutica, sección 6, sobre «Informes de seguridad, accidentes y peligros»[156], afirma que «las personas que deseen informar de actividad de OVNIS/fenómenos inexplicados» deberán ponerse en contacto con un centro de recopilación de datos, como Bigelow Aerospace Advanced Space Studies, una organización investigadora que se dedica a nuevas y emergentes tecnologías de naves espaciales, o al National UFO Reporting Center (NUFORC), un grupo civil con formularios informativos y línea directa para casos de OVNIS que recoge informes detallados de avistamientos.

Con humor involuntario, el manual añade que «si se cree que la vida o la propiedad pueden estar en peligro» por culpa del OVNI, «infórmese de la actividad a la comisaría de la zona»[157]. ¿Hay que entender aquí la comisaría sobre cuya jurisdicción está volando el avión en el momento del peligro, digamos, a 35.000 pies de altitud? ¿O el puesto de policía más cercano a un aeropuerto sobrevolado por un OVNI? Es de creer que unas instrucciones tan absurdas se cambiarían si Estados Unidos tuviera una agencia OVNI.

Hubo dos testigos del incidente O'Hare que hicieron exactamente lo que sugería el manual: llamaron al NUFORC y enviaron informes escritos de sus avistamientos. Según me contaron, no habían leído el manual de la Administración de Aviación estadounidense y obraron sin saber que aquello era exactamente lo que recomendaba. Los dos habían oído hablar del NUFORC, cada uno

---

156. Véase la Sección 7-6-4, «Informes sobre Objetos Voladores No Identificados (OVNIS)». Puede verse el manual en http://www.fa.gov/air_traffic/publications/ATpubs/AIM/Chap7/aim0706.html.

157. Manual de la FAA, ibid.

por su cuenta, y no sabían en qué otro sitio presentar unos informes que creían su deber redactar. Curiosamente, estos informes fueron a parar al *Chicago Tribune*, el periódico envió a investigar al cronista de transportes, Jon Hilkevitch, y al final la noticia del incidente del aeropuerto O'Hare salió en primera plana.

Supongo que muy pocos empleados de la Administración Nacional de Aviación habrán leído el manual —quiero decir el manual entero-, pero cuando hay avistamientos, los directivos parecen muy recelosos de la actitud de su personal, caiga quien caiga. El mensaje que se les transmite, a menudo sutil e indirectamente, a modo de velada amenaza laboral, es que no hablen con la prensa sobre esta clase de incidentes. La negligencia de la FAA podría rayar en lo peligroso, a no ser que el problema sea que otras agencias gubernamentales deberían responsabilizarse de los incidentes OVNIS, que según la FAA están fuera de su jurisdicción. Sea cual sea la rama del Gobierno que se encargue del asunto, la amenaza, si la hay, que plantea la proximidad de objetos no identificados a los aviones comerciales tiene que ser debidamente evaluada por un organismo de nuevo cuño que se encargue de investigar los OVNIS.

Nick Pope, antiguo funcionario del Ministerio de Defensa británico y experto en ufología, dice que los gobiernos definen el concepto de «amenaza» de un modo muy particular, sobre todo en los círculos de la inteligencia militar. La fórmula que se aplica es la siguiente: Amenaza = capacidad + intención. Por ejemplo: Estados Unidos sabe que el Reino Unido tiene armas nucleares (amenaza) y que en consecuencia tiene capacidad para lanzar un ataque contra Estados Unidos (capacidad), pero como el Reino Unido no tiene *intención* de lanzar tal ataque, Estados Unidos no tiene por qué preocuparse. Pope señala que sabemos con seguridad que los OVNIS, dadas su velocidad y maniobrabilidad fantásticas, muy superiores a nuestra tecnología, tienen capacidad para ser una amenaza. Pero desconocemos totalmente las intenciones de los OVNIS y por lo tanto constituyen una amenaza no mensurable. Por esto mismo, los OVNIS deben ser considerados en serio como amenazas posibles y el Ministerio de Defensa británico está ojo avizor por ese motivo[158].

Pope sospecha que los círculos de la inteligencia militar estadounidense definen el concepto de «amenaza» del mismo modo. El hecho de que la FAA ordene a sus empleados que no informen de esta amenaza potencial concreta está en contradicción con la fórmula básica. Puede que haya llegado el momento de que la FAA modifique el manual y reparta entre sus empleados formularios informativos actualizados.

La reticencias del Gobierno estadounidense a abordar el problema OVNI parece haber contagiado a todos los ministerios que en potencia podrían acoger una nueva agencia de investigaciones. A pesar de todo, podríamos vencer estos obstáculos con un enfoque racional y de sentido común. Algunas autoridades han sugerido avances concretos, basados en su experiencia directa.

John J. Callahan era director de la División de Accidentes, Evaluaciones e Investigaciones de la FAA a fines de los años ochenta; era un puesto de altísimo nivel, solo un escalón por debajo de los cargos nacionales nombrados por el Congreso. Cuando trabajaba con organismos militares, su categoría (GM15) equivalía a la de general.

Cierto día de principios de 1987, se vio inesperadamente con el problema de gestionar un caso OVNI: el espectacular avistamiento de treinta minutos de un OVNI gigante que sobrevolaba Alaska, por tres pilotos de Japan Air Lines. Callahan no había dedicado hasta entonces la menor atención al tema de los OVNIS. Cuando oyó hablar del caso de las JAL, solicitó que se le enviaran inmediatamente todos los datos que hubiera y los presentó al administrador de la FAA, el almirante Donald E. Engen. El almirante

---

158. Entrevista de la autora con Nick Pope mediante intercambio de correos electrónicos, agosto de 2009.

convocó una reunión en la que, según Callahan, había miembros del personal científico del presidente Reagan, pues de este modo se los describieron entonces. También había agentes de la CIA.

Callahan no dijo nada en público sobre su papel en el incidente hasta 2001, trece años después de su jubilación. Mientras hablaba con unos colegas de su comunidad que querían sonsacarle información, pensó que había llegado la hora de contar cosas. Cuando se jubiló, los datos del caso que comentamos habían ido a parar a su domicilio y habían estado languideciendo en su granero todos aquellos años. Algunos gráficos estaban mordisqueados por los ratones, según descubrió después. Exaltado, categórico, campechano y haciendo gala de un humor mordaz, John Callahan no tiene pelos en la lengua a la hora de decir que no le gusta cómo se comporta la FAA con el tema de los OVNIS. Tampoco está a favor de ocultar al público la información disponible y tiene pruebas, experiencia y autoridad suficientes para romper unas cuantas lanzas.

Entre las personas que asistieron a la sesión informativa descrita por Callahan, la que se celebró en la sede washingtoniana de la FAA, nadie más ha dado la cara hasta el momento. Recurriendo a la Ley de Libertad de Información, solicité a la FAA el diario de citas y la agenda del almirante Engen de aquellas fechas, pero se me dijo que no existía aquella documentación (Engen había fallecido ya). Llamé al superior que había tenido Callahan por entonces, Harvey Safeer, que vivía retirado en Florida. Safeer recordaba el incidente de Alaska, pero no que se hubiera celebrado ninguna reunión.

La esposa de Callahan, J. Dori Callahan, había sido por derecho propio un personaje importante en la FAA en la época del incidente. Inicialmente controladora aérea, la señora Callahan fue luego gerente de sección de Sistemas de Datos de Servicios de Vuelo (FSDS) de la organización de Servicios de Aerolíneas, la rama de la FAA que proporciona el soporte de hardware de todos los sistemas de control del tráfico aéreo. Posteriormente fue directora de división de programas de software de Automated Radar Terminal Systems (ARTS); se retiró en 1995, después de trabajar veintiocho años en la FAA.

Dori Callahan recuerda perfectamente que aquella sesión de alto nivel se convocó poco después de que su marido presentara sus datos al almirante y también que él le contó lo ocurrido inmediatamente después. Además, como perita de la FAA, analizó posteriormente la impresión de los registros de radar del caso de Alaska, que Callahan había llevado a la reunión para el personal de la CIA, junto con dibujos explicativos preparados por el personal ingeniero y de software del Centro Técnico. «Y puesto que yo había trabajado en cierto momento con hardware y software, lo entendí todo», me explicó en un correo en 2009.

John Callahan señala que al mirar los inusuales datos de radar durante la sesión informativa, el departamento de hardware dijo que evidentemente era un problema de software, y que el departamento de software alegó que era claramente un problema de hardware. «Los dos equipos tenían mucha experiencia y conocían el software del tráfico aéreo, y los dos eran totalmente capaces de saber cuándo el sistema no funcionaba correctamente», afirmó la señora Callahan en su correo. «En otras palabras, no había ningún fallo en el hardware en el momento del avistamiento protagonizado por el vuelo 1628 de JAL y el software funcionaba igual de bien. La señal de radar del objeto que corría como un rayo hacia el vuelo 1628 de JAL y alrededor del avión indicaba, como es lógico, que un objeto cambiaba de posición alrededor del reactor. Si hubiera sido un fantasma [imagen falsa], como sugería la FAA, todo el tráfico de aquella zona de control habría sido fantasma, y el objeto no se habría movido delante y detrás del avión».

A diferencia de lo ocurrido en el incidente de O'Hare, la FAA realizó una investigación oficial dos meses después del acontecimiento de Alaska, sobre todo porque había ecos de radar y porque el «interés público» la forzó. La FAA quiso «demostrar que nadie invadió el espacio aéreo que controlábamos», explicó un portavoz en la época[159].

Pero quizá hubiera otras razones para que la agencia investigara. A pesar del declarado desinterés de la FAA por los OVNIS, Richard O. Gordon, funcionario de la Oficina de Normas de Vuelo de la FAA, presentó al comandante de la JAL una versión sorprendente durante una larga entrevista sostenida en 1987. Dijo que el detallado informe del comandante era «interesantísimo y que teníamos que ver si podíamos adivinar qué había allí». Según una transcripción literal[160], Gordon dijo que pensaba recoger la información aportada por el comandante y enviarla a Washington para que las autoridades comprobaran si coincidía con informes anteriores. «Tenemos mucho material con pilotos que han tenido más avistamientos», afirmó. Y contó al comandante que quizá su descripción y sus dibujos recogían lo mismo que había ocurrido «en Arizona, Nueva York o donde sea» y que «tenemos un lugar en Washington D.C., los pondremos todos juntos», para comprobar si hay dos casos iguales. Fue una admisión muy interesante: la FAA guarda informes de avistamientos de OVNIS por pilotos; están almacenados en un lugar concreto de Washington D.C.; funcionarios de la FAA hacen comparaciones de casos con los nuevos incidentes que se producen. Si todo esto es verdad, deja a la altura del betún la sinceridad de la postura pública de la agencia a propósito de los OVNIS.

A pesar de la reacción de algunos funcionarios de la FAA directamente relacionados con el caso de Alaska, la conclusión jurada de la FAA fue que las lecturas de radar fueron ecos falsos, fallos del sistema. Es decir que, aunque contaba con datos de radar para apoyar la versión de los testigos, la FAA la desestimó arguyendo errores

---

159. Associated Press, «FAA investigates JAL flight 1628 UFO sighting», 1986; y United Press International, «Pilot describes "unbelievable" UFO encounter», 31 de diciembre de 1986.

160. «Record on interview with JAL captain», 2 de enero de 1987, pp. 16-17. La FAA entregó la transcripción a los investigadores en 1987.

y declaró que «no podía confirmar el acontecimiento»[161]. Elogió a los tres «pilotos profesionales, sanos y cuerdos», pero el informe final pasó completamente por alto los avistamientos visuales que se detallaron durante la entrevista de la FAA con esos mismos testigos[162].

John Callahan rechaza vehementemente las afirmaciones sobre el radar. Señala algo importante y es que los radares no están configurados para detectar objetos que se comporten como los OVNIS y que necesitamos renovar y mejorar su tecnología. Este antiguo director de la División de Accidentes e Investigaciones no se sorprendió en absoluto al conocer la reacción de la FAA al incidente de O'Hare cuando se produjo. «Era de esperar», me dijo. «Cuando los pilotos informan de que han visto un objeto así, la FAA les presenta mil explicaciones distintas. Es como ir con los ojos vendados. Siempre es otra cosa, así que no puede ser lo que es».

---

161. Bruce Mccabee, «The fantastic flight of JAL 1628», http://brumac.8k.com/ JAL1628/JL1628.html. Es el informe más completo sobre el avistamiento de Alaska y se recomienda encarecidamente. El Dr. Mccabee es autor o coautor de unas tres docenas de artículos técnicos y de más de un centenar de artículos sobre OVNIS en los últimos veinticinco años. Es asimismo un destacado fotoanalista de imágenes de OVNIS. Véase http://brumac.8k.com.

162. AP y UPI, op. cit.

22

La FAA investiga un acontecimiento OVNI «que no se produjo»

Por John Callahan

E stán a punto de leer la descripción de un suceso que nunca tuvo lugar.

Fui jefe de división de la División de Accidentes, Evaluaciones e Investigaciones de la FAA, con sede en Washington, de 1981 a 1988. Durante ese tiempo participé en la investigación de un acontecimiento extraordinario sobre el que se me pidió que no hablara. Después de jubilarme llegué a la conclusión de que el público tenía derecho a esta información y de que podía encajarla. No ha ocurrido nada lamentable por el hecho de haber comentado en público este incidente, pero tampoco se ha derivado nada útil de mi gesto, aunque nunca es demasiado tarde. He acabado por darme cuenta de que tenemos una imperiosa necesidad de mejorar nuestros sistemas de radar para que puedan captar objetos inusuales en el cielo, como aquel con el que tuve que tratar en 1987, cuando aún estaba en la FAA.

A principios de enero de 1987 recibí una llamada de la sección de control de calidad de tráfico aéreo, de la oficina regional de la FAA en Alaska, solicitando orientación sobre lo que decir al personal mediático que estaba abarrotando la oficina. Los medios querían información sobre el OVNI que había perseguido a un 747 japonés por el cielo de Alaska, durante unos treinta minutos, el 7 de noviembre de 1986. Sin saber cómo, había cundido el rumor.

—¿Qué OVNI? ¿Cuándo fue eso? ¿Por qué no informó la dirección general de Washington? —pregunté.

—Eh, eh —replicó el controlador—, ¿quién cree en OVNIS? Yo solo quiero saber qué tengo que decir a los medios para que se vayan de aquí.

Fue fácil responder a aquello: «Diga que estamos investigando. Luego recoja todos los datos: las grabaciones de voz y los discos de datos informáticos del servicio de tráfico aéreo y de la unidad militar responsable de la protección de la costa del Pacífico. Envíe los datos esta misma noche al Centro Técnico de la FAA en Atlantic City, Nueva Jersey». Quería que los datos partieran en el vuelo urgente de medianoche, aunque hubiera que hacer lo imposible para conseguirlo.

El vuelo 1628 de Japan Air Lines, un reactor de transporte con piloto, copiloto e ingeniero de vuelo, se encontraba al norte de Anchorage y acababan de dar las cinco de la tarde. El comandante, Kenju Terauchi, dijo haber visto un gigantesco objeto redondo con luces intermitentes de colores que corrían a su alrededor y que era mucho más grande que su 747, tan grande como un portaaviones. Sus tripulantes, Takanori Tamefuji y Yoshio Tsukuda, también lo vieron.

En cierto momento aparecieron dos objetos que se detuvieron delante del 747 y el comandante dijo que «dispararon luces» que iluminaron la cabina y emitieron calor que él sintió en la cara.

Los objetos volaron entonces al mismo nivel de vuelo que el 747. Poco después, el comandante hizo un viraje para eludir el OVNI, pero este siguió al lado del avión, manteniéndose a distancia constante. Terauchi pudo calcular entonces el tamaño de la «nave espacial» mayor, como él la llamó, y afirmó que tenía por lo menos el tamaño de un portaaviones, porque lo tenía en el radar y este tenía indicadores de alcance. Informó a los funcionarios de la FAA de todo esto, exactamente como lo vio.

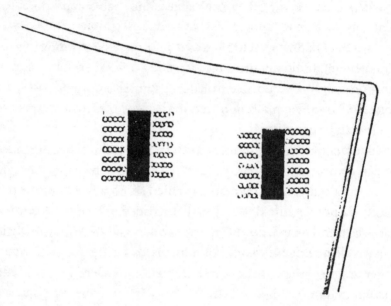

Dibujo de dos «naves espaciales» con baterías de luces o llamas de «tubos de escape» horizontales alrededor de un cuerpo central, tal como las vieron por la ventanilla de la cabina. Lo hizo el comandante Terauchi y fue entregado a la FAA. Gentileza del Dr. Bruce Mccabee.

En el transcurso de treinta y un minutos el OVNI saltaba millas en unos cuantos segundos. En el radar del control de tráfico aéreo de Anchorage un barrido tardaba diez segundos. Terauchi decía: está ahí, a las doce en punto, a ocho millas, y cuando pasa la antena del radar, vemos un eco ahí. Diez segundos después, aparece seis o siete millas detrás de él. Pasa de estar ocho millas delante del 747 a estar seis o siete millas detrás, en cuestión de segundos, en un solo barrido del osciloscopio. La tecnología era «inconcebible», dijo Terauchi, porque los OVNIS parecían tener control sobre la inercia y sobre la gravedad.

En los días y meses que siguieron, los funcionarios de la FAA entrevistaron intensivamente al comandante y a su tripulación; todos aportaron descripciones personales y dibujos de las «naves espaciales» y su notable comportamiento. Los tres testigos, altamente fiables, sabían reconocer una nave aérea. Si el objeto hubiera sido un ejercicio militar secreto, se habría informado a los pilotos y estos no habrían perdido el tiempo esquivando un OVNI durante treinta y un minutos e informando de su presencia, y la FAA no se habría molestado en realizar entrevistas después del acontecimiento. Los testigos descartaron todas las explicaciones conocidas para dar cuenta de lo que habían observado de cerca y durante un período prolongado.

Cuando un piloto mira por la ventanilla y ve una nave que pasa flechada por delante de su proa o que vuela junto a él, lo primero que hace es llamar al control de tráfico aéreo y preguntar: «Oigan, ¿hay tráfico a mi altitud?» Y el controlador se asusta, mira la pantalla y dice: «No, no tenemos tráfico a su altitud». El controlador pedirá entonces al piloto del 747 que le dé más información: qué clase de nave ve, si tiene distintivos visibles, su color, si tiene números en la cola, etc. y al final el controlador le aconsejará: «Seguiremos el rastro de ese tipo y cuando aterrice le leeremos la cartilla. Lo vamos a empapelar; le retiraremos la licencia. Haremos lo que sea para encontrar al piloto de la nave desconocida». Si le retiraban la licencia, el piloto ya no tendría autorización para volar.

En este caso, el piloto respondió diciendo: «Es un OVNI», porque lo veía con toda claridad. Pero ¿quién cree en los OVNIS? Era la típica actitud del control de tráfico aéreo en aquella época y, en cualquier caso, ni el controlador ni la FAA estaban equipados para seguir el rastro a una cosa así. La FAA tiene procedimientos que comprenden el rastreo de naves no identificadas, pero no para controlar OVNIS.

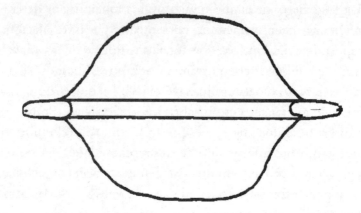

El comandante Terauchi dibujó el perfil de una nave gigante que según él tenía el tamaño de un portaaviones, con luces blancas en el borde horizontal. Gentileza del Dr. Bruce Mccabee.

Tras recibir de Alaska la llamada relativa al OVNI casi dos meses después del acontecimiento, informé a mi superior, Harvey Safer, que alertó al administrador de la FAA, el almirante Engen. Safer y yo fuimos al Centro Técnico de la FAA en Atlantic City, Nueva Jersey, para observar la reproducción informatizada del suceso y saber más sobre lo ocurrido.

La FAA había ideado un programa informático, llamado Plan View Display (PVD), capaz de recrear el tráfico de la pantalla del controlador. Indiqué al especialista de la FAA que sincronizara las grabaciones de voz y los datos de radar: de ese modo oiríamos todo lo que el controlador y el piloto decían, mientras veíamos la pantalla del radar. Sería como estar detrás del controlador de Alaska, viendo todo lo que pasaba, mientras hablaba con el piloto y la tripulación del avión. Grabé en vídeo las imágenes de la pantalla mientras reproducíamos el suceso.

Más tarde pedí a los especialistas en automatización de la FAA que trazaran en un gráfico los ecos de radar en la trayectoria de vuelo del 747 y explicaran qué representaba cada eco.

Los ingenieros de hardware y software prepararon un gráfico de buen tamaño que mostraba todos los ecos a lo largo de la trayectoria de vuelo del 747 durante su encuentro con el OVNI. Lo colgaron en la pared y señalaron: esto es cuando vimos el OVNI por primera vez; esto es cuando lo vio el piloto; esto cuando lo vieron los militares; así hasta el final del gráfico. Grabé el gráfico en vídeo.

Los documentos impresos y la recreación del radar mostraban los primeros objetos aparecidos en las proximidades del 747. Los ecos aparecían aproximadamente en el mismo momento y lugar en que el piloto informaba de haber visto el OVNI. El piloto y la tripulación vieron el eco en su propio radar y el gigantesco OVNI al mismo tiempo, cuando este se aproximaba al aparato. Cualquiera que vea esta reproducción puede observarlo y oírlo, pero, claro, cuando lo vio la CIA, su gente dijo que no se podía observar porque no estaba allí. La pregunta que siempre me hago es: ¿A quién creer? ¿A nuestros ojos embusteros o al Gobierno?

Tanto el radar como el controlador manual detectaron el primer eco. Los controladores militares también vieron el primer eco en su radar y lo identificaron como «primero doble», lo que significa que era tan grande que podía corresponder a más de un objeto.

Durante la sesión informativa del Centro Técnico de Atlantic City pregunté a los ingenieros de software y de hardware (eran las mismas personas que habían construido el sistema de control de tráfico aéreo) que me explicaran qué eran aquellos puntos que se veían en los alrededores del avión. El ingeniero de hardware dijo: «Este eco de aquí es un problema de software y este otro es también un problema de software». Y todas las veces la misma canción: es un problema de software; al hardware no le pasa nada. Así que dije: «Muy bien, tiene sentido».

Entonces, el tipo de software se levantó y dijo: «Este eco de aquí es un problema de hardware y este otro… un problema de hardware». No había problemas de software ni tampoco problemas de hardware. «Muy bien», dije, «¿qué tenemos si no tenemos nada? ¿Tenemos eco o no lo tenemos?» Un técnico afirmó: «Mi religión me prohíbe creer en los OVNIS», y yo dije: «Muy bien» y me dispuse a marcharme.

Cuando volví a la sede central de la FAA, hice al administrador Engen un rápido resumen de la reproducción y le enseñé el vídeo de la pantalla de radar, sincronizado con las grabaciones de voz. Vio la media hora que duraba, concertó una sesión informativa con el personal científico del presidente Reagan y me dijo que mi función consistía en venderles la moto y pasarles la pelota, «porque la FAA no se encarga de los OVNIS».

En la sesión informativa, miramos los datos impresos y pasamos el vídeo dos o tres veces: los participantes eran agentes de la CIA, personal científico del presidente y un puñado de funcionarios anónimos. Hablamos durante hora y media aproximadamente y los científicos hicieron muchas preguntas, muy inteligentes, dicho sea de paso. Querían saber cosas como la velocidad de la antena del radar, la frecuencia y el ancho de banda, y el algoritmo del equipo de localización de altitud. Los hombres de la FAA que habíamos llevado eran ingenieros técnicos —especialistas en hardware y software— y respondieron como si fueran profesores de matemáticas de instituto. Contestaban a bocajarro y a quemarropa; fue realmente asombroso ver trabajar a aquellos expertos de la FAA.

Al final, uno de los tres tipos de la CIA dijo: «Este suceso no ha tenido lugar; nosotros no hemos estado aquí. Confiscamos todos los datos y ustedes van a jurar que guardarán el secreto».

—¿Qué cree usted que fue? —pregunté al de la CIA.

—Un OVNI y es la primera vez que *ellos* pueden revisar más de treinta minutos de datos de radar —respondió. Ellos eran los científicos del presidente y estaban muy emocionados de poner las manos en aquellos datos.

—Pues lancemos un Twix y avisemos al público americano de que nos ha visitado un OVNI —sugerí[163].

---

163. Un Twix es un mensaje que se envía a todos los medios, aconsejándoles que emitan o impriman una noticia. Puede transmitirse por correo electrónico, por fax o en papel impreso.

—Ni hablar. Si dijéramos al público americano que hay OVNIS, todo el mundo saldría corriendo —me notificó.

Y aquello fue todo. Se llevaron todo lo que había en la sala; y en aquellos tiempos, las impresiones de ordenador llenaban cajas y más cajas. Aquel documento impreso de la FAA se titulaba «Incidente OVNI en Anchorage, 18/11/86», es lo que figuraba escrito en la cubierta. El documento traía multitud de datos, suficientes para que un especialista en automatización pudiera reproducir en un gráfico todo lo que el controlador había visto.

Unas semanas más tarde, un técnico de la FAA nos trajo el informe de la FAA sobre el acontecimiento que no se había producido. Le indiqué que lo dejara en una mesita que había en un rincón de mi despacho y le dije: «Déjelo ahí. Cuando la CIA quiera el resto de los datos, seguro que vienen y se lo llevan». Pasó algún tiempo y otro me trajo las grabaciones de voz del incidente y las pusimos en la mesita, junto al informe, en espera de que pasara la CIA a recogerlo todo.

El gráfico elaborado en el Centro Técnico acabó igualmente en mi despacho y allí permaneció año y medio, con el detallado informe de la FAA y las grabaciones de voz, en la mesita que aguardaba la llegada de la CIA. Pero no apareció nadie para llevárselo. En agosto de 1988, a punto ya de jubilarme, un gerente de sección, deseoso de que me fuera, recogió todo lo que colgaba de las paredes y demás cosas que había en el despacho, lo metió en cajas y lo mandó a mi casa. Desde entonces tengo en mi poder los datos y el vídeo.

Ahora, más de veinte años después, tengo muy claro que la mayoría del personal, incluidos los controladores de la FAA, ignora cómo funcionan los radares de la FAA y por qué el tráfico que cruza nuestro espacio aéreo no deja rastro en los radares ni aparece en el PVD de los controladores. El sistema y la organización de la FAA no están configurados para identificar y rastrear esta clase de naves. En pocas palabras, el actual equipo de la FAA no registrará una «nave espacial» a menos que esta pise el freno y vaya a velocidades parecidas a las de los aviones normales.

Los motivos son sencillos: parece que los OVNIS no tienen transpondedor; suelen ser demasiado grandes para que el sistema automático los considere aviones, así que el radar piensa que son fenómenos atmosféricos (muchas lecturas de radar con signatura irreconocible se envían automáticamente como fenómeno atmosférico a través de otro sistema); o son demasiado rápidos para que el radar capte un rasgo revelador antes de que salgan de su radio de acción. Si hay algo suspendido en el aire, como en el aeropuerto O'Hare en el año 2000, por lo general no lo muestra, o si lo muestra es como un punto pequeño y los controladores de la FAA no le dan importancia.

Durante la reproducción del suceso de 1986 observé claramente un primer eco de radar en la posición indicada por el piloto japonés. Pero las señales de radar eran intermitentes, porque el OVNI se representaba como un objeto exageradamente grande y por eso el sistema informático de la FAA interpretó el eco del OVNI como un fenómeno climatológico. A pesar de todo, el eco pudo verse cerca del 747, intermitentemente, durante treinta y un minutos.

Así que tenemos un problema. A causa de estas deficiencias del radar, cuando los pilotos informen de que ven un objeto inusual, la FAA no investigará a menos que el piloto identifique el objeto, y a falta de esta identificación, la FAA dará un sinfín de explicaciones insostenibles. Si la FAA no puede identificar el objeto con la terminología de la FAA, entonces no existe. Otro cliché que aplicamos a veces: para cada problema hay una solución. Parece que la FAA cree que también es verdad lo contrario, que si no hay solución, entonces no hay problema.

La investigación del OVNI de Alaska es un caso típico. El informe final de la FAA concluía que los ecos del radar de Anchorage eran simplemente «imágenes duales» debidas a un fallo del equipo de radar, que ocasionalmente mostraba una segunda señal que había sido confundida con el OVNI. Por eso la FAA no confirmaba el incidente.

Sin embargo, los tres controladores que contactaron con los pilotos durante aquel largo encuentro presentaron declaraciones que desmentían aquella solución. «Yo tuve ecos individuales en varias ocasiones donde el JL1628 informaba tráfico», escribió uno. «Observé en el radar datos que coincidían con la información que daba el piloto del JL1628», declaró otro.

Paul Steucke, portavoz de la FAA a la sazón, dijo que se debió únicamente a una «coincidencia» el que la imagen dual apareciera a la distancia exacta y al mismo lado del avión en que el piloto dijo que estaba el objeto. Y el informe final se limitó a pasar por alto los tres avistamientos directos con todos sus detalles y dibujos, como si el acontecimiento no hubiera tenido lugar. Recuérdenlo: nadie que vuele en un avión puede ver una imagen dual.

Así que ¿a quién creeremos? ¿A nuestros ojos embusteros o al Gobierno?

23
Las ocultaciones del Gobierno: ¿política o leyenda?

La directriz de la CIA de que «este suceso no ha tenido lugar», que hemos visto en el capítulo escrito por el antiguo funcionario de la FAA John Callahan, puede resultar conocida a quienes leen declaraciones de militares estadounidenses que han sido testigos de acontecimientos OVNIS. Muchos han oído más o menos lo mismo de labios de sus superiores. No hablen con nadie del incidente que acaba usted de presenciar. Años después algunos dirán que todavía no pueden hablar públicamente porque están obligados por juramentos de seguridad, y no cabe duda de que hay muchos otros que, por miedo a infringir tales juramentos, ni siquiera han insinuado su participación en un acontecimientos OVNI mientras estaban en las fuerzas armadas. Pero hay hombres y mujeres que son más valientes y que años después han hablado, a pesar de las órdenes y los juramentos, sin que haya habido represalias.

La reiterada exigencia de guardar silencio, más la obsesiva clasificación de documentos oficiales y las ladinas seudoidentificaciones del Proyecto Libro Azul y luego de la FAA, han generado muchas especulaciones sobre si los organismos gubernamentales se dedican a ocultar cosas, sobre si siguen una política general, cuidadosamente orquestada, que pocos conocen y que consiste en mantener en secreto «la verdad» sobre los OVNIS. Mientras públicamente se hace caso omiso y se elude el tema OVNI, por debajo de la superficie y sin que lo sepan ni siquiera los que transmiten las órdenes de acallar a los subordinados, hay un pequeño pero poderoso grupo que oculta a sabiendas un conocimiento que es dinamita pura; por ejemplo, que como mínimo algunos OVNIS son de origen extraterrestre. Esto es al menos lo que muchos analistas —incluso los conservadores— han acabado por creer.

Por descabellada que parezca, esta suposición extremista no puede descartarse a la ligera. Hay documentos que demuestran que el fenómeno OVNI llegó a preocupar a la Fuerza Aérea, a la CIA y al FBI, por lo menos desde fines de los años cuarenta, lo que dio a las autoridades tiempo de sobra para recoger los mejores datos y estudiar los indicios materiales. Obviamente, los militares habrían estado muy interesados en la capacidad tecnológica exhibida por estos objetos, si hubieran podido echarles el guante. Hay que tener en cuenta la posibilidad de que se haya podido obtener y estudiar en secreto una cantidad suficiente de datos en bruto, incluso restos materiales recuperados de OVNIS accidentados. Si nuestros funcionaros estuvieran deseosos de descubrir algunas claves de estas exóticas tecnologías nuevas, o pensaran que estamos a punto de descubrir una nueva física, algo relativo a otro espacio-tiempo quizá, estos descubrimientos podrían dar a Estados Unidos una capacidad nueva e inimaginable.

Naturalmente, emprender un estudio así habría sido abrumador y podría durar décadas. Al margen de la intensidad de sus esfuerzos, los científicos podrían no saber mucho todavía del funcionamiento y origen de los OVNIS, dados sus sofisticados y quizás indescifrables sistemas tecnológicos, tan notables que nos parecen cosa de magia. Nuestra situación se ha comparado con la de unos cavernícolas que de pronto encontraran un televisor, antes de comprender incluso los conceptos fundamentales de la electricidad o las ondas de radio. Naturalmente, esto es pura especulación. Pero aunque nuestros científicos secretos hubieran hecho pocos progresos en la comprensión de lo que teníamos, no cuesta imaginar que los responsables habrían tenido muchísimo cuidado para que una información tan revolucionaria no llegara a manos de ningún país «enemigo» o malintencionado, por ejemplo la Unión Soviética durante la Guerra Fría. También habrían sido conscientes de las futuras ventajas económicas que podían derivarse de estas tecnologías exóticas y probablemente habrían hecho lo posible para que los beneficiarios exclusivos de cualquier hallazgo fueran los empresarios estadounidenses.

Según se dijo más arriba, algunos documentos oficiales de los años cuarenta y cincuenta muestran claramente que, tras descartar la posibilidad alternativa de que estos fenómenos fueran manifestaciones desconocidas del mundo natural, cierta cantidad de altos funcionarios adoptó la postura de que los OVNIS eran de origen interplanetario. Resulta concebible que se quisiera ocultar al público la información sobre algo tan inimaginable, dadas sus consecuencias reales y potenciales. Puede que quienes estuvieran en posesión del secreto sólo quisieran aplazar su publicación hasta saber más, aunque ese día no llegó. Además, si meditamos la ecuación de Nick Pope, «amenaza = capacidad + intención», es posible que hubiera mucha preocupación por los peligros inherentes. Una reacción gubernamental lógica habría sido entender y controlar la situación al máximo antes de admitir nada ante otros sobre los objetos volantes no identificados, y mantener altamente clasificada esa información explosiva. El Gobierno estadounidense no habría deseado que se desatara la histeria entre las masas.

Como es lógico, no sabemos con certeza si existe ese programa secreto de investigación, aunque ha habido insinuaciones y sugerencias, por lo general de informes de personas que aducen un conocimiento indirecto, y son ellas las que mantienen viva la cuestión. Los interesados en los OVNIS, muchos de los cuales la consideran un tema de gran importancia, no han dejado de ponerla sobre la mesa. Sin embargo, la idea alternativa es mucho más fácil de aceptar: que el Gobierno de Estados Unidos está tan desconcertado como los demás por este misterio y que es igual de incapaz de afrontar el impredecible fenómeno. La superpotencia se limita a encogerse de hombros, a mirar hacia otro lado, como si no pudiera hacerse nada, y a concentrarse en asuntos más urgentes para los seres humanos que la esporádica aparición de rarezas en el cielo.

La verdad es que, aunque al final nos enteremos de que ha existido un grupo dedicado a investigar en secreto, el Estado (es decir, el Gobierno, las fuerzas armadas y las estructuras científicas que sostienen nuestra sociedad) no conoce esta información profunda sobre los OVNIS. Una empresa entre bastidores que fuera tan exclusiva y clandestina no tendría ninguna influencia en el Gobierno, ni en el país, ni en la gente que no sabe nada al respecto, lo cual quiere decir todo el mundo. En este sentido, es indiferente para lo que nos interesa: abrir una agencia nacional para que investigue abiertamente en un contexto internacional.

No obstante, aunque la cuestión de las ocultaciones es en el fondo un tema secundario, y seguirá siéndolo mientras un programa así —si es que existe— permanezca oculto y en la sombra, no por eso deja de ser un asunto atractivo para el público interesado, un asunto que se debate acaloradamente y a menudo se investiga en documentales de televisión. Suele ser una de las primeras preguntas que se formulan en las entrevistas sobre los OVNIS.

Cuando empecé a interesarme por este tema, hice lo que haría cualquier periodista de investigación: buscar fuentes de confianza para averiguar lo que realmente saben nuestros gobernantes sobre los OVNIS. La aventura duró años, me exigió mucho celo e intuición, y con el tiempo las propias fuentes empezaron a buscarme a mí. Si acerté o no al tomar en serio a este o aquel individuo dependió de mi criterio personal, que se forma reuniéndome con la persona en cuestión siempre que es posible, hablando con ella largo y tendido, conociéndola poco a poco, sabiendo cosas sobre su vida, comprobando la verdad de los hechos de que informa y entendiendo sus motivaciones. Además, siempre lo compruebo todo.

Cuando sondeaba la cuestión de un posible programa gubernamental de investigación en secreto sobre los OVNIS, o para el caso sobre cualquier otra cosa confidencial, las fuentes raras veces hablan oficialmente, por motivos obvios. Lo que dicen es muy difícil de comprobar, porque aunque den nombres de otras personas implicadas, estas negarán todo conocimiento sobre tal programa. Cuando se quiere localizar a estos individuos se disparan las alarmas y a veces se me ha indicado que no lo haga. Por lo tanto, esta clase de información, por interesante que parezca, tiene que relegarse a lo que los reporteros llaman «información de fuentes anónimas». Puede ser útil para enfocar el tema de este o aquel modo, pero no como base. Puede empujarnos en determinada dirección o inspirar futuras pesquisas. Todo resulta muy fascinante, pero siempre está un poco más allá de nuestro alcance.

Yo estoy dispuesta a tomar en serio la información confidencial cuando dos o más fuentes fidedignas y cualificadas, *sin contacto entre sí*, informan de lo mismo; por ejemplo, cuando personas de diferentes dependencias gubernamentales que no se conocen y que hacen declaraciones en distintos años aportan básicamente la misma información. Y esto ha ocurrido en relación con el presunto programa gubernamental de investigaciones secretas sobre los OVNIS. Una serie de fuentes fidedignas me ha hablado de conversaciones con militares de alto nivel que dicen que tienen noticia de un programa secretísimo de investigación sobre los OVNIS, un programa tan celosamente guardado que ni siquiera los generales con más medallas tienen acceso a él. Algunas de estas confidencias independientes han incluido nombres y detalles específicos. Muchos indicios relacionados con casos que se han dado con los años han apuntado igualmente a la verosimilitud de un programa de estas características, aunque en rigor no pueda afirmarse nada ni en un sentido ni en otro.

Algunas de las fuentes anónimas a las que me refiero son científicos ortodoxos, todos doctores con un currículo impresionante; algunos han trabajado para la CIA u otro organismo de inteligencia; uno es astrofísico, otro físico, otro astrónomo y otro ingeniero aeroespacial de la NASA, por poner algunos ejemplos. Una fuente militar, Will Miller, capitán de fragata retirado de la Marina de Estados Unidos, ha hablado oficialmente, con algunas reservas concretas. Accedió a responder a unas preguntas que le presenté a fines de 2009 acerca del secretismo gubernamental.

Aunque todavía muy activo, Miller, que ahora vive en Florida, se retiró del servicio en 1904, el mismo año que le fue concedida la Medalla al Mérito en el Servicio. Como oficial naval y veterano condecorado de la guerra de Vietnam, hizo su propio avistamiento en un buque de guerra mientras se encontraba de servicio cerca de aquel país surasiático. Luego pasó a ser oficial informador y asesor de operaciones del centro de mando del Departamento de Defensa, analista superior de inteligencia y director de programas de futuros programas operativos del Departamento de Defensa, por ejemplo planes para la Tercera Guerra Mundial, sistemas de armas no letales y sistemas espaciales futuros. Fue consejero del Mando Espacial y del Mando Meridional de Estados Unidos y de sus operaciones internacionales antidroga, Joint Interagency Task Force East. Como experto en operaciones especiales contingentes, Miller tuvo una habilitación de seguridad de máximo secreto con acceso a información confidencial compartimentada, lo que significa que tenía acceso a información confidencial un escalón más restringida que la clasificación de «máximo secreto», que comprende los temas y programas que no se reconocen públicamente.

En los años ochenta, cuando era un oficial en servicio activo, Miller no ocultaba su interés por los OVNIS. «Yo solo era un oficial preocupado que estudiaba el asunto, consultaba hechos y hablaba con gente de las fuerzas armadas», dice. «Quienes tenían experiencias personales me buscaban, porque sabían que me interesaba el tema. Ha sido así durante mucho tiempo».

En 1989 Miller sabía muy bien que los mandos de alta graduación no estaban bien informados sobre el fenómeno OVNI y acabó preocupándose, como los autores del Informe COMETA, por
los posibles temas de seguridad nacional que podían venir, no de
los OVNIS propiamente dichos, sino de nuestra falta de preparación. Cree que debemos dar por sentado que los OVNIS tienen el
mismo derecho a defenderse de las intenciones y actos hostiles que
nosotros concedemos a nuestras fuerzas armadas. Por suerte y que
nosotros sepamos, esos derechos no han sido ejercidos por los
OVNIS cuando han sido atacados. «Solo una pequeña fracción ha
hecho alarde de algo muy vagamente parecido a la hostilidad y aun
así solo cuando ha habido por medio una grave provocación, por
lo general un ataque por parte de un avión militar», afirma. «Si
analizáramos todos los datos disponibles, la conclusión obvia sería
que los OVNIS no son hostiles. Eso es precisamente lo que declaró el estamento militar estadounidense tras muchos años de estudiar el fenómeno: que los OVNIS no suponen ninguna amenaza
para la seguridad del país».

Ya retirado de la Marina, empezó a dar pasos para organizar
una serie de encuentros informativos que culminaron en las reuniones que celebró en 1997 con el vicealmirante Thomas R. Wilson, vicedirector de inteligencia del Estado Mayor Conjunto, y en
1998 con el teniente general Patrick M. Hughes, director de la
Agencia de Inteligencia de la Defensa (DIA). (Wilson pasó a ser
luego director de la DIA y Hughes vicepresidente de inteligencia
y contraterrorismo del Departamento de Seguridad Nacional.)
Miller me ha proporcionado información confidencial y pormenorizada de estas reuniones y de las que le precedieron: los asistentes,
las sesiones preparatorias, los temas comentados y las reacciones
de los asistentes.

Explica que en las sesiones preparatorias planteó dos temas de
seguridad nacional: el riesgo de las agresiones humanas infunda-
das contra los OVNIS, que pueden desembocar en desastre, y el
desdén gubernamental por la preocupación pública por los

OVNIS, así como su negativa a dar respuestas sinceras a preguntas legítimas. Miller cree firmemente que el secretismo innecesario amenaza el sentido de la seguridad personal del público y erosiona la confianza en las instituciones gubernamentales, cuya obligación es informar y proteger a los ciudadanos. «Los funcionarios han recibido estas instrucciones a título general con la misma seriedad y consideración que las relativas a cualquier otro tema de seguridad nacional», dice.

Entré en contacto con el capitán de fragata Miller en 1999, por mediación de un colega común. Ya me había llamado la atención en varias ocasiones la semejanza de sus conclusiones y de su enfoque con los expresados por los militares que habían intervenido en el Informe COMETA, del que tuve noticia antes de que Miller conociera su contenido. Él y los militares franceses habían seguido un proceso parecido hasta llegar a sus últimas posiciones, pero en el seno de ejércitos distintos. Todos medían cuidadosamente lo que decían, dando a entender que sabían más de lo que podían revelar. Lógicamente, Miller no contó en ningún momento con la fuerza numérica del grupo francés: por el contrario, es una voz solitaria que clama en el desierto, y singularmente valerosa, dado el peligro que representó para su reputación el vincularse con el tema OVNI.

Le envié una copia secreta de la versión inglesa del Informe COMETA mientras escribía mi primer artículo ufológico para el *Boston Globe*. Luego sostuve con él una serie de entrevistas telefónicas que duraron meses y nos conocimos en persona al cabo de un año. Con el tiempo he llegado a conocerlo y a confiar en él, ya que lo considero una persona íntegra, transparente y dedicada a su país; lo he consultado a menudo en relación con temas en que se daban cita los OVNIS y el estamento militar. Bien relacionado en las esferas más altas del impenetrable mundo de la inteligencia castrense, Miller es un auténtico «iniciado», del más alto nivel. Es de los pocos que han insistido con el tema OVNI ante autoridades que estaban por encima de él y ha pasado muchos años tanteando la relación oficial con el fenómeno en sus contactos con generales, almirantes, personal de la Agencia Nacional de Seguridad y otras fuentes de información confidencial.

«Los militares con quienes hablé estaban muy interesados en adquirir información fáctica sobre el tema OVNI, porque ni siquiera al nivel del almirantazgo podían conseguir esa información por los conductos habituales de la inteligencia militar», me contó. Con el paso de los años, mientras seguía hablando con sus contactos, acabó convenciéndose de que existía un programa OVNI de información superreservada y muy secreto, basándose en declaraciones de militares que asistían a sus sesiones informativas en el Pentágono y de otras personas, que según él lo confirmaban.

A fines de 2009 le pedí que me hiciera una evaluación general. Me respondió con un correo electrónico:

1. Es un hecho que en las más altas instancias del Gobierno hay interés por este tema (en muchos casos porque un individuo o sus familiares han hecho un avistamiento o tenido alguna experiencia personal en relación con el fenómeno).

2. Cuando el pueblo americano dice que el Gobierno está en el centro de una descomunal operación encubridora, se equivoca en casi todos los casos; las personas de las que suele decirse que «tienen que saberlo» no ocultan nada.

3. Estoy firmemente convencido de que con toda intención se mantiene en la ignorancia a muchos altos militares y civiles de distintos organismos, departamentos y organizaciones para que puedan negar todo conocimiento sobre el tema sin faltar a la verdad.

Pedí a Miller que fuera más explícito en cuanto a quién mantenía a quién en la ignorancia:

El «grupo de control» no puede permitir que ninguna información relativa a las investigaciones secretas sobre los OVNIS llegue a nadie que no tenga habilitación de seguridad para el Programa de Acceso Especial Silenciado (USAP). La inteligencia de la Junta de Jefes de Estado Mayor o el mismísimo director de la DIA no podrían conseguir ni una pizca de información sobre el tema; esto es un hecho. Sin embargo, sé de fuentes de múltiples organizaciones que tienen esa información. Se «protege» a las autoridades de saber demasiado. Creo que con esto he respondido a su petición.

Añadió algunos comentarios sobre la cuestión del secretismo:

Que yo sepa, los mandos del Estado Mayor Conjunto en general solo saben de los OVNIS y del secretismo que los envuelve lo que leen y ven en la televisión. En realidad, no hay ningún secretismo en relación con los OVNIS porque la opinión general es que no se ha demostrado que existan y en consecuencia no tienen cabida en la lista de asuntos secretos de los que no pueden hablar los miembros del Estado Mayor Conjunto. Ahora bien, si una persona encontrara casualmente documentos clasificados u otra información relacionada con el tema OVNI, también clasificada, esa persona estaría obligada a cerrar la boca sobre ese material clasificado.

El fenómeno se desestima como si fuera una leyenda infundada, a pesar de que hay información clasificada al respecto. Sé con seguridad que esa información se encuentra en varios «organismos de tres letras». No es de extrañar, porque muchos organismos siguieron la pista a estos objetos en tiempos pasados, recibieron información sobre ellos y elaboraron informes relacionados con encuentros de militares y/o civiles con los objetos en cuestión y/o sus efectos. En lo referente en particular a los sistemas de vigilancia y detección, cualquier persona con dos dedos de frente daría por sentado que los organismos encargados de inspeccionar el aire, el espacio y el mar con diversos sistemas técnicos de vigilancia tendrían que haber detectado periódicamente la presencia de naves/OVNIS o haber recibido informes en este sentido, que habrían remitido a su vez a las autoridades competentes/destinatarios finales que desearan saber.

¿Sería posible mantener en secreto cosas como estas? El capitán de fragata Miller se remitió a la posibilidad de un Programa De Acceso Especial Silenciado (USAP) como marco potencial de un grupo que controlara el acceso a la información OVNI. Los USAPS figuran entre los mecanismos conocidos del Departamento de Defensa para controlar información confidencial sin que el público conozca su existencia. Un informe de investigación de Bill Sweetman, aparecido en *Jane's International Defense Review*, arroja mucha luz sobre la medida en que el Departamento de Defensa es capaz de guardar secretos. Estos «proyectos negros» del DdD, oficialmente llamados Programas de Acceso Especial (SAPS) están estructurados para que los implicados en un componente no sepan lo que pasa en otro, impidiendo así que se conozca el cuadro general. Mucho más secreto es el USAP al que se refiere Miller, un programa negro tan confidencial que el solo hecho de su existencia es ya un «secreto interior», que las ordenanzas de la Fuerza Aérea estadounidense definen como «cualquier dato, progreso, estrategia o elemento de información cuya puesta en peligro supondría un daño irreparable». Esto significa que a todos los partícipes se les exige negar la misma existencia del programa, puesto que incluso un «sin comentarios» se considera una confirmación[164].

---

164. Sweetman es el redactor jefe para América del Norte de la revista *Jane's Defence Weekly*. Este artículo fue publicado en dicha revista en el año 2000; véase http://www.janes.com/defence/news/jidr/jidr000105_01_n.shtm.

El encubrimiento de estos proyectos se apoya con «la difusión de datos plausibles pero falsos o con desinformación». A menudo se desliza alguna verdad con la información falsa, para que no se diferencien y la verdad quede desacreditada. «Tras tropezar con una pared de negativas y sin forma de diferenciar la desinformación intencionada de la casual, la mayoría de los medios ha abandonado toda tentativa seria de investigar programas clasificados», escribe Sweetman. Es posible, como se ha puesto de manifiesto ocasionalmente en el curso de los decenios, que algunos documentos «oficiales» filtrados y los personajes enigmáticos que salen del profundo y sombrío mundo de la inteligencia para hacer afirmaciones descabellada, sean parte de algún programa oficial de desinformación y se quiera proteger la propiedad exclusiva de la verdad por parte de los USAPS confundiendo a quienes se acercan a ella. La verdad es que no lo sabemos.

En 2008 conseguí un interesantísimo documento del Reino Unido, entregado discretamente a un investigador que había hecho la petición apelando a la Ley de Libertad de Información. Casi corrobora la existencia de un grupo secreto en Estados Unidos: que yo sepa, es el único documento gubernamental legítimo y confirmado que lo hace. Da la casualidad de que fue escrito en 1993, durante el tiempo que Nick Pope estuvo en el «negociado OVNI» del Ministerio de Defensa, y que él personalmente desempeñó un papel en su concepción y ejecución. Titulado «Estudio de fenómenos aéreos no identificados», tiene poco más de una página y es una propuesta para emprender una investigación (que fue aprobada y fue el Proyecto Condign, descrito en el Capítulo 17). Iniciado por el Servicio de Inteligencia de la Defensa, necesitó la aprobación del departamento de Pope. Fue redactado por su homólogo en el Servicio antedicho, dirigido al superior de Pope, «Sec(AS)2», el subdirector del Estado Mayor del Aire, y clasificado «Secret UK eyes A» [secreto, personal británico autorizado].

La sección clave es el párrafo segundo, con dos pasajes reemplazados por x:

2. Estoy enterado, por fuentes de inteligencia, de que xxxxx cree que estos fenómenos existen y tiene un pequeño equipo estudiándolos. También estoy enterado de que hay un grupo informal en la comunidad xxxxxxxxxxxxx xxxx y es posible que esta tenga una organización más formal.

Tras cuidadosas consideraciones basadas en el razonamiento deductivo, presento el siguiente análisis.

Antes de malgastar recursos en un estudio, lo primero que haría un organismo gubernamental es cotejar información con los aliados y averiguar lo que ya saben sobre el tema a considerar. Es razonable suponer que la inteligencia británica consultaría con su aliado número uno, Estados Unidos, a través de sus propias fuentes en la comunidad de inteligencia, porque los funcionarios de inteligencia, como el que escribió esta propuesta, trabajan directamente con sus homólogos de otros países. En segundo lugar, no es menos lógico suponer que la inteligencia británica se interesaría por el trabajo de algunas potencias preocupantes, países de relieve que podrían ser adversarios y que son vigilados de manera regular. En este caso, ese país sería Rusia.

El paso siguiente es volver al documento y ver si el nombre de esos países cabe en el espacio ocupado por las x. El número de x utilizado en el texto no tiene que corresponder necesariamente con el número de letras sustituidas. Por lo tanto, cuando hagamos la comprobación, nos fijaremos en el espacio abarcado, no en la cantidad de x. Da la casualidad de que cuando medimos la longitud de las palabras en relación con el espacio, la palabra «Rusia» encaja en la primera línea y la expresión «de inteligencia USA» en los dos espacios de la línea cuarta. Reemplazando las x, el documento diría (las cursivas son mías):

Estoy enterado, por fuentes de inteligencia, de que *Rusia* cree que estos fenómenos existen y tiene un pequeño equipo estudiándolos. También estoy enterado de que hay un grupo informal en la comunidad *de inteligencia USA* y es posible que esta tenga una organización más formal.

Vale la pena tener en cuenta el significado y las consecuencias de las líneas completadas, sobre todo la primera. La línea uno no representa ninguna sorpresa porque se sabe que los rusos vienen investigando el fenómeno OVNI desde hace mucho tiempo y tienen interés militar en él. La afirmación de la línea tres, «estoy enterado», indica que el autor está constatando un hecho: el grupo informal existe. Un «grupo informal» es un grupo que no pone nada por escrito y no deja documentos, escapa a la supervisión de las comisiones de la Cámara y el Senado, y podría haberse organizado así porque su trabajo va en contra de la política establecida. Podría ser parte de un SAP. Tal como lo define Nick Pope, «un grupo informal sería una red flexible de individuos, tal vez de varios organismos, que se reúnen para comentar un asunto concreto, pero sin responsabilidades formales».

La última línea empieza con la expresión «es posible»; a diferencia de «estoy enterado», no constata un hecho, sino una contingencia. También es muy reveladora. Habría que preguntarse por qué este funcionario de inteligencia no pudo conseguir de su aliado más cercano más información sobre el carácter de este grupo. En realidad, no le han dicho gran cosa sobre el carácter del «grupo informal» y no ha sido capaz de determinar si tenía algo más que una estructura «formal», algo constituido con propiedad. Esto da fe de la secretísima e impenetrable naturaleza del grupo informal.

Si esta interpretación es exacta, y tengo todas las razones del mundo para creerlo, el documento hace referencia a un grupo secreto, dentro de la órbita de la inteligencia estadounidense, que estudia activamente los OVNIS. Es un documento mucho más

importante que ninguno de los informes de casos publicados por
el Ministerio de Defensa británico y que han recibido tanta atención. La postura pública del Gobierno estadounidense es que no se
ha estudiado los OVNIS desde 1970, desde que se clausuró el Proyecto Libro Azul. Pero este documento británico —cuya proceden-
cia es incuestionable— echa por tierra esa afirmación. Según este
análisis, Estados Unidos investiga los OVNIS. Pero que los investigue del modo que indica el documento británico significa que el
programa en cuestión se lleva a cabo a espaldas no solo del público
y los medios, sino también del Congreso, el Senado y el presidente.
A pesar de todo, aquí no hay ninguna «prueba» ni nada definitivo,
porque nunca recibiremos la debida confirmación respecto de las
palabras que faltan, que siguen estando clasificadas.

Me dirigí a Nick Pope con la esperanza de conseguir alguna
pista, algún mensaje oculto. Pero es un profesional demasiado consumado para que lo sorprendan con la guardia baja. Reconoce que
ayudó a su colega del DIS a redactar la propuesta del estudio sobre
los OVNIS y recuerda el nombre de los dos países que se borraron
del documento. Le pedí que me dijera algo sobre mi interpretación
de las palabras ausentes y si podía aclararme algo. «Sin comentarios», respondió.

Este material, aunque fascinante y sugerente, no es en modo alguno definitivo. Dando un paso atrás, debemos recapacitar sobre lo
que sabemos en realidad, con objeto de seguir avanzando. Nuestra
guía debe ser la cautela, incluso el comedimiento, cuando aborda-
mos el inadmitido tema de los OVNIS. La realidad de lo que sí
sabemos ya es suficientemente extraordinaria de por sí.

A muchos les cuesta hacer distinciones. Los teóricos de la conspiración y los programas de televisión han fomentado una intrinca-
da leyenda urbana, basada en rumores, sobre la existencia de una
ocultación, que ha inducido a unos a descalificar todo el tema de
los OVNIS alegando que son vacía ciencia ficción y a otros a devo-

rar cualquier cosa que se les da. Y los que han quedado en medio no tienen forma de distinguir la información válida de las extravagancias, ya que se sirve todo mezclado en un gran caldero de sopa incomestible. (Esto es básicamente autodesinformación y no hacen falta agentes secretos que la difundan, porque los medios y amplios sectores de la llamada comunidad OVNI se encargan ya de eso.) Pero detrás de las reacciones extremas está el hecho real de que el Estado no parece querer que sepamos que los OVNIS existen. Como sabemos que existen, tenemos que suponer que el Gobierno también lo sabe. Y si es así, ¿por qué lo oculta y qué es lo que oculta? El público desea respuestas y se está muy decepcionado, y ha acabado, comprensiblemente, por desconfiar de nuestro Gobierno en relación con ese tema.

Algunos se aprovechan de esta situación. Acusicas y denunciadores de oficio, personas que no tienen el menor contacto con fuentes fidedignas, personas con variados niveles de salud psicológica y claridad mental, meten cuchara de vez en cuando afirmando conocer de primera mano algún aspecto de una siniestra ocultación gubernamental. Los grupos de fanáticos sin sentido crítico los han convertido en héroes, a ellos o a sus propios portavoces, les hacen repetir tópicos en conferencias de prensa y los presentan como chivos expiatorios que son inmediatamente ridiculizados por los pocos medios que se molestan en fijarse en ellos. Y en muchos de estos casos, que carecen de fundamento, se merecen el ridículo. Otros se promueven como activistas o expertos y hacen acusaciones gratuitas y afirmaciones sobre las maldades que comete el Gobierno en relación con los OVNIS, basándose en rumores y no en informes. Estos extremistas solo sirven para enturbiar las aguas y agravar las relaciones públicas de pesadilla que ya tienen los OVNIS de cara al discurso público. Lo triste es que esta es la única clase de información sobre los OVNIS que muchos norteamericanos han tenido.

Desengaños aparte, investigadores serios, así como funcionarios y militares, han señalado que bastan los hechos conocidos, como los que se han visto hasta ahora en este libro, para que nos hagamos desconcertantes preguntas (que no encuentran respuesta) sobre el secretismo del Gobierno estadounidense. En 1999, el grupo francés COMETA reprochó a Estados Unidos su «impresionante despliegue de tácticas de control» para silenciar su información sobre los OVNIS, incluyendo una política de desinformación y de normas militares para prohibir que se hablara en público sobre los avistamientos. La Ordenanza 200-2 de la Fuerza Aérea, «Información de objetos voladores no identificados», por ejemplo, prohíbe entregar al público y a los medios cualquier dato sobre «dichos objetos que no tenga explicación». Un procedimiento más restrictivo se advierte en la Declaración conjunta de los tres ejércitos N.º 146, que amenaza con procesar a todo el que esté bajo su jurisdicción —incluidos pilotos, organismos civiles, capitanes de buques mercantes e incluso algunas embarcaciones pesqueras— por informar públicamente de avistamientos que sean de interés para la seguridad nacional. Por suerte, no conozco ningún caso en que se haya llegado a tales extremos.

Pero sabemos con toda seguridad, como revelan el comunicado Bolender y los expedientes del Gobierno publicados bajo la Ley de Libertad de Información, que el Gobierno de Estados Unidos ha intervenido hasta cierto punto en investigaciones sobre OVNIS desde el cierre del Proyecto Libro Azul, a pesar de las afirmaciones en sentido contrario. Aún así, nuestros gobernantes suelen cruzarse de brazos, del modo más irracional, cuando se produce algún suceso relacionado con OVNIS, como ocurrió durante los avistamientos de la cuenca del Hudson en los años ochenta, y cuando reciben presiones, dan explicaciones insostenibles y falsas.

También sabemos que diversos organismos gubernamentales clasificaron en su día documentos sobre OVNIS, como lo demuestra el que luego fueran publicados por la Ley de Libertad de Información, y que parte de la información sigue clasificada. Los expedientes sobre OVNIS de la Agencia Nacional de Seguridad fueron hechos públicos en 1997, a raíz de una demanda interpuesta años antes, pero aparecieron tan censurados (la ANS alegó que las tachaduras tenían que ver con la protección de fuentes y métodos confidenciales) que eran prácticamente inútiles. En respuesta a las solicitudes que apelaban a la Ley de Libertad de Información, los organismos negaron al principio tener documentos archivados que luego aparecían en otros lugares o se encontraban cuando se buscaban por segunda vez. Los investigadores han descubierto que muchos informes oficiales sobre OVNIS que se archivaron en su momento no pudieron encontrarse después donde lógicamente debían estar. Y como también se afirma en el comunicado Bolender, los informes sobre OVNIS que afectaban a la seguridad nacional tenían que archivarse al margen del sistema del Libro Azul. ¿Dónde están estos expedientes y por qué no pueden hacerse públicos todos?

Con los años, incluso los más altos funcionarios del Gobierno han hecho esfuerzos por acceder a las pruebas ocultas sobre los OVNIS. El senador Barry Goldwater trató de entrar en las cámaras acorazadas de la base aérea de Waright-Patterson, sede del Proyecto Libro Azul durante la «edad de oro» OVNI de los años sesenta, y explicó sus esfuerzos en una serie de cartas que escribió en respuesta a indagaciones que se hicieron años después. Goldwater, piloto con licencia y general de división retirado de la Reserva de la Fuerza Aérea, venía interesándose por el tema desde hacía mucho tiempo y había analizado informes de pilotos fidedignos. Estaba convencido de que existía un programa OVNI secreto. «Hace unos diez o doce años quise averiguar qué había en el edificio de la base de Wright-Patterson donde se almacenaba la información recogida por la Fuerza Aérea y me negaron la entrada, comprensiblemente. Todavía es material clasificado por encima de máximo secreto», escribió en una carta de 1975[165].

---

165. Senador Barry Goldwater, carta a «Sr. S A», con membrete «Senado de Estados Unidos», 28 de marzo de 1975. El nombre del destinatario, que había escrito para preguntar por el interés del senador por los OVNIS, fue borrado del documento cuando este se hizo público merced a la Ley de Libertad de Información. Los nombres de muchas otras cartas parecidas no fueron borrados.

En una carta de 1981 dirigida a un investigador, Goldwater dijo que, en lo referente a su iniciativa, «he coleccionado una larga serie de negativas de un jefe tras otro, así que he acabado por desistir [...] este asunto está tan clasificado, aunque admito que se ha publicado mucho, que es imposible conseguir nada»[166]. Y en 1983 escribió: «No tengo ni la menor idea de quién controla el flujo de "informar solo de lo estrictamente necesario" porque, francamente, se me dijo con tal vehemencia que no era asunto mío que desde entonces no ha sido asunto mío»[167].

Por último, a una pregunta que le hicieron durante una entrevista radiofónica de 1994, el senador Goldwater respondió: «Creo que el Gobierno lo sabe. No puedo confirmarlo, pero creo que si pudiéramos entrar en algunos lugares del campo de Wright-Patterson, descubriríamos lo que la Fuerza Aérea y el Gobierno sabe sobre los OVNIS [...] Llamé a Curtis LeMay y le dije: "Mi general, sé que en Wright-Patterson tenemos una sala donde mete usted todo este material secreto. ¿Podría entrar yo en ella?" Nunca lo había visto enfadado, pero le entró un cabreo de mil demonios, me puso de vuelta y media y bramó: "¡Nunca más vuelva a hacerme esa pregunta!"»[168].

Un año después, en 1995, Steven Schiff, diputado por Nuevo México, anunció los resultados de una investigación de la General Accounting Office (GAO, Oficina de Cuentas del Estado), iniciada por él mismo en nombre de sus electores, para acceder a los informes relacionados con sucesos que rodearon un misterioso accidente ocurrido en 1947, cerca de Roswell, Nuevo

---

166. Senador Barry Goldwater, carta a Lee M. Graham, con membrete «Senado de Estados Unidos», 19 de octubre de 1981.

167. Senador Barry Goldwater, carta a William S. Steinman, con membrete "Senado de Estados Unidos", 20 de junio de 1983.

168. El corte radiofónico puede verse en YouTube, en http://www.youtube.com/watch?v=gPFBgINNUBU. En muchas páginas web se dice que este corte es un extracto de una entrevista de 1994 con Larry King en la CNN, pero no he podido comprobarlo.

México, y que se ha hecho famoso a causa de la convicción popular de que fue un platillo volante lo que cayó. «El informe de la GAO declara que los mensajes emitidos desde la base aérea de Roswell en aquel período fueron destruidos sin la debida autorización», explicó Schiff en su comunicado de prensa. «Tengo entendido que esos mensajes salientes eran informes fijos que no deberían haberse destruido. La GAO no ha podido determinar quién los destruyó ni por qué»[169]. La Fuerza Aérea venía afirmando desde hacía medio siglo que el objeto estrellado era un globo atmosférico. En 1994, mientras Schiff esperaba los resultados de la GAO, desmintió aquella declaración y anunció que los restos del accidente procedían en realidad de un aparato, a la sazón clasificado, para detectar indicios de posibles ensayos nucleares soviéticos[170]. Como es natural, una explicación hecha con tanto retraso planteó nuevos interrogantes, suficientes para mantener viva la polémica de Roswell, una polémica que comprende un grueso volumen de testimonios de testigos convincentes que desmienten las afirmaciones de la Fuerza Aérea. Los infructuosos esfuerzos de Goldwater y Schiff por obtener información a través de conductos oficiales *no demuestran* que se esté ocultando lo que son los OVNIS, como a muchos les gustaría creer, sino en todo caso lo difícil que es conseguir información definitiva del Gobierno sobre los OVNIS.

En realidad, cada elemento empleado para argüir que el secretismo gubernamental demuestra que se oculta oficialmente lo que se sabe sobre los OVNIS podría atajarse con un sinfín de posibles explicaciones alternativas. Sabemos que la Ley de Libertad de Información no funciona con eficacia y que la complicada burocracia propia del mantenimiento de archivos está saturada de trabajo y

---

169. Comunicado de prensa del diputado Steve Schiff, Primer Distrito Electoral de Nuevo México, 28 de julio de 1995.

170. James McAndrew, Jefatura de la Fuerza Aérea de Estados Unidos, «The Roswell report: case closed», julio de 1994, http://www.af.mil/information/roswell/index.asp.

mal organizada. En buena lógica, los OVNIS podrían estar al final de la lista de prioridades. ¿Y dónde están todos aquellos que en teoría han trabajado en este secretísimo programa negro, centenares o miles de especialistas, o los miembros de sus familias que todavía estén vivos? Es de creer que por lo menos unos cuantos sentirían el imperativo moral de comunicar al resto de la humanidad lo que saben o lo que descubrieron sobre los OVNIS, y que se arriesgarían a hacerlo, quizás incluso buscando refugio en los programas de protección de acusicas y denunciadores. Pero, que nosotros sepamos, no ha habido confesiones en el lecho de muerte ni documentos ad hoc de ninguno de estos científicos del Gobierno, ni hay esposas que hayan revelado la verdad sobre un Programa de Acceso Especial sobre los OVNIS. Ni un solo caso. Para acabar, tampoco hemos visto los resultados de ninguna fantástica tecnología militar de ingeniería inversa que pudiera haberse aplicado a OVNIS capturados, a pesar de los rumores en sentido contrario.

Las directrices dirigidas a militares y funcionarios del Gobierno, indicándoles que mantengan en secreto los asuntos confidenciales, son procedimientos habituales que se ponen en marcha para multitud de asuntos y con multitud de objetivos. La repentina aparición de un objeto desconocido que origina una gran confusión entre los pilotos de bases restringidas de la Fuerza Aérea no es algo que las autoridades militares querrían airear públicamente, en particular durante la Guerra Fría. Si los militares no podían identificar los objetos, es lógico que quisieran echar tierra encima. Pero esto no significa que se esté ocultando nada relacionado con los OVNIS ni que nunca llegaremos a conocer la naturaleza de estos objetos. Hay muchos temas y preocupaciones relacionados con la seguridad nacional que pueden obligar al Gobierno a correr el velo del secreto y los militares siempre prefieren pecar por exceso de misterio a pecar por defecto.

Por volver al análisis fácil, es posible que los proyectos confidenciales de investigación que se traman en los sótanos y mazmorras del Gobierno eviten el tema OVNI únicamente porque incluso nuestros funcionarios de inteligencia más especializados no saben mucho al respecto y se dan cuenta de que no se puede hacer nada en ningún sentido. Los objetos no nos han causado daños y hay pendientes muchos otros asuntos, más apremiantes y peligrosos, que afectan a la supervivencia humana, tanto económica como medioambiental. Esto tal vez signifique que lo único que se está ocultando sea el simple reconocimiento de la existencia de los OVNIS y que la ocultación no vaya más allá.

Y este no reconocimiento tiene su lógica. Tiene sentido que las autoridades sean reacias a anunciar públicamente que hay máquinas desconocidas y al parecer todopoderosas que vuelan sin restricciones por nuestro cielo y escapan a nuestro control. ¿Querría nuestro Gobierno admitir su impotencia ante algo no identificado y sin embargo bien documentado? Sepamos lo que son o no, algunas autoridades se preocupan por el pánico público. Aunque el Gobierno estadounidense reconociera la presencia de un fenómeno inexplicado, la hipótesis extraterrestre entraría a formar parte de la polémica, y si se impone creer que son vehículos o drones de otro lugar, daría la impresión de que nos tienen totalmente bajo su dominio. ¿Qué Gobierno se atrevería a lanzar una bomba así en un mundo ya inestable?

Sin embargo, conviene recordar que la Fuerza Aérea belga hizo exactamente eso en 1990, y otros países han hecho lo mismo en relación con sucesos específicos, y en ningún lugar ha habido levantamientos populares ni olas de pánico por esa cuestión. Por el contrario, la gente ha seguido con su vida normal sin necesidad de inventar, como en Estados Unidos, explicaciones alternativas o teorías de la conspiración para satisfacer su natural curiosidad humana. No obstante, en este inmenso país multicultural, que se considera un líder planetario en muchos aspectos, no parece que sea muy atractivo abrir una puerta así con declaraciones oficiales organizadas.

A pesar de todo, el Gobierno debe y puede vencer sus reservas, o al menos flanquearlas, según el exgobernador de Arizona Fife Symington, cuya experiencia excepcional —por decirlo suavemente— a ambos lados de esta complicada barrera es la responsable de su postura actual sobre nuestro tema. Desde la histórica conferencia de prensa de 2007, él y otros personajes de todo el mundo han formado una plataforma unida que busca un nuevo enfoque. Los ciudadanos del mundo, sin olvidarnos de los estadounidenses, están preparados para avanzar.

24

El gobernador Fife Symington y el Movimiento por el Cambio

E l 13 de marzo de 1997, un decenio después de calmarse la ola de OVNIS que barrió el valle del Hudson, se produjeron nuevas y vistosas apariciones de múltiples OVNIS triangulares y en forma de V, esta vez en la zona oeste de Estados Unidos.

Era un agradable, despejado y tranquilo anochecer de primavera en Arizona y había muchas familias en la calle, más que de costumbre, mirando el cielo, porque el cometa Hale-Bopp iba a poder verse aquella noche. Pero lo que empezó a verse a las ocho fue un espectáculo más asombroso todavía: una serie de grandes naves fantasmales y silenciosas que se deslizaban por el cielo, algo que no se parecía a nada que hubieran visto aquellas personas hasta entonces. Un objeto central, procedente del norte, cruzaba el estado con rumbo sureste, recorriendo los 350 kilómetros que hay entre Paulden y Tucson, y pasando cerca de Phoenix y comunidades cercanas. Fue visible entre las 8.15 y las 9.30 de la noche. Lo vieron centenares de personas, probablemente miles.

Las líneas telefónicas del departamento de policía se colapsaron y los teléfonos de la cercana base aérea de Luje no pararon de sonar.

Informes de avistamientos procedentes de todo el estado de Arizona inundaron el Centro Nacional de Información sobre OVNIS (NUFORC) —el conocido almacén de informes citado en el manual de la FAA—, cuya sede se encontraba en Seattle, estado de Washington. Y sin embargo, los controladores aéreos, según parece, no vieron los extraños objetos en el radar.

Aunque las descripciones de los despliegues de luces diferían, hubo una característica dominante: la nave era grande; era un objeto sólido, no un simple conjunto de luces; y a menudo parecía volar muy bajo, tapando las estrellas que tenía detrás. Un testigo de corta edad dijo que podía ver claramente la parte inferior de la nave y pensó que si le hubiera arrojado una piedra, la habría alcanzado. Según informes de testigos oculares que constan en los archivos del NUFORC, que recibió la primera notificación a las 6.55 de la tarde, desde Henderson, estado de Nevada, tres personas afirmaban que tapaba casi todo el cielo, mientras que los cinco miembros de otra familia que iba en coche a ciento veinte kilómetros por hora, contaron que se asomaron por la ventanilla para ver pasar por encima de ellos la gigantesca nave. Tenía el tamaño de varios campos de fútbol y más de kilómetro y medio de longitud, afirmaron muchos. Un partido de béisbol infantil tuvo que interrumpirse porque mamás, papás, niños y entrenadores se quedaron mirando con incredulidad aquel monstruoso objeto que pasaba por encima del campo. Algunas personas dijeron que su color era gris plomo y muchas otras sintieron miedo al comprobar el sigilo del objeto y su tamaño, sobre todo cuando vieron que despegaba en un abrir y cerrar de ojos[171].

Fue difícil concretar cuántos objetos había, porque los informes no se ponían de acuerdo en lo referente a número de luces, a color de las mismas y a movimientos. La velocidad de la nave, o

---

171. Los informes del NUFORC pueden consultarse en www.nuforc.org. Véase también el largometraje documental *I know what I saw*, dirigido por James Fox, que contiene entrevistas con testigos (puede verse el tráiler en www.iknowwhatisawthemovie.com).

naves, iba desde la inmovilidad hasta la rapidez del rayo. El NU-FORC recibió multitud de llamadas de poblaciones situadas en múltiples lugares, sugiriendo la probabilidad de que se tratara de muchos objetos, algunos de los cuales quizá se movieran rápidamente entre las poblaciones. Los investigadores civiles que se encargaron del caso tardaron meses en recopilar todos los informes, reconstruir trayectorias y concretar que ciertamente se habían visto varios objetos.

Una vez más, y al igual que la ola del valle del Hudson, el Gobierno no movilizó a ningún agente para que investigara o respondiera a las preguntas de los alarmados y atemorizados ciudadanos. Por decirlo llanamente, en 1997 el Gobierno de la nación no supo reaccionar ante la presencia de algo gigantesco y desconocido que invadía el restringido espacio aéreo de una capital del país.

Frances Emma Barwood, concejala del ayuntamiento de Phoenix, fue la única funcionaria electa que, respondiendo a la presión de los periodistas y de sus electores, abrió una investigación pública. Pero alegó que tampoco ella había recibido ninguna información de ningún nivel del Gobierno. Barwood dice que habló con más de setecientos testigos que llamaron a su despacho, entre ellos agentes de policía, pilotos y exmilitares, todos los cuales dieron descripciones muy parecidas de los objetos. A pesar de lo cual, los altos funcionarios del Gobierno parecían no estar interesados. «No entrevistaron ni a un solo testigo», me contó Barwood en una conversación que sostuvimos hace años. «¿Cómo era posible que no supieran nada de aquella nave gigantesca que volaba bajo sobre grandes núcleos de población? Es inconcebible, pero también es aterrador».

A causa de su voluntad de responder a las preocupaciones del público en relación con el incidente, muchos medios de Phoenix se burlaron de ella de un modo despiadado, por ejemplo un conocido caricaturista del principal periódico de Arizona, y hubo de soportar asimismo comentarios despectivos de figuras masculinas de la política local. «Lo que me ocurrió fue una lección para otros funcionarios electos», me dijo. «Si hablas de esto, se burlan de ti, te castigan, te machacan con todo lo imaginable, y al final pierdes credibilidad».

Los medios hablaron muy poco del incidente por entonces, incluso en Phoenix; se mencionó en algunos periódicos locales, pero no hubo seguimiento de la noticia. Tres meses más tarde, el 18 de junio, cambió todo esto cuando *USA Today* dio al caso una dimensión nacional publicando la noticia en primera plana[172]. De aquí saltó a los informativos nocturnos de televisión cuando la ABC y la NBC le dedicaron un pequeño espacio, muy pequeño en realidad, y el caso acabó conociéndose como el de «las Luces de Phoenix».

La presión había estado aumentando en el estado de Arizona y las reacciones del público se intensificaron cuando apareció el artículo de *USA Today* y la noticia llamó la atención nacional. Los ciudadanos se sentían impotentes y querían respuestas. El 19 de junio, el gobernador republicano Fife Symington anunció en un informativo matutino que iba a ordenar una investigación en toda regla y haría «todas las pesquisas necesarias. Vamos a llegar al fondo de esto. Vamos a averiguar si era un OVNI»[173].

Aquel día por la tarde convocó una rueda de prensa y dijo a la gente que iba a revelar el origen de las Luces de Phoenix. Con los medios emocionados cubriendo la conferencia en directo, y los ciudadanos pegados a los asientos en espera de la buena nueva, Symington escandalizó a unos, enfadó a otros y divirtió a muchos más cuando expuso su «explicación». Su jefe de personal, Jay Heiler, un señor que medía uno noventa, apareció esposado, rodeado de policías de seguridad y con un disfraz de alienígena que comprendía una máscara de caucho gris con unos

---

172. Richard Price, «Arizonans say the truth about UFOs is out there», *USA Today*, 18 de junio de 1997.

173. El corte de televisión, de unos estudios locales de Arizona, aparece en *I know what I saw*.

ojos negros y tan grandes como su propia cabeza. El gobernador dijo que aquel alienígena con disfraz de Halloween era «el culpable». En medio de las risas que llenaban la sala, añadió bromeando que «esto es solo para decir que ustedes se toman las cosas demasiado en serio», y le quitó la máscara delante de las cámaras[174].

Symington contó igualmente que había hecho indagaciones junto al comandante de la base aérea de Luke, el general a cargo de la Guardia Nacional y el director del Departamento de Seguridad Pública, pero que no había sacado nada en claro. Esta importante declaración fue eclipsada por las reacciones suscitadas por lo que él mismo calificó años después de «parodia» de conferencia de prensa.

Como era de esperar, la oficina de la concejala Barwood fue bombardeada con llamadas de ciudadanos indignados y el gobernador también recibió su ración de quejas. Incapaz de solucionar nada sola, Barwood se puso al habla con el senador por Arizona John McCain y le pidió que iniciara una investigación. McCain solicitó al Departamento de la Fuerza Aérea que investigara y, según explicó él mismo en una carta dirigida a un elector y fechada en octubre de 1997, «La Fuerza Aérea informó en julio a mi oficina que el Departamento ya no hace investigaciones sobre OVNIS». McCain añadía que, a pesar de todo, los puestos militares locales «se esforzaron por resolver el asunto» comprobando los informes de aquella noche y le habían comunicado que la Guardia Nacional había dejado caer bengalas de magnesio de alta intensidad al suroeste de Phoenix, visibles en 200 kilómetros a la redonda, entre las 9.30 y las 10.00 de la noche[175].

En efecto, los informativos de televisión y los documentales sobre las Luces de Phoenix suelen incluir una filmación en vídeo

---

174. En *I know what I saw* aparece un corte de televisión con esta conferencia de prensa.

175. Senador John McCain, carta a un elector (nombre tachado), Senado de Estados Unidos, 9 de octubre de 1997.

hecha por un fotógrafo aficionado hacia las 10 de la noche, como si fuera una filmación real del OVNI. El hoy infame vídeo fue sometido a un análisis detallado al menos por dos profesionales cualificados y los dos dijeron que las luces brillantes que aparecen en fila sobre una cordillera y luego se pierden de vista eran en realidad bengalas[176]. Puesto que el vídeo de aficionado se grabó a las 10 de la noche, a la misma hora que la Guardia Nacional dejaba caer bengalas LUU2 como parte de unas maniobras conocidas como «Operación Snowbird», y el análisis fotográfico confirma que las luces de la grabación eran efectivamente bengalas, este cuestionable vídeo de última hora no era la prueba que mucha gente había esperado. Parece que este detalle fue pasado por alto por los medios, ávidos de tener algo visual cuando dieron la noticia.

La hora de la caída de las bengalas es de la máxima importancia. Los avistamientos más concurridos de los objetos no identificados que cruzaron Arizona aquel anochecer empezaron aproximadamente a las 8.15, aunque algunos objetos se vieron antes, con luz diurna. Es evidente que el desfile de OVNIS fue un acon-

---

176. Dr. Bruce Maccabee, «Report of Phoenix Lights arrays», 1998, http://brumac.8k.com/phoenixlights1.html. El detallado estudio llega a la conclusión siguiente: «La explicación más breve de las luces es que se trataba de bengalas (luminarias de la Guardia Nacional de Maryland, lanzadas, según se dijo, el 13 de marzo de 1997). El análisis es por lo tanto compatible con el de Cognitech Corporation (Dr. Leonid Rudin) para el documental de Discovery Channel (noviembre de 1997). Es asimismo compatible con el análisis del Dr. Paul Scowen, catedrático de astronomía en la Universidad Estatal de Arizona, según informó el periodista Tony Ortega en el periódico New Times de Phoenix, 5-11 de marzo de 1998, que revelaba que las luces estaban más lejos que las cumbres montañosas del vídeo K. En ese artículo de periódico, el autor informaba asimismo de que la capitana Eileen Benz, jefa de información pública de la Guardia Nacional de Arizona, había averiguado que las bengalas se habían dejado caer a las diez de la noche sobre North Tac Range, a 50 kilómetros al suroeste de Phoenix y a la inusual altitud de 5.000 metros». Exceptuando la distancia declarada, que debería ser más bien de 100 kilómetros (y hasta de 160), esta declaración es compatible con el análisis aquí presentado».

Puede verse otro documento del Dr. Maccabee, «Supplementary discussions of the Phoenix Lights videos of march 13, 1997», enero de 2006, en http://brumac.8k.com/PhoenixSupplement/.

tecimiento independiente que no tuvo nada que ver con las posteriores bengalas.

Interesa señalar que el senador McCain, amigo desde hacía mucho del gobernador Symington, informó en su carta al elector interesado de que seguía investigando otras explicaciones posibles. En una rueda de prensa de 2000, McCain reconoció que había existido realmente un incidente en el que se habían visto luces misteriosas en Arizona. «No llegó a explicarse del todo», dijo, «pero he de decirles que no tengo ningún indicio de que fueran alienígenas u OVNIS»[177]. Aquel mismo año se presentó en la audiencia territorial de Phoenix una demanda colectiva de testigos que pedían una explicación al gobierno federal. En respuesta a la solicitud de información emitida por el juez, el Departamento de Defensa sostuvo que no podía encontrar ninguna información sobre los objetos triangulares. Remitió los detalles de la búsqueda al juez Stephen M. McNamee, de la audiencia territorial. El 30 de marzo de 2000, tres años después de los avistamientos, McNamee llegó a la conclusión de que «se había realizado una búsqueda razonable», aunque no se había encontrado ninguna información, y sobreseyó la causa.

No tenemos forma de medir la profundidad real de la búsqueda en cuestión. Y la afirmación del Departamento de Defensa parece cuestionable, sobre todo si recordamos la anterior investigación británica sobre la nave triangular observada sobre la base aérea de Cosford[178]. Como contó Nick Pope, el objeto fue visto en Inglaterra, en 1993, por más de cien testigos, entre ellos agentes de policía y militares. El Ministerio de Defensa británico envió por entonces una discreta carta a la embajada de Estados Unidos que fue «distribuida por todos los "organismos afectados" de Estados Unidos»,

---

177. Dennis Roberts, reportero de *Modesto Bee,* periódico del norte de California, asistió a la conferencia de prensa, que se celebró en Stockton, California, y la grabó. El 1 de marzo de 2000 me envió por correo electrónico una transcripción de la misma.

178. Para al incidente de Cosford, véase el Capítulo 17, «Los verdaderos expedientes X», escrito por Nick Pope.

con el fin de averiguar si el objeto de Cosford pudo tener algo que ver con algún prototipo secreto norteamericano, como el Aurora. Los funcionarios estadounidenses respondieron que también ellos habían avistado aquellos OVNIS triangulares ¡y quisieron saber si la nave de marras pertenecía a la RAF! Esta asombrosa respuesta da a entender que los gobernantes estadounidenses —que seguramente no esperaban que se hiciera pública— conocían en 1993 la existencia de objetos inexplicables que sobrevolaban territorio americano con la extraordinaria capacidad atribuida a los OVNIS de Cosford. Es posible que se refiriesen a la ola del valle del Hudson de los años ochenta, aunque posteriormente había habido más avistamientos. Es importante señalar que los funcionarios que respondieron reconocían la semejanza entre los objetos de Cosford y los americanos, y estaban tan confundidos que expresaban su esperanza de que los OVNIS estadounidenses fueran aviones secretos británicos que volaban sin autorización, eventualidad muy improbable habida cuenta de la estrecha relación EE.UU.-Reino Unido. Tras este intercambio de correspondencia, el Ministerio de Defensa británico se olvidó del incidente de Cosford. «No parece aplicable ninguna de las explicaciones habituales que se propusieron para explicar los avistamientos de OVNIS», declaró el Ministerio. Los indicios revelaban que «*un objeto (u objetos) no identificado y de origen desconocido* estaba operando en el Reino Unido» (cursivas mías). Los funcionarios estadounidenses, al revelar que sus OVNIS se comportaban como los británicos, habían reconocido sin darse cuenta, en privado y en secreto, naturalmente, que aquello ocurría también en Estados Unidos.

Parece inconcebible que solo unos años después, en 1997, funcionarios estadounidenses *de donde sea* no se tomaran en serio parecidos avistamientos de OVNIS en Arizona. Evidentemente, los funcionarios del Departamento de Defensa que respondieron a la orden judicial de búsqueda del año 2000 no eran los mismos que habían hecho la investigación del triángulo de Cosford para el Ministerio de Defensa británico. Es probable que no supieran nada de la correspondencia anterior. Sin embargo, la investigación británica sobre el OVNI de Cosford se remitió a «todos los organismos afectados», algunos de los cuales tuvieron que pertenecer al Departamento de Defensa estadounidense. Por desgracia, no tenemos forma de conocer la minuciosidad de la búsqueda de este último ni sabemos de qué punto del Gobierno estadounidense surgió la fascinante pregunta por los misteriosos triángulos estadounidenses que se planteó al Reino Unido.

¿Hizo averiguaciones el Departamento de Defensa entre las autoridades de otros departamentos gubernamentales, a propósito del trámite judicial de 2000, para esclarecer hasta donde fuera posible el contencioso de los objetos? ¿No habría sido lógico que el DdD se hubiera dirigido al Reino Unido en una circunstancia así, como había hecho anteriormente, para averiguar si había tenido experiencias parecidas? Ahora bien, no es lo que pidió el juez y hemos de suponer que no se llegó a investigar tanto ni a establecer comunicaciones tan amplias. Sin embargo, cuesta entender que el personal del DdD a quien se había solicitado investigar los objetos de 1997 pudiera responder con las manos vacías a las preocupaciones planteadas por los ciudadanos de Arizona y no se hubiera interesado por la reacción pública ante el incidente.

Si el DdD, en efecto, no obtuvo ninguna información, en ningún ámbito del departamento, sobre los objetos no identificados de origen desconocido que operaron en Estados Unidos en 1997, hay que reconocer que ya de por sí es un hecho singular. ¿Se alarmaron los funcionarios, y no quisieron saber más, al ver las declaraciones juradas de los testigos que aportó la audiencia territorial? Puede que aquel desinterés por un objeto gigantesco que sobrevolaba un estado norteamericano sea considerado por algunos como una tremenda irresponsabilidad, sobre todo por parte de quienes están encargados de defender nuestro país. Otros podrían considerarlo tan inexplicable que a lo mejor especulan sobre si el DdD no habría recibido instrucciones de emisarios de los «controladores» de la información sobre los OVNIS, instrucciones, digo, de acallar

el asunto dentro de un secreto programa negro. Puede que las cosas hayan cambiado después del 11 de Septiembre, porque hoy nos
cuenta imaginar que unos objetos con una tecnología al parecer tan
avanzada como para esquivar la detección por radar puedan sobrevolar una capital sin que se enteren las autoridades nacionales. Sin
embargo, los gobernantes siguen sin decir nada sobre las Luces de
Phoenix ni sobre otros avistamientos de misteriosos triángulos gi-
gantes que se han producido en Estados Unidos desde entonces.

El caso pasó a segundo plano durante los siete años siguientes,
hasta que el exgobernador de Arizona Fife Symington lo volvió a
sacar a la luz pública en 2007, cuando se cumplía el décimo aniversario de los avistamientos. Inesperadamente hizo una revelación
sorprendente y espectacular: que él en persona —a pesar de la parodia de conferencia de prensa que había celebrado siendo gobernador— había visto con sus conciudadanos una «nave de origen
desconocido», según sus propias palabras, aquella misma noche de
marzo, pero que en el ínterin había preferido no hacerlo público.
Además, afirmó que el caso seguía sin resolver, que debería investigarse oficialmente y que el Gobierno de la nación debía tomar en
serio los incidentes OVNIS en general.

Aquella inolvidable noche de marzo de 1997, Symington había
llegado a su casa y estaba viendo las noticias cuando recibió unas
llamadas en relación con los avistamientos. Subió a su coche y, sin
su habitual escolta de seguridad, que acababa de irse, se dirigió a
un parque próximo a Squaw Peak, en las afueras de Phoenix y, por
sorprendente que parezca, vio en el cielo algo muy inusual, muy
iluminado. «Era espectacular», dijo en nuestra primera entrevista.
«Y no podían ser bengalas porque era demasiado simétrico. Tenía
un perfil geométrico, una forma constante».

Licenciado en Harvard y condecorado piloto veterano de la
guerra de Vietnam, Symington es bisnieto de Henry Clay Frick,
el magnate del carbón y del acero, y primo del difunto Stuart

Symington, senador demócrata por Misuri. Fue gobernador republicano de Arizona en 1991 y fue reelegido en 1994. Piloto de toda la vida, vuela con frecuencia con un bimotor Beechcraft Baron entre las dos casas que tiene, una en Phoenix y otra en Santa Bárbara, California.

Symington se sintió impulsado a hablar públicamente a fines de 2006 cuando mi colega James Fox, un documentalista consumado, le envió una copia de su documental sobre los OVNIS *Out of the blue*, que habla de las Luces de Phoenix. Fox fue añadiendo más material al aclamado reportaje para preparar un nuevo lanzamiento. Hasta entonces no había hablado con el exgobernador y decidió hacerlo para ver si podía averiguar por qué Symington había escenificado aquella infame parodia de rueda de prensa. Fox había entrevistado a muchos testigos que no encontraban divertida la bufonada de Symington y se sentían más bien molestos por lo que en su opinión era una burla. Fox daba por sentado que el político conservador, dada su conducta, no se tomaba en serio los OVNIS y no esperaba que Symington le concediera una entrevista.

Cuando Symington vio *Out of the blue*, al parecer encontró fascinante el documental, pero al principio dudó en responder. Al final se dejó convencer. En aquel momento, dice Symington, decidió que cuando se reuniera con el cineasta le contaría toda la verdad. «Estaba harto de que se pusiera en ridículo a la gente por informar de avistamientos auténticos», me contó a mí en fecha posterior, y llegó a la conclusión de que era hora de adoptar una postura. Sin embargo, Fox no tenía la menor idea de lo que le aguardaba cuando conoció al exgobernador en Santa Bárbara y puso en marcha la filmadora.

Parece que los dos hombres congeniaron inmediatamente. En cierto momento de la entrevista filmada, Fox sacó una grabadora. Mientras la cámara enfocaba la cara de Symington y le tomaba un primer plano, para captar sus pequeños cambios de expresión, Fox le reprodujo un mensaje personal de una antigua electora suya, Stacey Roads, que Fox había grabado previamente. Roads y su hija adolescente fueron testigos del OVNI de Arizona y empezaba describiendo dónde estaban cuando vieron la nave. «Un triángulo muy grande se puso sobre la Interestatal 10 y sobre mi coche. Era tan grande que si hubiera abierto un periódico estando tendida de espaldas habría podido ver los extremos del objeto. Avanzaba muy despacio y sin hacer ruido», decía la señora Roads en la cinta. Luego Fox preguntaba a Roads si había alguna pregunta que hubiera querido hacer el gobernador y la mujer respondió: «¿Sigue siendo algo ridículo para él, después de haber salido en televisión con su alienígena y hacernos quedar a todos como idiotas? Todos nos hemos atenido a nuestras descripciones iniciales y desde entonces han aparecido muchas pruebas. ¿Sigue creyendo que es una ridiculez o ha cambiado de actitud?»

El gobernador Symington respondió inmediata y amablemente, sin alardes de ninguna clase; «Nunca he creído que la situación en general fuera algo ridículo, aunque es innegable que me aproveché de eso», admitió. «Pero no creo que sea un asunto ridículo. Fue un suceso real; una nave de origen desconocido; quién sabe de dónde; inexplicable y probablemente uno de los avistamientos más importantes de la historia reciente del país, porque la vio mucha gente del condado de Maricopa: y *yo también la vi*».

James Fox no estaba preparado para aquella revelación. «Me quedé de piedra», cuenta. «Me costó un rato digerirlo. Pensaba: ¿habré oído bien lo que acabo de oír? Mi reacción inmediata fue comprobar si las cámaras estaban funcionando, y lo estaban. No quería presionarlo en seguida, quería que se sintiera relajado. Me fui y revisé la cinta. Tardé un par de días en asimilarlo y en darme cuenta de que allí tenía algo gordo».

Tras mantener oculta la confesión de Symington durante seis meses aproximadamente, James Fox me llamó a principios de 2007 para contarme lo ocurrido, porque nos acercábamos al décimo aniversario de las Luces de Phoenix y se habían preparado actos conmemorativos en Arizona. Comentamos la posibilidad de dar entonces la noticia a la prensa escrita, a modo de anticipo del estreno de la versión actualizada de la película, que contendría la entrevista original. Symington pareció complacido con la idea de que el primer artículo que se publicara sobre su avistamiento fuera escrito por alguien que entendiera del tema en general, conociera el contexto del suceso y además lo tratara con respeto. Lógicamente, como periodista me sentí halagada por tener la oportunidad de dar la primicia, y sabía que los reporteros de los medios principales se lanzarían sobre ella después, incluidos los que años antes habían tratado el incidente con desdén en la prensa de Phoenix. Pero esta vez se verían obligados a leer un artículo serio y bien informado antes de explotar la noticia por su cuenta. Para mí era una oportunidad, aunque pasajera, de presentar un impactante caso ufológico como en mi opinión debía hacerse.

Me presenté a Symington por teléfono y le hice una larga entrevista que ampliaba lo que ya le había dicho a James Fox. Me impresionó gratamente su sinceridad y, aunque ya no era más que un ciudadano relativamente particular sin ningún interés por presentarse a un cargo político y al que no hacía gracia la atención mediática, expresó su deseo de ayudarnos a James y a mí a dar la máxima credibilidad al tema de los OVNIS y a influir en la política del Gobierno.

El 18 de marzo de 2007 di la noticia sobre Symington en un artículo de primera plana de un periódico de Arizona relativamente menor, *The Daily Courier*, con el siguiente titular: «Symington confirma que vio un OVNI hace 10 años». Elegí el *Courier* porque en el pasado había cubierto con profesionalidad y objetividad el asunto de las Luces de Phoenix. Tal como preveía, el artículo tuvo un efecto espectacular y se comentó en los informativos de las televisiones nacionales durante varios días, convirtiendo a Symington en una figura muy buscada. Apareció en la CNN y en FOX News, pero declinó todas las demás invitaciones.

Con los años entrevisté a Symington en más ocasiones y llegué a conocerlo. Su notable experiencia como gobernador del estado y testigo de un OVNI, obligado a enfrentarse a la vez al impacto del avistamiento y a la fuerza coercitiva que el tabú de los OVNIS ejerce sobre los funcionarios electos, es de lo más inusual. Le dio en efecto una perspectiva fuera de lo común que lo impulsó a defender en Washington la necesidad de cambiar una política —o no política— sobre los OVNIS anticuada y contraproducente.

Pero lo que hizo que la situación de Symington fuera incluso más excepcional fue que, aunque sobrecogido por el avistamiento, y aunque creyó que la nave podía no haber sido de fabricación humana, no se limitó a encogerse de hombros. Escogió el otro camino y fue tan lejos como para escenificar una bufonesca rueda de prensa en la que apareció un individuo disfrazado de alienígena que sin darse cuenta ofendió a los demás testigos. ¿Cómo pudo haberse reído de aquello y haberlo transformado en mascarada pública cuando él mismo había experimentado en persona unos meses antes aquel suceso físicamente real e inexplicable?

Symington, al volver la vista atrás, dice: «Si todo volviera a suceder, probablemente me comportaría de otro modo». Pero el estado de Arizona estaba «al borde de la histeria» por el desfile OVNI y el frenesí no hacía sino aumentar cuando convocó la rueda de prensa. «Quería aligerar la tensión y tranquilizar a la gente, por eso recurrí a la frivolidad. Pero en ningún momento creí que la situación en general fuera algo ridículo», comenta. Por eso, diez años después, libre de las ataduras del cargo público, quiso poner las cosas en su sitio y rectificar en nombre de personas como Stacey Roads.

Podemos aprender de este exgobernador a profundizar en las razones que impulsan a los altos funcionarios del Gobierno a resistirse a reconocer la existencia de algo no identificado que no tiene que identificarse necesariamente con extraterrestres o alienígenas. En este insólito caso, el funcionario sabía que era real porque lo había visto con sus propios ojos y no tenía que basarse en informes de otros testigos. ¡Y había muchas otras personas, centenares, que también lo habían visto! Y sin embargo, escondió lo que sabía. ¿Cómo pudo reprimirse y censurarse a sí mismo?

Él lo explica de este modo:

Cuando eres gobernador no eres una persona corriente. Tienes que tener muchísimo cuidado con las declaraciones públicas y con tu propia conducta. Una figura pública es un blanco al que cualquiera puede disparar. Los medios y la oposición política están atentos a todo lo que dices y haces. Tienes que evitar el ridículo porque tienes una grave responsabilidad mientras desempeñas tu papel y tu importancia pública está relacionada directamente con tu capacidad para hacer cosas. Si de pronto te cuelgan el sambenito de que eres un payaso o un chiflado, pierdes toda efectividad. Yo tenía que elegir. Mi prioridad máxima era ser consecuente con las responsabilidades para las que había sido elegido gobernador.

En los meses que siguieron al acontecimiento, Symington vio que la prensa escarnecía a su amiga Frances Barwood solo por haberse tomado en serio el avistamiento en respuesta a las presiones públicas: y eso que ella ni siquiera había sido testigo. También él tenía que librar sus propias batallas en el despiadado mundo de la política de Arizona y hoy dice: «¿Se imagina usted lo que habría sucedido si hubiera dicho la verdad?» Aunque su decisión es comprensible, es un triste comentario a la tácita política que mantenemos en relación con los OVNIS y a la fuerza de ese tabú irracional y cotidiano que la mayoría no cuestiona y que indujo al gobernador Symington a creer que le pondrían la etiqueta de «payaso» o de «chiflado» si hubiera admitido lo que él y muchísimos otros habían visto en el cielo. Aunque él en concreto corría un riesgo político, estas desprestigiantes etiquetas no son peligrosas solamente para las figuras políticas como él, sino que también son perjudiciales para muchas personas de la calle que presencian fenómenos. Empapadas de prejuicio y de un miedo irracional a lo desconocido, estas actitudes están atrincheradas en nuestra cultura desde hace más de cincuenta años y aún no se han entendido debidamente. Pero la experiencia de Symington, entre muchas otras, nos enseña por qué los altos funcionarios y los jefes militares de Estados Unidos esperan a estar jubilados para arriesgarse a decir su verdad sobre los OVNIS, sea cual sea.

El gobernador se encontró en su día en una situación imprevista. Enfrentado repentinamente a una creciente protesta pública a raíz de la inopinada cobertura nacional de un avistamiento de OVNIS a escala regional, tuvo que obrar con rapidez. Le pareció necesario cambiar el clima de la situación. Su equipo tenía que valerse de sus propios recursos, ya que no tenía la menor idea de lo que había surcado el cielo de Pohenix ni cómo manejar los efectos del portentoso acontecimiento. El Gobierno de la nación no apoyaba a los funcionarios estatales, las autoridades locales no respondían y se había desatado el ridículo público contra quienes se atrevieran a preguntar qué había sucedido. Así pues, confiando en su propia fuerza personal para resolver con rapidez un problema insólito, el gobernador Symington optó por organizar una mascarada pública para trivializar las cosas y cortar en seco la tensión creciente. «En ningún momento pensé que el avistamiento representara ninguna clase de amenaza», explica. «Además, tenía mucho sentido del humor. Pillé desprevenido a todo el mundo, incluso a los medios. Me pareció una forma eficaz de cambiar las cosas».

Imaginemos por un momento que hubiera existido un organismo gubernamental encargado de investigar casos de OVNIS como el que nos ocupa —exactamente lo que esperamos que se cree de una vez— y que hubiera estado en marcha en el momento de las Luces de Phoenix, y que la situación se hubiera tratado como es debido. Podemos predecir lo que tal vez habría ocurrido: en pleno acontecimiento, y a consecuencia de unas cuentas llamadas de Washington, podría haberse ordenado a los pilotos que ya estarían en el aire que se acercasen a los objetos, los observaran y los fotografiaran, si era posible. Habrían despegado reactores de la Fuerza Aérea para observar más de cerca y tratar de provocar alguna reacción en los objetos. Los controladores aéreos civiles y militares habrían intentado localizarlos por radar y las bases militares tratarían de comunicarse con ellos mediante señales de la mejor tecnología para estos casos. Los telescopios más potentes estarían apuntando al cielo para ver los objetos del mejor modo posible. El investigador jefe de nuestro negociado OVNI habría estado en contacto telefónico con un equipo local de científicos y expertos en aviación, situado en Arizona o en estados vecinos, como parte de una red establecida.

Al día siguiente por la mañana, el funcionario de nuestro organismo se habría dirigido a Phoenix para tener un encuentro informativo con todos los funcionarios competentes, incluido, como es lógico, el gobernador. Se comentaría y documentaría su propio avistamiento y quizás también los de otros funcionarios o de sus familias, junto con los de pilotos comerciales y militares. Se estimularía a los testigos civiles a que presentaran informes individuales, junto con dibujos de lo que habían visto, y fotos o vídeos domésticos, con la mayor rapidez posible. Los periodistas presentarían películas y entrevistas con testigos filmadas la noche anterior. Nuestro funcionario coordinador de la oficina central tendría acceso a todos los registros de radar y podría entrevistar a los controladores aéreos, agentes de policía, empleados gubernamentales que estuvieran recibiendo llamadas y a todos los pilotos que hubieran volado cerca de los objetos. Las bases aéreas e instalaciones militares de Arizona —que habrían estado en alerta durante el desfile celeste— serían consultadas a propósito de los objetos e informarían a los investigadores de si aquella noche había habido lanzamiento de bengalas, formaciones de vuelo inusuales u otras maniobras militares.

El público recibiría información en conferencias de prensa —por ejemplo como las que realiza la Junta de Seguridad Nacional de Transportes (NTSB) cuando hay un accidente aéreo— que darían cuenta de los progresos de la investigación. Se aseguraría a los ciudadanos que los avistamientos no entrañaban amenaza alguna, que no había habido heridos, que las autoridades competentes estaban investigando el episodio y que se les mantendría al corriente de lo que sucediera. Lo ideal sería que el acontecimiento no se tratara de modo sensacionalista ni fuera exagerado por los medios, sino que sería simplemente una de tantas noticias cotidianas, incluso quizás sin ningún interés para el sector de la población que no había visto personalmente objetos no identificados.

En pocas palabras, un organismo reducido que contara con enlaces con expertos en múltiples disciplinas de todo el país podría emprender una investigación bien definida, transparente, rápida y en profundidad cuando se produjeran fenómenos como las Luces de Phoenix. Si la identidad de los objetos no pudiera determinarse al cabo de un tiempo razonable, no habría necesidad de ocultárselo al público. La gente seguiría con su vida, como ha hecho en Europa y América del Sur cuando ha habido esta clase de anuncios, y la comunidad científica —que estaría ya investigando activamente el fenómeno— recibiría los datos pertinentes para proceder a ulteriores estudios.

«Si el avistamiento, que afectó a tantas personas de Arizona, se hubiera investigado oficial, rápida y abiertamente, sin ninguna clase de prejuicios, habría podido evitarse toda la confusión e histeria a la que tuve que enfrentarme cuando era gobernador», declara Symington. «Habría sido el enfoque sensato, el que se da en otros países, y que debería introducirse en Estados Unidos. No querría que ningún otro gobernador pasara por lo que yo pasé en 1997, porque los sucesos se repetirán, solo es cuestión de tiempo».

No es de extrañar que en el estado de Arizona aumentaran el temor y el sentimiento de impotencia. ¿Cómo podía nadie sentirse seguro o confiar en que las autoridades lo protegieran si la invasión de una nave tan gigantesca se enfocaba como si no hubiera tenido lugar? Todos deberíamos preguntarnos qué habríamos hecho y cómo nos habríamos sentido si hubiéramos estado debajo de aquel objeto silencioso y suspendido en el aire. Es de sentido común disponer de un pequeño organismo donde corresponda que esté preparado por si se produce otro acontecimiento OVNI con multitud de testigos.

Otro factor, señalado por muchos militares, es el peligro de que se emprendan contra un OVNI acciones agresivas potencialmente catastróficas por culpa de la falta de preparación de los responsables de la defensa del país. Si un objeto del tamaño del que se vio en Phoenix se acercara más al suelo, por ejemplo, o lanzara un haz luminoso que traspasara a un observador, o hiciera una serie de movimientos amedrentadores, ¿cómo responderíamos? Algunos pilotos han tratado de abatir OVNIS en el aire. ¿Qué ocurriría si se reaccionara del mismo modo desde una base de defensa antiaérea situada en tierra? No olvidemos que estamos tratando con algo tan desconocido, tan inexplicado, que ignoramos por completo lo que podría ocurrir la siguiente vez que apareciese otro. Establecer una oficina gubernamental sería la primera medida que habría que adoptar para distribuir los datos de rigor, manuales preparatorios y recomendaciones de procedimiento para las bases de la Fuerza Aérea y del resto de las fuerzas armadas de todo el país.

En el estado de Arizona ha habido más de un destacado funcionario electo que ha tenido que enfrentarse al problema OVNI. Antes de su avistamiento, Fife Symington había tenido una larga relación con un mentor que tenía opiniones contundentes sobre el secretismo del Gobierno y los OVNIS. Barry Goldwater, senador por Arizona durante cinco legislaturas, candidato republicano a la presidencia en 1964, piloto y amigo de la familia Symington, fue un héroe y una figura paterna para él desde que tenía doce años. Goldwater dirigió las dos campañas en que Symington fue candidato y elegido gobernador.

Symington cuenta que en muchas ocasiones, mientras volaba con Goldwater para asistir a los actos de las campañas, el exsenador le hablaba de sus esfuerzos por conseguir información secreta sobre los OVNIS de la base aérea de Wright-Patterson, esfuerzos que Goldwater describió en algunas cartas[179]. Es interesante señalar que Symington no supo que Goldwater había escrito sobre sus iniciativas hasta que me habló de estas conversaciones; para su asombro y

179. Consúltese el capítulo anterior para ver pasajes de estas cartas.

deleite, le mandé entonces una copia de las cartas. «Barry estaba convencido de que los OVNIS existen y de que el Gobierno guarda material de máximo secreto y mantiene esta reserva por razones tecnológicas. No lo sabía de firme, pero lo sospechaba», explica Symington. Por desgracia, Goldwater no gozaba de suficiente salud para hacer comentarios sobre el incidente de las Luces de Phoenix, ya que sufrió un ataque cardíaco en 1996. Falleció en 1998, en su casa de las afueras de Phoenix.

Symington tiende actualmente a creer como Barry Goldwater que nuestro Gobierno guarda información secreta sobre los OVNIS. «Si le echáramos el guante a una nave espacial muy avanzada antes que ningún otro país, puede jurar que la mantendríamos en secreto, la trabajaríamos y nos interesaríamos por su avanzada tecnología. Es una razón tan válida como la que más para explicar por qué se mantendría en secreto», dice.

La «salida ufológica del armario» del gobernador Symington constituye un hito histórico en los esfuerzos por conseguir que se reconozca oficialmente y cambie la política hacia el tema OVNI en Estados Unidos. Hasta ahora, ningún alto funcionario de su categoría, y además elegido dos veces, había reconocido haber visto en persona un inconfundible objeto volador no identificado ni había defendido públicamente la necesidad de un cambio. Cuando se vio obligado a poner a prueba el sistema, descubrió que no funcionaba. En consecuencia, tuvo que convertir su esfuerzo en una misión personal que lleva a cabo con el apoyo de otros exfuncionarios públicos de otros países, igualmente convencidos, algunos de los cuales han coincidido en este libro. Como exfuncionario electo y parte del poder político establecido, Symington está en una posición excepcional para influir en un cambio de política. Con sus contactos y su experiencia en el Gobierno puede ayudarnos a promover la fundación de un nuevo organismo gubernamental —que podría beneficiarse de su larga experiencia en el cargo—, cosa que ya ha hecho al unir su voz y su apoyo a nuestra coalición internacional.

25
Para que conste

Por Fife Symington III, gobernador de Arizona, 1991-1997

Entre las 8 y las 8.30 de la noche del 13 de marzo de 1997, durante mi segundo mandato como gobernador de Arizona, fui testigo de algo que contradecía la lógica y ponía en duda mi realidad: una gigantesca nave deltoides que se desplazaba en silencio por encima de Squaw Peak, en la Reserva de los Montes de Phoenix. Estructura sólida más que una aparición, era espectacularmente grande, con un perceptible borde delantero tachonado de luces, mientras viajaba por los cielos de Arizona. Yo todavía no sé qué era. Como piloto y exoficial de la Fuerza Aérea, puedo decir con certeza que no se parecía a ningún objeto de fabricación humana que hubiera visto antes.

En cuanto llegué a mi casa se lo conté a mi mujer, Ann. Me escuchó con atención y meditamos largamente si hacer público lo que había visto. Al final, al menos por el momento, llegamos a la conclusión de que no me convenía, pues lo más probable era que la prensa se burlara de mí si lo contaba y eso me apartara a mí y a todo mi equipo del trabajo que nos habíamos comprometido a realizar.

El mismo incidente fue presenciado por centenares, si no por miles, de personas de Arizona, y mi oficina fue asediada inmediata-

mente por llamadas telefónicas de ciudadanos preocupados. Aun
así, me las arreglé para mantener agachada la cabeza, hasta que dos
meses después apareció un artículo sobre los avistamientos en *USA
Today*. Catalizada por el artículo, la histeria se intensificó hasta el
punto de que decidí calmar los ánimos y poner una nota de humor
convocando una conferencia de prensa, en la que mi jefe de personal se presentó disfrazado de alienígena. Al principio, mi equipo
acogió la idea con entusiasmo. No solo impediría el crecimiento del
pánico, sino que enseñaría la cara humana de quienes tenían cargos
públicos.

Con aquello conseguimos calmar la creciente angustia del público y, a pesar de que al hacerlo herimos la sensibilidad de algunos
electores, me pareció que nuestra actitud había tenido en última
instancia un efecto positivo.

Retrospectivamente, sin embargo, me gustaría dejar claras algunas cosas. Como aseguré a James Fox cuando me entrevistó para
su documental *Out of the blue*, en ningún momento tuve intención
de burlarme de nadie. Mi oficina hizo averiguaciones —en el Departamento de Seguridad Pública, en la Guardia Nacional Aérea y
entre los mandos de la base aérea de Luke— sobre el origen de la
nave, pero hasta el momento las preguntas siguen sin responderse.

Con el tiempo, la Guardia Nacional Aérea se declaró responsable, alegando que por aquel entonces sus pilotos habían arrojado
bengalas. Esta explicación, sin embargo, atenta contra el sentido
común, pues las bengalas no vuelan en formación. En efecto, una
explicación así parece reflejar la actitud con que tropezamos demasiado a menudo en los canales oficiales, que tienden a dar razones
a posteriori —por ejemplo, globos atmosféricos, gas de los pantanos, bengalas militares—, al parecer con la intención de que coin-
cidan más con nuestra experiencia y nuestras expectativas que con
nuestras observaciones.

A mí nunca me satisfizo una explicación tan torpe. Pues aunque
muy bien pudo haber bengalas militares en el cielo aquella noche
—a eso de las diez de la noche, para ser exactos—, como sugirió el

análisis (del Dr. Bruce Maccabee, entre otros) de un vídeo que se hizo entonces, lo que yo y muchos otros observamos entre las ocho y las ocho y media fue, cuando se examina, algo completamente distinto: una nave desconocida y gigantesca.

Hoy sé, naturalmente, que no fui el único que vio aquel extraordinario fenómeno. Hay muchos militares de alta graduación el ejército del aire y funcionarios del Gobierno que han presenciado cosas parecidas e igualmente inexplicables en otro momento y en otras regiones del cielo, y que comparten mi temor de que el Gobierno menosprecie estos hechos por su cuenta y (nuestro) riesgo. Algunas de estas personas han hablado en este libro. Yo me uno a ellas sugiriendo un nuevo enfoque del problema.

Con el debido respeto, queremos que el Gobierno de la nación deje de alimentar el mito de que todos los OVNIS pueden explicarse con argumentos prácticos y convencionales. Lo que necesita el país, por el contrario, es reabrir la investigación oficial que se cerró en 1970. Ya no podemos rehuir el diálogo internacional sobre este importante asunto. Más bien necesitamos que las agencias competentes de nuestro Gobierno trabajen en cooperación con países que ya han empezado a intercambiar informes de avistamientos y esforzarnos, con un espíritu científico realmente abierto a la investigación, por aprender más sobre los OVNIS y hacer totalmente públicos los resultados de estas pesquisas, sean inmediatamente inteligibles o no.

26
Atraer al Gobierno de Estados Unidos

E n 2002 cofundé la Coalición para la Libertad de Información[180], una alianza independiente y grupo militante cuya misión era conseguir credibilidad científica, parlamentaria y mediática para el tema de los OVNIS, mal comprendido por lo general. Gran parte de nuestro trabajo se articuló alrededor de un esfuerzo por adquirir nueva información mediante el recurso a la Ley de Libertad de Información y no tardó en conseguir el apoyo de John Podesta, uno de los más firmes defensores de la transparencia en el Gobierno que hay en este país y autor de la introducción del presente libro. En su condición de jefe de gabinete de la Casa Blanca, Podesta fue un elemento fundamental para la desclasificación de 800 millones de páginas de documentos durante el Gobierno Clinton. En 2008 dirigió el equipo de transición del presidente Obama y posteriormente dirigió el destacado Centro para el Progreso de Estados Unidos de Washington. Nuestra iniciativa de aplicar la Ley de Libertad de Información culminó en una victoria judicial en una demanda contra la NASA que obligó a este

---

180. Véase www.freedomofinfo.org para saber más de esta Coalition for Freedom of Information, CFI.

organismo a publicar centenares de páginas de documentos retenidos hasta entonces.

La coalición pedía una acción responsable de Estados Unidos en relación con los OVNIS. No hicimos esta petición acusando de una mala gestión en el pasado, sino invitando a unirse a una empresa de cooperación internacional que estaba preparándose entonces. Al solicitar este cambio de política, como ya se dijo en relación con el incidente de las Luces de Phoenix, buscábamos la apertura de una pequeña agencia gubernamental que investigara los incidentes relacionados con los OVNIS y que hiciera de centro coordinador de las acciones interiores y de las investigaciones internacionales. Gracias a la legitimación del tema, una agencia así estimularía el interés científico y ayudaría a la distribución de las subvenciones del Gobierno y la fundación para científicos interesados de las comunidades académica, investigadora y de aviación. Conforme se ampliara con el tiempo el trabajo de la agencia, se fomentarían las actitudes positivas hacia el estudio serio de los OVNIS para que hubiera más recursos. Crecería el apoyo público —ya muy intenso, aunque sin un centro coordinador— en favor de un proyecto de investigación global que pudiera en última instancia aclarar el misterio de los OVNIS.

Lo primero que hemos de hacer para acercarnos a un diputado o un miembro del Gobierno Obama con el fin de impulsar esta iniciativa es dejar claro, como venimos haciendo en estas páginas, que un OVNI es simplemente, por definición, un objeto no identificado. La postura agnóstica, la científicamente sensata, admite la existencia de una acumulación de indicios de que se trata de un fenómeno material extraordinario, pero reconoce que todavía no sabemos qué clase de fenómeno es. La interpretación literal de la sigla «OVNI» debe prevalecer en la base de cualquier acercamiento al Gobierno, si quiere tener éxito, y nunca se insistirá demasiado en la necesidad de limitarse a esa interpretación, es decir, que hay que acabar con la identificación automática de OVNI con nave espacial extraterrestre. Esta actitud sentaría una base que permitiría a los políticos hablar públicamente de seguir adelante con este tema. Muchos lectores pensarán que esto es evidente, pero algunos activistas que luchan por el cambio no hacen esta importante distinción. Por el contrario, a veces hacen afirmaciones descabelladas sobre conspiraciones del Gobierno y los OVNIS que no pueden sostenerse, pero esperan que se tomen en serio. Se crea lo que se crea a nivel personal sobre la naturaleza de los OVNIS, los que ocupan posiciones elevadas —los únicos capaces de llevar a cabo cambios reales— no aceptarán, como es lógico, ninguna interpretación antes de que una nueva y legítima investigación científica establezca la determinación definitiva.

Que necesitamos una nueva forma de pensar en los OVNIS se puso dolorosamente de manifiesto cuando Tim Russert, de la NBC, lanzó una pregunta sorpresa a Dennis Kucinich, diputado por Ohio, durante el debate presidencial de 2007, televisado a nivel nacional. Russert preguntó a Kucinich si había visto realmente un OVNI, como se decía en un libro de Shirley MacLaine. Las risas ahogadas del público presente en los estudios empezaron a oírse en cuanto se pronunció la temida palabra. El pobre señor respondió con toda sinceridad que sí, que había visto algo no identificado, repitiendo que era un «objeto volador no identificado». A pesar de la franqueza y claridad de la respuesta, Kucinich no pudo eludir las carcajadas que estallaron antes de tener la oportunidad de explicarse. Acompañó su comentario con un chiste de su cosecha y que fue una forma de salvar la cara[181].

Una oficina gubernamental como el negociado OVNI de los británicos o el GEIPAN francés rechazaría inmediatamente la estupidez de este planteamiento. Necesitamos otro lenguaje, un marco de referencia nuevo que elimine los estorbos del pasado. Algunos científicos y militares han tratado de iniciar este proceso adoptando la más inconcreta expresión «fenómeno aéreo no identificado»,

---

181. MSNBC, debate presidencial de 30 de octubre de 2007. Transcripción en: http://www.msnbc.msn.com/id/21528787/page/22/.

FANI. Como es lógico, esto no basta para eliminar la arraigada asociación de los OVNIS con la ciencia ficción o los desórdenes mentales, pero para ellos representa un paso en esa dirección y además contribuye a reducir la fuerza del tabú.

Un pequeño y sencillo cambio de política es lo único que se necesita para que haya una gran diferencia. Un organismo dentro del Gobierno que gestione el tema OVNI y que podría crearse sin problemas, sin alardes y sin gasto excesivo. Lo único que hace falta para empezar es abrir un pequeño despacho atendido por una, dos o tres personas, equipado con unos cuantos ordenadores y unos cuantos archivadores, y situado en cualquier ciudad. El personal establecería enlaces con científicos, policías, investigadores civiles y especialistas de una serie de disciplinas que intervendrían si hiciera falta si tuviera lugar un importante acontecimiento OVNI. Se necesitarían pocos recursos más, porque en la investigación de los casos que valieran la pena se recurriría a instalaciones, equipos y personal ya existentes, como las imágenes de satélite, informes previos de aviación y datos meteorológicos, astronómicos y de radar. Podrían utilizarse laboratorios reconocidos para analizar imágenes fotográficas e indicios materiales. Una cualificada junta voluntaria de consejeros, compuesta por académicos, científicos y militares retirados se reuniría regularmente con el personal para hacer aportes y ayudar a coordinar la publicación de la información. Lo ideal sería que la información sobre OVNIS que actualmente retienen las agencias de inteligencia norteamericanas se entregara a esta oficina y al público.

Evidentemente, habría que preparar con cuidado la misión y estructura de la agencia, pero ya hay personas con experiencia, disponibles y preparadas para ayudar en ese proceso y procurar que no se repitan las equivocaciones del Proyecto Libro Azul. El nuevo plan daría lugar a una organización completamente distinta de la del Libro Azul, porque se dedicaría, bajo supervisión pública, a investigar casos como es debido y a trabajar con otros países. Sería lo contrario de la anterior agencia de la Fuerza Aérea —un controlado mecanismo de relaciones públicas para tapar los casos sin resolver— que existió en los años cincuenta y sesenta.

En noviembre de 2007, veintidós personalidades distinguidas,
entre ellas seis generales retirados, procedentes de once países, firmaron una petición formal para que se abriera una oficina así. En
la «Declaración Internacional al Gobierno de Estados Unidos»,
que redacté en colaboración con otros miembros de mi grupo, la
Coalición para la Libertad de Información (CFI), intervinieron casi
todos los autores de este libro, junto con otros cinco, y se publicó
en la página web de la CFI. El documento fue firmado por actuales
y antiguos militares, altos funcionarios y pilotos, todos y cada uno
de los cuales, mientras estuvieron en servicio activo, «o presenciaron un incidente relacionado con un objeto volador no identificado
o dirigieron una investigación oficial en casos de OVNIS de interés
para la seguridad de la aviación, la seguridad nacional o el adelanto
de la ciencia»[182].

La declaración afirma que el actual desinterés del Gobierno por
avistamientos importantes de OVNIS, como el de las Luces de
Phoenix y el del aeropuerto O'Hare, «constituyen a la vez una
oportunidad desaprovechada y un riesgo potencial». La llamada a
la acción pide al Gobierno que «colabore con los gobiernos que,
habiendo reconocido la realidad de los objetos voladores no identificados y preocupaciones afines por la seguridad de la aviación, ya
han abierto sus propias agencias de investigación». Sugiere que la
Fuerza Aérea o la NASA presten el espacio para esta empresa investigadora, y termina con una petición final: «Apelamos a los Estados
Unidos de América para que se comprometa con nosotros y con
personalidades actualmente activas en todo el mundo para afrontar
este problema en un diálogo permanente».

Los méritos de las personalidades que hacían la petición eran
impresionantes. En consecuencia, el documento tuvo una amplia

---

182. Para consultar el texto completo de la Declaración, publicada inicialmente en
noviembre de 2007, véase www.freedomofinfo.org.

repercusión en la prensa cuando fue refrendado por el exgobernador Fife Symington y hecho público en la conferencia de prensa que se celebró en Washington D.C. en noviembre de 2007. Pero la verdad es que nada ha cambiado desde entonces. Nuestro grupo arrinconó la iniciativa durante las elecciones presidenciales de 2008, que acapararon la atención del país y en el período que siguió, dado que el nuevo Gobierno Obama tuvo que concentrarse en los numerosos y urgentes problemas que requerían solución inmediata. A pesar de todo, seguimos tan convencidos como antes de que no es mucho lo que pedimos. El público estadounidense lo desea desde hace mucho tiempo y ahora que tenemos un Gobierno (se refiere a la Administración Obama) que ha prometido transparencia y un enfoque global, con un primer mandatario que ha sido Premio Nobel de la Paz, nuestras posibilidades de éxito son mayores que nunca.

27
El agnosticismo activo
y el tabú de los OVNIS

Por el Dr. Alexander Wendt y el Dr. Raymond Duvall

En agosto de 2008 recibí un correo electrónico del Dr. Alexander Wendt, catedrático de ciencias políticas de la Universidad Estatal de Ohio; adjuntaba un artículo de veintiséis páginas que acababa de publicar en la prestigiosa revista académica Political Theory. *Escrito en colaboración con el Dr. Raymond Duvall, «La soberanía y los OVNIS» hacía un complejo, detallado y profundamente meditado análisis de por qué los gobiernos desestiman sistemáticamente el fenómeno OVNI, a pesar de la abrumadora cantidad de indicios de su existencia*[183]. *En estas páginas hemos tocado ya varias facetas del tabú de los OVNIS y hemos estudiado también la cuestión del secretismo y los posibles aspectos amenazadores de la realidad OVNI, pero los problemas de fondo siguen sin resolverse: a pesar de todos los indicios ¿por qué es tan dura la prohibición de tomarse en serio los OVNIS y por qué persiste?*

---

183. Alexander Wendt y Raymond Duvall, «Sovereignty and the UFO», *Political Theory*, vol. 36, n.º 4 (agosto de 2008), pp. 607-633. Sage Publications ha colgado el artículo en su sitio web: http:ptx.sagepub.com.

Para que una nueva agencia gubernamental funcione debida-mente y con eficacia, este es el aspecto definitivo que debe abor-darse, junto con las propuestas logísticas y estructurales.

En los muchos años que llevaba trabajando con este mate-rial, los cabos sueltos relacionados con el tabú de los OVNIS parecían apuntar hacia la articulación de algo más amplio y más básico, pero no tenía claro lo que era. El exasesor cientí-fico de la Fuerza Aérea J. Allen Hynek investigó esta cuestión en 1985, pero no llegó a resolverla. Describió el problema como una extraña «enfermedad» capaz de sumir a sus víctimas en un «estupor mortal. Semejante a un poderoso virus de la apa-tía, podía fácilmente inmovilizar ciudades y a todo el país [...] como si una bruja de cuento administrara una poción somnífera»[184]. Como no consiguió encontrar las razones por las que afectaba con tanta intensidad a los responsables de dirigir gobiernos y proteger a los ciudadanos, tampoco pudo presentar un remedio.

Dos consumados expertos en ciencias políticas abordan aquí ese mismo problema, aportando un nuevo enfoque desde el interior de la comunidad académica. Alexander Wendt es autor del celebrado estudio Social theory of in-ternational politics *(Cambridge University Press, 1999) y se interesa por los aspectos filosóficos de las ciencias sociales y las relaciones internacionales. Raymond Duvall es cate-drático y director del departamento de ciencias políticas de la Universidad de Minnesota. Se interesa por la política mundial, con particular atención al poder, el Gobierno y la resistencia en la política internacional. Se conocieron cuando Wendt fue alumno de Duvall en un curso de doc-torado, y desde entonces se mantuvieron en contacto. Wendt dedicó cinco años, desde 1999 aproximadamente, a leer y meditar por su cuenta sobre el tema OVNI. «Quería ave-*

---

184. Hynek, «The roots of complacency», 1985, op. cit. [Véase la nota 117.].

riguar lo que había de real en ese contexto, dada la canti-
dad de absurdos, desinformación y teorías de la conspira-
ción que había por medio», me contó.

En 2004 habló con su antiguo consejero acerca de sus ideas
y su importancia para la teoría política y de aquellas conver-
saciones surgió la decisión de estudiar el tabú. «Al principio
me dirigí a él pensando en por qué había secretismo oficial
sobre el tema OVNI», explica Wendt. «Hablar con él me ayudó
a comprender que el secretismo era solo un síntoma del proble-
ma, que calaba mucho más hondo». Duvall se mostró escéptico
al principio, ya que no había pensado en los OVNIS hasta que
Wendt le llamó la atención sobre ellos. «Creo que es justo decir
que yo era la encarnación del tabú», me contó en un correo
electrónico. «Trabajar en este artículo con Alex ha modificado
mis ideas al respecto».

Los dos académicos deconstruyen los argumentos de los
desacreditadores que perpetúan la postura cultural y polí-
tica que dice que no hay que tomar en serio los OVNIS y
examinan el arraigado temor a la hipótesis extraterrestre
que subyace en ese irracional escepticismo. No obstante,
añaden que irónicamente ellos mismos sufrieron el efecto
del tabú cuando publicaron «Soberanía y los OVNIS». En
este sentido, el artículo se convirtió en un «experimento na-
tural» y fue un ejemplo de manual de la tesis que sostenían.
«Dado que hacía décadas que no se publicaba un artículo
que hablara seriamente de los OVNIS en una revista de
ciencias sociales, en el caso de que se hubiera publicado al-
guno en el pasado, era lógico esperar que generase cierta
polémica», dice Wendt. «Los estudiosos polemizan cierta-
mente por mucho menos y por lo general gustan de polemi-
zar con esa clase de artículos. Pero que nosotros sepamos,
ningún estudioso de ciencias sociales, del orden anglófono
por lo menos, ha recogido todavía el guante lanzado por
nuestro trabajo. Es decepcionante, pero este desprecio es al

menos compatible con nuestra hipótesis de que, en efecto, sobre este tema pesa un tabú que impide el debate razonable».

Los doctores Wendt y Duvall estuvieron de acuerdo en escribir otro trabajo, específicamente para el presente libro, incorporando las ideas del primero a este, que se dirige a lectores no académicos, con algunos conceptos nuevos. Espero que el artículo ayude a resolver el persistente problema de por qué hay una desconexión tan fundamental entre las contundentes pruebas de la existencia de los OVNIS y el desinterés de nuestros gobernantes y científicos por investigarlos. También debería servir para desarmar a los desacreditadores que periódicamente aparecen con argumentos defensivos que ponen de manifiesto que en realidad no han estudiado los hechos y que por sí solos son un ejemplo del tabú en acción. Puesto que el artículo desmenuza estos argumentos y los desautoriza, es posible que acabemos por mirar con otros ojos a los desacreditadores y adoptemos un enfoque más racional de los desconcertantes problemas planteados por el misterio de los OVNIS.

Hay un tabú sobre este libro: el tabú de los OVNIS. No desde luego en la cultura popular, donde abunda el interés por los OVNIS y proliferan las páginas web sobre el tema, sino en la élite cultural: el sistema de creencias y prácticas ortodoxas que determina qué es oficialmente la «realidad». En relación con los fenómenos OVNIS, este sistema está dominado globalmente por tres grupos: gobiernos, comunidad científica y los medios mayoritarios. Aunque sus miembros, en tanto que individuos, pueden tener creencias privadas muy personales sobre los OVNIS, en público comparten la opinión oficial de que los OVNIS no son «reales» y no deben tomarse en serio, o al menos no más en serio que cualquier otra curiosa creencia cultural. Para estas élites, un libro como el presente, que se toma en serio los OVNIS, es intrínsecamente problemático.

Una manifestación del tabú de los OVNIS es el desinterés oficial por responder a ellos o por averiguar qué son. Desde 1947, año en que empezó la moderna era OVNI, ni la comunidad científica ni los gobiernos (con la parcial excepción de Francia) han hecho esfuerzos serios, que nosotros sepamos, por determinar su naturaleza. Los informes se han archivado y algunos se han investigado oficialmente una vez concluido el suceso, pero la gran mayoría se ha desestimado y no se ha hecho ningún esfuerzo formal por estudiar sistemáticamente o investigar los fenómenos OVNIS. Los medios corroboran este desinterés dedicándoles escasa atención, y cuando se la dedican, es invariablemente haciendo un guiño al consumidor, como para confirmarnos que en el fondo tampoco ellos se los toman en serio.

Dado que la ciencia moderna parece encontrar interesante casi todo lo que hay en la naturaleza, desconcierta un desinterés así. Pero el desinterés por sí solo no forma un tabú, que es algo prohibido y no solo desestimado. Lo que da más bien a los OVNIS su condición especial es que se cree que está fuera del discurso de la razón. Aunque los individuos del público en general tal vez crean que los OVNIS existen, las autoridades *saben* que los OVNIS son simplemente figuraciones de imaginaciones hiperactivas, no más reales que las brujas o los unicornios. Así pues, tomar en serio los OVNIS es poner en entredicho la propis seriedad. Si los «creyentes» en los OVNIS parecen negar la realidad empírica, la élite cultural no puede hacer nada, aparte de volverles la espalda o condenarlos por irracionales o incluso peligrosos. Desde este punto de vista, el OVNI no se nos presenta en modo alguno como un «objeto», sino como una ficción molesta de la que es mejor no hablar: en otras palabras, un tabú que no admite el debate racional.

Sin embargo, la realidad es que los OVNIS no son entes de razón en los que se cree o no se cree, sino hechos. Miles de informes presentados en todo el mundo describen objetos inexplicados que cruzan el cielo. Casi todos son únicamente testimonios de testigos presenciales que pueden rechazarse como indignos de confianza —y algunos lo son, sin duda—, pero el hecho de que muchos informes de OVNIS procedan de «testigos expertos», como pilotos comerciales y militares, controladores aéreos, cosmonautas y científicos, debería dar que pensar. Además, hay informes que vienen corroborados por indicios materiales, a saber, fotos y videoimágenes analizadas científicamente, rastros en tierra que afectan a las plantas y al suelo, efectos en aviones y ecos anómalos de radar. En la sociedad moderna, el indicio material se considera normalmente prueba definitiva de la realidad de un fenómeno, prueba objetiva de la existencia de *algo* que tiene una causa en el mundo físico. Según este criterio, pues, por lo menos algunos OVNIS son claramente reales. La pregunta que los convierte en problema es: ¿podrían ser extraterrestres?

La prueba de nuestra ignorancia

Los ufoescépticos[185] piensan que los seres humanos saben, como algo científicamente probado, que los OVNIS no son extraterrestres y por lo tanto no hay que prestarles atención. Sin embargo, ninguno de los argumentos más contundentes que defienden esta concepción justifica que se rechace la hipótesis extraterrestre como explicación posible de los OVNIS. Ni siquiera se aproximan. La verdad es que no se sabe, como algo científicamente probado, que ningún OVNI tenga origen extraterrestre. En cualquier caso, si rechazamos esta hipótesis sin ponerla a prueba antes, a lo mejor estamos rechazando la que tal vez sea la verdadera

---

185. Aunque muy empleada esta expresión, el adjetivo «escéptico» puede llamar a engaño, porque «escepticismo» supone desconfianza o duda pero disposición abierta. Sin embargo, el discurso ufológico ha deformado el término y lo ha transformado en negación taxativa.

explicación. Pero tampoco esto significa que los OVNIS sean extraterrestres; al fin y al cabo, los OVNIS son objetos *no* identificados. Y ahí es a donde queríamos llegar: a que en esta etapa, los seres humanos no lo sabemos.

Dada la poca investigación sistemática que se ha hecho, rechazar la hipótesis extraterrestre sin más ni más se basa en la convicción apriorística de que la visita extraterrestre es imposible: «No puede ser cierto y por lo tanto no lo es». Los escépticos presentan cuatro grandes argumentos a este fin.

«Estamos solos». Los seres humanos han discutido durante siglos si existe vida inteligente en otros lugares del universo y, con el reciente descubrimiento de más de 400 planetas extrasolares[186], el debate se ha intensificado en los últimos tiempos. Hay buenas razones científicas para creer que no hay vida inteligente en otros lugares, pero cada vez hay más razones, igualmente buenas, para creer que sí. Comentario: no sabemos nada todavía.

«No pueden llegar aquí»[187]. Los escépticos arguyen que si hay vida inteligente en otros lugares, estos están demasiado lejos de la Tierra para llegar aquí. La teoría de la relatividad nos dice que nada puede viajar más deprisa que la luz (300.000 km/s). A la milésima parte de la velocidad de la luz (108.000 km/h), que no está ni mucho menos al alcance de la capacidad humana, un vehículo tardaría 4.500 años terrestres en llegar hasta nosotros desde el sistema solar más cercano. A velocidades más cercanas a la de la luz, una sola nave espacial necesitaría quemar más energía de la que se consume actualmente en un año en todo el planeta.

---

186. Dennis Overbye, «A sultry world is found orbiting a distant star», *New York Times*, 17 de diciembre de 2009.

187. Parte de esta sección reproduce al pie de la letra el texto del artículo original de 2008, Alexander Wendt y Raymond Duvall, op. cit., p. 616. También proceden de aquel artículo algunas frases y expresiones que aparecen en este.

Las limitaciones físicas con que tropiezan los desplazamientos interestelares suelen considerarse la razón más contundente para negar la hipótesis extraterrestre, pero ¿son totalmente concluyentes? Las simulaciones informáticas sugieren que incluso a velocidades muy por debajo de la de la luz, cualquier civilización avanzada en expansión habría llegado a la Tierra hace mucho[188]. Cuánto hace exactamente depende de los supuestos de que partamos, pero incluso los más pesimistas arrojan posibles encuentros con la Tierra en los últimos 100 millones de años, apenas un parpadeo en términos cósmicos. Además, hay dudas crecientes de que la velocidad de la luz sea realmente un límite infranqueable[189]. Los agujeros de gusano —predichos ya por la teoría de la relatividad— son túneles en el espacio-tiempo que en teoría acortan mucho las distancias interestelares. Y además está la posibilidad de la «propulsión por distorsión» (*warp drive*), es decir, la aplicación de técnicas de vacío alrededor de la nave espacial para que esta recorra el espacio sin dilatación del tiempo[190]. Estas ideas son hoy por hoy pura especulación, pero dado el largo trecho que hemos recorrido en los 300 años transcurridos desde nuestra revolución científica, imaginemos lo mucho que puede haber avanzado otra civilización 3.000 años (y no digamos 3 millones de años) después de la suya. A la luz de estos argumentos, en cualquier caso, ya debería haber aquí visitantes de otras civilizaciones, lo que nos lleva a la célebre «paradoja de Fermi» o «¿Dónde están?»[191]

---

188. Martyn Fogg, «Temporal aspects of the interaction among the first galactic civilizations», *Icarus* 69 (1987), pp. 370-384.

189. J. Dreadorff y otros, «Inflation-theory implications for extraterrestrial visitation», *Journal of the British Interplanetary Society* 58 (2005), pp. 43-50.

190. H.E. Puthoff, S.R. Little y M. Ibison, «Engineering the zero-point field and polarizable vacuum for interstellar flight», *Journal of the British Interplanetary Society* 55 (2002), pp. 137-144.

191. Stephen Webb, *Where is everybody?* (Copernicus Books, Nueva York, 2002).

«**Aterrizarían en el jardín de la Casa Blanca**». Así que los escépticos llevan el argumento un paso más allá y preguntan: si los extraterrestres han recorrido distancias tan largas para vernos, ¿por qué no aterrizan en el jardín de la Casa Blanca y se presentan? Al fin y al cabo, es lo que haríamos los humanos si encontráramos vida inteligente en nuestras exploraciones espaciales. Basándose en este enfoque, el que los ocupantes de los OVNIS no se hayan presentado es prueba de que no están aquí.

¿Lo es realmente? No está claro en absoluto que los viajeros espaciales humanos aterrizaran en una Casa Blanca alienígena si llegaran a un lejano planeta. Puede que los exploradores avanzados quieren mantener una política de no intervención en las formas de vida inferior. Sin embargo, al margen de lo que los humanos quieran o puedan hacer, ¿en qué conocimientos científicos nos basamos para decir que estamos al tanto de las intenciones de seres alienígenas, cuya naturaleza y objetivos tal vez sean inconcebibles para nosotros? No tenemos ningún conocimiento al respecto y en consecuencia no podemos descartar la posibilidad de que los extraterrestres tengan razones propias para evitar el contacto.

«**Si estuvieran aquí ya lo sabríamos**». Este último argumento apela a la capacidad humana: que, gracias a nuestra completa vigilancia de los cielos con radares y telescopios de alta tecnología, si los extraterrestres estuvieran aquí, el mundo lo sabría ya de manera inequívoca, porque los expertos lo habrían descubierto.

Tampoco esta postura es definitiva. Primero, supone, tal vez injustificadamente, que tenemos capacidad para observar e identificar OVNIS; si hay vehículos capaces de venir a la Tierra, entonces seguro que sus ocupantes tienen tecnología suficiente para limitar el conocimiento de su presencia. Segundo, las autoridades no han buscado OVNIS y lo que no se busca ni se espera no suele verse. Por último, en vista del omnipresente secretismo oficial sobre los OVNIS que impera en Estados Unidos, probablemente se sabe más sobre ellos de lo que se reconoce públicamente. Esto no significa

que se conozca su origen, pero habida cuenta del secretismo es
lógico formular la pregunta.

Es importante señalar que lo que decimos en relación con
estos argumentos no es que estén equivocados, sino que personas con sentido común podrían no estar de acuerdo con ellos,
ya que en última instancia se basan en suposiciones no compro-
badas y no en datos establecidos científicamente. En efecto, el
solo hecho de que sea tan fácil presentar objeciones razonables
al ufoescepticismo es un argumento más en favor de que, científicamente hablando, los seres humanos no pueden descartar la
hipótesis extraterrestre. Unos podrán mirar los indicios y los
argumentos y llegar a la conclusión de que la probabilidad es
nula, mientras que otros pueden dar a la hipótesis más crédito:
¿qué sabemos en el fondo? No sabemos nada porque no disponemos de conocimientos científicos para que las probabilidades
sean significativas. Como habría dicho el exsecretario de Defensa Donald Rumsfeld, no tratamos aquí con «desconocidos conocidos», sino con «desconocidos desconocidos», lo que quiere
decir que las probabilidades objetivas son aquí como conjeturas
individuales. Y cuando hay tal «duda razonable», las hipótesis
científicas no deben rechazarse a priori. Por decirlo brevemente,
lejos de demostrar que los OVNIS no son extraterrestres, lo
único que demuestra la ciencia actual es su ignorancia.

La amenaza de los OVNIS

Si un correcto uso de la ciencia nos exige que en el presente seamos agnósticos en el tema de si los OVNIS son de origen extraterrestre, sin aceptar ni rechazar nada, el tabú que pesa sobre
cualquier intento de averiguar qué son los OVNIS es muy desconcertante. Al fin y al cabo, si se descubriera que algunos OVNIS
proceden de otro lugar del universo, estaríamos ante uno de los
más importantes acontecimientos de la historia humana y enton-

ces sería lógico que quisiéramos investigar posibilidades más remotas. Fue este planteamiento el que indujo al Congreso de Estados Unidos a financiar durante un tiempo el programa SETI, que buscaba indicios de vida alrededor de estrellas lejanas. Entonces, ¿por qué no financiar el estudio sistemático de los OVNIS, que están relativamente más cerca y al menos en algunas ocasiones dejan rastros físicos? ¿Acaso no les pica la simple curiosidad científica incluso a quienes no consideran importante la cuestión de los extraterrestres? ¿Por qué no estudiamos los OVNIS tal como los seres humanos estudiamos todo lo demás?

Nuestra tesis es que el origen de este tabí es político. En tanto que estudiosos de ciencias políticas, nos interesa la posible conexión entre la necesidad de desdeñar los OVNIS y el estilo moderno de organizarnos y gobernarnos en sociedad. La incapacidad para ver claro y hablar con lógica sobre los OVNIS parece que es un síntoma de angustia autoritaria, un temor socialmente inconsciente a lo que la realidad de los OVNIS podría significar para el Gobierno moderno.

La amenaza es triple. En el nivel más obvio, la aceptación de la posibilidad de que el OVNI sea realmente no identificado y de que en consecuencia pueda existir realmente un «otro» desconocido y muy poderoso representa una amenaza física potencial. Está claro que si otra civilización tiene capacidad para visitar la Tierra, entonces es que tiene una tecnología muy superior a la humana, lo cual plantea la posibilidad de una colonización e incluso del exterminio. El OVNI en cuanto tal invita a poner en duda la capacidad del Estado para proteger a los ciudadanos de tal invasión. En segundo lugar, los gobiernos podrían estar reaccionando a la posibilidad de que la confirmación de la presencia extraterrestre creara una presión tremenda para que se formase un Gobierno mundial, que los Estados territoriales actuales se resistirían a formar. La identidad soberana de los Estados modernos se basa en sus diferencias. Cualquier cosa que exigiera la subsunción de estas diferencias en una soberanía global pondría en peligro la estructura fundamental de los Estados, independientemente del riesgo de destrucción física que se correría.

En tercer lugar, y en nuestra opinión el punto más importante, la posibilidad extraterrestre pone en entredicho lo que llamamos naturaleza antropocéntrica de la soberanía moderna. Con esto queremos decir que, en el mundo moderno, la organización política se basa en todas partes en la suposición de que solo los seres humanos tenemos capacidad y autoridad para gobernar y determinar nuestra suerte colectiva. La naturaleza podrá lanzarnos una pelota con efecto en forma de pandemia o de calentamiento global, pero cuando se trata de decidir cómo afrontar estas crisis, la elección es únicamente nuestra. Este antropocentrismo es una actitud moderna y era menos común en tiempos prehistóricos y en la antigüedad, cuando se creía que la Naturaleza y los dioses eran más poderosos que los seres humanos y su capacidad para gobernarse.

Es importante señalar que gracias a esta base antropocéntrica los Estados modernos cuentan con la lealtad excepcional y los recursos de sus súbditos. Como una explicación posible de los OVNIS es extraterrestre, tomar los OVNIS en serio cuestiona esta actitud profundamente arraigada. Plantea la posibilidad de algo parecido a la materialización de Dios, como en la parusía de los cristianos. ¿A quién sería leal la gente en una situación así? ¿Y podrían sobrevivir los Estados con su forma actual en una situación políticamente tan notable? Nuestra opinión es que la supervivencia política del Estado moderno depende de que estas preguntas no lleguen a ser políticamente notables. Así pues, para que el poder se mantenga bajo su forma presente es funcionalmente necesario que pese un tabú autoritario sobre los OVNIS.

En resumen, los OVNIS crean una profunda inseguridad inconsciente en la que son impensables ciertas posibilidades en razón de su peligro inherente. En este sentido, el tabú de los OVNIS es parecido a la negación en psicoanálisis: el soberano reprime el OVNI por temor a lo que pueda revelar de sí mismo. El soberano

en consecuencia no puede hacer otra cosa que desviar la mirada
—ignorar y por lo tanto ser ignorante respecto de los OVNIS— y
no tomar ninguna decisión en absoluto.

Mantener el tabú

La sugerencia de que el tabú de los OVNIS es funcionalmente
necesario para el moderno Gobierno antropocéntrico no quiere
decir que se vaya a mantener de manera automática. Una prohibición tan fuerte exige trabajo. Por decirlo claramente, no se trata
del efecto consciente de una vasta conspiración que busca reprimir
«la verdad» sobre los OVNIS, sino el resultado de incontables
prácticas indirectas que nos ayudan a «saber» que los OVNIS no
son extraterrestres y que en consecuencia pueden despreciarse.
Pero el efecto del tabú de los OVNIS es paradójico, porque a diferencia de la época en que las visiones de los chamanes y profetas
imponían respeto, en el mundo moderno conocemos las cosas
haciéndolas visibles y procurando explicar su funcionamiento, lo
cual sería subversivo en el caso de los OVNIS, dado que conduci-
ría a validar la hipótesis extraterrestre. Así que se necesitan técnicas
para que parezca que «conocemos» los OVNIS sin averiguar realmente qué son. Se podrían señalar por lo menos cuatro medios
para conseguirlo.

La primera es la presentación ortodoxa, la descripción de lo
que son los OVNIS por quienes tienen autoridad para estipular
lo que define la realidad oficial: gobiernos, comunidad científica
y medios de comunicación. Son especialmente dignas de nota
cuatro presentaciones actuales: (1) la ciencia conoce los OVNIS
y sabe que tienen explicaciones convencionales, por todas las
razones que hemos criticado más arriba; (2) los OVNIS no son
una preocupación para la seguridad nacional[192], lo cual permite

---

192. Richard Dolan, *UFOs and the national secutiry state*, pp. 193-203.

a los Estados lavarse las manos y desentenderse del problema; (3) cualquier estudio sobre los OVNIS será por definición seudociencia, porque los OVNIS no existen; y (4) los OVNIS son ciencia ficción, lo cual desplaza el aspecto existencialmente aterrador de un encuentro extraterrestre en potencia al seguro reino de la imaginación. No decimos que las autoridades de nuestros días traten conscientemente de proteger el tabú de los OVNIS cuando hacen estas presentaciones. Lo que decimos es que sea cual sea la intención concreta en los casos concretos, estas presentaciones (y sin duda otras) tienen el *efecto* de reforzar el consenso ortodoxo y oficial de que no hay que tomar en serio los OVNIS.

Otra técnica de mantener el tabú pone del revés el asunto de la seudociencia. Pensamos en las investigaciones sobre los OVNIS oficialmente sancionadas pero problemáticas, como el informe Condon de 1968, cuyo objetivo era dar una apariencia de valoración científica y objetiva, mientras se confirmaba la concepción dominante de que no había nada en los fenómenos en cuestión. Como se ha documentado abundantemente en la literatura sobre el tema, en el caso Condon la tendenciosidad ideológica condujo a groseros errores de planificación investigadora y de inferencia empírica, así como a un Resumen que rechazaba de plano la hipótesis extraterrestre, aunque no se pudieron encontrar explicaciones convencionales para el 30 por ciento de los casos estudiados. Esto no equivale a decir que no hubiera ciencia de verdad en el informe Condon (al contrario), sino a que en última instancia se sometió a la hipótesis extraterrestre a un «juicio amañado». Sin embargo, la conclusión del informe de que los OVNIS no son extraterrestres fue aceptada inmediatamente por el sector mayoritario de la comunidad científica y permitió a la Fuerza Aérea de Estados Unidos desentenderse públicamente del problema OVNI, cosa que venía deseando desde hacía algún tiempo. Que un informe tan defectuoso pudiera aceptarse con tanta facilidad evidencia lo arraigada que está la «voluntad de descreer».

Un tercer factor que sostiene el tabú es el omnipresente secretismo oficial, en el que interviene personal militar y cuyo efecto es eliminar del sistema el conocimiento que podría potenciar la seriedad del tema OVNI, fortaleciendo en consecuencia (al menos implícitamente) la postura escéptica[193]. El secretismo OVNI adopta como mínimo dos formas. La más evidente es retener información sobre casos conocidos, bien recortando texto, bien diciendo a los ciudadanos que recurren a la Ley de Libertad de Información que no existen documentos pertinentes. (En Estados Unidos, la ley exige que los organismos gubernamentales informen al público si los documentos solicitados están clasificados, o si no, publicarlos tachando los pasajes confidenciales.) La otra forma de secretismo —no informar de ningún encuentro militar con OVNIS— es más difícil de evaluar, dado que es imposible saber cuántos casos así hay. Sin embargo, que la mayoría de los gobiernos no publique informes ufológicos por sistema —aunque en los últimos años ha empezado a modificarse esta tendencia en algunos países, pero no en Estados Unidos—, no permite confiar en que conozcamos todos los casos existentes.

Inevitablemente, este modelo de conducta reservada es agua que mueve el molino de las teorías de la conspiración, porque hace que de modo natural surja la pregunta: «¿Qué oculta el Gobierno?» Sin embargo, lo que nos interesa no es el contenido concreto, sino solo el efecto del secretismo oficial, que es lo que contribuye a fortalecer el tabú de los OVNIS eliminando del sistema el conocimiento potencialmente opuesto. Nuestra opinión personal es que, lejos de ocultar la verdad sobre los alienígenas, es más probable que el Estado esté ocultando su propia ignorancia, aunque ¿quién sabe?

---

193. Peter Galison, «Removing knowledge», *Critical Inquiry* 31 (2004), pp. 229-243. Sobre el secretismo OVNI, véase especialmente Dolan, *UFOs and the national security state* y, para el punto de vista oficial, Gerald Haines, «CIA's role in the study of UFOs, 1947-1990», *Intelligence and National Security* 14 (1999), pp. 26-49, y Charles Ziegler, «UFOs and the US intelligence community», *Intelligence and National Security*, vol. 14 (1999), p. 1-25.

En el contexto del ufosecretismo, solo podemos contar con opiniones personales.

El último mecanismo es la disciplina, con lo cual nos referimos a técnicas de ordenar pensamiento y acción que no se basan en recursos racionales de la ciencia, sino más manifiestamente en presiones sociales y poder. En el contexto OVNI, una forma particularmente destacada es el rechazo social de las personas que afirman públicamente que «creen» en los OVNIS —mediante la burla, el rumor, el ninguneo, la condena pública y/o la difamación—, porque no solo se rechaza la idea de los OVNIS, sino también a la persona que la defiende y cuya credibilidad se pone en entredicho. Dados los deseos individuales de aprobación, buena fama y progreso profesional, el miedo a esta clase de disciplina tiende a la autocensura y potencia la «espiral de silencio» en relación con los OVNIS que tanto dificulta hablar de ellos ya de entrada.

La resistencia del agnosticismo activo

Son mecanismos poderosos y como tales podría aducirse que ante el tabú de los OVNIS «toda resistencia es inútil». Sin embargo, el tabú tiene como mínimo tres debilidades que lo hacen potencialmente inestable y con él la estructura antropocéntrica de dominio que lo sostiene.

Una es el propio OVNI. A pesar de los esfuerzos oficiales por negar su realidad, los OVNIS siguen apareciéndose con obstinación y generando una necesidad continua de transformarlos en no-objetos. Los gobiernos podrán no reconocer los OVNIS, pero a la luz de las incesantes anomalías, sostener tamaño «irreconocimiento» exige trabajo.

Otra debilidad se encuentra en los diferentes intereses respecto del conocimiento que tienen la ciencia y el Estado. Aunque los dos coinciden hoy en el discurso oficial antiufológico, en última instancia el Estado está interesado en mantener su relato escéptico como verdad, mientras que la ciencia reconoce, al menos en principio, que sus verdades solo pueden ser provisionales. La ciencia parte de que la realidad tiene la última palabra y esto crea la posibilidad de que el conocimiento científico refute el dogmatismo del Estado.

Y además tenemos el liberalismo, la esencia del Gobierno moderno. Aunque produce sujetos racionales que saben que «creer» en OVNIS es absurdo, el liberalismo se justifica como discurso que produce sujetos librepensadores que pueden ponerlo en duda.

El tipo de resistencia que mejor puede explotar estas debilidades podría denominarse «agnosticismo activo». Entendemos aquí por «agnosticismo» que no debería adoptarse ninguna postura sobre si los OVNIS son extraterrestres o no hasta que se hayan estudiado sistemáticamente. La resistencia debe ser agnóstica porque, dado nuestro conocimiento actual, no está justificado ni creer en la hipótesis extraterrestre ni negarla; sencillamente, no sabemos nada al respecto. Agnosticismo, en concreto, significa «entender» los OVNIS por lo que son, en vez de volverles la espalda: tomarlos en serio como *objetos* reales y realmente no identificados, definidos con amplitud suficiente para englobar cualquier fenómeno natural. Puesto que lo que el tabú prohíbe es el reconocimiento de la realidad del OVNI, «entender» ya es de por sí una forma de resistencia personal.

Para ser políticamente efectiva, sin embargo, la resistencia debe ser activa, con lo cual queremos decir pública y estratégica. El agnosticismo sobre los OVNIS que se queda en la esfera de lo privado, como el de las personas que lo cultivan a propósito de Dios, por ejemplo, en el mundo moderno, no sirve para interrumpir la espiral de silencio que rodea el tema y más bien contribuye a ella. Para romper el ciclo, la resistencia necesita concentrarse en el problema básico que plantean los fenómenos OVNIS, a saber, la ignorancia colectiva sobre lo que son, y no dedicarse al problema secundario del secretismo oficial, que estratégicamente es una maniobra de distracción. (Si estamos en lo cierto al decir que los gobiernos no ocultan la verdad, sino su propia ignorancia, no estaríamos más cerca de saber lo que son los OVNIS aunque publicaran todos los expedientes que esconden.) En otras palabras, lo que necesitamos por encima de todo es una *ciencia* OVNI sistemática y, basándonos en ella, con el tiempo, tal vez podamos formular juicios responsables sobre los objetos, en vez de limitarnos a repetir dogmas en un sentido o en otro.

Para ir más allá de la mínima investigación científica que ya se ha hecho y conseguir nuevos avances, una ciencia como la sugerida tendrá que fijarse tres objetivos. Primero, se concentrará en las pautas generales y no en casos individuales. Dada nuestra incapacidad para manipular o predecir fenómenos OVNIS, hay límites inherentes a lo que pueden arrojar los estudios de casos. Los análisis oficiales de casos seleccionados han permitido ya, en ocasiones, descartar las explicaciones convencionales —lo que no son—, pero esto no nos dice qué son. Los OVNIS son como los fenómenos meteorológicos, que solo pueden estudiarse como es debido cuando se enfocan como un todo.

Segundo, una ciencia de los OVNIS necesitará buscar informes nuevos en vez de analizar los antiguos. Esto se debe a que los informes de alta calidad son relativamente escasos y han sido recogidos por casualidad y por una diversidad de conductos, haciendo casi imposible el hallazgo de pautas. Además, es limitada la información que puede extraerse de un informe antiguo y menos si no se conoce el contexto medioambiental. Generar sistemáticamente nuevos informes podría aumentar considerablemente nuestras estadísticas y también situarlos automáticamente en contexto.

Por último, una ciencia necesita concentrarse más en recoger indicios materiales objetivos que en reunir relatos subjetivos de testigos, pues estos últimos nunca convencerán a las autoridades de que los OVNIS existen y mucho menos de que vale la pena tener en cuenta la hipótesis extraterrestre. Naturalmente, recoger indicios no es tarea fácil, pero hay imágenes de radar y filmadas en vídeo, y hay análisis químicos de «puntos de aterrizaje» de algunos OVNIS, y esto puede hacerse.

Cualquier intento serio de cumplir estos requisitos necesitará una importante infraestructura tecnológica (instalaciones de radar u otro equipo de observación) y elevadas cantidades de dinero. Normalmente se espera que el Estado provea de este capital. Aunque no hay que escatimar esfuerzos para conseguir todo esto, nuestra teoría particular del tabú de los OVNIS —que es un imperativo funcional del moderno Gobierno antropocéntrico— nos obliga a ser pesimistas sobre una posible y pronta movilización de los gobiernos del mundo. Así pues, podría ser estratégicamente importante pensar en otros medios para conseguir el apoyo del Estado y en formas alternativas de fundar una ciencia de los OVNIS[194].

Abordado por el Estado o por la sociedad civil, el problema de la ignorancia sobre los OVNIS es fundamentalmente político antes que científico y, como tal, será inevitable un agnosticismo verdaderamente activo para vencerlo. Pero ni siquiera entonces habrá garantía alguna de que el estudio sistemático acabará con la ignorancia humana sobre este particular; no otra cosa debe esperar la ciencia. Pero después de sesenta años de negativas oficiales a propósito de este fenómeno potencialmente extraordinario, es hora de intentarlo.

---

194. Imaginemos, por ejemplo, una estrategia complementaria, «de abajo arriba» o «democrática», que podría plasmarse en una ONG financiada por Internet, una idea que nosotros (Wendt y Duvall) ya hemos explorado en otros lugares.

28
Un reto de incalculables consecuencias

E s fundamental que conozcamos en profundidad los aspectos inconscientes del tabú de los OVNIS —precisamente los que están fuera de nuestro alcance— si queremos cerrar la puerta de una vez para siempre a las viejas formas de pensar y avanzar con nuestro tema. Las estimulantes ideas expuestas en el capítulo anterior puede que no respondan todas las preguntas, pero los dos estudiosos de ciencias políticas han presentado un argumento tan fascinante como persuasivo. Afirman que el problema básico que aqueja al conocimiento de los OVNIS es la ignorancia, no el secretismo, y que esta ignorancia se acepta porque sirve a un objetivo político. La sostienen fuerzas y temores ocultos que acechan bajo la superficie de esta ignorancia política, aunque también la transforman en algo más potente: la negación y la ferviente prohibición, aun considerando los OVNIS un tema serio. El problema es más fuerte y polémico que la simple ignorancia, como hemos visto. Se manifiesta como el tabú familiar, como algo tan aceptado y dado por sentado que pocos se paran a pensar en él.

Ese objetivo político es poderoso: mantener el imperativo de que no debemos encarar la posibilidad de que algún OVNI sea extraterrestre. Pues si lo fuera, eso significaría que estas naves portentosas, estos vehículos, estos objetos de origen desconocido —o lo que sean— proceden de un «otro» más poderoso que está en alguna otra parte. Una idea así es sencillamente inadmisible y puede generar un terror primordial en los seres humanos. Y lo arreglamos mediante la estrategia política de negar que los OVNIS existan, una actitud que nos protege, aunque temporalmente, de enfrentarnos a esta inimaginable amenaza contra nuestra estabilidad básica.

Los científicos tienen razones propias para tener miedo. Los OVNIS manifiestan características que parecen desmentir las leyes fundamentales de la física en la que se basa nuestro conocimiento del universo; si los científicos realizaran un esfuerzo colectivo para identificarlos, ¿cabría la posibilidad de que el fenómeno les resultara «incognoscible» con nuestras metodologías actuales? Hasta el momento, los OVNIS han imposibilitado cualquier estudio: se nos acercan mucho, pero no lo suficiente. ¿Significa esto que nunca seremos capaces de saber lo que son, aunque lo intentemos? Puede que el fenómeno se revele solo repentinamente, antes de que sepamos mucho más de lo que sabemos, en cuyo caso no podremos reaccionar.

Cada cual puede analizar las raíces de su propia resistencia a aceptar la realidad de los OVNIS, un proceso que espero que haya empezado ya en la conciencia de la mayoría de los lectores. Es posible que no seamos totalmente conscientes de la existencia de reacciones y patrones intelectuales muy arraigados, sobre todo porque la resistencia es un hecho universal. Cuando se burlan de los OVNIS, los escépticos no se preocupan conscientemente de abstracciones como humanismo antropocéntrico, desaparición del concepto de Estado o amenaza de aniquilación, pero eso no significa que estas cuestiones no palpiten por debajo de sus reacciones instintivas. Los altos funcionarios tampoco contemplan estos temores de un modo consciente cuando optan por volver la espalda a los OVNIS o por ocultar información al público, obedeciendo una tendencia que tiene decenios de antigüedad. Los científicos afirman muy oportunamente que no hay indicios, pero no piensan en el reto potencial que los OVNIS representan para las bases de la ciencia tal como ellos la conocen. Es mucho lo que queda fuera del ámbito de nuestra percepción consciente, perpetuando una especie de ceguera.

Una exploración personal podría revelar solo una extraña incomodidad con la idea general de OVNI, una evitación automática e instintiva del reto que representa por sí mismo. Como dicen Wendt y Duvall, «el tabú de los OVNIS es como la negación en psicoanálisis». Probablemente muchos dirían sin reflexionar que no pueden concretar en qué consiste el reto. Para los dispuestos a seguir con el examen es posible que salgan a la superficie los «argumentos escépticos» expresados en el capítulo anterior; para otros es posible que se trate de conflictos religiosos. A pocos nos gustaría mirar de frente el problema, porque se nos ha dado una vía de escape muy oportuna, una aceptada prohibición de «creer en los OVNIS» que nos permite identificarnos con la postura de la «élite». Yo espero que, después de asimilar todo el material presentado en este libro, quienes hayan llegado hasta aquí se dejen influir menos por este clarísimo tabú de lo que se dejaban influir antes.

Los temores inconscientes a las consecuencias de los OVNIS muy probablemente se alojaron en la mentalidad del sistema político estadounidense a finales de los años cuarenta, cuando los primeros OVNIS irrumpieron en la escena nacional. Sin embargo, una parte de la población de Estados Unidos ya estaba predispuesta a ver los informes sobre «platillos volantes» como imposturas o exageraciones. En 1938, el famoso programa radiofónico de Orson Welles, *La guerra de los mundos*, atemorizó a muchos radioyentes con su dramatización hiperrealista de la invasión de los marcianos, presentada como si fuera un reportaje en directo de un acontecimiento que se estaba produciendo. La gente de Nueva Jersey —punto de la presunta invasión— huyó de sus casas y muchos otros creyeron que la Tierra estaba siendo atacada y que todos morirían. El programa explotó un miedo que los estadounidenses no habían experimentado hasta entonces, algo inexplicable y aterrador. A los afectados entonces les costaría confiar años después en los informes sobre objetos voladores no identificados, y en este sentido ya había en relación con los informes sobre OVNIS un afianzado malestar autoimpuesto desde el principio mismo.

Pero en aquellos primeros años y durante los cincuenta estábamos en la infancia por cuanto se refiere a los posibles significados del fenómeno OVNI. Las agencias militares y de inteligencia se afanaban por saber qué podían ser aquellas cosas en el marco de la Guerra Fría. La Fuerza Aérea procuraba calmar las inquietudes del público explicando todos los OVNIS lo mejor que podía, y cuando no podía, fingía que sí. Estas mentiras iniciales, reforzadas por el Comité Robertson de 1953 y fortalecidas luego por el informe Condon de 1968, se fueron consolidando con el tiempo. Como fuimos sabiendo más cosas sobre los OVNIS después de la clausura del Proyecto Libro Azul, y adquirimos una idea más clara al menos de sus características y comportamiento, es posible que poco a poco tuviéramos más razones para preocuparnos por sus aspectos amenazadores. Cuando J. Allen Hynek combatió el tabú en los años ochenta, advirtió que los gobernantes tenían «un intenso deseo de no hacer nada»[195]. Pero añadió con espíritu agorero que «la historia nos demuestra que el dique se rompe con el tiempo y a veces con resultados catastróficos»[196].

En este momento tenemos la posibilidad de estimular la ruptura del dique, lenta y metódicamente, para que no haya ninguna

---

195. Hynet, «The roots of complacency», op. cit. [Véase la nota 117.].
196. Ibid.

catástrofe, si es posible. Tenemos que admitir que los peligros potenciales de reconocer e investigar los OVNIS son reales. Los temores son comprensibles e incluso están justificados; y sí, las repercusiones podrían ser socialmente desestabilizadoras.

Pero al margen de cómo acabe resolviéndose el enigma, el poder político monopoliza por el momento la toma de decisiones. Los organismos oficiales de otros países no han sido víctimas de temores imaginarios ni creen que los peligros inherentes a las revelaciones justifiquen el desprecio de los OVNIS. Ya están dando pasos adelante y sospecho que la mayoría de sus funcionarios cree que es más peligroso dar la espalda a los OVNIS que mirarlos de frente. La mayoría del público estadounidense, como revelan los sondeos, reconoce ya la realidad de los OVNIS y nadie parece estar traumatizado por ello. Al contrario, parece que la gente quiere saber más.

Por el bien del poder político establecido, creo que no tenemos más opción que sacar todos nuestros miedos a la luz del día. Cuando decidamos, como sociedad, afrontar con sinceridad el tema de los OVNIS, estaremos entrando en un proceso «terapéutico» a gran escala que reducirá, e incluso con el tiempo eliminará, el poder de las fuerzas que alimentan el tabú. Si arrojamos luz sobre esta dinámica, la desactivaremos. Esta es quizá la única forma de que demos el siguiente paso, porque socavará los cimientos mismos de un sistema político que no funciona y que es el principal obstáculo que se alza en nuestro camino.

Mientras tanto, espero que todos los colaboradores de este libro hayan contribuido a calmar parte de la angustia existencial mencionada. Comprender alivia y, como dicen los consabidos clichés, saber es poder y la verdad nos hará libres. Como auténticos «agnósticos activos», podemos admitir que el cambio político debe incorporar estas consideraciones, más filosóficas. Como en la alegoría de Hynek, las aguas están subiendo y acabarán por romper el dique. *Podemos* y *debemos* encontrar una solución saludable al reto de los OVNIS y a todo lo que representan.

Con la apertura de una agencia gubernamental y la liberación de nuevos recursos, la ciencia podría ocupar el puesto que le corresponde en el estudio de los OVNIS, reclamando el tema como propio e iniciando nuevas investigaciones. Un proyecto así representaría un viraje espectacular respecto de un pasado en el que unos cuantos científicos responsables se esforzaron por poner sobre la mesa este polémico tema, mientras otros, aunque interesados, se inhibían por miedo al ridículo profesional. El resto sucumbió a la idea de que no había nada digno de estudio, como se decía en el resumen del informe Condon.

Unos cuantos científicos han estudiado e investigado OVNIS a pesar de los obstáculos profesionales y tenemos mucho que aprender de ellos, a pesar del tiempo transcurrido. En 1968, la Comisión Parlamentaria para Ciencia y Astronáutica escuchó el testimonio del Dr. James E. McDonald, veterano físico atmosférico del Instituto de Física Atmosférica de la Universidad de Arizona y miembro de la Academia Nacional de Ciencias[197], que pasó dos años investigando casos de OVNIS. Como consecuencia de su concentrado estudio —una rareza dentro de su profesión—, McDonald explicó a la comisión parlamentaria que «ningún otro problema de su jurisdicción tiene tanta importancia científica y nacional», y este extraordinario asunto no debería pasarse por alto. Si otros científicos se hubieran molestado en emprender tales estudios, muchos habrían llegado a la misma conclusión y en la actualidad estaríamos en una situación completamente diferente. Lejos de ello, un informe tergiversador y tendencioso publicado poco después por la Universidad de Colorado echó por la borda los esfuerzos de científicos pioneros

---

197. Dr. James E. McDonald «Statement on Unidentified Flying Objects», entregado a la Comisión Parlamentaria para Ciencia y Astronáutica, Simposio sobre Objetos Voladores No Identificados, Washington D.C., 29 de julio de 1968. Este informe es de lectura recomendada. Una biografía detallada de McDonald y un repaso de su obra, en Ann Druffel, *Firestorm: Dr. James E. McDonald's fight for UFO science* (Wild Flower Press, 2003).

como McDonald por despertar el interés de la comunidad científica en el estudio de los OVNIS.

En fecha posterior, el Dr. Peter A. Sturrock, profesor emérito de física aplicada de la Universidad de Stanford y director emérito del Centro de Ciencia Espacial y Astrofísica de Stanford, recogió el testigo de la lucha contra los efectos del informe Condon. En 1975 dirigió una encuesta de la Sociedad Astronómica Americana y averiguó que el 75 por ciento de los encuestados quería ver más información sobre el tema OVNI en las revistas científicas. Como estas publicaciones rechazaban artículos sobre OVNIS y otras anomalías sin muchos miramientos, Sturrock fundó la Society for Scientific Exploration y su *Journal of Scientific Exploration*, que empezó a publicarse en 1987.

Sturrock es posiblemente uno de los científicos más notables que haya aplicado el método científico convencional al fenómeno OVNI. Ha recibido premios de la Sociedad Astronómica Americana, el Instituto Americano de Aeronáutica y Astronáutica, la Universidad de Cambridge, la Gravity Research Foundation y la Academia Nacional de Ciencias. El Instituto Americano de Aeronáutica y Astronáutica destacó su «importante contribución a los campos de la geofísica, física solar y astrofísica, su autoridad en la comunidad científica espacial y su dedicación a la búsqueda del conocimiento». Ha publicado cinco volúmenes colectivos, tres monografías, trescientos artículos e informes y una autobiografía en 2009[198].

En 1997 inició y dirigió la primera investigación importante que se hacía sobre el fenómeno OVNI desde el estudio de Condon, con objeto de comprobar a qué conclusiones llegaría un nuevo grupo de científicos. En el norte del estado de Nueva York se celebró una conferencia de cuatro días para revisar con el máximo rigor una serie de indicios materiales relacionados

---

198. Peter Sturrock, *A tale of two sciences: Memoirs of a dissident scientist* (Exoscience, 1009).

con informes de OVNIS. Siete investigadores —entre ellos Jean-Jacques Velasco y el Dr. Richard Heines— presentaron casos investigados a conciencia, con pruebas fotográficas, rastros en el terreno, daños en la flora, análisis de restos de OVNIS, registros de radar, aparentes efectos gravitacionales o inerciales y efectos fisiológicos en testigos. La mesa de nueve científicos de diversos campos —la mayoría «agnósticos decididamente escépticos» que no habían tenido nada que ver con OVNIS hasta entonces, según Sturrock— estudiaron las aportaciones y elaboraron un sobrio resumen, cuidadosamente formulado. Aunque no fueron capaces de llegar a ninguna conclusión concreta en tan poco tiempo, la mesa recomendó seguir evaluando escrupulosamente los informes de OVNIS. Reconoció que el estudio de Condon estaba anticuado y que cada vez que hubiera fenómenos inexplicados, deberían investigarse. Y sí, investigaciones y estudios posteriores sobre datos de OVNIS podrían contribuir a solucionar el problema. Estas observaciones representaron un avance significativo en la postura del estamento científico[199].

Pero este estudio no cambió mucho las cosas. Surrock señala que los científicos siguieron tropezando con obstáculos, como por ejemplo: falta de financiación, presunción de que no había datos ni indicios, idea de que el tema no era «respetable» y rechazo apriorístico de artículos por las revistas. Un impedimento era que en vez de consultar los datos y buscar más, muchos científicos tendían a interpretar el tema de manera teórica y a dar razones teóricas para desestimarlo. Por ejemplo, el astrónomo Frank Drake afirmó en 1998 que si los informes sobre OVNIS eran auténticos, entonces es que eran naves extraterrestres. Pero los viajes interestelares eran imposibles, por lo tanto los informes debían ser rechazados. Este argumento se reduce

---

199. Peter Surrock, *The UFO enigma: a new review of the physical evidence* (Warner Books, 1999). Incluye todos los informes de casos presentados en la conferencia. Lectura recomendada.

al conocido alegato escéptico de que como no puede ocurrir, no ha ocurrido. «En la investigación científica corriente, los indicios observados priman sobre la teoría», subraya Sturrock. «Si algo ha ocurrido, ha ocurrido»[200].

En enero de 2010, la prestigiosa Royal Society de Londres celebró una conferencia de dos días sobre «detección de vida extraterrestre y consecuencias para la ciencia y la sociedad». Se reunieron físicos, químicos, biólogos, astrónomos, antropólogos y teólogos —además de representantes de la NASA, la Agencia Espacial Europea y la Oficina de la ONU para Asuntos del Espacio Exterior— para hablar de la búsqueda científica de inteligencia extraterrestre. Pero un tema no figuraba en el menú: el todavía inexplicado fenómeno OVNI. Una vez más, era como si toda la montaña de indicios no existiera. Y estoy segurísima de que si alguno de los ponentes hubiera estado abierto al tema, o sentido curiosidad por él, o incluso haber tenido información al respecto, no se habría atrevido a decirlo en medio de tan estimados colegas y en un foro de tanto relieve. Pero el hecho de que se celebrase una conferencia de estas características y de que recibiera una cobertura mediática internacional, ilustra la creciente fascinación y la mayor aceptación que se concedía a la búsqueda de vida fuera del planeta Tierra. Creo que si el Gobierno estadounidense abre su propia agencia para estimular la investigación sobre los OVNIS, y en consecuencia cambia las actitudes actualmente vigentes en el seno de la comunidad científica, en la siguiente conferencia de este calibre que se celebre habrá un ponente acreditado que hablará del misterio de los OVNIS.

La ciencia, poco a poco, separará el trigo de la paja e ideará un medio para integrar en un marco de trabajo propio los datos sobre los OVNIS, hasta hoy desorganizados. Algunos científicos preocupados han sugerido algunos pasos específicos que pueden darse, pero quedan fuera de los fines del presente libro. De to-

---

200. Ibid., p. 160.

dos modos, nunca ha sido fácil cambiar radicalmente las normas científicas aceptadas ni hacer nada que redunde en una transformación profunda del conocimiento. Parece que los OVNIS son el primero que cuestiona algo tan fundamental como nuestra antropocéntrica, o «humanocéntrica», concepción del mundo, lo cual podría significar que la resistencia a estudiarlos podría ser la más larga de la historia humana.

Según el filósofo de la ciencia Thomas S. Kuhn, autor del clásico estudio *La estructura de las revoluciones científicas* (1962), el proceso que señala un cambio de paradigma empieza cuando se descubre una persistente anomalía que no puede explicarse con los presupuestos vigentes en el contexto científico del momento. El fenómeno inexplicado socava los principios fundacionales de la concepción del mundo dominante. Cuando se manifiesta la anomalía, sus consecuencias y características físicas parecen absolutamente inconcebibles, totalmente fuera de las fronteras de lo que podría ser real y por lo tanto exige ser rechazado por la ciencia oficial. Al principio se niega su presencia calificándola de error y a menudo se ridiculiza, los defensores de su legitimidad se escarnecen y persiguen, su empleo y su reputación se ponen en peligro. Conforme aumentan los indicios y ya no pueden descartarse, se prueba a incorporarlos y a definirlos dentro de los parámetros del paradigma vigente. Aumenta la amenaza para el saber del momento y la ciencia oficial cierra filas y se aferra cada vez con más fuerza a la realidad que la define y se autodefine, como si se viera en peligro de muerte. Al mismo tiempo, como dice Kuhn, las fronteras del antiguo paradigma empiezan a relajarse y unos cuantos científicos de primera línea se ponen a explorar y estudiar la anomalía, atrayendo paulatinamente a otros investigadores. Por último aparece la nueva realidad, a menudo con brusquedad y rapidez, en ocasiones gracias a los esfuerzos de un solo científico que se moviliza en un momento decisivo. La anomalía pasa entonces a ser parte de lo esperado y vemos la naturaleza con otros ojos, y el descubrimiento, antaño radical, se convierte en parte de lo conocido. Dice Kuhn: «Una revolución científica es un episodio evolutivo y no acumulativo en el que un paradigma obsoleto es reemplazado en todo o en parte por otro nuevo e incompatible con el anterior [...] la tradición de normalidad científica que surge de una revolución científica no es solo incompatible sino también a menudo inconciliable con la precedente».

En relación con la anomalía representada por los OVNIS, es fácil reconocer su potencial para producir un «cambio de paradigma» y que se dé por válido lo que se descubra una vez que la ciencia decida reconocerlos. A causa de la posibilidad extraterrestre —un reto para nuestro conocimiento del universo físico y nuestro lugar en él—, existe, en efecto, el peligro de que se produzca una amplísima revolución científica. Si resulta que los OVNIS son creaciones humanas de tecnología secreta o algo más complejo, como una manifestación natural de quizá otra dimensión, el descubrimiento sería potencialmente transformador. Y Kuhn dice que todo puede suceder en virtud de un acontecimiento definidor «no acumulativo» —por ejemplo un importante y largo desfile de OVNIS, un nuevo indicio físico impactante, incluso alguna comunicación mediante ondas de radio u otro mecanismo más avanzado—, un acontecimiento que convenza a los científicos de la naturaleza y origen del fenómeno.

Por desgracia, la historia demuestra que tales cambios suelen producirse muy despacio y que es lenta la preparación del momento decisivo. Basándose en observaciones científicas a principios del siglo XVI, Copérnico propuso el modelo heliocéntrico, que decía que la Tierra no estaba inmóvil en el centro del universo, como afirmaba la ciencia ortodoxa, sino que rotaba sobre su eje y que los planetas se movían alrededor del Sol y no alrededor de la Tierra. Los movimientos planetarios eran anomalías en la época y no podían explicarse con el modelo dominante. Copérnico recopiló datos que apoyaban su nueva teoría y explicaban las anomalías observadas. Pero a pesar de sus explicaciones, sus hallazgos se consideraron inaceptables —no puede ser, luego no es—, dado lo que entonces se entendía por verdadero. Peor aún: cuando los seres humanos miraban al espacio con toda su ignorancia, seguros en nuestro inmóvil planeta Tierra, su teoría subvertía igualmente nuestro dogma religioso autoimpuesto. Transcurrieron ciento cincuenta años hasta que se aceptó que la Tierra daba vueltas alrededor del Sol y solo después de que Galileo, Kepler y Newton hicieran sus aportaciones. La humanidad presenció por fin la aparición de otro paradigma científico. Había sido un camino largo y doloroso. La Iglesia había obligado a Galileo a retractarse de sus ideas y fue puesto en arresto domiciliario por sostener una idea verdadera.

Los descubrimientos menores, aunque también ellos se consideren inicialmente inaceptables, pueden cambiar la norma de un modo más oportuno. A principios del siglo XIX, los científicos rechazaban la idea de que pudieran caer piedras del cielo, a pesar de las declaraciones de múltiples testigos en sentido contrario. La idea dominante era que se trataba de algo imposible, así que cualquiera que dijese lo contrario mentía, o estaba loco, o era un embaucador. Finalmente, un científico recogió fragmentos de un meteorito del que le dieron noticia unos aldeanos franceses, los fragmentos se estudiaron en un laboratorio, se demostró la realidad de que caían piedras del cielo y el nuevo fenómeno de los meteoritos fue aceptado desde aquel momento.

En la actualidad hay científicos que empiezan a proponer teorías que podrían explicar que se pueda viajar por el espacio a velocidades superiores a la de la luz y hablan de ideas como viajes espaciales por agujeros de gusano, dimensiones múltiples e incluso viajes en el tiempo[201]. Según un artículo de portada de la revista *Newsweek* de

---

201. Véase Michio Kaku, *Physics of the impossible: A scientific exploration into the world of phasers, force fields, teleportation and time travel* (Doubleday, 2008). [Versión española: *Física de lo imposible: ¿podremos ser invisibles, viajar en el tiempo y teletransportarnos?*, Debate, Barcelona, 2010, trad. de Javier García Sanz.]

agosto de 2009[202], los científicos estiman hoy que hay planetas parecidos a la Tierra en cien mil millones de sistemas solares de la Vía Láctea. Dada la elevada cantidad de estrellas existentes y dado el número de planetas extrasolares ya descubiertos, las posibilidades de que haya vida en otras partes del universo es elevadísima. En 2009 la NASA lanzó la sonda espacial Kepler para buscar estos planetas entre cien mil estrellas localizadas en las constelaciones del Cisne y la Lira, con la esperanza de encontrar alguno que fuera parecido a la Tierra y habitable. En 2010 se habían descubierto ya más de 400 planetas dando vueltas alrededor de otras estrellas[203]. En 2012, la sonda Kepler terminó su primera misión espacial y desde entonces la NASA ha confirmado la existencia de unos mil planetas. La NASA desarrolló asimismo un sensible telescopio espacial de infrarrojos[204] para buscar pequeños asteroides oscuros y otros objetos de nuestro sistema solar próximos a la Tierra que envía imágenes desde enero de 2010.

Por sus reiteradas apariciones, el fenómeno OVNI parece llamar a la puerta de los científicos, que no deberían permitirse ya el lujo de seguir negando su existencia. Desde siempre hemos sido una especie en evolución que quiere comprender lo desconocido y nos enfrentamos a los cambios derivados de los descubrimientos más radicales. Como dijo Kuhn hace muchos años, «cuando cambian los paradigmas, el mundo cambia con ellos».

---

202. Andrew Romano, «Aliens exist», *Newsweek*, 24-31 de agosto de 2009, pp. 50-52.

203. Marc Kaufman, «Search for extraterrestrial life gains momentum around the world», *Washington Post*, 22 de diciembre de 2009. Además de hablar de los exoplanetas ya descubiertos, el artículo afirma: «En términos generales, se da por sentado que hay miles de millones e incluso billones orbitando en sistemas lejanos».

204. Comunicado de la NASA, «NASA's wise eye spies first glimpse of the starry sky; infrared all-sky-surveying telescope sends back firs images from space», 6 de enero de 2010. Empieza diciendo: «El Wide-field Infrared Survey Explorer (WISE) de la NASA ha echado el primer vistazo a ese cielo estrellado que no tardará en rastrear con luz infrarroja. Lanzado el 14 de diciembre, el WISE observará todo el cielo en busca de millones de objetos ocultos, entre ellos asteroides, estrellas "fallidas" y potentes galaxias». Más información sobre la misión del WISE en http://www.nasa.gov/wise.

Con los años, las organizaciones desacreditadoras han acabado por inventar el lema «las afirmaciones extraordinarias exigen pruebas extraordinarias» como una especie de consigna, fundiendo todas sus objeciones en una sola, que se emplea para desestimar los OVNIS de un plumazo. Alegan que no hay suficientes pruebas para apoyar la afirmación de que los OVNIS existen.

En mi opinión, el presente libro aporta algunas pruebas muy convincentes —solo una parte de las que hay, recordémoslo— de que los OVNIS sí existen. Hemos visto que hay objetos sólidos y tridimensionales de origen desconocido que vuelan por nuestro cielo, se detienen en mitad del aire y salen disparados hacia el espacio exterior, y que no parecen naturales ni hechos por manos humanas. Se acercan mucho y aterrizan, dejando rastros materiales en el suelo y chamuscando las hojas de las plantas cercanas. Reaccionan ante los movimientos de los aviones y tienen efecto físico en ellos. Muchos fotógrafos han captado imágenes suyas en película y el eco de su presencia se ha visto en las pantallas de los radares. Miles de personas de todas las edades y de todos los continentes han visto estos objetos, entre ellas muchos pilotos y militares. El grupo que aparece en este libro, yo incluida, entiende que lo que los escépticos gustan de llamar «afirmación» —la existencia de objetos desconocidos en el cielo— es en realidad un hecho demostrado. Hay pruebas más que suficientes para determinar que ahí hay *algo material*.

Los que componemos este grupo somos además «agnósticos activos»: no sabemos lo que es ni sabemos lo que no es. No hacemos afirmaciones extraordinarias, porque no afirmamos ni reivindicamos nada que esté más allá de la realidad de un fenómeno físico ni de las cinco premisas que surgen de esta realidad y que se expusieron en la introducción de este libro. Sí, el fenómeno es ciertamente extraordinario. El malentendido básico que subyace en el manido eslogan de los escépticos —«las afirmaciones extraordinarias exigen pruebas extraordinarias»— es, una vez más, que los OVNIS, de manera automática, se toman por naves extraterrestres. Cuando los desacreditadores se juntan para corear su grito de batalla y desoír todas las pruebas con gestos desdeñosos, solo piensan en esto: de lo contrario no tendrían necesidad de ponerse tan ciegamente a la defensiva, ni siquiera hostiles.

Su preocupación es comprensible, aunque su actitud sea insincera. El grupo COMETA señaló ya al principio de su andadura, y muchos de nuestros colaboradores lo han dicho también, que la hipótesis extraterrestre es la más probable para explicar lo que sabemos. Es una proposición tendenciosa, pero nos ceñimos a ella. Y en realidad no es una postura extremista si se compara con las dos posturas polarizadas que tan frecuentes son en nuestra cultura: o sabemos ya lo que son los OVNIS (naves extraterrestres) o no es posible que existan y por lo tanto no existen. Estos dos extremos sí son afirmaciones extraordinarias.

Pedimos a los dos bandos de esta anticuada guerra entre creyentes e incrédulos recalcitrantes que se den cuenta de la falacia que entrañan ambas posturas y acepten la lógica, la inevitabilidad y el realismo de la opinión agnóstica. Los científicos deben rechazar la insostenible afirmación de que no tenemos más pruebas que los informes de los testigos presenciales, que obviamente no son de fiar para ellos. Esta es otra «afirmación extraordinaria» y completamente falsa, como este libro demuestra.

Ha llegado la hora de proceder con lógica. Dado que sabemos que hay manifestaciones físicas de algo muy inusual y de origen desconocido, ¿no es el momento de adquirir la prueba adicional que necesitamos para averiguar qué es? Si necesitamos pruebas extraordinarias, dediquémonos a conseguirlas. Contaremos con la cooperación de científicos de todo el mundo que ya han invertido sus limitados recursos en esta empresa. Y hay una nueva consigna en pie: «Un fenómeno extraordinario exige una investigación extraordinaria»[205]. Los científicos del mundo son muy

---

205. Budd Hopkins, ufólogo y escritor, acuñó esta frase en 1987, mientras hablaba con el astrónomo Carl Sagan en la antesala de unos estudios de televisión de Boston. Véase una versión de la charla en Budd Hopkins, *Art, life and UFOs: A memoir* (Anomalist Books, 2009).

capaces de idear los métodos y de fabricar la tecnología que se necesitan para resolver este extraordinario misterio.

Como han dejado claro los colaboradores de este libro, hay demasiado en juego para seguir con las evasivas y las pegas. Pero tampoco podemos negar que seguir adelante supone un riesgo. El fenómeno nos ha puesto en una situación precaria que no hemos elegido y que no podemos hacer nada por evitar. Tenemos que esforzarnos por aprender hasta donde podamos, porque está en nuestra naturaleza y nos conviene: sencillamente, queremos saber. Puede que lo que averigüemos sea un punto de inflexión en nuestra historia. Puede que no. Pero lo más probable es que en el fenómeno OVNI haya algo de la máxima importancia, capaz de transformarnos a todos. Y ya es hora de que abramos los ojos y veamos lo que es.

Agradecimientos

Ante todo quisiera dar las gracias a los dieciocho distinguidos colaboradores cuyos trabajos forman el núcleo fundamental de este libro y que lo han hecho posible. Para mí ha sido un privilegio trabajar con este grupo de excepción. Mi más sincero agradecimiento a todos y cada uno de ellos, por su confianza y minuciosidad en las distintas etapas de su colaboración. Estos hombres han tenido el valor de hablar públicamente de la realidad de los OVNIS y espero que otros en su misma posición se animen a hacer lo mismo.

Hago especialmente partícipe de mi gratitud a John Podesta, por su elocuente prefacio y el continuo apoyo público que ha dado a la Coalición por la Libertad de Información. Su brillantez y su sinceridad son un ejemplo. Otros han hecho importantes aportaciones al texto: Yves Sillard, de GEIPAN, escribió un notable comentario, y André Amond, J. Dori Callahan, Julio Chamorro, Anthony Choy, Jean-Pierre Fartek, Will Miller y Robert Salas nos dieron entrevistas y material muy útil. Estoy muy agradecida al exgobernador de Arizona, Fife Symington III, por su estímulo, que fue fundamental para dar alma a este libro.

Phyllis Wender, agente de la Gerb Agency de Nueva York, creyó en este libro desde el principio. Le doy las gracias de todo corazón por haber sabido apreciar mi enfoque y por su irrevocable determinación de verlo publicado. Su sabio consejo me fue indispensable. Doy también las gracias a su ayudante Lynn Hyde. Estoy en deuda con el personal de Crown Publishing Group, en particular con Shaye Areheart, por su visión de futuro, su capacidad directiva y su compromiso con el libro, y con mi entusiasmada editora, Kate Kennedy, que me orientó en el largo proceso de publicación e hizo muchas correcciones importantes que mejoraron el manuscrito.

Un agradecimiento especial para mi buen amigo Budd Hopkins, por su inamovible apoyo diario, mientras tenía que vérmelas con los incontables problemas personales y profesionales que surgieron en la preparación del libro. Los comentarios y correcciones que hizo durante su incansable lectura y relectura de las diversas versiones del manuscrito me fueron muy útiles. También estoy agradecida a David M. Jacobs, a Paul McKim y a Lloyd Garrison por leer partes del manuscrito y hacer comentarios provechosos.

No puedo pasar por alto a dos colegas fundamentales que influyeron en mi vida antes de que el tema de los OVNIS entrara en ella de manera inesperada. Alan Clements, exmonje budista, defensor de los derechos humanos en Birmania y escritor, fue un guía para mí por su vehemente militancia y su dedicación a los problemas de las personas, y la verdad es que me hizo conocer un mundo nuevo. El periodista de investigación Dennis Bernstein, presentador de *Flashpoints*, de radio Pacífica, me enseñó los principios y el oficio del periodismo combativo, y me introdujo en el mundo de la edición independiente y, con el tiempo, en el de la radio. No tengo palabras para agradecer lo mucho que me ayudaron mis queridos amigos Alan y Dennis al darme la formación que hizo posible que tiempo después me atreviera a enfrentarme con un tema tan delicado como los OVNIS.

Al principio de mi investigación, Ralph Steiner me ayudó a navegar por Internet y me dio mucha seguridad, Stephen Bassett me apoyó, y Clifford Stone, Steven Greer y Grant Cameron me proporcionaron centenares de documentos gubernamentales que se hicieron públicos gracias a la Ley de Libertad de Información. Doy las gracias a Chris Chinlund, director del *Boston Globe*, y a Robert Whitcomb, del *Providence Journal*, por publicar mis primeros artículos sobre los OVNIS.

Estoy muy agredecida a Larry Landsman, colega de la Coalición, por abrirme tantas puertas y por darme consejo continuo y su amistad todos estos años. Sin Larry este libro no habría existido. También tengo presente la inestimable información que me proporcionó Ed Rothschild, veterano estratega de asuntos públicos del Podesta Group. Mi gratitud no olvida a James Fox, Stan Gordon, Lee Helfrich, Jeff Sagansky ni al equipo de Break Thru Films, por las importantes oportunidades que me brindaron.

Muchos investigadores de reconocida habilidad han pasado décadas recogiendo datos sobre OVNIS y a lo largo de este libro me he beneficiado de su ímproba labor. Rindo especial homenaje al veterano investigador Richard Hall, que murió de cáncer en 2009, y que siempre estuvo dispuesto a responder a mis preguntas. Junto con otros ya mencionados, me siento en deuda personal con los investigadores Jerome Clark, Peter Davenport, Richard Dolan, Stanton Friedman, A.J. Gevaerd, Timothy Good, Bernard Haisch, Bruce Maccabee, Mark Rodeghier, Ted Roe, Brad Sparks, Peter Sturrock, Rob Swiatek y Nancy Talbot.

Pituka Heilbron y Andrea Soares Berrios pasaron mucho tiempo traduciéndome textos y correos electrónicos. Gracias asimismo a Jean-Luc Rivera y Óscar Zambrano por sus traducciones, y a Jean-Claude Ribes, Valery Uvarov, Rubén Uriarte y André Morin. Otras personas me ayudaron también en otros aspectos del libro: Yvan Blanc, Joaquim Fernandes, Kelly Fox, Seth Keal, Phil Imbrogno, Charles Miller, Gustavo Rodríguez, Susan Stanley y Bernard Thouanel; y en Crown, gracias a Mark Birkey, Jill Browning, Lenny Henderson, Kyle Kolker, Elizabeth Rendfleisch, Kira Walton y Campbell Walton.

Por último, gracias a mi madre, Ellen S. Kean, y a mi padre, Hamilton F. Kean, por su apoyo incesante e incondicional y por el sincero entusiasmo que sintieron por este proyecto, a pesar del carácter tabú de su contenido. Gracias por tener fe en mí.

Sobre los colaboradores

RAY BOWYER ha sido inspector en vuelo del sistema de navegación aérea y ha seguido volando como piloto cualificado de líneas aéreas comerciales. Ha trabajado para diez compañías que operan en Europa y Oriente Medio, entre ellas Jersey European, Channel Express, Regionair, BusinessAir y Farner Air. De 1999 a 2008 fue comandante de vuelo de Aurigny Air Services, recorriendo rutas entre las islas del canal de la Mancha, con base en Guernsey. En la actualidad es comandante de vuelo de una compañía con sede en las islas del canal y hace rutas por toda Europa. Ha acumulado un total de más de 7.000 horas.

WILFRIED DE BROUWER fue piloto de combate de la Fuerza Aérea de Bélgica durante veinte años. En 1983, siendo coronel, fue destinado a la División de Planificación Estratégica de la OTAN. Posteriormente fue jefe del Ala de Transportes de la Fuerza Aérea belga y en 1989 jefe de la División de Operaciones del Estado Mayor del Aire. Ascendido a general de división en 1991, pasó a ser general adjunto al jefe de Estado Mayor de la Fuerza Aérea de Bélgica. Retirado de la Fuerza Aérea en 1995, trabajó durante más de diez años como consultor de Naciones Unidas para la mejora de la capacidad logísticas de respuesta rápida en situaciones de emergencia.

JOHN J. CALLAHAN tiene más de treinta años de experiencia en la Administración Nacional de Aviación (FAA) de Estados Unidos y está especializado en centros de control de tráfico aéreo. Como jefe de la División de Automatización, supervisaba el diseño, la programación, la puesta a prueba y la implementación de todos los programas de software de las instalaciones de control del tráfico aéreo. De 1981 a 1988 fue director de la División de Accidentes, Evaluaciones e Investigaciones, en la sede central de Washington, donde era responsable de la calidad del servicio de tráfico aéreo que se daba a los usuarios de la FAA. Después de retirarse, Callahan fue contratado como primer analista por Washington Consulting Group y como director ejecutivo por Crown Communications Consulting Company. Hoy es propietario de Liberty Tax Service, en Culperper, Virginia, y trabaja en su empresa.

RAYMOND DUVALL ocupa la cátedra Morse-Alumni de la Universidad de Minnesota y es director del departamento de Ciencias Políticas de esa universidad. Ha publicado en colaboración *Power in global governance* (Cambridge University Press, 2005) y *Cultures of insecurity: states, communities and the production of danger* (University of Minnesota Press, 1999). Sus últimos artículos han aparecido en publicaciones académicas como *International Organization* (2005-2006), *Millennium* (2007), *Review of International Studies* (2008) y *Political Theory* (2008). La docencia e investigación del doctor Duvall se centran en facetas de la teoría crítica de las relaciones internacionales, entre ellas los efectos productivos de las prácticas sociales.

RODRIGO BRAVO GARRIDO es capitán y piloto del Ejército del Aire de Chile. En 2000, con veinticuatro años, se le encargó dirigir un estudio interior titulado «Introducción a los fenómenos aéreos anómalos y su importancia para la seguridad aeroespacial», en el que trabajó con informes de casos de encuentros de aviones militares con FANIS. Desde entonces ha proseguido esta línea de investigación y actualmente trabaja en cooperación con el Comité para el Estudio de Fenómenos Aéreos Anómalos (CEFAA), una rama de la Administración General de Aeronáutica Civil, el organismo chileno equivalente a la FAA estadounidense.

JÚLIO MIGUEL GUERRA fue piloto de la Fuerza Aérea de Portugal en 1973 y fue oficial de operaciones especializado en prevención de accidentes de la base de Ota. En 1990 pasó a la aviación comercial y trabajó en Air Atlantis, filial de vuelos chárter de la TAP, la compañía nacional portuguesa, en Air Columbus y en Air Atlanta, pilotando reactores Boeing 737-200/300. Desde 1997 ha sido comandante de vuelo de Portugalia Airlines. Ha sido asimismo instructor privado de vuelo y examinador de la antigua Joint Aviation Authorities, organismo europeo que desarrollaba e implementaba normas reguladoras de seguridad (función que desde 2009 desempeña la Agencia Europea de Seguridad Aérea). Con 18.000 horas de vuelo, el comandante Guerra se licenció en 2009 en ciencias de ingeniería aeroespacial en la Universidade Lusófona do Porto.

RICHARD F. HAINES es un científico investigador que trabajó en el Centro de Investigación Ames de la NASA de 1967 a 1988, en proyectos como Gemini, Apollo, Skylab y la Estación Espacial Internacional, y ha dirigido el Programa Conjunto de Evaluación del sistema de Información de la FAA/NASA. En 1986 fue nombrado director de la División de Factores Humanos en el Espacio de la NASA. El doctor Haines ha publicado más de setenta y cinco artículos en importantes revistas científicas y más de veinticinco informes oficiales para la NASA. Desde su retiro en 1988, ha trabajado como investigador para el Research Institute for Advanced

Computer Science, RECOM Technologies Inc. y Rytheon Corporation. Actualmente es científico jefe del Centro Nacional de Informes de Aviación sobre Fenómenos Anómalos (NARCAP).

CHARLES I. HALT era teniente coronel cuando fue destinado a la RAF Bentwaters, Inglaterra, —el ala de combate táctico más grande de la Fuerza Aérea estadounidense— con el empleo de subjefe de la base y luego con el empleo de jefe. Ascendido a coronel, pasó a ser jefe de la base de Kunsan, Corea, base de F-16 responsable de todas las acciones ofensivas que se necesitaran en la península coreana; su papel fue fundamental en la apertura de la base de misiles de crucero de Bélgica. Por último, fue director de la Jefatura de Inspecciones, en la Oficina del Inspector General del Departamento de Defensa estadounidense, cargo desde el que supervisaba todas las dependencias del Departamento de Defensa. El coronel Halt se retiró en 1991 y hoy administra una amplia urbanización cerrada.

ÓSCAR SANTA MARÍA HUERTAS ha sido piloto de combate de la Fuerza Aérea peruana (FAP) durante muchos años, con experiencia de vuelo en aviones T-41D, T-37, A-80, T-33, A-37, MB-399 y SU-22. Ha estado destinado en numerosas bases militares de todo Perú y ha sido jefe del Departamento Académico e instructor de vuelo de la Escuela de Oficiales de la FAP. Santa María ha pasado once años en el Departamento de Prevención e Investigación de Accidentes de la Fuerza Aérea. Se retiró 1997 con el grado de comandante, que en el Ejército de Tierra equivale a teniente coronel, aunque permanece activo y actualmente trabaja como consultor de Prevención de Accidentes y Seguridad en la Aviación para la industria aérea peruana.

PARVIZ JAFARI es un general retirado de la Fuerza Aérea iraní. Tras incorporarse a la aviación militar, pasó dos años entrenándose en Estados Unidos, en la base de Lackland, Texas, en la de Craig,

Alabama, y en la de Nellis, Nevada. Ya en Irán, Jafari fue jefe de diversas bases y oficial de operaciones en la Jefatura de la Fuerza Aérea. Ascendido a general, Jafari fue coordinador de los tres ejércitos de su país. Se retiró en 1989. Vive en Teherán.

DENIS LETTY es un conocido piloto de combate y general de división del Ejército del Aire francés. Fue jefe del 5° Escuadrón del Ejército del Aire, comandante de la base aérea de Estrasburgo, adjunto a la Defensa Aérea de la Zona Sudeste y jefe de la misión militar francesa de las Fuerzas Aéreas Aliadas de Europa Central. Fue condecorado con la Legión de Honor. Después de retirarse, el general Letty fue presidente de la empresa mixta Aviation Defense Service S.A., que proporcionaba entrenamiento en la guerra electrónica para las fuerzas armadas. Fue asimismo presidente del grupo COMETA, una comisión investigadora privada que se creó para estudiar el fenómeno OVNI y que publicó en 1999 el informe «Los OVNIS y la defensa».

JAMES PENNISTON ingresó en la Fuerza Aérea en 1973 y fue destinado a la Guardia de Élite del Mando Aéreo Estratégico en Omaha, Nebraska, donde trabajó en seguridad para el Puesto de Mando. Tuvo destinos posteriores en la RAF Alconbury, Inglaterra, y en la base aérea de Malmstrom, Montana, como controlador de seguridad en vuelo para la protección y preparación para el lanzamiento de misiles balísticos intercontinentales Minuteman. En 1980 fue puesto al frente de Planes y Programas de la Policía de Seguridad de la RAF Bentwaters, Inglaterra. Tuvo muchos otros destinos, por ejemplo en las operaciones Escudo del Desierto y Tormenta del Desierto. Se retiró de las fuerzas armadas en 1993 y hoy trabaja como director de Recursos Humanos para empresas y para el Gobierno local de Illinois.

JOSÉ CARLOS PEREIRA, general de brigada brasileño, ya retirado. Fue jefe de varias bases aéreas de Brasil y director de la

Academia de la Fuerza Aérea Brasileña. En 1999 fue uno de los jefes del Mando de la Defensa Aeroespacial de Brasil, conocido por las siglas COMDABRA. De 2001 a 2005 fue general en jefe de Operaciones de la Fuerza Aérea, con trece generales y otros 27.000 hombres bajo su mando. En 2006, después de dejar las fuerzas armadas, el general de brigada Pereira fue nombrado presidente de la Agencia de Infraestructuras de los Aeropuertos Brasileños, el organismo gubernamental responsable de la administración de aeropuertos, empleo del que se retiró posteriormente.

JOHN PODESTA fue jefe de gabinete de la Casa Blanca con el presidente William J. Clinton. Fue consejero del presidente y miembro del Consejo de Seguridad Nacional. En fecha posterior codirigió el equipo de transición presidencial de Barack Obama, para el que coordinó las prioridades de la agenda del Gobierno entrante, supervisó el desarrollo de sus políticas y dirigió los nombramientos de los principales secretarios de gabinete y de los políticos electos. Desde 2003 ha sido presidente y director ejecutivo del Centro para el Progreso de Estados Unidos, una destacada organización para el desarrollo y la defensa de políticas progresistas. Podesta es autor de *The power of progress: how America's progressives can (once again) save our economy, our climate, and our country.*

NICK POPE trabajó para el Ministerio de Defensa británico durante veintiún años, de 1985 a 2006. Tuvo diversos destinos en las divisiones de política, operaciones, personal, economía y seguridad. Durante la primera Guerra del Golfo fue llamado al Centro de Operaciones Conjuntas y allí trabajó de observador/informador en la Sala de Operaciones de la Fuerza Aérea. De 1991 a 1994, su principal obligación fue investigar informes de objetos voladores no identificados y evaluar si los avistamientos eran de interés para la defensa. Tuvo varios ascensos y su último empleo fue en la Dirección de Seguridad de la Defensa. Retirado ya, Nick Pope trabaja de periodista independiente y comentarista de radio y televisión.

RICARDO BERMÚDEZ SANHUEZA es un general retirado de la Fuerza Aérea chilena que fue agregado aéreo en la embajada de Chile en Londres y comandante en jefe del Área Sur de la Fuerza Aérea. Fue asimismo director de la Escuela Técnica de Aeronáutica. En 1998 cofundó el Comité de Estudios de Fenómenos Aéreos Anómalos (CEFAA), una rama de la Administración General de Aeronáutica Civil, para estudiar los incidentes de aviación relacionados con fenómenos aéreos anómalos. Fue nombrado primer presidente de la CEFAA y ejerció hasta 2002. En enero de 2010 fue nuevamente director del CEFAA y hoy trabaja a tiempo completo investigando incidentes de OVNIS relacionados con personal aeronáutico civil o militar.

FIFE SYMINGTON III fue gobernador republicano de Arizona de 1991 a 1997. Fue también presidente de la Western Governor's Association. Condecorado veterano de la Fuerza Aérea que participó en el conflicto del Sureste Asiático, Symington es primo del difunto Stuart Symington, senador demócrata por Misuri. Tras dejar el cargo, el señor Symington cofundó el Instituto Culinario de Arizona y el Symington Group, una empresa consultora de estrategia, política y economía. En 2007, él y sus socios fundaron el Independent Energy Group de Arizona, dedicado a la comercialización de paneles solares. Piloto de toda la vida, vuela frecuentemente con su bimotor Beechcraft Baron entre las dos casas que tiene, una en Phoenix y otra en Santa Bárbara, California.

JEAN-JACQUES VELASCO, ciudadano francés, fue ingeniero en el Centre Nationale d'Études Spatiales (CNES), dedicado a la investigación de satélites. En 1977 se integró en un grupo de reciente formación, en el seno del CNES, y dedicado al estudio de los fenómenos aeroespaciales no identificados. Fue director de este organismo en 1983 y permaneció en este puesto hasta 2004, convirtiéndose en una autoridad internacional en el estudio científico de los OVNIS. Ha sido asesor de países deseosos de fundar su propia agencia gubernamental para investigar los OVNIS, como Chile y Perú, y del Parlamento Europeo en 1994. Es autor de varios libros de tema ufológico.

ALEXANDER WENDT enseña en el Centro Mershon de Seguridad Internacional, en la Universidad Estatal de Ohio. Anteriormente enseñó en la Universidad de Yale, en el Dartmouth College y en la Universidad de Chicago. Está interesado en los aspectos filosóficos de la política internacional y ha publicado numerosos artículos en destacadas revistas de ciencias políticas, así como un libro, *Social theory of international politics* (Cambridge University Press, 1999), que en 2006 recibió el premio al mejor libro de la década de la International Studies Association.

Sobre la autora

LESLIE KEAN es periodista de investigación con un historial de articulista independiente y locutora de radio. Ha colaborado con artículos en docenas de publicaciones de Estados Unidos y otros países, entre ellas *Boston Globe, Philadelphia Inquirer, Atlanta Journal-Constitution, Providence Journal, International Herald Tribune, Globe and Mail, Sydney Morning Herald, Bangkok Post, The Nation* y *The Journal for Scientific Exploration*. Sus artículos se distribuyen a través de Knight Ridder/Tribune, Scripps-Howard, el servicio de noticias del *New York Times*, Pacific News Service y National Publishers Association. Pasó muchos años de corresponsal en Birmania y fruto de aquella experiencia fue *Burma's revolution of the spirit: the struggle for democratic freedom and dignity*, escrito en colaboración y publicado en 1994. Ha contribuido con escritos para una serie de antologías publicadas entre 1998 y 2009.

Kean fue asimismo productora y presentadora en directo de un informativo diario emitido por KPFA, una emisora de radio de la costa del Pacífico. En 2002 cofundó la Coalición para la Libertad de Información (CFI), una alianza independiente que defiende la apertura informativa del Gobierno en materia ufológica y un enfoque informativo de los medios más racional y creíble. Como directora de la CFI, fue parte demandante y ganadora en un juicio contra la NASA, a propósito de la Ley de Libertad de Información, que duró cuatro años. En 2009 produjo el documental independiente *I know what I saw*. Actualmente trabaja con Break Thru Films, galardonada compañía cinematográfica, en otro largometraje documental.